ACCOUNTING PRINCIPLES

기업의 이해관계자들은 자신들의 이해관계에 따라 기업의 재무상태와 경영성과를 파악하고자 하며, 더 나아가 기업의 지속가능성 및 기업의 미래가치를 예측하고자 한다. 또한, 기업의 이해관계자들은 보다 합리적인 의사결정을 위하여 기업의 재무정보를 필요로 한다. 따라서 기업은 이해관계자들이 필요로 하는 재무정보를 보고하기 위하여 기업의 수행하는 활동을 인식 및 측정하고, 자료 처리하여 보고하는 과정을 회계라고 한다.

이 교재는 입문서로써 서술이 쉬운 용어를 사용하였으며, 연습문제의 구성에 있어서도 기본적 개념과 기출문제 중심으로 구성하였다. 그리고 회계원리는 경영실무를 떠나서는 존재할 수 없으므로 실무에서 어떻게 회계처리되는지를 중점적으로 소개하였다.

개정판

IFRS 회계원리

이성욱 · 홍사선 · 오상훈 지음

생능

IFRS 회계원리

초판발행 2021년 8월 27일
제2판1쇄 2025년 5월 28일

지은이 이성욱, 홍사선, 오상훈
펴낸이 김승기, 김민정
펴낸곳 (주)생능 / **주소** 경기도 파주시 광인사길 143
출판사 등록일 2014년 1월 8일 / **신고번호** 제406-2014-000003호
대표전화 (031)955-0761 / **팩스** (031)955-0768
홈페이지 www.booksr.co.kr

책임편집 이종무 / **편집** 신성민, 최동진 / **디자인** 유준범, 노유안
마케팅 최복락, 김민수, 심수경, 차종필, 백수정, 송성환, 최태웅, 명하나
인쇄 · 제본 상지사

ISBN 979-11-86689-60-8 93320
정가 29,000원

- 이 출판은 한양대학교 교내 연구지원 사업으로 연구됨(HY-2023-G)

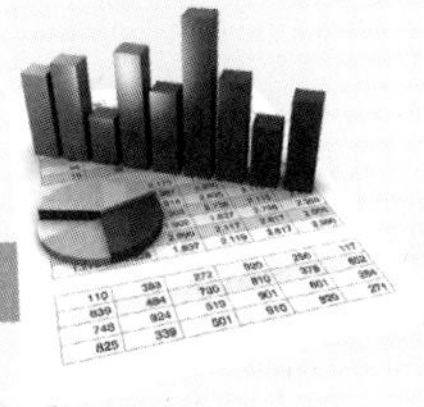

개·정·판·머·리·말

이 책의 저자들은 학교 및 기업에서 회계학을 가르친 경험을 바탕으로 하여 개정판을 출간하였다. 회계학을 처음으로 접하는 학생이나 일반인들이 회계학의 기초개념을 이해하고, 회계학의 정의, 기본 목적, 회계학과 자본시장과의 관계 및 회계학의 사회적 역할 등을 포함하여 회계의 기본원리 및 재무회계 분야 등을 쉽게 이해할 수 있도록 초점을 맞추었다.

본 개정판은 다음에 중점을 두고 집필하였다.

첫째, 한국채택국제회계기준(K-IFRS)에 따라 새롭게 도입된 용어와 개념을 쉽게 이해할 수 있도록 국제회계기준에 사용되는 기본 용어와 개념에 대한 설명을 상세하게 하였다.

둘째, 회계를 처음으로 접하는 학생 및 일반 독자가 스스로 회계원리를 이해하고 학습할 수 있도록 회계학의 각 계정과목의 회계처리에 대하여 관련 예제를 체계적으로 제시하였다.

셋째, 회계원리를 학습하는 학생들이 한 학기에 모든 주제들을 14주 수업으로 학습할 수 있도록 기존의 14장을 유지하였다. 또한, 회계학을 처음 접하는 학생들이 꼭 알아야 할 핵심 주제를 강화하였으며, 각 장의 내용을 이해하기 쉬운 문장으로 기술하였다.

넷째, 각 장의 개념에 대한 이해를 높이고 문제풀이를 통하여 각 계정과목에 대한 회계처리 방법을 점검할 수 있도록 연습문제를 수정 및 보완하였다.

2025년 3월 한양대 ERICA 캠퍼스에서

저자 일동

머·리·말

기업을 둘러싼 경영환경이 급변하고 경쟁이 치열해지면서 기업의 내부, 외부 이해관계자들 사이에서 기업의 정보에 대한 관심이 높아지고 있다. 기업의 이해관계자들은 자신들의 이해관계에 따라 기업의 재무상태와 경영성과를 파악하고자 하며, 더 나아가 기업의 지속가능성 및 기업의 미래가치를 예측하고자 한다. 이와 같이 기업의 이해관계자들은 보다 합리적인 의사결정을 위하여 기업의 재무정보가 필요로 한다. 따라서 기업은 이해관계자들이 필요로 하는 재무정보를 보고하기 위하여 기업의 수행하는 활동을 인식 및 측정하고, 자료 처리하여 보고하는 과정을 회계라고 한다.

본 교재는 그간 저자들의 강의 및 연구 활동, 실무경험, 각종 자격시험 출제를 통해 얻은 경험을 바탕으로 회계학 입문자들이 보다 더 쉽게 회계학에 접근할 수 있도록 하고자 하는 것을 목표로 하고 있다.

본 교재의 특징은 다음과 같다.

첫째, 회계학을 처음 접하는 학생들이 보다 쉽게 회계학의 기본적인 개념과 원리를 이해할 수 있도록 순서를 배열함으로써 교재의 순서를 그대로 따라 공부하면서 자연스럽게 회계학을 이해할 수 있도록 하였다.

둘째, 2011년부터 적용하고 있는 한국채택국제회계기준(K-IFRS)과 일반기업회계기준의 공통내용에 준거하고 있다. 회계학 입문자들에게 필요한 기본적이고, 공통적인 사항을 위주로 설명함으로써 이후 회계학을 심층적으로 공부하고자 하는 학생들에게 그 근간을 마련할 수 있도록 하였다.

셋째, 본문의 설명을 보다 잘 이해할 수 있고, 예제를 스스로 해결하는 데 도움을 주기 위하여 각 항목별 설명 사이사이에 적절한 회계처리를 추가로 표시하였고, 큰 금액을 이용한 설명이나 예제를 지양하고 이해는 물론 계산하기 쉬운 작은 금액으로 단순화한 설명 및 예제를 구성하고자 하였다.

본 교재는 모두 3부 14장으로 구성되어 있다.

제1부는 회계의 기본 개념에 대해 설명한다. 제1장에서는 회계의 의의와 목적

및 사회적기능에 대하여 살펴보고, 회계정보를 이용하는 이용자와 회계분야 그리고 회계정보의 개념적 틀에 대하여 간략히 소개한다. 제2장부터는 재무제표 작성에 기초가 되는 재무제표의 개념과 거래의 개념 및 측정에 대해 구체적으로 살펴봄으로써 회계의 인식과 측정과 자료의 처리 및 재무제표 작성이 어떻게 작성되는지를 학습한다. 제2장은 재무제표 즉, 재무상태표의 개념과 자산, 부채, 자본의 정의와 구성항목들을 소개하고, 포괄손익계산서의 개념 및 수익과 비용 항목 등을 소개한다. 또한 기타의 재무제표 구성요소 등에 대한 의의와 항목들을 소개한다. 제3장은 거래의 측정과 기록으로서 회계등식을 활용하여 인식과 측정 및 자료처리의 기능과 재무제표 작성을 예제를 통하여 학습한다.

제2부에서는 회계의 순화과정으로 회계에서 가장 중요시 되는 발생주의 기준과 현금주의 기준의 개념을 다룬다. 제4장에서는 회계의 순환으로 기업은 매 회계기간마다 재무제표를 작성하여 회계정보를 제공한다. 회계순환과정(accounting cycle)은 거래에 대한 분석에서 시작하여 재무제표를 작성하는 과정이 매 회계기간마다 반복적으로 이루어지는 일련의 체계적인 절차를 의미한다. 회계순환과정을 단계적으로 설명한다. 4장까지는 활동이 단순한 용역을 제공하는 기업의 사례를 이용하여 회계처리를 설명하였다. 그러나 용역을 제공하는 기업 이외에도 제조나 상품매매를 주요 활동으로 하는 기업도 있다. 기업의 유형은 기업이 수행하는 주된 영업활동에 따라 구분된다. 고객에게 용역을 제공하고 수익을 창출하는 서비스기업, 기업에서 제조한 제품을 생산 판매하여 수익을 창출하는 제조기업, 상품의 매입 및 판매를 통해 수익을 창출하는 상품매매기업으로 구분된다. 상품매매기업의 예로는 백화점, 홈쇼핑, 인터넷쇼핑 등이 있다. 제5장에서는 상품매매기업의 회계절차를 다룬다. 상품매매기업의 경우 상품을 매입하고 판매하기 전까지 상품을 재고자산으로 보유하기 때문에 서비스기업에 비하여 회계처리가 다소 진화된 모습이다.

제3부에서는 계정과목별 회계처리와 현금흐름표에 대하여 실제 자료를 활용하여 학습한다. 그 내용은 다음과 같다. 제6장은 재고자산의 회계처리에 대하여 소개하고, 제7장은 현금 및 수취채권과 지급채무, 제8장은 유형자산, 제9장은 무형자산과 투자부동산, 제10장은 금융부채, 제11장은 금융자산과 관계기업투자, 제12장은 기타채권, 기타채무, 제13장은 자본의 회계처리, 제14장은 현금흐름표 작성에 대하여 소개한다.

본 교재는 입문서인 관계로 서술에 있어서 가능한 평이한 용어를 사용하고자 노력하였으며 연습문제의 구성에 있어서도 기본적 개념과 기출문제 중심으로 구성하였다. 그리고 회계원리는 경영실무를 떠나서는 존재할 수 없으므로 가능한 실무에서 회계처리가 어떻게 처리되는지를 소개하고자 노력하였다. 끝으로 좋은 책을 만들기 위해 저자들과 같은 마음으로 함께 해주신 생능출판사의 김승기 대표님, 심수경 이사님과 보기좋은 편집을 위해 많은 노력을 기울여 주신 권소정 대리님께 감사드린다.

2021년 8월 한양대 ERICA 캠퍼스에서

저자 일동

강의계획표

IFRS 회계원리는 대학에서 회계학을 처음으로 배우는 학생들의 수업 교재로 적합합니다. 이 책을 강의 교재로 사용하는 경우 1학기를 16주로 가정하면 다음과 같이 강의를 진행할 수 있습니다.

주	해당 chapter	학습 주제
1	1장	회계와 회계학
2	2장	재무제표
3	3장	거래의 측정과 기록
4	4장	회계순환
5	5장	상품매매기업 회계
6	6장	재고자산
7	7장	현금 및 수취채권과 지급채무
8	중간고사	
9	8장	유형자산
10	9장	무형자산과 투자부동산
11	10장	금융부채
12	11장	금융자산 및 관계기업투자
13	12장	기타채권과 기타채무
14	13장	자본
15	14장	현금흐름표
16	기말고사	

차·례

PART II

회계의 순환과정

CHAPTER 4 회계순환

CHAPTER 5 상품매매기업 회계

PART III

계정과목별 회계처리와 현금흐름표

CHAPTER 6 재고자산

CHAPTER 7 현금 및 수취채권과 지급채무

부록

IFRS 회계원리

PART I 회계의 기본 개념

1

CHAPTER

회계와 회계학

회계란 회계정보의 이용자인 이해관계자(주주 채권자, 주주, 종업원, 금융기관, 경영자, 세무당국, 소비자, 공급자, 재무분석가, 미래의 투자자 등)에게 거래의 결과로 나타난 회계정보(기업의 재무상태, 경영성과 및 현금흐름 등)를 제공하여 자원의 효율적 배분에 관한 경제적 의사결정을 할 수 있도록 도와주는 학문이라고 할 수 있다. 회계정보는 기업 경영활동의 결과를 계량화하여 수치로 표현한 재무보고서의 형태로 제공된다. 재무보고서가 기업의 실상을 정확히 파악하여 나타낸다면 기업을 둘러싼 여러 이해관계자들이 기업에 대한 의사결정을 수행할 때 재무보고서를 적절하게 활용할 수 있다. 이러한 측면에서 회계정보는 크게 수탁책임에 대한 보고의 기능과 경제적 자원의 배분에 대한 기능을 갖는 것이라 할 수 있다. 본 장에서는 회계의 정의, 사회적 기능과 기본개념에 대하여 학습한다.

제1절 회계의 의의 및 사회적 기능

1. 의의 및 목적

회계는 회계정보의 이용자인 이해관계자(주주, 미래의 투자자, 신용공여자, 공급자, 고객, 정부, 경영자, 종업원)에게 거래의 결과로 나타난 회계정보(기업의 재무상태, 경영성과 및 현금흐름 등)를 제공하여 자원의 효율적 배분에 관한 경제적 의사결정을 할 수 있도록 도와주는 학문이라고 할 수 있다.

[그림 1-1]은 회계와 관련한 이해관계자의 의사결정과정을 표시한 것이다. 기업은 수익을 추구할 목적으로 자산을 운용하고 있으며 그 자산을 획득하기 위한 자금은 부채나 자본 등의 형태로 조달된다. 이러한 자산의 운용 또는 자금의 조달 등과 같은 경영활동에서 일어난 경제적 의사결정은 다양한 회계정보를 요구하게 된다.

회계와 부기의 차이점을 살펴보면, 부기란 경영활동에서 발생한 거래를 기록 · 계산 · 정리 · 요약하는 데 있어서 기장처리의 기술적인 면을 주로 취급하는 영역이라고 할 수 있으며, 회계란 기장처리의 기술적인 면만을 다루는 부기의 원리에 관한 연구뿐만 아니라 회계정보를 측정하여 회계정보이용자에게 유용한 회계정보를 제공함으로써 경제적 의사결정을 도와주는 학문적 체계를 갖는 사회과학이라고 할 수 있다.

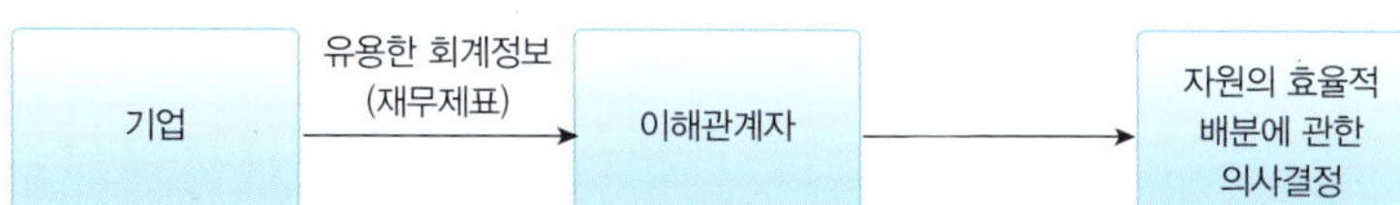

[그림 1-1] 이해관계자의 의사결정과정

2. 사회적 기능

회계정보는 기업 경영활동의 결과를 계량화하여 수치로 표현한 재무보고서의 형태로 제공된다. 따라서 기업의 활동으로부터 발생한 기업의 재산상태와 수익성이 이러한 재무보고서에 정확히 표시되어야만 회계정보이용자들이 회계정보를 믿고 활용할 수 있다. 즉, 재무보고서가 기업의 실상을 정확히 파악하여 나타낸다면 기업을 둘러싼 여러 이해관계자들이 기업에 대한 의사결정을 수행할 때 재무보고서를 적절하게 활용할 수 있다. 이러한 측면에서 회계정보는 크게 수탁책임에 대한 보고의 기능과 경제적 자원의 배분에 대한 기능을 갖는 것이라 할 수 있다.

수탁책임(stewardship responsibility)이란 자본을 수탁받은 경영자가 자본을 제공한 주주의 위임에 따라 기업의 자원을 효과적으로 관리할 책임을 말한다. 즉, 수탁책임에 대한 보고의 기능이란 위탁자인 자본주는 수탁자인 경영자가 자신이 투자한 자본을 잘 관리하는지에 대한 책임을 묻기 위해 회계정보를 필요로 한다는 것이다.

경제적 자원은 한정되어 있기 때문에 자원의 배분과 이용은 어느 사회에서나 매우 중요한 의사결정과정을 필요로 한다. 따라서 회계에서도 기업의 이해관계자들이 자원배분에 대한 의사결정을 하는 데 필요한 정보를 제공하는 것을 주요목적으로 하고 있다. 특히 자본시장과 노동시장 등 기업 외부의 공급시장이 발달하면서 이러한 자원들을 활용하기 위한 회계정보의 중요성이 증대하고 있다.

제2절 이해관계자와 회계학의 분야

1. 이해관계자

앞서 회계의 정의를 제시하면서, 회계정보를 이용하는 이해관계자를 언급하였다. 즉 회계란 이해관계자에게 회계정보를 제공하여 이들로 하여금 기업과 관련된 경제적 의사결정을 할 수 있도록 도와주는 것이라 하였다. 기업은 다양한 이해관계자들이 존재하는데 대표적인 이해관계자로는 투자자, 신용공여자, 납품업체, 고객, 정부기관, 경영자, 종업원 등이 있다. 이들을 기업을 중심으로 구분을 하면 외부이해관계자와 내부이해관계자로 구분할 수 있다. 외부이해관계자는 기업의 외부에 있는 이해관계자들로 기업의 영업, 투자, 재무활동에 관한 정보에 관심을 갖는 이해관계자이고, 내부이해관계자는 기업의 내부에서 경영활동에 직접적으로 참여하는 이해관계자이다.

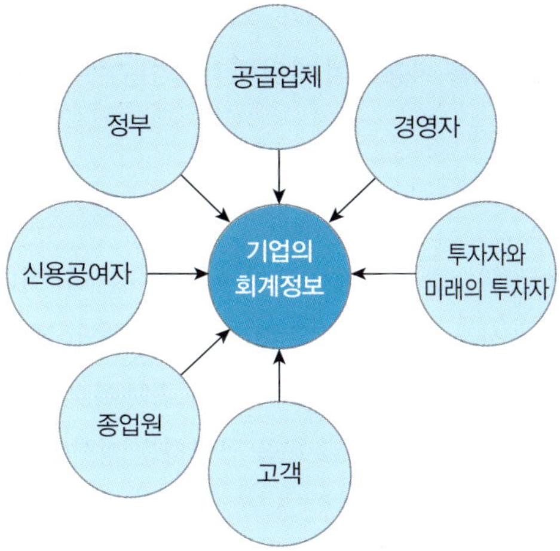

[그림 1-2] 기업의 회계정보와 이해관계자의 관계

1) 외부 이해관계자

(1) 투자자(미래의 투자자)

기업이 발행한 주식을 매입하여 기업에 자본을 투자하는 경제주체를 투자자라 한다. 투자자들은 주식과 관련된 의사결정을 할 때 회계정보를 이용한다. 예를 들어, 보유하고 있는 주식을 계속 보유할지, 처분할지를 결정할 때, 혹은 관심 대상 기업의 주식을 구입할 것인지를 결정할 때 회계정보를 이용하여 의사결정을 한다. 기업의 이익이 높을수록 미래의 주가는 높아질 것이며, 손실이 발생하거나 예상보다 이익이 낮게 나타난다면 미래 주가는 낮아 질 것이다. 기업의 이익은 회계정보이며 투자자들은 이러한 회계정보를 이용하여 기업에 투자결정에 대한 의사결정을 하게 된다.

(2) 신용공여자

기업들에게 일정기간 동안에 자금을 대여하고 이자를 받으며 대여기간 만기에는 원금을 상환 받는 경제주체를 신용공여자라 한다. 신용공여자들은 기업에게 자금을 빌려주는 것과 관련되어 의사결정을 할 때 회계정보를 이용한다. 예를 들어, 기업이 은행에 대출신청을 하였을 때 은행은 신용공여자가 되며, 이때 은행은 기업의 부채상환과 관련된 채무이행능력을 판단하여 대출여부를 결정하게 되는데 이때 부채상환과 관련된 채무이행능력을 확인할 수 있는 정보가 회계정보이다. 즉, 기업의 이익이 높을수록 채무이행능력은 높으며, 기존의 채무규모가 작을수록 기업은 채무이행능력이 높아진다. 기업의 이익과 채무규모는 회계정보이며 신용공여자들은 이러한 회계정보를 이용하여 기업에 대출여부에 대한 의사결정을 하게 된다.

(3) 공급업체

기업에게 원재료 등을 공급하는 경우 신용거래가 이루어지는데, 이때 원재료를 공급한 납품업체는 신용 매출한 채권이 시간이 경과한 뒤 현금으로 회수되어야 하므로 신용거래를 통한 지속적인 거래관계를 유지하고 채권 보전을 확인하기 위하여 기업의 성장 및 존속 가능성에 관련한 회계정보를 이용하여 기업에 원재료 등을 공급하는 의사결정을 하게 된다.

(4) 고객

기업 간의 거래에서 고객은 지속적인 거래관계와 기업이 제공하는 제품 및 서비스의 품질 측면을 확인하기 위하여 기업의 성장 및 존속 가능성에 관련한 회계정보를 이용하여 기업 간의 거래에 관련된 의사결정을 하게 된다.

(5) 정부기관

정부기관은 기업의 이익에 대해 세금을 부과하고 경제정책을 수립, 기업의 경영활동과 관련하여 규제와 관리를 한다. 이와 같은 의사결정시 의사결정의 기초자료로 회계정보를 이용한다.

2) 내부이해관계자

(1) 경영자

기업의 경영자는 여러 대안에 대해서 의사결정을 할 때 회계정보를 활용하게 된다. 예를 들어, 판매되는 제품의 가격 인상 여부를 결정할 때, 손실이 나는 사업 중지를 결정할 때 등과 같은 상황에서 회계정보를 이용하여 의사결정을 내리게 된다.

따라서 경영자가 선택하는 의사결정의 질은 회계정보의 질에 영향을 받는다. 경영자는 회계정보를 기초한 자신의 결정이 기업의 재무상태에 미치는 영향을 파악하고 있어야 한다.

(2) 종업원

종업원은 자신이 회사에 공헌한 정도와 회사의 지급능력을 고려해서 회사와 임금협상을 한다. 이와 같은 의사결정시 의사결정의 기초자료로 회계정보를 이용한다.

이와 같이 기업의 투자자, 신용공여자, 납품업체, 고객, 정부기관 및 경영자, 종업원 등의 이해관계자가 기업과 관련된 합리적인 판단이나 의사결정을 할 수 있도록 정보를 만들고 제공하는 것이 회계의 역할이다.

내부이해관계자인 경영자는 회계정보를 이용하는데 제약이 없지만, 외부이해관계자들은 회계정보를 이용하는데 제약이 따르므로 이를 해결하기 위해 기업들은 기간별로 재무제표를 공시하고 있다. 현재 우리나라의 일정 규모 이상(주식회사의 외부감사에 관한 법률에 의해 지정)의 기업들은 금융감독원의 전자공시시스템(http://dart.fss.or.kr)을 통하여 재무제표를 공시하고 있다. 이렇게 공시되는 회계정보를 재무회계정보라 한다.

2. 회계학의 분야

회계학의 분야를 이해관계자 집단인 내부이해관계자와 외부이해관계자에 따라 구분을 하면, 재무회계와 관리회계로 구분된다. 앞서 설명하였듯이 재무회계는 기업 외부의 다양한 이해관계자에게 정보를 제공하는 기능을 하고, 관리회계는 기업 내부의 이해관계자인 경영자에게 정보를 제공하는 기능을 한다.

재무회계는 투자자, 채권자 등 외부이해관계자들의 의사결정에 유용한 정보를 제공하는 것을 목적으로 한 회계분야이다. 즉, 재무회계는 외부보고가 목적이다. 기업의 회계정보를 외부에 있는 이해관계자들에게 제공하기 위해서는 재무제표를 통해서 정보를 제공한다. 이때 재무제표에 작성되는 내용은 국제회계기준에 의해서 작성이 되며, 과거지향적인 정보가 제공된다.

관리회계는 경영자 등 내부이해관계자들의 의사결정에 유용한 정보를 제공하는 것을 목적으로 한 회계분야이다. 즉, 관리회계는 내부보고가 목적이다. 기업의 회계정보를 경영자에게 제공할 때에는 일정한 형식에 구애받지 않고 정보가 제공된다. 또한 경영자에게 제공되는 정보는 다양한 의사결정기법을 포함하고 있으며, 과거 및 미래지향적인 정보를 포함하고 있다.

재무회계와 관리회계 이외의 회계분야에는 세무회계, 회계감사 등이 있다.

세무회계(tax accounting)는 국가의 재정조달을 위해서 세법에 따라 조세부담의 배분기준으로서 과세소득의 계산과 파악을 목적으로 하는 회계이다. 즉 세법에 의한 이익을 정확하게 계산하여 세금산출에 관련된 절차를 다루는 분야이다. 이때 세무조정 등에 대한 전문지식을 갖춘 자격 있는 전문가를 세무사 및 공인회계사(Certified Public Accountant: CPA)라고 한다.

회계감사(auditing)는 경영자에 의해서 제공되는 회계정보에 대한 신뢰성을 높이기 위해 회계에 대한 전문지식을 갖춘 자격 있는 전문가가 객관적이고 공정한 검증을 거쳐 재무보고서를 감사하여 의견을 제시하는 것을 목적으로 하는 회계이다.

제3절 회계의 기본 개념

1. 회계기준과 개념체계

앞 절에서 회계의 정의를 소개하였다. 즉, 회계는 이해관계자에게 거래의 결과로 나타난 회계정보를 제공하여 자원의 효율적 배분에 관한 경제적 의사결정을 할 수 있도록 도와주는 학문이라 한다. 이에 의하면 기업은 회계정보를 이해관계자에게 제공해야 하는데 회계정보 산출과 관련한 일정한 원칙이 정해져 있지 않다면 기업이 제공하는 회계정보를 이해관계자들은 신뢰하기 어려울 것이다. 또한 회계정보를 제공하는 기업도 일정한 원칙이 없다면, 회계정보 산출에 있어서 어떤 정보를 어떻게 제공해야 하는지를 쉽게 결정할 수 없을 것이다. 이렇게 일정한 원칙이 정해져 있지 않다면, 기업이 제공한 회계정보들은 모두 제각각일 것이고, 이 정보를 해석하는 이해관계자의 경우 각 기업의 회계정보가 모두 달라 기업 간 비교가 어려울 것이다. 이러한 문제점이 나타나는 것을 방지하기 위하여 원칙을 만들었는데 이를 회계기준이라 한다.

과거 우리나라의 회계기준은 정부기관인 금융감독위원회에서 제정을 하였으나, 2000년 7월 회계기준 제정을 독립된 민간단체인 회계기준원에서 제정하였다. 2007년 3월까지 회계기준원은 국제회계기준 등을 반영하여 28개 기준서를 제정하고 기존의 기업회계기준을 대체하였다. 2007년 3월 15일 발표된 국제회계기준 도입 로드맵에 따르면 원칙적으로 적용대상은 상장기업으로 하고, 국제회계기준 수용시간은 2009년부터 선택적용을 허용하되 2011년에는 전면 적용하는 것으로 하였다. 분 · 반기 연결재무제표 작성시기는 국제회계기준 적용기업은 2009년부터 적용되며, 자산 2조원 이상 기업의 경우는 2011년부터 마지막으로 모든 상장기업은 2013년부터 적용하였다. 지배회사의 연결재무제표에 포함되는 종속회사의 범위를 국제회계기준과 일치하였다. 사업보고서 등의 비재무에 관한 사항도 연결기준으로 공시하도록 하였다. 2007년 12월 한국채택국제회계기준(K-IFRS, Korean International Financial Reporting Standards)이 제정 발표되었다.

정리하면, 2011년부터 상장법인과 금융회사는 한국채택국제회계기준(K-IFRS)을 의무적으로 적용하고 있으며[1], 주식회사의 외부감사에 관한 법률의 적용대상기업 중 한국채택국제회계기준을 적용하지 않는 기업은 일반기업회계기준을 적용한다. 마지막으로 외부감사 대상 이외의 주식회사의 경우는 중소기업회계기준을 적용한다.

〈표 1-1〉 회계기준 체계

회계기준	적용대상	외부감사	관련법령
한국채택국제회계기준	주권상장법인 및 금융회사	의무	주식회사 등의 외부감사에 관한 법률
일반기업회계기준	외부감사대상 주식회사		
중소기업회계기준	외부감사 대상 이외의 주식회사	면제	상법

회계기준위원회는 한국채택국제회계기준을 제정하거나 개정을 검토할 때 개념체계를 기반으로 한다. 개념체계는 외부이용자를 위한 재무제표의 작성과 표시에 있어 기초가 되는 개념을 정립한다. 개념체계에는 재무보고의 목적, 유용한 재무정보의 질적 특성, 재무제표를 구성하는 요소의 정의, 인식 및 측정, 자본 및 자본유지 개념에 대한 사항들이 제시되어 있다.

그러나 개념체계는 한국채택국제회계기준이 아니므로 어떤 경우에도 특정 한국채택국제회계기준보다 우선하지 아니한다. 현재 도입되어 적용되는 국제회계 기준의 특징과 그 필요성을 살펴보면 다음과 같다.

1) 국제회계기준 주요 특징

(1) 대다수 국가의 공동 작업을 통해 제정되는 기준

IASB는 기준 제정과정에서 미국, 영국, 호주, 일본 등 세계 각국의 회계기준제정기구와 공동

1) K IFRS를 적용하는 기업은 외감법(주식회사의 외부감사에 관한 법률)에 제시되어 있다.

으로 작업을 수행한다.

(2) 원칙중심의 기준체계 (principle-based standards)

상세하고 구체적인 회계처리 방법 제시보다는 회계담당자가 경제적 실질에 기초하여 합리적으로 회계처리 할 수 있도록 회계처리의 기본원칙과 방법론을 제시(Principle-based)[2)]하는데 주력한다.

반면, US GAAP 등은 법률관계 및 계약의 내용에 따라 개별 사안에 대한 구체적인 회계처리 방법과 절차를 세밀하게 규정(Rule-based)하고 있다.

(3) 연결재무제표 (consolidated financial statements) 중심

국제회계기준은 종속회사가 있는 경우 연결재무제표를 기본으로 한다. 이에 따라 사업보고서 등 모든 공시서류는 연결재무제표를 중심으로 작성된다.

(4) 공정가치 평가 (fair value accounting)

국제회계기준의 핵심내용은 자본시장의 투자자에게 기업의 재무상태 및 내재가치에 대한 의미 있는 투자정보를 제공하는 것이며 이를 위해 국제회계기준은 금융자산 · 부채와 유 · 무형자산 및 투자부동산에까지 공정가치 측정을 의무화 또는 선택 적용할 수 있도록 하고 있다.

2) 국제회계기준 도입 필요성

(1) 전 세계적인 회계기준 단일화 추세에 적극 대응

자본시장이 글로벌화 됨에 따라 국제적으로 통일된 회계처리기준에 대한 요구가 크게 증가하였고 2007년 3월 당시 EU, 호주, 캐나다 등 100여 개국이 국제회계기준을 자국의 회계기준으로 수용 또는 수용할 예정이었다. 이에 우리나라도 세계적인 회계기준 단일화 추세에 적극 대응할 필요성이 제기되었다.

---

2) 기업의 활동이 복잡해짐에 따라 예측가능한 모든 활동에 대해 세부적인 규칙을 제시하는 것은 불가능하며, 규칙의 자구해석에 지나치게 집중하는 경우 오히려 규제회피가 더욱 쉬워지는 문제가 발생하므로 회계기준 당국은 회계처리 적정성을 판단할 수 있는 충분한 원칙 및 근거를 제시하는데 주력하여야 한다는 입장

(2) 회계투명성에 대한 신뢰도 제고

외환위기 이후 정부는 기업회계 선진화를 위해 회계감독을 강화하고 제도개선을 지속적으로 실시하여 왔으나 기업의 재무상태와 영업성과를 나타내는 기초언어인 회계처리기준이 국제회계기준과 달라 외국인 등이 한국기업의 회계에 대하여 신뢰하지 못하는 하나의 원인이 되어 왔다. 이에 코리아 디스카운트의 원인 중 '회계기준 미흡' 요인을 제거하여 회계정보에 대한 대내외 신뢰도를 높일 필요성이 나타났다.

(3) 글로벌 기업들의 회계장부 이중작성 부담 경감

국내기업이 해외증시에 상장할 경우 해당국가의 회계처리기준을 적용하여 재무제표를 다시 작성하고 외부감사도 받게 되므로 기업부담 발생하게 되지만, 국제회계기준 도입시 국내법규에 의한 재무제표를 국제자본시장에서 그대로 사용할 수 있게 되어 이중으로 회계장부를 작성하는 부담이 없어지게 된다.

2. 일반목적 재무보고의 목적

재무보고의 주된 목적은 투자 및 신용의사결정에 유용한 정보를 제공하는 것이다. 투자 및 신용의사결정에 유용한 정보란 투자로부터의 미래 현금흐름을 예측하기 위해 기업실체의 미래 현금흐름을 예측하는 데 유용한 정보라고 할 수 있다. 기업실체의 미래 현금흐름을 예측하기 위해서는 기업실체의 경제적 자원과 그에 대한 청구권, 그리고 경영성과 측정치를 포함한 청구권의 변동에 관한 정보가 제공되어야 한다. 즉, 재무보고는 기업실체의 재무상태, 경영성과, 현금흐름 및 자본변동에 관한 정보를 제공하여야 한다.

재무보고는 기업실체에 대한 현재 및 잠재의 투자자와 채권자가 합리적인 투자의사결정과 신용의사결정을 하는 데 유용한 정보 즉, 투자 또는 자금대여 등으로부터 받게 될 미래 현금의 크기, 시기 및 불확실성을 평가 등의 정보를 제공하여야 한다. 이러한 유용한 정보는 투자자와 채권자를 통하여 사회 전체적인 자원배분의 효율성을 높이는 데 기여한다.

3. 재무보고의 기본가정: 계속기업

재무제표는 일반적으로 기업이 계속기업이며 예상가능 한 기간 동안 영업을 계속할 것이라는 가정 하에 작성된다. 따라서 기업은 그 경영활동을 청산하거나 중요하게 축소할 의도나 필

(3) 적시성

적시성은 의사결정자가 정보를 제때에 이용가능하게 하는 것을 의미한다. 일반적으로 정보는 오래될수록 유용성이 낮아진다.

(4) 이해가능성

이해가능성은 정보이용자가 정보를 쉽게 이해할 수 있어야 한다는 것이다. 정보를 명확하고 간결하게 분류하고, 특징지으며, 표시하면 이해가능성이 높아진다.

재무보고서는 사업활동과 경제활동에 대해 합리적인 지식이 있고, 부지런히 정보를 검토하고 분석하는 정보이용자를 위해 작성된다.

5. 재무제표 요소의 인식

인식은 재무제표 요소의 정의에 부합하고 일정한 인식기준을 충족하는 항목을 재무상태표나 포괄손익계산서에 반영하는 과정을 말한다. 이 과정은 해당 항목을 서술하는 계정명칭과 화폐금액으로 기술하고 그 금액을 재무상태표 또는 포괄손익계산서에 표시한다.

1) 자산의 인식

자산은 미래경제적효익이 기업에 유입될 가능성이 높고 해당 항목의 원가 또는 가치를 신뢰성 있게 측정할 수 있을 때 재무상태표에 인식한다. 지출이 발생하였으나 당해 회계기간 후에는 관련된 경제적효익이 기업에 유입될 가능성이 높지 않다고 판단되는 경우에는 재무상태표에 자산으로 인식하지 아니하며, 그러한 거래는 포괄손익계산서에 비용으로 인식한다.

2) 부채의 인식

부채는 현재 의무의 이행에 따라 경제적효익을 갖는 자원의 유출 가능성이 높고 결제될 금액에 대해 신뢰성 있게 측정할 수 있을 때 재무상태표에 인식한다.

3) 수익의 인식

수익은 자산의 증가나 부채의 감소와 관련하여 미래경제적효익이 증가하고 이를 신뢰성 있게 측정할 수 있을 때 포괄손익계산서에 인식한다. 이는 실제로 수익의 인식이 자산의 증가나 부채의 감소에 대한 인식과 동시에 이루어짐을 의미한다.

4) 비용의 인식

비용은 자산의 감소나 부채의 증가와 관련하여 미래경제적효익이 감소하고 이를 신뢰성 있게 측정할 수 있을 때 포괄손익계산서에 인식한다. 이는 실제로 비용의 인식이 부채의 증가나 자산의 감소에 대한 인식과 동시에 이루어짐을 의미한다.

6. 재무제표 요소의 측정

측정은 재무상태표와 포괄손익계산서에 인식되고 평가되어야 할 재무제표 요소의 화폐금액을 결정하는 과정이다. 재무제표를 작성하기 위해서는 다수의 측정기준이 다양한 방법으로 결합되어 사용된다.

1) 역사적 원가

자산은 취득의 대가로 취득 당시에 지급한 현금 또는 현금성자산이나 그 밖의 대가의 공정가치로 기록한다. 부채는 부담하는 의무의 대가로 수취한 금액으로 기록한다.

2) 현행원가

자산은 동일하거나 또는 동등한 자산을 현재시점에서 취득할 경우에 그 대가로 지불하여야 할 현금이나 현금성자산의 금액으로 평가한다. 부채는 현재시점에서 그 의무를 이행하는 데 필요한 현금이나 현금성자산의 할인하지 아니한 금액으로 평가한다.

3) 실현가능(이행)가치

자산은 실현가치를 평가하며, 정상적으로 처분하는 경우 수취할 것으로 예상되는 현금이나 현금성자산의 금액으로 평가한다. 부채는 이행가치로 평가하는 데 이는 정상적인 영업과정에서 부채를 상환하기 위해 지급될 것으로 예상되는 현금이나 현금성자산의 할인하지 아니한 금액으로 평가한다.

4) 현재가치

자산은 정상적인 영업과정에서 그 자산이 창출할 것으로 기대되는 미래 순현금유입액의 현재할인가치로 평가한다. 부채는 정상적인 영업과정에서 그 부채를 상환할 때 필요할 것으로 예상되는 미래 순현금유출액의 현재할인가치로 평가한다.

〈부록〉

외감법적용 대상 기업들은 기업의 재무제표를 공시해야 한다. 이렇게 공시된 정보를 외부이해관계자들이 쉽게 확인할 수 있도록 정보를 제공하는 웹사이트가 존재한다. 금융감독원의 전자공시스템(dart.fss.or.kr)으로 재무제표 뿐만 아니라 기업의 다양한 정보가 공시된다.

전자공시스템의 처음 화면은 아래 그림과 같다. 재무제표를 확인하고자 하는 회사명과 기간을 설정하고 정기공시를 클릭하면, 정기공시 항목이 열리는데 여기서 사업보고서(1년 단위 보고서), 반기보고서(6개월 단위 보고서), 분기보고서(3개월 단위 보고서)를 체크를 하고 검색을 실행하면 각 기간 동안의 재무제표를 확인할 수 있다.

[그림 1-3] 전자공시스템 화면

연·습·문·제

1. 다음의 제시되는 문장을 읽고 맞는 설명인 경우는 O, 틀린 설명인 경우는 X로 답하세요.

1) 회계의 사회적 기능으로 회계정보는 크게 수탁책임에 대한 보고의 기능과 경제적 자원의 배분에 대한 기능을 갖는다.

2) 기업에게 일정기간 동안 자금을 대여하고 이자를 받으며 대여기간 만기에는 원금을 상환받는 경제주체를 투자자라 한다.

3) 관리회계는 투자자, 채권자 등 외부이해관계자들의 의사결정에 유용한 정보를 제공하는 것을 목적으로 한 회계분야이다. 즉, 관리회계는 외부보고가 목적이다.

4) 재무보고는 기업실체에 대한 현재 및 잠재의 투자자와 채권자가 합리적인 투자의사결정과 신용의사결정을 하는 데 유용한 정보 즉, 투자 또는 자금대여 등으로부터 받게 될 미래 현금의 크기, 시기 및 불확실성을 평가 등의 정보를 제공하여야 한다.

5) 표현에 충실한 재무정보는 정보이용자의 의사결정에 차이가 나도록 할 수 있다. 재무정보에 예측가치, 확인가치 또는 이 둘 모두가 있다면 그 재무정보는 의사결정에 차이가 나도록 할 수 있다.

6) 보강적 질적 특성은 근본적 질적 특성을 보강시키는 질적 특성으로 이에는 일관성, 계속성, 적시성, 이해가능성으로 구성된다.

7) 이해가능성은 정보이용자가 정보를 쉽게 이해할 수 있어야 한다는 것이다. 정보를 명확하고 간결하게 분류하고, 특징지으며, 표시하면 이해가능성이 높아진다. 재무보고서는 사업활동과 경제활동에 대해 합리적인 지식이 있고, 부지런히 정보를 검토하고 분석하는 정보이용자를 위해 작성된다.

8) 수익은 자산의 감소나 부채의 증가와 관련하여 미래경제적효익이 감소하고 이를 신뢰성 있게 측정할 수 있을 때 포괄손익계산서에 인식한다.

9) 측정은 재무상태표와 포괄손익계산서에 인식되고 평가되어야 할 재무제표 요소의 화폐금액을 결정하는 과정이다.

10) 부채는 이행가치로 평가하는 데, 이는 정상적인 영업과정에서 부채를 상환하기 위해 지급될 것으로 예상되는 현금이나 현금성자산을 할인한 금액으로 평가한다.

2. 아래의 빈칸에 알맞은 단어를 기입하세요.

1) 회계란 경제적 정보를 측정하고 전달하는 과정으로 정보이용자의 경제적 (   )에 유용한 정보를 제공하는 것이다.

2) 자본을 수탁받은 경영자가 자본을 제공한 주주의 위임에 따라 기업의 자원을 효과적으로 관리할

책임을 (　　　)이라 한다.

3) 기업이 발행한 주식을 매입하여 기업에 자본을 투자하는 경제주체를 (　　　)라 한다.

4) 기업의 이익이 높을수록, 기존의 채무규모가 작을수록 기업은 (　　　)이 높아진다.

5) 회계의 영역은 크게 (　　　)와 관리회계로 구분 할 수 있다.

6) 재무보고의 주된 목적은 (　　　) 및 (　　　)의사결정에 유용한 정보를 제공하는 것이다.

7) 재무보고의 기본가정은 (　　　)의 가정이다.

8) 재무정보가 유용하기 위하여 갖추어야 하는 근본적 질적 특성에는 (　　　) 과 (　　　)이 있다.

9) (　　　)은 재무제표 요소의 정의에 부합하고 일정한 인식기준을 충족하는 항목을 재무상태표나 포괄손익계산서에 반영하는 과정을 말한다.

10) 자산을 취득의 대가로 취득 당시에 지급한 현금 또는 현금성자산이나 그 밖의 대가의 공정가치로 기록하는 측정 방법을 (　　　)라 한다.

3. 유용한 재무정보의 질적 특성에 대한 설명으로 옳지 않은 것은?(공무원 9급 2023년)

① 표현충실성은 모든 면에서 정확한 것을 의미하지는 않는다. 오류가 없다는 것은 현상의 기술에 오류나 누락이 없고, 보고 정보를 생산하는 데 사용되는 절차의 선택과 적용 시 절차상 오류가 없음을 의미한다.

② 비교가능성은 통일성이 아니다. 정보가 비교 가능하기 위해서는 비슷한 것은 비슷하게 보여야 하고 다른 것은 다르게 보여야 한다.

③ 보강적 질적특성은 가능한 한 극대화되어야 한다. 그러나 보강적 질적특성은 정보가 목적 적합하지 않거나 나타내고자 하는 바를 충실하게 표현하지 않으면 개별적으로든 집단적으로든 그 정보를 유용하게 할 수 없다.

④ 하나의 경제적 현상은 여러 가지 방법으로 충실하게 표현될 수 있어 동일한 경제적 현상에 대해 대체적인 회계처리방법을 허용하면 비교가능성이 증가한다.

4. 「주식회사 등의 외부감사에 관한 법률」상 기업의 재무제표 작성 책임이 있는 자는?(공무원 9급 2020년)

① 회사의 대표이사와 회계담당 임원(회계담당 임원이 없는 경우에는 회계업무를 집행하는 직원)

② 주주 및 채권자

③ 공인회계사

④ 금융감독원

5. **「재무보고를 위한 개념체계」에서 제시된 회계정보의 질적 특성에 대한 설명으로 옳지 않은 것은?(공무원 9급 2020년)**

① 표현충실성은 모든 면에서 정확한 것을 의미한다.

② 검증가능성은 정보가 나타내고자 하는 경제적 현상을 충실히 표현하는지를 정보이용자가 확인하는 데 도움을 준다.

③ 정보를 정확하고 간결하게 분류하고, 특정 지으며, 표시하는 것은 정보를 이해 가능하게 한다.

④ 적시성은 의사결정에 영향을 미칠 수 있도록 의사결정자가 정보를 제때에 이용 가능하게 하는 것을 의미한다.

6. **회계정보와 관련한 설명으로 옳지 않은 것은?(공무원 9급 2021년)**

① 경영자는 회계정보를 생산하여 외부 이해관계자들에게 공급하는 주체로서 회계정보의 공급자이므로 수요자는 아니다.

② 경제의 주요 관심사는 유한한 자원을 효율적으로 사용하는 것인데, 회계정보는 우량기업과 비우량기업을 구별하는 데 이용되어 의사결정에 도움을 준다.

③ 회계정보의 신뢰성을 확보하기 위하여 기업은 회계기준에 따라 재무제표를 작성하고, 외부감사인의 감사를 받는다.

④ 외부감사는 전문자격을 부여받은 공인회계사가 할 수 있다.

7. **한국채택국제회계기준의 특징과 관련된 설명 중에서 옳지 않은 것은?(공무원 9급 2021년)**

① 연결재무제표를 주재무제표로 작성함으로써 개별기업의 재무제표가 보여주지 못하는 경제적 실질을 더 잘 반영할 수 있을 것으로 기대된다.

②「주식회사 등의 외부감사에 관한 법률」의 적용을 받는 모든 기업이 한국채택국제회계기준을 회계기준으로 삼아 재무제표를 작성하여야 한다.

③ 과거 규정 중심의 회계기준이 원칙 중심의 회계기준으로 변경되었다.

④ 자산과 부채의 공정가치평가 적용이 확대되었다.

8. 다음 중 재무회계의 특징이 아닌 것을 모두 고르시오.

① 과거 및 미래지향적인 정보를 포함하고 있다.

② 회계기준에 따라 재무제표를 작성한다.

③ 외부이용자에게 정보를 제공하는 기능을 한다.

④ 내부보고가 목적이다.

⑤ 회계원칙을 근거로 한 정보가 제공되어야 한다.

2
CHAPTER

재무제표

기업이 지속적인 이익을 창출하려는 목적 달성을 위해 기업이 하는 활동을 기업의 활동이라 한다. 기업의 활동은 크게 재무활동, 투자활동, 영업활동 3가지로 구분한다. 재무활동이란 기업이 필요한 자금을 조달하는 것이다. 재무활동을 통해 조달된 자금을 영업에 필요한 설비를 구입하는 활동을 투자활동이라고 한다. 기업의 재무활동을 통해 자금을 조달하고 투자활동을 활용하여 재화를 제조하는데 필요한 설비를 보유한 다음에 이를 통하여 제화를 제조하고 판매하는 활동들을 하게 된다. 이를 우리는 영업활동이라고 한다. 이러한 기업의 경제적 활동을 최종적으로 요약한 보고서를 재무제표라 한다. 한국채택국제회계기준에 의한 재무제표의 종류는 재무상태표, 포괄손익계산서, 자본변동표, 현금흐름표, 주석으로 구분한다. 본 장에서는 이에 대한 구성요소와 재무제표간의 연계관계를 학습한다.

제1절 기업의 활동과 재무제표

1. 기업의 활동을 나타내는 재무제표

기업의 목적은 수익을 창출하는 사업을 통해 지속적인 이익을 창출하는 것이나. 예를 들어 자본을 이용하여 사탕을 생산하고 생산된 사탕을 판매하여 수익을 창출하는 것 등이 사업이다. 정리하면, 투입된 비용 대비 더욱 큰 수익을 창출하여 이를 바탕으로 지속적인 이익을 창출하려는 것이 기업의 목적이다.

이러한 목적 달성을 위해 기업이 하는 활동을 기업의 활동이라 한다. 예를 들어, 상품을 판매하여 이익을 추구하는 것이 사업인 기업에서 이를 위해 기업의 장기적 방향인 전략(가격차별화 전략 혹은 원가우위 전략)을 수립다면, 수립된 전략을 실행하기 위한 구체적인 활동을 할 것이다. 이러한 활동들을 통틀어 기업의 활동이라 한다.

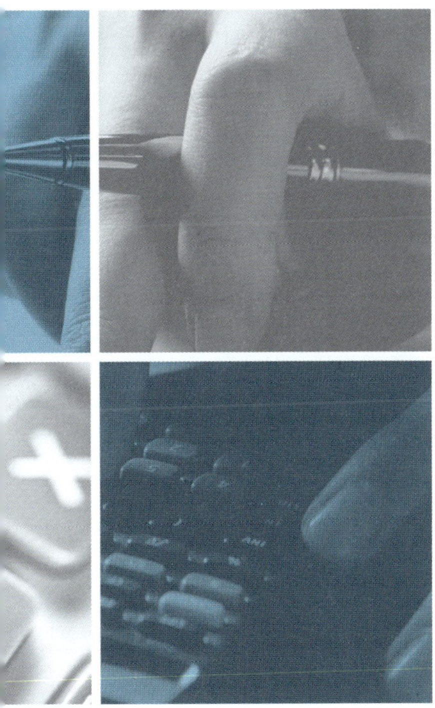

기업의 활동을 크게 재무활동, 투자활동, 영업활동 3가지로 구분한다. 재무활동이란 기업이 필요한 자금을 조달하는 것이다. 이 때 기업이 필요한 자금(재원)은 기업이라는 실체(entity)를 기준으로 기업의 내부 혹은 외부에서 빌려 올 수 있다. 기업은 기업의 소유자이기도 한 주식투자자들에게 주식을 주고 대신 돈을 받을 수 있다(유상증자). 주식투자자들은 기업의 소유주이기도 하기 때문에 기업 내부가 된다. 반면 은행에서 필요한 돈을 빌려올 수도 있다(차입). 이 경우 은행은 기업의 외부가 된다.

회계에서는 기업이 필요한 자원을 조달해온 자금의 출처를 명시하기 위해 다른 용어를 사용한다. 주식이 거래되는 자본시장에서 주식투자자로부터 기업으로 자금을 조달하는 것을 자본이라 한다. 반면에 은행과 같은 기업외부로의 채권자로부터 자금을 조달한 것을 부채라고 한다. 즉 기업의 재무활동은 '부채'와 '자본'으로 분류되는데, 이와 같은 활동은 재무제표 구성요소 중 '재무상태표'에 표기한다.

그런데 기업은 왜 재무활동을 해서 기업 내・외부로부터 자원을 조달했을까? 그것은 기업이 하고자 하는 사업을 실행하려고 할 때 필요한 설비를 구입하고 기업운영에 필요한 자금을 조달하기 위해서이다.[1] 예를 들어 사탕을 만들어 판매하는 경우, 사탕을 제조하는 기계, 원재료, 사람, 창고 등이 필요하다. 기업은 사탕 판매 사업을 실행하기 위해, 재무활동을 통해 조달된 자금으로 위와 같이 필요한 것, 즉 설비 등을 구입하는 활동을 투자활동이라 한다. 투자활동을 통하여 구입하여 보유하고 있는 설비 등을 회계학에서는 '자산'이라고 한다. 자산도 재무제표 구성요소 중 '재무상태표'에 표기한다.

기업의 재무활동을 통해 자금을 조달하고 투자활동을 활용하여 상품 혹은 제품을 제조하는데 필요한 것들을 보유한 다음에는, 제품을 제조하고 판매하는 활동들을 하게 된다. 예를 들어 '올 1년 동안 사탕을 ₩100,000을 들여 제조하였고, ₩150,000에 판매했다'라는 정보는 기업의 영업활동이라고 한다. 이러한 기업의 영업활동은 재무제표 구성요소 중 '포괄손익계산서' 및 '재무상태표'에 표기한다.

이렇듯, 기업의 경제활동을 최종적으로 요약한 보고서를 재무제표라 한다. 한국채택국제회계기준에 의한 재무제표의 종류는 재무상태표, 포괄손익계산서, 자본변동표, 현금흐름표, 주석으로 구분한다. 재무제표의 각 구성요소에서 제공되는 주요 정보는 다음 표에 제시되어 있다. 각각에 대한 보다 자세한 설명을 후술하기로 한다.

〈표 2-1〉 재무제표 구성요소와 정의

구분	정의
재무상태표	일정시점 현재 기업의 재무상태를 나타내는 재무제표
포괄손익계산서	일정 기간 동안 발생한 경영성과를 보고하는 재무제표
자본변동표	일정기간 동안의 자본의 크기와 그 변동에 관한 정보를 제공하는 재무제표
현금흐름표	일정 기간 기업의 현금 변동내용을 보고하기 위해 작성되는 재무제표
주석	유의적인 회계정책 및 그 밖의 설명

1) 그런데 기업이 재무활동을 열심히 해서 많은 돈을 조달한 다음 아무 것도 하지 않는다면 어떻게 될까? 기업의 내부이용자에게는 배당, 외부이용자에게는 이자비용 등을 지출해야 되기 때문에 기업은 손해를 계속 보게 된다.

2. 재무제표의 일반사항

1) 공정한 표시와 한국채택국제회계기준의 준수

재무제표는 기업의 재무상태, 재무성과 및 현금흐름을 공정하게 표시해야 한다. 공정한 표시를 위해서는 '개념체계'에서 정한 자산, 부채, 수익 및 비용에 대한 정의와 인식요건에 따라 거래, 그 밖의 사건과 상황의 효과를 충실하게 표현해야 한다. 한국채택국제회계기준에 따라 작성된 재무제표(필요에 따라 추가공시한 경우 포함)는 공정하게 표시된 재무제표로 본다.

재무제표가 한국채택국제회계기준의 요구사항을 모두 충족한 경우가 아니라면 한국채택국제회계기준을 준수하여 작성되었다고 기재하여서는 안 된다.

2) 계속기업

경영진은 재무제표를 작성할 때 계속기업으로서의 존속가능성을 평가해야 한다. 경영진이 기업을 청산하거나 경영활동을 중단할 의도를 가지고 있지 않거나, 청산 또는 경영활동의 중단 외에 다른 현실적 대안이 없는 경우가 아니면 계속기업을 전제로 재무제표를 작성한다. 재무제표가 계속기업의 기준 하에 작성되지 않는 경우에는 그 사실과 함께 재무제표가 작성된 기준 및 그 기업을 계속기업으로 보지 않는 이유를 공시해야 한다.

3) 발생기준 회계

기업은 현금흐름 정보를 제외하고는 발생기준 회계를 사용하여 재무제표를 작성한다.

4) 중요성과 통합표시

유사한 항목은 중요성 분류에 따라 재무제표에 구분하여 표시한다. 상이한 성격이나 기능을 가진 항목은 구분하여 표시한다. 다만 중요하지 않은 항목은 성격이나 기능이 유사한 항목과 통합하여 표시할 수 있다.

5) 상계

한국채택국제회계기준에서 요구하거나 허용하지 않는 한 자산과 부채 그리고 수익과 비용은 상계하지 아니한다.

6) 보고빈도

재무제표는 적어도 1년마다 작성한다.

7) 비교정보

당기 재무제표에 보고되는 모든 금액에 대해 전기 비교정보를 공시한다. 당기 재무제표를 이해하는 데 목적적합하다면 서술형 정보의 경우에도 비교정보를 포함한다.

8) 표시의 계속성

재무제표 항목의 표시와 분류는 다음의 경우를 제외하고는 매기 동일하여야 한다.

① 사업내용의 유의적인 변화나 재무제표를 검토한 결과 다른 표시나 분류방법이 더 적절한 것이 명백한 경우

② 한국채택국제회계기준에서 표시방법의 변경을 요구하는 경우

9) 재무제표의 식별

재무제표는 동일한 문서에 포함되어 함께 공표되는 그 밖의 정보와 명확하게 구분되고 식별되어야 한다. 각 재무제표와 주석은 명확하게 식별되어야 한다.

제2절 재무상태표

1. 재무상태표의 의의

재무상태표(statement of financial position)란 일정시점 현재 기업의 재무상태를 나타내는 재무제표이다. 재무상태표는 기업의 유동성(liquidity), 재무융통성(financial flexibility) 및 수익성(profitability) 등에 관한 유용한 회계정보를 제공한다. 기업의 재무상태는 자산, 부채, 자본의 잔액으로 표현이 된다.

재무상태표는 자금의 조달상태와 운용상태에 대해서 보고한다. 기업이 필요한 자금을 빌

려왔는지 혹은 주주들에게 투자를 받았는지에 대해 알림으로서 조달상태에 대한 보고를 하고 이렇게 조달된 자금이 어떻게 사용되었는지에 대해 알림으로서 운용상태에 대한 보고를 하게 된다. 즉 재무상태표의 대변(오른쪽)에 인식되는 부채와 자본을 통하여 조달상태를 보고하게 되고, 차변(왼쪽)에 인식되는 자산을 통하여 운용상태를 보고하게 된다.

재무상태표의 형태와 구성요소를 그림으로 나타내면 [그림 2-1]과 같다.

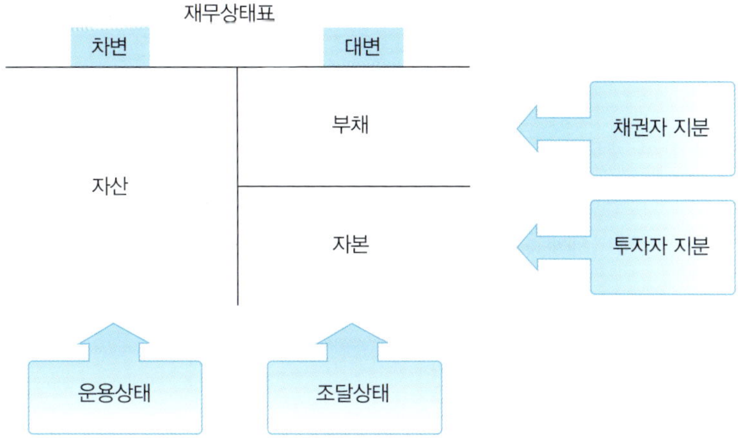

[그림 2-1] 재무상태표의 형태와 구성요소

2. 재무상태표의 구조

재무상태표의 왼쪽을 차변이라 하고 오른쪽은 대변이라 한다. 재무상태표 대변에는 부채와 자본이 인식된다. 부채와 자본은 자금의 조달상태를 보고하는데, 필요한 자금을 제3자에게 조달한 경우에는 부채에 인식하고 주주들에게 투자를 받은 경우와 경영활동을 통하여 기업 내부에 유보된 금액은 자본에 인식하게 된다. 부채는 제3자에게 자본을 조달하였으므로 추후 원금과 이자를 상환해야 하는 의무가 생기게 된다. 이 때문에 부채를 타인자본이라고도 한다. 자본은 투자자들이 투자를 한 것이므로 상환의무가 없으며, 자기자본이라고 한다. 기업의 재무구조를 평가할 때 부채와 자본의 구성비율을 비교하여 평가 할 수 있는데, 부채보다 자본의 비율이 높으면 재무구조가 안정적이라고 평가하며, 자본보다 부채의 비율이 높은 경우에는 재무구조가 열악하다고 평가한다.

재무상태표 차변에는 자산이 인식된다. 자산은 운용상태를 보고한다. 즉 부채와 자본으로 조달된 자금이 어떻게 사용되었는지에 대한 보고가 자산의 운용상태에 관한 보고이다. 조달된 자금을 운용하게 되면 현금, 제품, 기계장치, 건물, 차량운반구 등과 같은 자산을 보유하게 된다.

〈표 2-2〉 재무상태표의 구조

재무상태표			
자금의 운용상태		자금의 조달상태	
자산	1,000	부채	300
		자본	700
	1,000		1,000

〈표 2-2〉와 같이 재무상태표의 차변에는 자산이 인식되고 대변에는 부채와 자본인 인식된다. 또한 차변 자산의 합계는 ₩1,000이며, 대변의 부채와 자본의 합계 역시 1,000으로 대변과 차변의 합계액은 일치하게 된다. 이는 조달된 자금이 모두 자산으로 운용됨을 뜻한다.

3. 자산

자산(assets)은 과거 사건의 결과로 기업이 통제하고 있고, 미래경제적효익이 기업에 유입될 것으로 기대되는 자원으로 정의한다. 예를 들어 현금, 상품, 비품, 건물, 토지, 기계장치 등의 재화는 자산에 속하며, 외상으로 상품을 판매하고 매출채권이 발생한다면 이 금액 역시 자산에 해당된다.

자산은 유동자산과 비유동자산, 부채는 유동부채와 비유동부채로 재무상태표에 구분 표시된다.

1) 유동자산

유동자산으로 분류하기 위해서는 다음의 조건 중 하나를 만족하면 된다. (1) 기업의 정상영업주기[2] 내에 실현될 것으로 예상하거나, 정상영업주기 내에 판매하거나 소비할 의도가 있다. (2) 주로 단기매매 목적으로 보유하고 있다. (3) 보고기간 후 12개월 이내에 실현될 것으로 예상한다. (4) 현금이나 현금성자산으로서, 교환이나 부채 상환 목적으로의 사용에 대한 제한 기

2) 영업주기는 제조업의 경우에 제조과정에 투입될 재화와 용역을 취득한 시점부터 제품의 판매로 인한 현금의 회수완료 시점까지 소요되는 기간을 나타낸다. 숙성과정이 필요한 업종이나 자본집약적인 업종의 경우에는 영업주기가 1년을 초과할 수도 있다. 반면에 대부분의 업종의 경우에는 영업주기가 1년 이내인 경우가 보통이다. 정상적인 영업주기가 명확하게 확인되지 않는 경우에는 1년으로 추정한다.자산은 유동자산과 비유동자산, 부채는 유동부채와 비유동부채로 재무상태표에 구분 표시된다.

간이 보고기간 후 12개월 이상이 아니다.

유동자산 범위에 속하는 자산으로는 현금 및 현금성자산, 매출채권, 재고자산 등이다.

2) 비유동자산

비유동자산은 유동자산에 속하지 않는 그 밖의 모든 자산이다.

비유동자산 범위에 속하는 자산으로는 토지, 건물, 영업권, 산업재산권 등이다.

4. 부채

부채(liabilities)는 과거 사건에 의하여 발생하였으며, 경제적 효익이 내재된 자원이 기업으로부터 유출됨으로써 이행될 것으로 기대되는 현재의무이다. 예를 들어 외상으로 원재료를 구매하여 매입채무가 발생하였다면 이 금액은 부채에 해당하며, 이 밖에 차입금, 미지급금, 사채 등이 부채에 속한다.

1) 유동부채

유동부채로 분류하기 위해서는 다음의 조건 중 하나를 만족하면 된다. (1) 정상영업주기 내에 결제될 것으로 예상하고 있다. (2) 주로 단기매매 목적으로 보유하고 있다. (3) 보고기간 후 12개월 이내에 결제하기로 되어 있다. (4) 보고기간 후 12개월 이상 부채의 결제를 연기할 수 있는 무조건의 권리를 가지고 있지 않다.

유동부채 범위에 속하는 부채로는 매입채무, 단기차입금 등이다.

2) 비유동부채

비유동부채는 유동부채에 속하지 않는 그 밖의 모든 부채이다.

비유동부채 범위에 속하는 부채로는 장기차입금, 사채 등이다.

5. 자본

자본(equity)은 기업의 자산에서 모든 부채를 차감한 잔여지분이다. 따라서 자본은 자산과 부채 금액의 측정에 따라 결정되며, 기업이 발행한 주식의 시가총액과 일치하지 않는다. 예를 들어 자본금, 이익잉여금 등이 자본에 해당된다.

6. 재무상태표의 형식

재무상태표의 형식은 보고식과 계정식으로 구분된다. 보고식 재무상태표는 외부 정보이용자들에게 공시할 때 사용하는 형식으로 자산, 부채, 자본의 순서로 작성하는 방식이며, 계정식 재무상태표는 앞서 그림에서 제시한 것과 같이 차변에는 자산을, 대변에는 부채와 자본을 나타내는 방식이다.

〈표 2-3〉 보고식 재무상태표[3]

재무상태표(보고식)

제×기 20×2년 12월 31일 현재
제×기 20×1년 12월 31일 현재

회사명 (단위: 원)

과 목	당 기		전 기	
자 산				
유 동 자 산		×××		×××
현금및현금성자산	×××		×××	
매출채권	×××		×××	
재고자산	×××		×××	
…	×××		×××	
비 유 동 자 산		×××		×××
토지	×××		×××	
건물	×××		×××	
영업권	×××		×××	
산업재산권	×××		×××	
…	×××		×××	
자 산 총 계		×××		×××
부 채				
유 동 부 채		×××		×××
매입채무	×××		×××	

3) 예시로 작성된 보고식 재무상태표는 기업에서 사용하는 모든 계정들이 기입되어 있지 않다. 즉, 기업에서 실제로 보고되는 재무상태표는 현재 제시되어 있는 계정들 보다 더욱 많은 계정들로 구성되어 있다. 본 교재는 회계학을 처음 접하는 학생들을 위한 교재이므로 기업에서 사용되는 모든 계정을 재무상태표에 기입하지 않고 회계원리에서 주로 사용하는 계정들로 재무상태표를 작성하였다.

단기차입금	×××		×××	
…	×××		×××	
비 유 동 부 채		×××		×××
장기차입금	×××		×××	
사채	×××		×××	
…	×××		×××	
부 채 총 계		×××		×××
자 본				
자본금	×××		×××	
이익잉여금	×××		×××	
기타포괄손익누계액	×××		×××	
자 본 총 계		×××		×××
부 채 및 자 본 총 계		×××		×××

〈표 2-4〉 계정식 재무상태표

재무상태표(계정식)

회사명 제×기 20×2년 12월 31일 현재 (단위: 원)

자 산			부 채		
유 동 자 산		×××	유 동 부 채		×××
현금및현금성자산	×××		매입채무	×××	
단기금융상품	×××		단기차입금	×××	
매출채권	×××		비 유 동 부 채		×××
재고자산	×××		장기차입금	×××	
비 유 동 자 산		×××	사채	×××	
토지	×××		부 채 총 계		×××
건물	×××		자 본		
영업권	×××		자본금	×××	
산업재산권	×××		이익잉여금	×××	
…			기타포괄손익누계액	×××	
			자 본 총 계		×××
자 산 총 계		×××	부 채 및 자 본 총 계		×××

7. 재무상태표 작성기준

한국채택국제회계 기준에 의하면, 재무상태표에 표시되어야 할 항목의 순서나 형식을 규정하지 않지만, 단순히 재무상태표에 구분 표시하기 위해 성격이나 기능면에서 명확하게 상이한 항목명을 제시하고 있다.

재무상태표에 표시하는 방법은 유동성 순서에 따른 표시방법과 유동·비유동 구분 표시방법이 존재한다. 유동성 순서에 따른 표시방법이 신뢰성 있고 더욱 목적적합한 정보를 제공하는 경우를 제외하고는 유동자산과 비유동자산, 유동부채와 비유동부채로 재무상태표에 구분하여 표시한다. 기업이 명확히 식별 가능한 영업주기 내에서 재화나 용역을 제공하는 경우, 재무상태표에 유동자산과 비유동자산 및 유동부채와 비유동부채를 구분하여 표시한다. 이는 운전자본으로서 계속 순환되는 순자산과 장기 영업활동에서 사용하는 순자산을 구분함으로써 유용한 정보를 제공하기 때문이다. 이는 또한 정상영업주기 내에 실현될 것으로 예상되는 자산과 동 기간 내에 결제 기일이 도래하는 부채를 구분하여 보여준다.

유동성 순서에 따른 표시방법을 적용할 경우 모든 자산과 부채는 유동성의 순서에 따라 표시한다.

어느 표시방법을 채택하더라도 자산과 부채의 각 개별 항목이 다음의 기간에 회수되거나 결제될 것으로 기대되는 금액이 합산하여 표시되는 경우, 12개월 후에 회수되거나 결제될 것으로 기대되는 금액을 공시한다.

제3절 포괄손익계산서

1. 포괄손익계산서의 의의

포괄손익계산서(statement of comprehensive income)란 일정 기간 동안 발생한 경영성과를 보고하는 재무제표이다. 경영성과는 수익과 비용으로 측정이 된다. 또한 포괄손익계산서는 기업의 미래현금흐름과 수익창출능력 등의 예측에 유용한 정보를 제공한다.

2. 수익

수익(income)은 자산의 유입이나 증가 또는 부채의 감소에 따라 자본의 증가를 초래하는 특정 회계기간 동안에 발생한 경제적 효익의 증가로서, 지분참여자에 의한 출연과 관련된 것은 제외한다. 수익은 정상영업활동의 일환으로 발생하며 매출액, 수수료수익, 이자수익, 배당수익, 임대료수익, 공사수익 등 다양한 명칭으로 구분된다.

3. 비용

비용(expenses)은 자산의 유출이나 소멸 또는 부채의 증가에 따라 자본의 감소를 초래하는 특정 회계기간 동안에 발생한 경제적 효익의 감소로서, 지분참여자에 대한 분배와 관련된 것은 제외한다. 비용은 정상영업할동의 일환으로 발생하며 매출원가, 급여, 감가상각비 등이 포함된다.

4. 포괄손익계산서의 형식

포괄손익계산서 형식도 보고식과 계정식으로 구분된다. 보고식은 수익에서 비용을 차감하는 형식으로 작성되며, 계정식은 차변과 대변으로 나누어 수익과 비용을 기입하는 형식으로 작성된다.

〈표 2-5〉 보고식 포괄손익계산서

포 괄 손 익 계 산 서(보고식)

제×기 20×2년1월1일부터 20×2년12월31일까지
제×기 20×1년1월1일부터 20×1년12월31일까지

기업명 (단위: 원)

과 목	당 기		전 기	
매출액		×××		×××
매출원가		×××		×××
매출총이익		×××		×××
판매비와관리비		×××		×××
급여	×××		×××	
임차료	×××		×××	
감가상각비	×××		×××	
광고선전비	×××		×××	
보험료	×××		×××	
연구비	×××		×××	
경상개발비	×××		×××	
대손상각비	×××		×××	
……				
영업이익		×××		×××
금융수익		×××		×××
금융비용		×××		×××
기타수익		×××		×××
기타비용		×××		×××

법인세차감전순이익		×××		×××
법인세비용	×××		×××	
당기순이익		×××		×××
기타포괄손익		×××		×××
재평가이익	×××		×××	
금융상품평가손익	×××		×××	
총포괄이익		×××		×××

〈표 2-6〉 계정식 포괄손익계산서

포괄손익계산서(계정식)

회사명　　제×기 20××년×월×일부터 20××년×월×일까지　　(단위: 원)

차변			대변		
매출원가		×××	매출액		×××
매출총이익		×××			
판매비와관리비		×××			
급여	×××				
임차료	×××				
감가상각비	×××				
광고선전비	×××				
보험료	×××	×××			
대손상각비	×××				
영업이익		×××			
금융비용		×××	금융수익		×××
기타비용		×××	기타수익		×××
법인세차감전순이익		×××			
법인세비용	×××				
당기순이익		×××			
기타포괄손실			기타포괄이익		×××
금융상품평가손실	×××		재평가이익	×××	
총포괄이익		×××			

제4절 자본변동표와 현금흐름표

1. 자본변동표

자본변동표(statement of changes in equity)는 일정기간 동안의 자본의 크기와 그 변동에 관한 정보를 제공하는 재무제표이다. 자본을 구성하고 있는 자본금, 자본잉여금, 자본조정, 기타포괄손익누계액, 이익잉여금의 변동에 대한 포괄적인 정보를 제공하는 것을 목적으로 한다.

자본변동표에는 자본금, 자본잉여금, 자본조정, 기타포괄손익누계액, 이익잉여금(또는 결손금)의 각 항목별로 기초잔액, 변동사항, 기말잔액을 표시한다.

〈표 2-7〉 자본변동표

자 본 변 동 표

제×기 20×2년1월1일부터 20×2년12월31일까지

제×기 20×1년1월1일부터 20×1년12월31일까지

회사명 (단위: 원)

구 분	자본금	자본 잉여금	자본조정	기타포괄 손익누계액	이익 잉여금	총 계
20×2.1.1(보고금액)	×××	×××	×××	×××	×××	×××
유상증자	×××					×××
당기순이익					×××	×××
배당금					(×××)	(×××)
…						×××
20×2.12.31	×××	×××	×××	×××	×××	×××

2. 현금흐름표

현금흐름표(cash flows statement)는 일정 기간 기업의 현금흐름 즉 현금의 유입과 유출을 나타내는 보고서로 현금의 변동내용을 명확하게 보고하기 위해 작성되는 재무제표이다. 현금흐름정보는 기업의 현금창출 능력을 평가하는 데 유용할 뿐만 아니라, 창출된 현금의 배분과 자금조달에 관련된 정보를 제공한다.

현금흐름표는 영업활동으로 인한 현금흐름, 투자활동으로 인한 현금흐름, 재무활동으로 인한 현금흐름으로 구분하여 표시하고, 이에 기초의 현금을 가산하여 기말의 현금을 산출하는 형식으로 표시한다. 현금흐름표에서 사용하는 현금의 개념은 현금 및 현금성자산을 의미한다.

〈표 2–8〉 현금흐름표

현금흐름표

제×기 20×2년1월1일부터 20×2년12월31일까지
제×기 20×1년1월1일부터 20×1년12월31일까지

회사명 (단위: 원)

과 목	당 기		전 기	
영업활동 현금흐름		×××		×××
매출등 수익활동으로부터의 유입액	×××		×××	
매입 및 종업원에 대한 유출액	×××		×××	
이자수익 유입액	×××		×××	
투자활동 현금흐름		×××		×××
투자활동으로 인한 현금유입액				
단기투자자산의 처분	×××		×××	
투자활동으로 인한 현금유출액				
현금의 단기대여	×××		×××	
재무활동 현금흐름		×××		×××
재무활동으로 인한 현금유입액				
사채의 발행	×××		×××	
재무활동으로 인한 현금유출액				
사채의 상환	×××		×××	
현금의 증가(감소)		×××		×××
기초의 현금		×××		×××
기말의 현금		×××		×××

제5절 재무제표간의 연계관계

재무제표들은 상호 독립적으로 작성되는 것이 아니라 일정한 관계에 의해 서로 연결되어 있다.

기초 재무상태표와 기말 재무상태표는 기초 시점과 기말 시점에 대한 결과를 보고하므로 기간 동안의 변동은 나타내지 못한다. 이러한 기간 동안의 변동은 포괄손익계산서, 자본변동표, 현금흐름표에 의해서 작성되어 보고가 되며 이를 바탕으로 작성된 기말 재무상태표는 기초 재무상태표와 차이가 발생하게 된다. 이들 간의 관계를 그림으로 나타내면 [그림 2-2]와 같다.

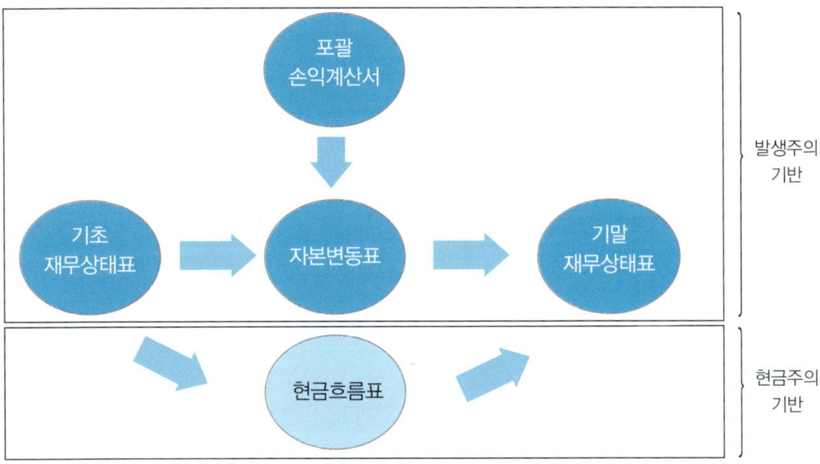

[그림 2-2] 재무제표간의 연계관계

연·습·문·제

1. 1. 다음의 제시되는 문장을 읽고 맞는 설명인 경우는 O, 틀린 설명인 경우는 X로 답하세요.

1) 기업은 발생기준 회계를 기반으로 하여 모든 재무제표를 작성한다.

2) 유사한 항목은 중요성 분류에 따라 재무제표에 구분하여 표시한다. 다만 중요하지 않은 항목은 성격이나 기능이 유사한 항목과 통합하여 표시할 수 있다.

3) 한국채택국제회계기준은 자산과 부채, 수익과 비용을 상계하여 순액으로 보고하도록 하고 있다.

4) 당기 재무제표에 보고되는 모든 금액에 대해 전기 비교정보를 공시하지만, 서술형 정보 비교정보를 공시하지 않는다.

5) 부채란 과거 사건의 의하여 발생하였으며, 경제적 효익이 내재된 자원이 기업으로부터 유출됨으로써 이행될 것으로 기대되는 미래의무이다.

6) 자본은 기업의 자산에서 모든 부채를 차감한 잔여지분으로 기업이 발행한 주식의 시가총액과 일치한다.

7) 포괄손익계산서는 기업의 미래현금흐름과 수익창출능력 등의 예측에 유용한 정보를 제공한다.

8) 재무상태표와 포괄손익계산서의 형식은 보고식과 계정식으로 구분된다.

9) 현금흐름표는 영업활동으로 인한 현금흐름, 투자활동으로 인한 현금흐름, 재무활동으로 인한 현금흐름으로 구분하여 표시한다.

10) 기초 재무상태표와 기말 재무상태표는 시점의 결과를 보고하기 때문에 기간 동안의 변동은 포괄손익계산서, 자본변동표, 현금흐름표에 의해서 작성되고 보고된다.

2. 아래의 빈칸에 알맞은 단어를 기입하세요.

1) 재무제표는 기업의 재무상태, 재무성과 및 현금흐름을 공정하게 표시해야 한다. (　　　)에 따라 작성된 재무제표는 공정하게 표시된 재무제표로 본다.

2) 기업의 활동을 크게 재무활동, 투자활동, (　　　) 활동 3가지로 구분한다.

3) 한국채택국제회계기준에 의한 재무제표의 종류는 (　　　), 포괄손익계산서, 자본변동표, (　　　), 주석으로 구분한다.

4) 재무상태표는 (　　　)의 현재 기업의 재무상태를 나타내며, 손익계산서는(　　　) 동안 발생한 경영성과를 보고한다.

5) 재무상태표는 자금의 (　　　)상태와 (　　　)상태에 대한 보고서이다.

6) 자산은 과거 사건의 결과로 기업이 (　　　)하고 있고, 미래경제적효익이 기업에 유입될 것으로 기대되는 자원이다.

7) 손익계산서에 보고되는 경영성과는 (　　　)과 (　　　)으로 측정된다.

8) 수익은 자산의 유입이나 (　　　) 또는 부채의 (　　　)에 따라 자본의 증가를 초래하는 특정 회계기간 동안에 발생한 경제적 효익의 증가로서, 지분참여자에 의한 출연과 관련된 것은 제외한다.

9) 자본을 구성하고 있는 자본금, 자본잉여금, 자본조정, 기타포괄손익누계액, 이익잉여금의 변동에 대한 포괄적인 정보를 제공하는 것을 목적으로 하는 재무제표를 (　　　)라 한다.

10) 현금흐름표는 일정 기간 기업의 현금흐름 즉 현금의 (　　　)과 (　　　)을 나타내는 보고서로 현금의 변동내용을 명확하기 보고하기 위해 작성되는 재무제표이다.

3. 재무제표 표시에 대한 설명으로 옳지 않은 것은?(공무원 9급 2024년)

① 경영진은 재무제표를 작성할 때 계속기업으로서의 존속가능성을 평가해야 한다.

② 기업은 현금흐름 정보를 제외하고는 발생기준 회계를 사용하여 재무제표를 작성한다.

③ 당기 재무제표를 이해하는 데 목적 적합하다면 서술형 정보의 경우에도 비교정보를 포함한다.

④ 회계기준에서 표시방법의 변경을 요구하는 경우에도 재무제표의 표시와 분류는 매기 동일하여야 한다.

4. 재무보고를 위한 개념체계에 정의된 (가)~(다)에 들어갈 재무제표 요소를 바르게 연결한 것은?(공무원 9급 2023년)

일반목적재무보고의 목적에서 논의된 사항	재무제표 요소	정의 또는 설명
재무성과를 반영하는 경제적자원 및 청구권의 변동	(가)	자본의 증가를 가져오는 자산의 증가나 부채의 감소로서, 자본청구권 보유자의 출자와 관련된 것은 제외
	비용	자본의 감소를 가져오는 자산의 감소나 부채의 증가로서, 자본청구권 보유자에 대한 분배와 관련된 것은 제외
청구권	(나)	과거사건의 결과로 기업의 경제적자원을 이전해야 하는 현재의무
	자본	기업의 자산에서 모든 부채를 차감한 후의 잔여지분
경제적자원	(다)	과거사건의 결과로 기업이 통제하는 현재의 경제적 자원. 경제적자원은 경제적효익을 창출할 잠재력을 지닌 권리이다.

(가)	(나)	(다)
① 자산	부채	수익
② 자산	수익	부채
③ 수익	자산	부채
④ 수익	부채	자산

5. 재무제표와 관련된 설명 중 옳은 것만을 모두 고른 것은?(공무원 9급 2018년)

ㄱ. 현금흐름표는 일정 회계기간 동안의 기업의 영업활동, 투자활동, 재무활동으로 인한 현금의 유입과 유출에 관한 정보를 제공한다.
ㄴ. 재무상태표는 일정시점의 기업의 재무상태에 관한 정보를 제공한다.
ㄷ. 자본변동표는 일정 회계기간 동안의 기업의 경영성과에 관한 정보를 제공한다.
ㄹ. 재무제표의 작성과 표시에 대한 책임은 소유주인 주주에게 있고, 반드시 공인회계사에게 외부검토를 받아야 한다.
ㅁ. 포괄손익계산서에서는 당기순손익에 기타포괄손익을 더한 총포괄손익을 나타낸다.

① ㄱ, ㄴ, ㄷ

② ㄱ, ㄴ, ㅁ

③ ㄴ, ㄷ, ㄹ

④ ㄷ, ㄹ, ㅁ

6. 재무제표 작성 및 표시에 대한 설명으로 옳지 않은 것은?(공무원 9급 2017년)

① 경영진은 재무제표를 작성할 때 계속기업으로서의 존속가능성을 평가해야 한다.

② 기업은 현금흐름 정보를 제외하고는 발생기준 회계를 사용하여 재무제표를 작성한다.

③ 중요하지 않은 항목은 성격이나 기능이 유사한 항목과 통합하여 표시할 수 있다.

④ 매출채권에 대해 대손충당금을 차감하여 순액으로 측정하는 것은 상계표시에 해당한다.

7. 재무상태표의 구성요소에 대한 설명으로 옳지 않은 것은?(공무원 9급 2017년)

① 자산이란 과거 사건의 결과로 기업이 통제하고 있고 미래 경제적효익이 기업에 유입될 것으로 기대되는 자원이다.

② 자본은 주주에 대한 의무로서 기업이 가지고 있는 자원의 활용을 나타낸다.

③ 부채란 과거사건으로 생긴 현재의무로서, 기업이 가진 경제적 효익이 있는 자원의 유출을 통해 그 이행이 예상되는 의무이다.

④ 일반적으로 자본은 자본금, 자본잉여금, 자본조정, 기타포괄손익누계액, 이익잉여금으로 구분한다.

8. 재무제표 요소들에 대한 설명으로 옳지 않은 것은?(공무원 9급 2018년)

① 자본은 기업의 자산에서 부채를 차감한 후의 잔여지분이다.

② 부채는 과거 사건에 의하여 발생하였으며, 경제적 효익을 갖는 자원이 기업으로부터 유출됨으로써 이행될 것으로 기대되는 현재의무이다.

③ 수익은 자본의 증가를 초래하는 특정 회계기간 동안에 발생한 경제적 효익의 증가로서, 지분참여자에 의한 출연과 관련된 것도 포함한다.

④ 비용은 자본의 감소를 초래하는 특정 회계기간 동안에 발생한 경제적 효익의 감소로서, 지분참여자에 대한 분배와 관련된 것은 제외한다.

9. 일정기간 동안의 기업의 경영성과를 나타내는 재무제표는 무엇인가?

① 재무상태표 ② 포괄손익계산서 ③ 자본변동표 ④ 현금흐름표 ⑤ 주석

10. 특정시점의 기업의 재무상태를 나타내는 재무제표는 무엇인가?

① 재무상태표 ② 포괄손익계산서 ③ 자본변동표 ④ 현금흐름표 ⑤ 주석

11. 다음 설명 중 잘못된 것은?

① 자산은 과거 사건의 결과로 기업이 통제하고 있고 미래경제적효익이 기업에 유입 될 것으로 기대되는 자원이다.

② 영업이익은 매출총이익에서 판매관리비를 차감하여 계산한다.

③ 부채는 과거 사건에 의하여 발생하였으며, 경제적 효익이 내재된 자원이 기업으로부터 유출됨으로써 이행될 것으로 기대되는 미래의무이다.

④ 수익은 정상영업활동의 일환으로 발생하며 매출액, 수수료수익, 이자수익, 배당수익, 임대료수익, 공사수익 등 다양한 명칭으로 구분된다.

⑤ 자본은 자산과 부채 금액의 측정에 따라 결정된다.

12. 다음은 재무제표 일반사항에 관련된 설명이다. 옳지 않은 것은?

① 한국채택국제회계기준에 따라 작성된 재무제표는 공정하게 표시된 재무제표로 본다.

② 기업은 모든 재무제표를 발생기준 회계를 사용하여 작성한다.

③ 자산과 부채, 수익과 비용은 상계하지 아니한다.

④ 당기 재무제표를 이해하는데 목적적합하다면 서술형 정보의 경우에도 비교정보를 포함한다.

⑤ 중요하지 않은 항목은 성격이나 기능이 유사한 항목과 통합하여 표시할 수 있다.

과 부채 그리고 자본에 관련된 등식이다. 어떤 회계거래가 일어나도 항상 '등식'은 성립한다.

재무상태표 등식 : 자산 = 부채 + 자본

예를들면, 은행으로부터 차입한 차임금이 4억원이고, 주주들의 출자금이 1억원이 경우 다른 거래가 없다면, 이 기업의 자산은 5억원이다. 즉, 회계거래는 재무상태표 등식의 세 요소 중 한 개 이상에 영향을 미치게 되는데 등식의 왼쪽(차변)과 오른쪽(대변)에 동일한 영향을 미치므로 어떤 회계거래를 기록하든지 재무상태표 등식은 유지된다.

재무상태표는 일정시점에서 작성되는 재무제표이다. 즉, 1월 1일 기초시점의 재무상태표와 12월 31일 재무상태표가 존재하는 경우 재무상태표 등식 역시 기초 재무상태표 등식과 기말 재무상태표 등식이 각각 성립하게 된다.

손익계산서 등식은 수익과 비용 그리고 이익에 관련된 등식이다. 어떤 회계거래가 일어나도 항상 '등식'은 성립한다.

손익계산서 등식 : 비용 + 이익 = 수익

예를 들면, 기업이 A제품을 생산하기 위하여 투입한 비용이 5만원이고, A제품을 판매할 경우 생산비용의 10%(50,000×10%=5,000)의 이익을 얻기를 원한다면 A제품의 판매로 인한 수익은 55,000원이다.

앞서 제시된 재무상태표 등식과 손익계산서 등식을 합한 형태를 시산표 등식이라 한다. 시산표는 특정시점의 자산, 부채, 자본, 수익, 비용 각 항목의 잔액을 모아 놓은 표로서, 시산표를 작성하게 되면 대차평균의 원리에 의하여 차변 합계와 대변 합계의 일치를 검증할 수 있다.

시산표 등식 : 자산 + 비용 = 부채 + 자본 + 수익

자본변동표 등식은 재무상태표와 손익계산서의 연계를 위해 필요한 등식이다. 재무상태표 계정 즉, 자산, 부채, 자본은 특정시점의 금액으로 저량개념이며, 손익계산서의 수익과 비용 그리고 이익은 일정 기간 동안의 기업성과를 나태내는 금액으로 유량개념이다. 그러므로 기

업의 영업기간을 1년으로 가정하였을 경우 재무상태표 계정들 중 자본은 기초(1월1일) 자본금액과 기말(12월31일) 자본금액이 각각 존재한다. 만일 기업이 영업활동을 하였다면, 기초 자본 금액과 기말 자본금액은 같을 확률보다는 다를 확률이 더욱 크다. 기초와 기말로 구분되어져 있는 시점을 유량개념의 손익계산서 계정으로 있게 한다.

자본변동표 등식 : 기말자본 = 기초자본 + 이익잉여금
= 기초자본 + 당기순이익 − 배당금
= 기초자본 + 수익 − 비용 − 배당금

거래의 유형은 크게 자본거래, 손익거래, 혼합거래로 구분된다.

자본거래는 기업의 수익, 비용에 영향을 미치지 않는 거래이다. 이는 자산의 조달방법과 자산 또는 부채 형태의 변동으로 구분된다. 예를 들어, 자산을 조달하는 경우를 살펴보면, 부채를 통하여 자산을 조달하는 경우와 자본을 통하여 자산을 조달하는 경우로 구분할 수 있다. 즉, 부채를 통하여 자산을 조달하는 경우는 은행에서 차입금(부채)을 통하여 현금(자산)을 조달하는 경우이며, 자본을 통하여 자산을 조달하는 경우는 주주들에게 출자(자본)를 받아 현금(자산)을 조달하는 경우가 있다. 또한 자산 형태의 변동하는 경우를 살펴보면, 자산과 자산의 변동하는 경우는 기계장치(자산)을 구입하면서 현금(자산)을 지출하는 경우이다.

손익거래는 기업의 수익, 비용에 영향을 미치는 거래이다. 이는 재화나 용역을 판매하거나 비용을 지출하면서 이루어지는 거래이다. 예를 들어, 대형마트에서 상품을 판매(수익)하고 현금(자산)을 수취하는 경우와 기업에서 종업원에게 임금(비용)을 지출을 위하여 현금(자산)을 지출하는 경우가 있다.

[예제 3-1] 거래의 예제

세무법인 한양의 9월 한 달 동안의 거래들이다. 각 거래 중 회계거래를 확인하고, 회계거래인 경우 재무상태표 등식을 사용해 거래를 나타내시오.

- 거래1 9/1. 현금출자 ₩600,000
- 거래2 9/2. 건물 임차계약체결
- 거래3 9/3. 세무용역계약체결
- 거래4 9/4. 세무사 고용계약체결
- 거래5 9/9. 소모품 구입 ₩200,000(외상 ₩100,000)
- 거래6 9/10. 현금 차입 ₩400,000
- 거래7 9/18. 회의비용 지급 ₩ 100,000
- 거래8 9/19. 세무조정 후 대금지급 받음 ₩800,000
- 거래9 9/20. 세무사 급여 지급 ₩600,000
- 거래10 9/20. 수도광열비 지급 ₩60,000
- 거래11 9/25. 외상 구입한 소모품대금의 일부 지급 ₩60,000
- 거래12 9/28. 기장완료 후 후 ₩1,200,000 중 일부 ₩800,000 현금수취
- 거래13 9/30. 건물 임차료 지급 ₩800,000

거래1. 주주에 의한 투자

20X1년 9월 1일 A씨는 현금 ₩600,000을 출자하여 세무법인 한양을 설립하고 보통주를 받았다.

보통주는 세무법인 한양에 대한 A씨의 주주지분(소유주지분)을 나타낸다. 세무법인 한양은 이 거래로 인하여 현금(자산)과 자본금(자본)이 각각 ₩600,000씩 증가한다.

거래	자산	=	부채	+	자본
	현금				자본금
1	+₩600,000				+₩600,000

거래2. 건물임차계약

20X1년 9월 2일 세무법인 한양은 사무실 임차계약을 하였다.

계약을 하는 것은 일반적인 거래이나 재무상태의 변동을 수반하지 않으므로 회계거래로 인식하지 않는다. 따라서 재무상태표 등식은 성립되지 않는다.

거래3. 세무용역계약

20X1년 9월 3일 세무법인 한양은 B사와 세무조정에 관한 세무용역을 계약을 하였다.

계약을 하는 것은 일반적인 거래이나 재무상태의 변동을 수반하지 않으므로 회계거래로 인식하지 않는다. 따라서 재무상태표 등식은 성립되지 않는다.

거래4. 세무사 고용계약

20X1년 9월 4일 세무법인 한양은 세무사를 채용하면서 계약을 하였다.

계약을 하는 것은 일반적인 거래이나 재무상태의 변동을 수반하지 않으므로 회계거래로 인식하지 않는다. 따라서 재무상태표 등식은 성립되지 않는다.

거래5. 소모품구입

20X1년 9월 9일 세무법인 한양은 ₩200,000의 소모품을 구입하면서 ₩100,000은 현금을 지급하고 나머지 ₩100,000은 추후에 지급하기로 하였다.

소모품을 구입하였으므로 소모품(자산)은 ₩200,000이 증가한다. ₩200,000의 대금 중 ₩100,000은 현금(자산)을 지급하여 현금(자산)이 감소하고, 나머지 ₩100,000은 추후에 지급하기로 하였으므로 미지급금(부채)이 증가한다.

거래	자산		= 부채	+ 자본
	현금	소모품	미지급금	자본금
1	+₩600,000			+₩600,000
5	−₩100,000	+₩200,000	+₩100,000	
	₩500,000	₩200,000	₩100,000	+₩600,000
	₩700,000		₩700,000	

거래6. 현금의 차입

20X1년 9월 10일 세무법인 한양은 은행에서 ₩400,000을 차입하였다.

은행에서 ₩400,000을 현금으로 차입하였으므로 현금(자산)이 ₩400,000 증가한다. 차입한 금액은 미래에 은행에 상환해야 하므로 차입금(부채)이 ₩400,000 증가한다.

거래	자산		= 부채		+ 자본
	현금	소모품	미지급금	차입금	자본금
1~5	₩500,000	₩200,000	₩100,000		₩600,000
6	+₩400,000			+₩400,000	
	₩900,000	₩200,000	₩100,000	₩400,000	₩600,000
	₩1,100,000		₩1,100,000		

거래7. 회의비용의 지급

20X1년 9월 18일 세무법인 한양은 회의비용 ₩100,000을 지급하였다.

회의비용을 현금으로 지급함에 따라 현금(자산)이 ₩100,000 감소한다. 비용은 이익잉여금을 감소시키므로 회의와 관련된 비용으로 인해 이익잉여금(자본)이 ₩100,000 감소한다.

거래	자산		=	부채		+	자본	
	현금	소모품		미지급금	차입금		자본금	이익잉여금
1~6	₩900,000	₩200,000		₩100,000	₩400,000		₩600,000	
7	−₩100,000							−₩100,000 (회의비)
	₩800,000	₩200,000		₩100,000	₩400,000		₩600,000	−₩100,000
	₩1,000,000			₩1,000,000				

거래8. 용역제공

20X1년 9월 19일 세무법인 한양은 B사의 세무조정을 제공하고 현금 ₩800,000을 받았다.

용역을 제공하고 현금 ₩800,000을 받았으므로 현금(자산)이 ₩800,000 증가한다. 세무조정 용역 제공에 따른 수익이 ₩800,000 발생하였다. 수익은 이익잉여금을 증가시키므로 용역제공에 따른 이익잉여금(자본)이 ₩800,000 증가한다.

거래	자산		=	부채		+	자본	
	현금	소모품		미지급금	차입금		자본금	이익잉여금
1~7	₩800,000	₩200,000		₩100,000	₩400,000		₩600,000	−₩100,000
8	+₩800,000							+₩800,000 (용역수익)
	₩1,600,000	₩200,000		₩100,000	₩400,000		₩600,000	₩700,000
	₩1,800,000			₩1,800,000				

거래9. 급여의 지급

20X1년 9월 20일 세무법인 한양은 세무사의 급여 ₩600,000을 지급하였다.

세무사의 급여는 현금으로 지급되므로 현금(자산)이 ₩600,000 감소한다. 비용은 이익잉여금을 감소시키므로 세무사 급여(비용)로 인해 이익잉여금(자본)이 ₩600,000 감소한다.

거래	자산		=	부채		+	자본	
	현금	소모품		미지급금	차입금		자본금	이익잉여금
1~8	₩1,600,000	₩200,000		₩100,000	₩400,000		₩600,000	₩700,000
9	−₩600,000							−₩600,000 (급여)
	₩1,000,000	₩200,000		₩100,000	₩400,000		₩600,000	₩100,000
	₩1,200,000			₩1,200,000				

거래10. 수도광열비(비용)의 지급

20X1년 9월 20일 세무법인 한양은 수도광열비 ₩60,000을 지급하였다.

수도광열비는 현금으로 지급되므로 현금(자산)이 ₩60,000 감소한다. 비용은 이익잉여금을 감소시키므로 수도광열비(비용)로 인해 이익잉여금(자본)이 ₩60,000 감소한다.

거래	자산		=	부채		+	자본	
	현금	소모품		미지급금	차입금		자본금	이익잉여금
1~9	₩1,000,000	₩200,000		₩100,000	₩400,000		₩600,000	₩100,000
10	−₩60,000							−₩60,000 (수도광열비)
	₩940,000	₩200,000		₩100,000	₩400,000		₩600,000	₩40,000
	₩1,140,000			₩1,140,000				

거래11. 미지급금 지급

20X1년 9월 25일 세무법인 한양은 거래5에서 발생했던 소모품을 구입하면서 발생한 미지급금 ₩100,000 중에서 일부인 ₩60,000을 지급하였다.

미지급금을 상환하였기 때문에 현금(자산)이 ₩60,000 감소하고, 미지급금(부채)가 ₩60,000 감소한다.

거래	자산		=	부채		+	자본	
	현금	소모품		미지급금	차입금		자본금	이익잉여금
1~10	₩940,000	₩200,000		₩100,000	₩400,000		₩600,000	₩40,000
11	−₩60,000			−₩60,000				
	₩880,000	₩200,000		₩40,000	₩400,000		₩600,000	₩40,000
	₩1,080,000			₩1,080,000				

거래12. 일부 현금 및 일부 외상 용역 제공

20X1년 9월 28일 세무법인 한양은 고객사의 기장을 완료하고, 용역대가 중 ₩800,000은 현금으로 받고 나머지 ₩400,000은 외상으로 하였다.

용역을 제공하고 용역대가 중 현금은 ₩800,000을 받았으므로 현금(자산)이 ₩800,000 증가하며, 지급받지 못한 ₩400,000은 추후에 받기로 하였기 때문에 매출채권(자산) ₩400,000이 증가한다. 기장 용역제공에 따른 수익이 ₩1,200,000 발생하였다. 수익은 이익잉여금을 증가시키므로 용역제공에 따른 이익잉여금(자본)이 ₩1,200,000 증가한다.

거래	자산			=	부채		+	자본	
	현금	소모품	매출채권		미지급금	차입금		자본금	이익잉여금
1~11	₩880,000	₩200,000			₩40,000	₩400,000		₩600,000	₩40,000
12	+₩800,000		+₩400,000						+₩1,200,000 (용역수익)
	₩1,680,000	₩200,000	₩400,000		₩40,000	₩400,000		₩600,000	₩1,240,000
		₩2,280,000					₩2,280,000		

거래13 건물 임차료 지급

20X1년 9월 30일 세무법인 한양은 회사의 사옥으로 사용하는 건물의 임차료 ₩800,000을 현금으로 지급하였다.

임차료를 현금으로 지급하였기 때문에 현금(자산)이 ₩800,000 감소한다. 건물을 임차한 비용인 임차료는 비용이다. 비용은 이익잉여금을 감소시키므로 임차료(비용)로 인해 이익잉여금(자본)이 ₩800,000 감소한다.

거래	자산			=	부채		+	자본	
	현금	소모품	매출채권		미지급금	차입금		자본금	이익잉여금
1~12	₩1,680,000	₩200,000			₩40,000	₩400,000		₩600,000	₩1,240,000
13	−₩800,000		+₩800,000						−₩800,000 (임차료)
	₩880,000	₩200,000	₩800,000		₩40,000	₩400,000		₩600,000	₩440,000
		₩1,480,000					₩1,480,000		

제3절 계정

1. 계정의 의의

계정(account)은 회계거래의 재무제표 항목에 대한 효과를 나타내기 위한 기록 체계이다. 이러한 계정을 집합시켜 놓은 곳을 원장 혹은 총계정원장(general ledger)이라 한다. 각 계정에 거래내용이 나타나게 하는 것을 기입이라 한다. 계정을 구성하는 요소는 계정과목과 계정번호, 금액의 증감, 다른 회계기록과의 상호연관관계, 일자와 거래내용을 설명하는 적요들로 구성된다. 계정의 양식은 표준식계정, 잔액식계정, T-계정으로 구분된다. 앞서 제시된 사례 중 '현금'을 각각의 계정으로 나타내면 다음과 같다.

〈표 3-1〉 계정의 양식

(표준식 계정)

현 금							계정번호11
일 자	적 요	분면	금 액	일 자	적 요	분면	금 액
20×3년							
9월 1일	주식발행		600,000	9월 9일	소모품 구입		100,000
10일	은행에서 차입		400,000	18일	회의비용 지급		100,000
19일	세무용역대금 받음		800,000	20일	급여 지급		300,000
28일	세무용역대금 받음		800,000	20일	수도광열비 지급		60,000
				25일	소모품 외상		
					구입대금 지급		60,000
				30일	임차료 지급		800,000

(잔액식 계정)

현 금					계정번호11
일 자	적 요	분면	차 변	대 변	잔 액
20×3년					
9월 1일	주식발행		600,000		600,000
9일	소모품 구입			100,000	500,000
10일	은행에서 차입		400,000		900,000
18일	회의비용 지급			100,000	1,600,000
19일	세무용역대금 받음		800,000		1,700,000
20일	급여 지급			600,000	1,000,000
20일	수도광열비 지급			60,000	940,000
25일	소모품 외상구입대금 지급			60,000	880,000
28일	세무용역대금 받음		800,000		1,680,000
30일	임차료 지급			800,000	880,000

〈표 3-2〉 T-계정의 예

현 금

9/1	자본금	600,000	9/9	소모품	100,000
9/10	차입금	400,000	9/18	회의비	100,000
9/16	용역수익	800,000	9/20	급여	600,000
9/28	용역수익	800,000	9/20	수도광열비	60,000
			9/25	미지급금	60,000
			9/30	임차료	800,000

1) 차변(debit)과 대변(credit)

계정은 차변과 대변으로 구분되는데, 계정의 왼쪽을 차변, 오른쪽을 대변이라 한다. 모든 계정에 차변과 대변이 있는 것은 증가와 감소를 기록하기 위해서이다. 앞서 제시된 사례에서 현금의 경우, 증가할 때는 차변에 금액을 기입하였고, 감소할 때는 대변에 금액을 기입하였다. 현금을 비롯한 모든 자산의 경우 증가는 차변에 기입하고, 감소는 대변에 기입한다. 비용 역시 발생하면 차변에 기입한다. 부채와 자본은 증가하면 대변에 기입하고 감소하면 차변에 기입하며, 수익은 발생하면 대변에 기입한다. 즉, 자산과 비용은 증가(발생)하면 차변에 기입되며, 부채, 자본, 수익은 증가(발생)하면 대변에 기입된다. 계정의 평상잔액은 특정계정의 순증가액을 의미한다. 자산과 비용의 경우 평상잔액은 차변이며, 부채, 자본, 수익의 평상잔액은 대변이다. 각 거래 요소들의 증가와 감소가 나타날 경우 계정 기입에 관해 정리를 하면 〈표 3-3〉과 같다.

〈표 3-3〉 재무제표 구성 요소들의 증가와 감소

차변	대변
자산의 증가	자산의 감소
부채의 감소	부채의 증가
자본의 감소	자본의 증가
비용의 발생	수익의 발생

2) 재무상태표 계정

자산, 부채, 자본은 재무상태표 계정이다. 재무상태표의 차변(왼쪽)에는 자산을 보고하고, 대변(오른쪽)에는 부채와 자본을 보고한다.

재무상태표

자산	부채
	자본

앞서 제시한 T계정에서 자산의 증가는 차변에 기입하고, 부채와 자본의 증가는 대변에 기입한다고 하였다. 또한 평상잔액은 자산은 차변에 부채와 자본은 대변에 기입된다고 하였는데 자산, 부채, 자본의 평상잔액이 모여서 만들어진 표가 재무상태표이므로, 재무상태표 역시 차변에 자산이 기입되어 있고, 대변에는 부채와 자본이 기입되어 있음을 확인할 수 있다.

자산계정

증가	감소
평상잔액	

부채계정

감소	증가
	평상잔액

자본계정

감소	증가
	평상잔액

3) 포괄손익계산서 계정

수익과 비용은 포괄손익계산서의 계정이다. 수익은 순이익을 증가시키며 궁극적으로 자본의 이익잉여금을 증가시키게 된다. 비용은 순이익은 감소시키고 자본의 이익잉여금을 감소시킨다. 수익에서 비용을 차감하면 순이익이 된다. 이러한 순이익은 재무상태표 자본의 이익잉여금에 영향을 미치게 된다. 따라서 순이익을 증가시키는 수익은 자본은 증가시키게 되므로 대변에 기입하고, 순이익을 감소시키는 비용은 자본을 감소시키게 되므로 차변에 기입한다. 재무상태표 계정인 자산, 부채, 자본은 증가, 감소라는 표현을 사용하지만, 수익과 비용은 발생이라는 표현을 사용한다. 이는 한번 발생한 수익과 비용은 감소하거나 소멸하지 않기 때문이다.

수익계정	
	발생
	평상잔액

비용계정	
발생	
평상잔액	

앞서 제시한 재무상태표 계정에는 자산, 부채, 자본이 있으며, 포괄손익계산서 계정에는 수익과 비용 계정이 있다. 자산, 부채, 자본, 수익, 비용은 각각 세부 계정들로 구분되는데 이를 계정과목이라 한다. 자산, 부채, 자본, 수익, 비용의 계정과목의 예를 〈표 3-4〉에 제시되어 있다.

〈표 3-4〉 계정과목표의 예

세무법인 한양

계정과목표

〈자 산〉	〈수 익〉
현 금	용역수익
매출채권	이자수익
선급보험료	임 대 료
소 모 품	
비 품	
기계장치	〈비 용〉
토 지	임 차 료
건 물	급 여
	광 고 비
〈부 채〉	소모품비
미지급금	수도광열비
차 입 금	운 반 비
	보 험 료
〈자 본〉	감가상각비
자 본 금	이자비용
이익잉여금	

제4절 거래의 분개와 전기

분개는 거래가 발생하면 거래로 인해서 자산, 부채, 자본, 수익, 비용에 어떤 영향을 받았는지를 분석하여 장부에 기록하는 것을 의미한다. 즉, 분개는 구체적인 계정과목과 금액을 정하는 것을 의미하며, 회계거래에 대한 최초의 회계기록이다. 분개의 형식은 차변에 기록할 계정에 대해서는 왼쪽에, 대변에 기록할 계정에 대해서는 오른쪽에 각각 계정과목과 금액을 표시한다. 분개는 거래의 이중성의 원칙에 따라 차변금액과 대변금액은 반드시 일치해야 한다. 분개가 이루어지고 나면 각 계정의 금액을 해당 계정의 차변과 대변에 기입하는 것을 전기라 한다.

앞서 제시한 〈예제 3-1〉 세무법인 한양의 사례를 이용하여 각 상황에 따른 거래의 분개와 진기의 절차를 설명하면 다음과 같다.

- 거래1 9/1. 현금출자 ₩600,000
- 거래2 9/2. 건물 임차계약체결
- 거래3 9/3. 세무용역계약체결
- 거래4 9/4. 세무사 고용계약체결
- 거래5 9/9. 소모품 구입 ₩200,000(외상 ₩100,000)
- 거래6 9/10. 현금 차입 ₩400,000
- 거래7 9/18. 회의비용 지급 ₩ 100,000
- 거래8 9/19. 세무조정 후 대금지급 받음 ₩800,000
- 거래9 9/20. 세무사 급여 지급 ₩600,000
- 거래10 9/20. 수도광열비 지급 ₩60,000
- 거래11 9/25. 외상 구입한 소모품대금의 일부 지급 ₩60,000
- 거래12 9/28. 기장완료 후 후 ₩1,200,000 중 일부 ₩800,000 현금수취
- 거래13 9/30. 건물 임차료 지급 ₩800,000

● 거래1. 주주에 의한 투자

20X1년 9월 1일 A씨는 현금 ₩600,000을 출자하여 세무법인 한양을 설립하고 보통주를 받았다.

보통주는 세무법인 한양에 대한 A씨의 주주지분(소유주지분)을 나타낸다. 세무법인 한양은 이 거래로 인하여 현금(자산) ₩600,000이 증가하므로 차변 현금계정(자산)에 기입하며, 자본금(자본) ₩600,000이 증가하므로 대변 자본금(자본)계정에 기입한다.

거래요약 : 현금(자산) ₩600,000 증가 차변기입
자본금(자본) ₩600,000 증가 대변기입

9월 1일	(차변) 현　금	600,000	(대변) 자 본 금	600,000

분개에서 계정이 2개가 사용되었으므로 T계정 역시 2개가 필요하다. 분개에서 현금이 차변에 ₩600,000이 기입되었으므로 현금T계정의 차변에 날짜와 ₩600,000을 기입하며, 자본금은 대변에 ₩600,000이 기입되었으므로 자본금T계정의 대변에 날짜와 ₩600,000을 기입한다.

현금

차변	대변
9/1　자본금　600,000	

자본금

차변	대변
	9/1　현금　600,000

● 거래5. 소모품 구입

20X1년 9월 9일 세무법인 한양은 ₩200,000의 소모품을 구입하면서 ₩100,000은 현금을 지급하고 나머지 ₩100,000은 추후에 지급하기로 하였다.

소모품을 구입하였으므로 소모품(자산)은 ₩200,000이 증가하므로 차변 소모품(자산)계정에 기입한다. ₩200,000의 대금 중 ₩100,000은 현금(자산)을 지급하여 감소하므로 대변 현금계정(자산)에 기입하고, 나머지 ₩100,000은 추후에 지급하기로 하였으므로 미지급금(부채)가 증가하므로 대변 미지급금계정(부채)에 기입한다.

거래요약 : 소모품(자산) ₩200,000 증가 차변기입
현금(자산) ₩100,000 감소 대변기입, 미지급금(부채) ₩100,000 증가 대변기입

9월 9일	(차변) 소 모 품	200,000	(대) 현　금	100,000
			미지급금	100,000

소모품

차변	대변
9/9　현금　100,000	
미지급금　100,000	

현금

차변	대변
9/1　자본금　600,000	9/9　소모품　100,000

미지급금

차변	대변
	9/9　소모품　100,000

● 거래6. 현금의 차입

20X1년 9월 10일 세무법인 한양은 은행에서 ₩400,000을 차입하였다.

은행에서 ₩400,000을 현금으로 차입하여 현금(자산)이 ₩400,000 증가하므로 차변 현금(자산)계정에 기입하며, 차입한 금액은 미래에 은행에 상환해야 하므로 차입금(부채) ₩400,000 증가하므로 대변 차입금(부채)계정에 기입한다.

거래요약 : 현금(자산) ₩400,000 증가 차변기입
차입금(부채) ₩400,000 증가 대변기입

9월 10일	(차)	현 금	400,000	(대)	차 입 금	400,000

현금

9/1	자본금	600,000	9/9	소모품	100,000
9/10	차입금	400,000			

차입금

			9/10	현금	400,000

● 거래7. 회의비용의 지급

20X1년 9월 18일 세무법인 한양은 회의비용 ₩100,000을 지급하였다.

회의비용을 현금으로 지급함에 따라 현금(자산)이 ₩100,000 감소하므로 대변 현금(자산)계정에 기입한다. 회의와 관련된 비용 ₩100,000 발생하였으므로 차변 회의비(비용)계정에 기입한다.

거래요약 : 회의비(비용) ₩100,000 발생 차변기입
현금(자산) ₩100,000 감소 대변기입

9월 18일	(차)	회 의 비	100,000	(대)	현 금	100,000

회의비

9/18	현금	100,000			

현금

9/1	자본금	600,000	9/9	소모품	100,000
9/10	차입금	400,000	9/18	회의비	100,000

● 거래8. 용역제공

20X1년 9월 19일 세무법인 한양은 B사의 세무조정을 제공하고 현금 ₩800,000을 받았다.

용역을 제공하고 현금 ₩800,000을 받았으므로 현금(자산)이 ₩800,000 증가하므로 차변 현금(자산)계정에 기입하며, 세무조정 용역 제공에 따른 수익이 ₩800,000 발생하였으므로 대변 용역수익(수익)계정에 기입한다.

거래요약 : 현금(자산) ₩800,000 증가 차변기입
용역수익(수익) ₩800,000 발생 대변기입

9월 19일	(차)	현 금	800,000	(대)	용역수익	800,000

현금

9/1	자본금	600,000	9/9	소모품	100,000
9/10	차입금	400,000	9/18	회의비	100,000
9/19	용역수익	800,000			

용역수익

			9/19	현금	800,000

● 거래9. 급여의 지급

20X1년 9월 20일 세무법인 한양은 세무사의 급여 ₩600,000을 지급하였다.

세무사의 급여는 현금으로 지급되므로 현금(자산)이 ₩600,000 감소하므로 대변 현금(자산)에 기입하며, 세무사 급여비용이 ₩600,000 발생하였으므로 비용 차변 급여(비용)계정에 기입한다.

거래요약 : 급여(비용) ₩600,000 발생 차변기입
현금(자산) ₩600,000 감소 대변기입

9월 20일	(차)	급 여	600,000	(대)	현 금	600,000

급여

9/20	현금	600,000			

현금

9/1	자본금	600,000	9/9	소모품	100,000
9/10	차입금	400,000	9/18	회의비	100,000
9/19	용역수익	800,000	9/20	급여	600,000

● 거래10. 수도광열비(비용)의 지급

20X1년 9월 20일 세무법인 한양은 수도광열비 ₩60,000을 지급하였다.

수도광열비는 현금으로 지급되므로 현금(자산)이 ₩60,000 감소하므로 대변 현금(자산)계정에 기입하며, 수도광열비가 ₩60,000 발생하였으므로 차변 수도광열비(비용)계정에 기입한다.

거래요약 : 수도광열비(비용) ₩60,000 발생 차변기입
현금(자산) ₩60,000 감소 대변기입

9월 20일	(차)	수도광열비	60,000	(대)	현 금	60,000

수도광열비

9/20	현금	60,000			

현금

9/1	자본금	600,000	9/9	소모품	100,000
9/10	차입금	400,000	9/18	회의비	100,000
9/19	용역수익	800,000	9/20	급여	600,000
			9/20	수도광열비	60,000

● 거래11. 미지급금 지급

20X1년 9월 25일 세무법인 한양은 거래5에서 발생했던 소모품을 구입하면서 발생한 미지급금 ₩100,000 중에서 일부인 ₩60,000을 지급하였다.

미지급금을 상환하였기 때문에 현금(자산)이 ₩60,000 감소하므로 대변 현금(자산)계정에 기입하고, 미지급금(부채) ₩60,000 감소하므로 차변 미지급금(부채)계정에 기입한다.

거래요약 : 미지급금(부채) ₩60,000 감소 차변기입
현금(자산) ₩60,000 감소 대변기입

9월 25일	(차)	미지급금	60,000	(대)	현 금	60,000

미지급금

9/25	현금	60,000	9/9	소모품	100,000

현금

9/1	자본금	600,000	9/9	소모품	100,000
9/10	차입금	400,000	9/18	회의비	100,000
9/19	용역수익	800,000	9/20	급여	600,000
			9/20	수도광열비	60,000
			9/25	미지급금	60,000

● 거래12. 일부 현금 및 일부 외상 용역 제공

20X1년 9월 28일 세무법인 한양은 고객사의 기장을 완료하고, 용역대가 중 ₩800,000은 현금으로 받고 나머지 ₩400,000은 외상으로 하였다.

용역을 제공하고 용역대가 중 현금은 ₩800,000을 받았으므로 현금(자산)이 ₩800,000 증

가하므로 차변 현금(자산)계정에 기입하며, 지급받지 못한 ₩400,000은 추후에 받기로 하였기 때문에 매출채권(자산) ₩400,000이 증가하므로 차변 매출채권(자산)계정에 기입한다. 기장 용역 제공에 따른 수익이 ₩1,200,000 발생하였으므로 대변 용역수익(수익)계정에 기입한다.

거래요약 : 현금(자산) ₩800,000 발생 차변기입, 매출채권(자산) ₩400,000 발생 차변기입
용역수익(수익) ₩1,200,000 발생 대변기입

9월 28일	(차)	현 금	800,000	(대)	용역수익	1,200,000
		매출채권	400,000			

현금

	차변			대변	
9/1	자본금	600,000	9/9	소모품	100,000
9/10	차입금	400,000	9/18	회의비	100,000
9/19	용역수익	800,000	9/20	급여	600,000
9/28	용역수익	800,000	9/20	수도광열비	60,000
			9/25	미지급금	60,000

매출채권

	차변			대변	
9/28	용역수익	400,000			

용역수익

	차변			대변	
			9/19	현금	800,000
			9/28	현금	800,000
			9/28	매출채권	400,000

● 거래13 건물 임차료 지급

20X1년 9월 30일 세무법인 한양은 회사의 사옥으로 사용하는 건물의 임차료 ₩800,000을 현금으로 지급하였다.

임차료를 현금으로 지급하였기 때문에 현금(자산)이 ₩800,000 감소하므로 대변 현금(자산)계정에 기입하며, 건물을 임차한 비용인 임차료가 ₩800,000이 발생하였으므로 차변 임차료(비용)계정에 기입한다.

거래요약 : 임차료(비용) ₩800,000 발생 차변기입
현금(자산) ₩800,000 감소 대변기입

9월 30일	(차)	임 차 료	800,000	(대)	현 금	800,000

임차료

9/30	현금	800,000	

현금

9/1	자본금	600,000	9/9	소모품	100,000
9/10	차입금	400,000	9/18	회의비	100,000
9/19	용역수익	800,000	9/20	급여	600,000
9/28	용역수익	800,000	9/20	수도광열비	60,000
			9/25	미지급금	60,000
			9/30	임차료	800,000

제5절 시산표 작성

시산표(trial balance)는 특정시점의 총계정원장에서 관리되고 있는 각 계정들의 잔액을 모아 놓은 표이다. 시산표를 작성하게 되면 대차평균의 원리에 의하여 차변 합계와 대변 합계가 일치하는지를 검증할 수 있으며, 시산표 작성 이후에 작성되는 재무상태표와 포괄손익계산서 등의 재무제표의 작성을 수월하게 한다.

시산표의 상단에는 자산, 부채, 자본의 항목 기록하며, 하단에는 수익과 비용 항목을 기록한다. 또한 시산표의 잔액표시는 차변잔액을 나타내는 계정일 경우는 차변에 잔액을 기록하고, 대변 잔액을 나타내는 계정일 경우는 대변에 잔액을 기록한다.

시산표의 다른 목적은 분개장에서 원장으로 전기할 때의 오류유무를 검토할 수 있다는 것인데 시산표 작성을 통하여 발견할 수 있는 오류는 다음과 같다. 첫째, 분개장의 차변(대변) 기입된 금액이 원장의 대변(차변)으로 잘못 전기된 경우 이러한 오류를 확인할 수 있다. 둘째, 원장의 잔액이 잘못 계산되었을 경우 이에 대한 계산상의 오류를 확인할 수 있다. 셋째, 각 계정별 원장잔액이 시산표에 기입될 때 잘못 기재되었을 경우 이러한 오류를 확인할 수 있다. 넷째, 시산표상에서 합계를 계산하였을 때 계산상의 오류를 확인할 수 있다.

시산표의 양식에는 잔액시산표, 합계시산표, 합계잔액시산표가 있으며, 재무제표 작성만을 위해서는 잔액시산표로 충분하지만, 계정별 잔액의 증감내용까지 확인하기 위해서는 합계 잔액시산표가 필요하다.

세무법인 한양의 사례를 이용하여 합계잔액시산표를 제시하면 다음과 같다.

〈표 3-5〉 세무법인 한양 합계잔액 시산표

합계 잔액 시산표				
잔액	합계	계정	합계	잔액
880,000	2,600,000	현 금	1,720,000	
400,000	400,000	매 출 채 권		
200,000	200,000	소 모 품		
	60,000	미 지 급 금	100,000	40,000
		차 입 금	400,000	400,000
		자 본 금	600,000	600,000
		용 역 수 익	2,000,000	2,000,000
800,000	800,000	임 차 료		
600,000	600,000	급 여		
100,000	100,000	회 의 비		
60,000	60,000	수 도 광 열 비		
3,040,000	4,820,000		4,820,000	3,040,000

세무법인 한양 합계잔액 시산표의 차변의 잔액은 ₩3,040,000이며, 대변의 잔액 역시 ₩3,040,000으로 차변 잔액과 대변 잔액이 일치함을 확인할 수 있다. 또한 차변이 합계액과 대변의 합계액 역시 ₩4,820,000으로 일치함을 확인할 수 있다.

시산표를 통하여 모든 오류를 발견하는 것은 불가능하다. 시산표의 차변합계액과 대변합계액이 일치해도 오류는 존재한다. 가령 회계거래는 일어났으나 분개를 하지 않았을 경우 시산표를 작성해도 오류를 확인할 수 없다. 또한 분개 내용과 무관한 계정에 전기를 하였거나 분개를 전기하지 않을 경우에도 시산표를 작성해도 오류는 확인할 수 없다.

시산표는 회계장부의 일부가 아니고 외부에 공시되어야 하는 회계보고서도 아니기 때문에 기업에서 꼭 작성해야 하는 의무는 없으나, 시산표의 유용성 때문에 회계담당자들은 시산표를 작성한다.

연·습·문·제

1. 다음의 제시되는 문장을 읽고 맞는 설명인 경우는 O, 틀린 설명인 경우는 X로 답하세요.

(1) 회사에서 보관 중이던 상품의 50%를 도난당했다면, 이는 회계거래로 인식할 수 있다.

(2) 재무상태표 등식은 '자산=부채+자본'이다.

(3) 자본거래는 기업의 수익, 비용에 영향을 미치는 거래이다.

(4) 세무법인이 세무사를 채용하면서 계약을 한 사건은 회계거래이다.

(5) 기업이 은행에서 ₩1,000,000을 차입하였다면, 이는 회계거래이다.

(6) 거래요소 중 자산의 감소와 부채의 증가를 동시에 인식할 수 있다.

(7) 순이익을 증가시키는 수익은 자본은 증가시키게 되므로 대변에 기입하고, 순이익을 감소시키는 비용은 자본을 감소시키게 되므로 차변에 기입한다.

(8) 분개가 이루어지고 나면 각 계정의 금액을 해당 계정의 차변과 대변에 기입하는 것을 측정이라 한다.

(9) 시산표를 작성하게 되면 분개장에서 원장으로 전기할 때의 모든 오류를 확인할 수 있다.

(10) 시산표는 회계장부의 일부로서 외부에 공시되어야 하며, 기업에서는 꼭 작성해야 하는 의무가 있다.

2. 아래의 빈칸에 알맞은 단어를 기입하세요.

(1) 일반적인 거래는 아니지만, 기업의 자산, 부채, (　　　), 수익, (　　　)에 변화가 일어난다면 회계거래로 인식한다.

(2) 회계거래는 기업의 재무상태에 영향을 미치는 경제적 사건으로 사건의 발생시점에서 (　　　)로 측정할 수 있어야 한다.

(3) 회계거래는 재무상태표 등식의 세 요소 중 (　　　) 개 이상에 영향을 미치게 되는데 등식의 왼쪽(차변)과 오른쪽(대변)에 동일한 영향을 미치므로 어떤 회계거래를 기록하든지 회계등식은 유지된다.

(4) 자본변동표 등식은 재무상태표와 손익계산서의 (　　　)를 위해 필요한 등식이다.

(5) (　　　)은 회계거래의 재무제표 항목에 대한 효과를 나타내기 위한 기록 체계이다. 이러한 계정을 집합시켜 놓은 곳을 원장 혹은 (　　　)이라 한다.

(6) 계정의 왼쪽을 (　　　), 계정의 오른쪽을 (　　　)이라 한다.

(7) 수이 발생하면 계정에 (　　　)에 기입하고, 비용이 발생하면 계정의 (　　　)에 발생한다.

(8) T계정에서 자산, 부채, 자본의 평상잔액이 모여서 만들어진 표는 (　　　)이다. 따라서 (　　　) 역시 차변에 자산이 기입되어 있고, 대변에는 부채와 자본이 기입된다.

(9) 수익은 (　　　)을 증가시며 궁극적으로 자본의 (　　　)을 증가시키게 된다.

(10) (　　　)는 구체적인 계정과목과 금액을 정하는 것을 의미하며, 회계거래에 대한 최초의 회계기록이다.

3. 다음 사건에서 발생시점에 분개하여야 할 회계거래는?(공무원 9급 2019년)

① 제품 포장을 위해 계약직 직원을 일당 ₩100,000의 조건으로 매월 말 급여를 지급하기로 하고 채용하였다.

② 물류창고에서 화재가 발생하여 보유 중인 재고자산(장부가액 ₩2,000,000)이 전부 소실되었다.

③ 거래처로부터 신제품 100개를 개당 ₩1,000의 조건으로 월말까지 납품해 달라는 주문서를 받았다.

④ 다음 달 사무실을 이전하기로 하고 매월 말 ₩1,000,000의 임차료를 지급하는 계약을 건물주와 체결하였다.

4. (주)한국의 20×1년 재무상태와 재무성과 자료는 다음과 같다.

	기초	기말
총자산	₩5,000,000	₩6,500,000
총부채	₩2,000,000	?
총수익		₩1,000,000
총비용		₩800,000

20×1년 기중에 ₩500,000을 유상증자하였으며, ₩100,000을 현금배당하였을 경우, 기말부채는?(단, 다른 자본항목의 변동은 없다) (공무원 9급 2020년)

① ₩2,700,000　　② ₩2,900,000　　③ ₩3,600,000　　④ ₩4,300,000

5. 다음과 같은 현금 원장의 내용에 기반하여 추정한 날짜별 거래로 옳지 않은 것은?(공무원 9급 2021년)

현금

1/15	용역수익	70,000	1/2	소모품	50,000
1/18	차입금	100,000	1/5	비품	75,000
			1/31	미지급급여	20,000

① 1월 2일 소모품 구입을 위하여 현금 ₩50,000을 지급하였다.

② 1월 15일 용역을 제공하고 현금 ₩70,000을 수취하였다.

③ 1월 18일 차입금 상환을 위하여 현금 ₩100,000을 지급하였다.

④ 1월 31일 미지급급여 ₩20,000을 현금으로 지급하였다.

6. 교육컨설팅업을 영위하는 (주)한국의 다음 거래가 회계등식의 구성요소에 미치는 영향으로 옳지 않은 것은?(공무원 9급 2022년)

① 주식발행의 대가로 현금 ₩10,000을 출자 받았다. 이 거래로 인해 자산이 ₩10,000 증가하고, 자본이 ₩10,000 증가한다.

② 사무실에 사용할 비품 ₩10,000을 취득하면서 현금 ₩5,000을 지급하고 잔액은 나중에 지급하기로 하였다. 이 거래로 인해 자산이 ₩5,000 증가하고, 부채가 ₩5,000 증가한다.

③ 교육컨설팅 용역을 ₩10,000에 제공하였는데 이 중 ₩3,000은 현금으로 받고 잔액은 나중에 받기로 하였다. 이 거래로 인해 자산이 ₩10,000 증가하고, 자본이 ₩10,000 증가한다.

④ 사무실 임차료 ₩5,000을 현금으로 지급하였다. 이 거래로 인해 부채가 ₩5,000 증가하고, 자본이 ₩5,000 감소한다.

7. 다음 보기는 시산표 자료들이다.

자산	₩320,000	부채	₩230,000	자본	₩70,000
수익	?	비용	₩80,000		

시산표 등식을 사용하여 수익을 계산하면 얼마인가?

① ₩60,000 ② ₩80,000 ③ ₩100,000 ④ ₩120,000 ⑤ ₩140,000

8. 다음에 제시되는 거래에 의하여 자산, 부채, 자본, 수익, 비용에 미치는 영향을 올바르게 나타낸 것은?

임차료 ₩100,000을 현금으로 지급하였다.

① 자산 증가 – 자산 감소 ② 비용 발생 – 자산 감소 ③ 부채 감소 – 자본 증가
④ 자산 증가 – 수익 발생 ⑤ 비용 발생 – 부채 증가

9. **다음 제시되는 거래 중 회계처리가 잘못된 거래는 무엇인가?**

① 상품을 구입하면서 현금 ₩10,000을 지급하였다.
(차) 상품 10,000 (대) 현금 10,000

② 용역을 제공하고 용역대금 ₩100,000은 일주일 뒤에 받기로 하였다.
(차) 매출채권 100,000 (대) 용역수익 100,000

③ 주주들이 출자금 ₩30,000을 추가로 납입하였다.
(차) 현금 30,000 (대) 자본금 30,000

④ 소모품 ₩20,000을 구입하면서 대금은 한 달 뒤에 주기로 하였다.
(차) 소모품 20,000 (대) 미수금 20,000

⑤ 회사의 근무하는 종업원에게 급여 ₩50,000을 지급하였다.
(차) 급여 50,000 (대) 현금 50,000

10. **다음 제시되는 거래들 중 자본의 변동을 가져오는 거래는 무엇인가?**

① 상품 ₩100,000을 구입하면서 구입대금은 2개월 뒤에 지급하기로 하였다.

② 매출채권 ₩500,000을 현금으로 지급하였다.

③ 은행으로부터 ₩300,000을 차입하였다.

④ 건물을 현금 ₩500,000을 지급하고 구입하였다.

⑤ 종업원 급여 ₩100,000을 지급하였다.

11. **다음은 각기 다른 상황이다. 각 상황에 회계등식을 이용하여 다음 빈 칸을 계산하세요.**

	자산	부채	자본	수익	비용
가	₩(①)	₩45,000	₩30,000	₩50,000	₩25,000
나	150,000	(②)	40,000	40,000	40,000
다	200,000	150,000	(③)	70,000	45,000
라	250,000	110,000	150,000	(④)	100,000
마	215,000	100,000	80,000	90,000	(⑤)

IFRS 회계원리

PART II 회계의 순환과정

4장 회계순환

5장 상품매매기업 회계

4

CHAPTER

회계순환

기업은 매 회계기간마다 재무제표를 작성하여 회계정보를 제공한다. 회계순환과정(accounting cycle)은 거래에 대한 분석에서 시작하여 재무제표를 작성하는 과정이 매 회계기간마다 반복적으로 이루어지는 일련의 체계적인 절차를 의미한다. 이 절차는 거래의 식별, 분개 및 전기, 수정전 시산표 작성, 결산수정분개, 수정후 시산표 작성 및 재무제표 작성으로 이루어진다.

경제적 사건을 회계거래로 인식하고 측정하는 시기에 따라 현금주의 기준과 발생주의 기준으로 구분할 수 있다. 현금주의 기준은 현금의 수취와 지출을 수익과 비용의 인식기준으로 하는 회계처리 방법으로 현금의 수취와 지급의 시점이 기준이 된다. 발생주의 기준은 현금의 수취와 지출과는 관계없이 기업의 재무에 영향을 줄 수 있는 사건이 발생한 기간에 수익과 비용을 인식하는 회계처리 방법이다. 본 장에서는 이에 대한 회계처리과정을 학습하고자 한다.

제1절 회계순환과정

기업은 매 회계기간마다 재무제표를 작성하여 회계정보를 제공한다. 회계순환과정(accounting cycle)은 거래에 대한 분석에서 시작하여 재무제표를 작성하는 과정이 매 회계기간마다 반복적으로 이루어지는 일련의 체계적인 절차를 의미한다. 회계순환과정을 단계적으로 설명하면 다음과 같다.

- 1단계 회계거래 식별: 회계순환과정은 거래의 식별에서 시작된다. 기업은 다양한 실체 간의 거래에 대한 자료를 수집하고 분석하여 각각의 사건들이 회계거래 해당되는지를 판단한다.
- 2단계 분개 및 전기: 회계거래로 식별된 거래를 분개장에 분개하고, 총계정원장의 해당 계정에 전기한다.

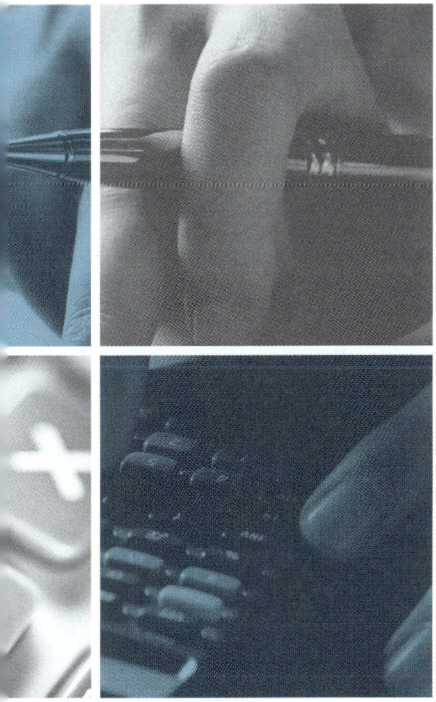

1단계와 2단계는 회계기간 중에 지속적으로 반복해서 이루어진다.

- 3단계 수정전 시산표 작성: 회계기간 말이 되면 총계정원장 계정들의 잔액을 산출하여 수정전 시산표를 작성한다.
- 4단계 수정분개: 수정전 시산표를 통해 계정기록의 정확성이 확인되면 회계기간 중에 발생주의기준을 엄밀하게 적용하지 못하여 계정잔액이 확정되지 않은 자산, 부채, 자본, 수익, 비용 계정들의 잔액을 발생주의 기준에 의하여 수정분개를 하고 이를 총계정원장의 해당 계정에 전기한다.
- 5단계 수정후 시산표 작성: 기말 수정분개를 통하여 수정사항들이 반영된 총계정원장 계정잔액을 산출하여 수정후 시산표를 작성한다. 3단계의 수정전 시산표는 수정분개 전의 시산표를 뜻하며, 5단계의 수정후 시산표는 수정분개 후의 사산표를 의미한다.
- 6단계 재무제표 작성: 수정후 시산표의 잔액을 이용하여 재무제표를 작성한다.
- 7단계 마감분개: 총계정원장의 계정을 마감하기 위하여 마감분개를

하고 이를 총계정원장의 해당계정에 전기한다.

3단계부터 7단계까지의 과정은 회계기간 말에 수행된다. 각 단계별로 회계기간 중에 절차와 회계기간 말의 절차를 구분하여 그림으로 나타내면 [그림 4-1]과 같다.

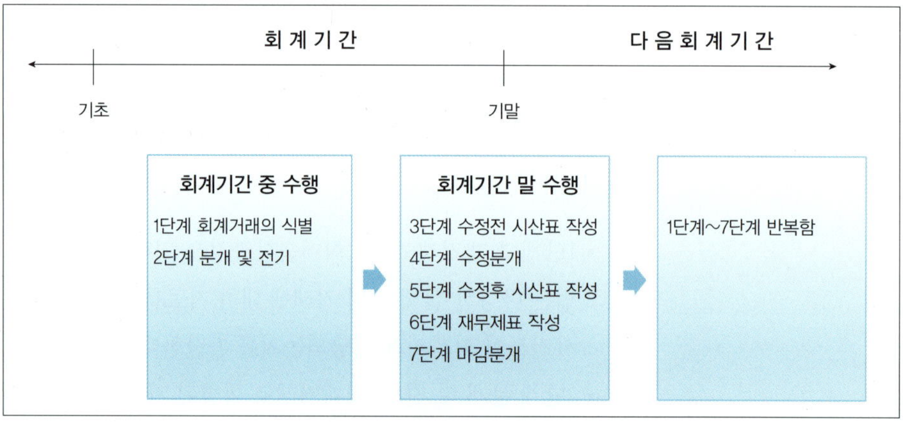

[그림 4-1] 회계순환과정 요약

제2절 현금주의 기준과 발생주의 기준

경제적 사건을 회계거래로 인식하고 측정하는 시기에 따라 현금주의 기준과 발생주의 기준으로 구분할 수 있다. 현금주의 기준과 발생주의 기준은 서로 대비되는 기준이다. 현금주의 기준은 현금의 수취와 지출을 수익과 비용의 인식기준으로 하는 회계처리 방법으로 현금의 수취와 지급의 시점이 기준이 된다. 즉 현금주의 기준은 재화와 용역을 제공하더라도 현금의 수취가 이루어지지 않으면 수익으로 인식하지 않으며, 재화와 용역을 제공받더라도 현금의 지급이 이루어지지 않으면 비용으로 인식하지 않는다.

발생주의 기준은 현금의 수취와 지출과는 관계없이 기업의 재무에 영향을 줄 수 있는 사건이 발생한 기간에 수익과 비용을 인식하는 회계처리 방법이다. 즉 발생주의 기준은 재화와 용역을 제공하는 사건이 일어났을 때 수익으로 인식하며, 재화와 용역을 제공받는 사건이 일어났을 때 비용으로 인식한다. 발생주의 기준을 사용하게 되면 차기의 것을 미리 주거나 받았을 때와 전기의 것을 후에 주고받았을 경우 실제로 주고받은 시점에 관계없이 그것이 어느 기간의 손익에 해당하는지를 구분하여 그 기간의 손익으로 처리하게 된다. 이러한 발생주의 기준은 현금주의 기준에 비해서 경영성과 평가에 더 나은 근거를 제공하므로 한국채택국제회계기준에서는 발생주의 기준을 채택하고 있다.

예를 들어, 세무법인 한양이 20×1년 12월 20일 세무자문용역을 제공하고 ₩100,000을 20×2년 1월 20일에 받기로 한 경우 현금주의 기준과 발생주의 기준에 의한 회계처리는 다음과 같다.

현금주의 회계처리

20×1년 12월 20일	회계처리 없음	
20×2년 1월 20일	(차) 현금 100,000	(대) 용역수익 100,000

발생주의 회계처리

20×1년 12월 20일	(차) 매출채권 100,000	(대) 용역수익 100,000
20×2년 1월 20일	(차) 현금 100,000	(대) 매출채권 100,000

제3절 수정분개

회계기간 중에 거래기록과정에서 적정하게 측정되지 못한 자산, 부채, 수익, 비용 등을 결산과정에서 발생주의 기준에 따라 제대로 인식되어야 할 금액으로 수정하는 분개를 수정분개라고 한다. 즉 수정분개의 목적은 발생주의 기준을 적용하여 회계기간 중에 발생한 수익과 비용을 정확하게 산출하는 것이다.

거래의 발생시기와 현금 유입과 유출의 시기에 따라 수정분개는 크게 발생거래와 이연거래에 대한 수정분개로 구분할 수 있다.

발생은 경제적인 거래나 사건이 이미 발생하여 수익 또는 비용이 현재 발생하였으나 현금의 유입이나 유출이 없어서 회계처리를 하지 않았을 경우, 발생한 수익 또는 비용을 인식하는 과정으로 수정분개를 통하여 인식하는 것을 의미한다. 이 경우 계정과목으로는 자산인 미수수익과 부채인 미지급비용이 있다. 이연은 현금의 유입이나 유출은 있으나 경제적인 거래나 사건이 발생하지 않은 경우에 미래로 수익이나 비용의 인식을 이연하는 과정으로 수정분개를 통하여 인식한다. 이 경우 계정과목으로는 자산인 선급비용과 부채인 선수수익이 있다.

1. 발생과 관련된 수정분개

발생과 관련된 수정분개는 현금의 유입 또는 유출이 아직 이루어지지 않았지만 실현된 수익이나 발생된 비용을 회계기간 말에 당기의 수익이나 비용으로 인식하는 분개이다. 당기의 수익이나 비용의 인식과 관련하여 발생된 자산이나 부채는 대부분 차기의 현금거래에 의해서 소멸된다. 따라서 발생과 관련된 수정분개에서는 선행분개가 없으며, 회계기간 말에 수정분개를 먼저하고, 다음 회계기간에 후속 분개가 나타난다.

1) 미수수익

미수수익(accrued revenue)은 회계기간 중에 수익이 이미 발생하였으나 현금유입이 이루어지지 않아 회계처리를 하지 않았을 경우 발생주의 기준에 따라 기간경과분에 해당하는 수익을 당기에 인식할 때 사용하는 자산계정이다. 미수수익이 차변에 기입되며, 발생한 수익이 대변에 기입된다. 차변에 기입된 '미수수익'은 포괄적인 명칭의 계정과목으로 수익이 발생하는 각 상황별로 계정과목의 명칭을 달리할 수 있다. 예를 들면, 예금의 이자 미수액은 '미수이자수익'이라는 계정과목을 사용할 수 있고, 임대수익의 미수액은 '미수임대료'라는 계정과목을 사용하면 된다.

(차)	미수수익	×××	(대)	○○수익	×××

예를 들면, 세무법인 한양은 20×1년 4월 1일에 은행에 1년 만기 정기예금에 현금 ₩1,000,000을 예치하였다. 이 정기예금의 연이자율은 12%이며, 이자는 정기예금 만기(20×2년 3월 31일)에 원금과 함께 수령하기로 하였을 경우 이자와 관련된 회계처리는 다음과 같다.

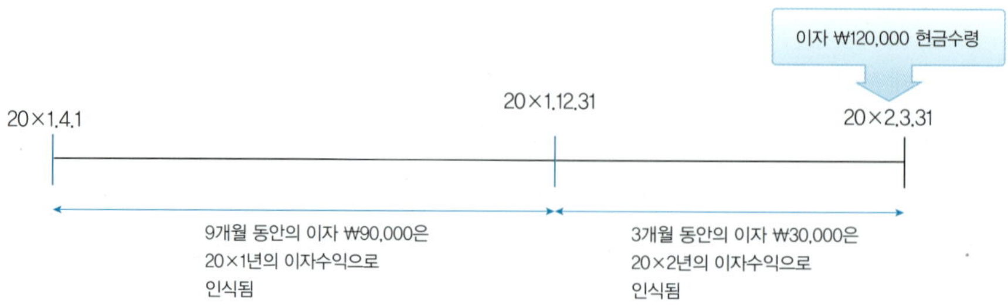

위의 그림에서 20×1년 9개월 동안의 이자 ₩90,000과 20×2년 3개월 동안의 이자 ₩30,000이 제시되어 있다. 각각의 이자는 다음과 같이 계산되어진다.

20×1년 4월1일부터 12월 31일까지의 이자

$$= 1,000,000 \times 12\% \times \frac{9}{12} = 90,000$$

20×2년 1월1일부터 3월 31일까지의 이자

$$= 1,000,000 \times 12\% \times \frac{3}{12} = 30,000$$

세무법인 한양은 20×1년 9개월 동안의 이자 ₩90,000을 받을 권리가 있다. 이 정기예금의 이자를 만기에 받기로 하였으므로 20×1년 12월 31일 수정분개에서는 이자수익 ₩90,000을 미수이자로 인식한다.

20×1.12.31	(차)	미수이자수익	90,000	(대)	이자수익	90,000

시간이 경과하여 정기예금 만기인 20×2년 3월 31일에 이자 ₩120,000을 현금으로 수취하게 된다면 이 시점의 이자에 관한 분개는 다음과 같다.

20×2.3.31	(차)	현금	120,000	(대)	미수이자수익	90,000
					이자수익	30,000

[예제 4-1] 미수수익과 회계처리

세무법인 한양은 20×1년 7월 1일 현금 ₩1,000,000을 연 12%에 대여하고 원금과 이자는 1년 후에 받기로 하였다. 세무법인 한양이 20×1년 7월 1일과 20×1년 12월 31일에 해야 할 회계처리를 하시오(단, 대여한 현금이 회계처리 계정은 '대여금'으로 한다).

풀이

7.1	(차)	대여금	1,000,000	(대)	현금	1,000,000
12.31	(차)	미수이자수익	60,000	(대)	이자수익	60,000*

$$*1,000,000 \times 12\% \times \frac{6}{12} = 60,000$$

2) 미지급비용

미지급비용(accrued expense)은 회계기간 중에 비용이 이미 발생하였으나 현금유출이 이루어지지 않아 회계처리를 하지 않았을 경우 발생주의 기준에 따라 기간경과분에 해당하는 비용을 당기에 인식할 때 사용하는 부채계정이다. 미지급비용이 대변에 기입되며, 발생한 비용은 차변에 기입된다. 대변에 기입된 '미지급비용'은 포괄적인 명칭의 계정과목으로 비용이 발생하는 각 상황별로 계정과목의 명칭을 달리할 수 있다. 예를 들면, 종업원들의 급여 미지급액은 '미지급급여'라는 계정과목을 사용할 수 있고, 광고비의 미지급액은 '미지급광고비'라는 계정과목을 사용하면 된다.

(차)	○○비용	×××	(대)	미지급비용	×××

예를 들면, 세무법인 한양은 20×1년 12월 25일에 지급해야 하는 종업원급여 ₩1,000,000을 자금사정으로 인하여 지급하지 못하고 20×2년 1월 10일에 지급하였을 경우 종업원급여와 관련된 회계처리는 다음과 같다.

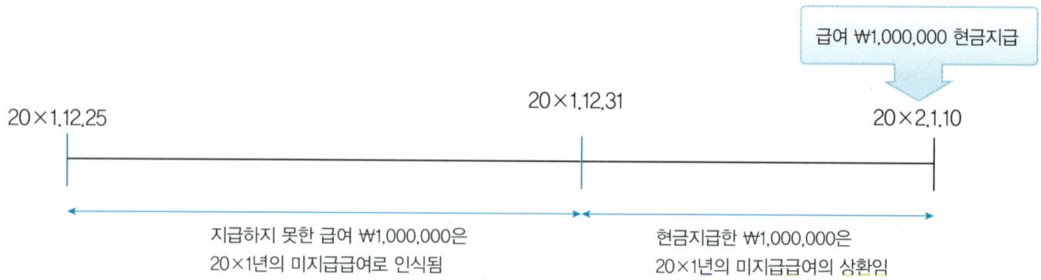

20×1년 12월 25일에 종업원 급여를 지급해야 하지만 ₩1,000,000을 지급하지 못하여 종업원에게 급여를 지급해야 하는 의무가 생겼다. 20×1년 12월 31일 수정분개에서는 종업원급여 ₩1,000,000을 미지급급여로 인식한다.

20×1.12.31	(차)	급여	1,000,000	(대)	미지급급여	1,000,000

시간이 경과하여 20×2년 1월 10일에 급여 ₩1,000,000을 현금으로 지급하게 된다면 이 시점의 급여에 관한 분개는 다음과 같다.

20×2.1.10	(차)	미지급급여	1,000,000	(대)	현금	1,000,000

[예제 4-2] 미지급비용 회계처리

세무법인 한양은 20×1년 10월 1일 A은행으로부터 현금 ₩1,000,000을 연 12%에 차입하고 원금과 이자는 1년 후에 지급하기로 하였다. 세무법인 한양이 20×1년 10월 1일과 20×1년 12월 31일에 해야 할 회계처리를 하시오(단, 차입한 현금의 회계처리 계정은 '차입금'으로 한다.).

풀이

10.1	(차)	현금	1,000,000	(대)	차입금	1,000,000
12.31	(차)	이자비용	30,000*	(대)	미지급이자비용	30,000

$*1{,}000{,}000 \times 12\% \times \frac{3}{12} = 30{,}000$

2. 이연과 관련된 수정분개

이연과 관련된 수정분개는 현금의 유입 또는 유출이 이미 이루어졌지만 발생주의 기준에 의하면 아직 수익이 실현되었거나 비용이 발생되지 않아서 현금의 유입 또는 유출된 전액 혹은 그중의 일부를 차기 이후 기간의 수익이나 비용으로 이연시켜야 하는 분개이다. 따라서 이연과 관련된 수정분개를 할 경우 이미 기록된 선행분개에 대하여 회계기간 말에 이를 적절히 수정하는 수정분개가 이루어진다.

1) 선수수익

회계기간 중의 타실체로부터 미래의 수익금액을 미리 받으면 현금의 증가를 기록하는 분개를 한다. 선수수익(unearned revenue)은 회계기간 말 현금유입액이 모두 수익으로 실현되지 않았을 경우 발생주의 기준에 따라 기간 미경과분에 해당하는 수익을 차기로 이연하기 위해 사용하는 부채계정이다. '선수수익'은 포괄적인 명칭의 계정과목으로 수익이 발생하는 각 상황별로 계정과목의 명칭을 달리할 수 있다. 예를 들면, 임대료를 미리 받은 선수금액은 '선수임대료'라는 계정과목을 사용할 수 있고, 이자수익을 미리 받은 선수금액은 '선수이자수익'이라는 계정과목을 사용하면 된다.

선수수익은 두 가지 방법으로 회계처리가 가능하다. 회계기간 중에 현금을 수령할 때 모두 수익으로 인식하는 방법과 모두 선수수익(부채)으로 인식하는 방법으로 구분된다. 모두 선수수익(부채)으로 인식하는 방법은 보론에서 다루도록 하겠다.

다음에 제시되는 사례를 통하여 모두 수익으로 인식하는 방법의 회계처리를 확인해 보도록 하자.

세무법인 한양은 20×1년 9월 1일에 1년분 임대수익 ₩120,000을 모두 현금으로 수령하였다.

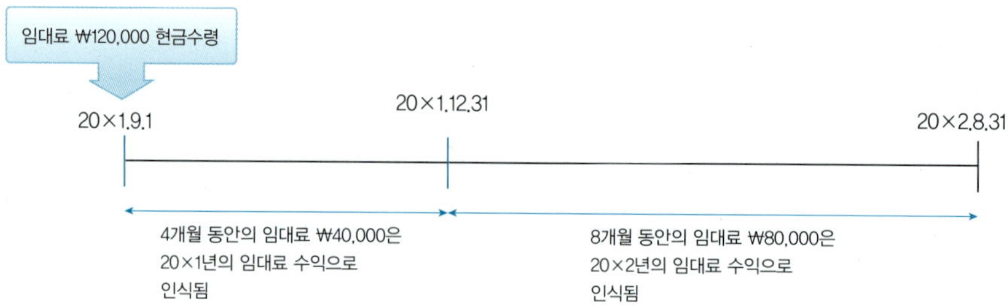

위의 그림을 살펴보면 20×1년은 9월 1일부터 12월 31일까지 4개월 동안의 임대료 수익 ₩40,000이 제시되었으며, 20×2년은 1월 1일부터 8월 31일까지 8개월 동안의 임대료 수익 ₩80,000이 제시되었다.

20×1년 9월 1일에 1년 동안의 임대료를 모두 임대료(수익)로 회계처리하면 ₩120,000을 현금으로 수령하였으므로 차변에는 현금의 증가를 기록하고, 대변에는 임대료 수익의 발생을 기록한다.

20×1.9.1	(차)	현금	120,000	(대)	임대료	120,000

시간이 경과하여 20×1년 12월 31일 회계기간 말에 20×1년의 임대료 수익을 인식하는 수정분개는 임대료 ₩120,000 중 ₩80,000은 20×2년의 임대료 수익이므로 이를 선수임대료로 회계처리하여 20×1년에 회계기간 중에 인식되어 있는 임대료를 ₩80,000 제거해야 한다.

20×1.12.31	(차)	임대료	80,000	(대)	선수임대료	80,000

임대료 인식과 관련된 마지막은 회계처리는 20×2년 8개월분의 임대료 수익을 인식하는 것이다. 이를 위해서 20×2년 1월 1일에 재수정분개를 실시하여 8개월분의 수익을 인식해야 한다.

20×2.1.1	(차)	선수임대료	80,000	(대)	임대료	80,000

재수정분개는 20X1년의 결산수정분개의 반대분개와 같기 때문에 역분개라고도 할 수 있다. 이러한 역분개는 20X2년의 회계처리를 단순화 시키고 오류를 줄이기 위하여 사용된다. 20X2년 1월 1일에 재수정분개를 실시하지 않을 경우 그 대신에 20X2년 8월 31일 임대기간 만료시점에 이 분개를 실시해야 한다. 20X2년 1월 1일 회계처리와 20X2년 8월 31일 두 가지의 회계처리가 별 차이가 없는 것처럼 보일 수 있다. 그러나 건물의 임대수익, 대여금의 대한 이자수익 등 20X2년 중에 수시로 수익을 인식해야 하는 만료시점이 도래할 때마다 일일이 관련 회계처리를 하는 것보다 20X2년 1월 1일에 선수임대료 전액을 한꺼번에 회계처리하는 것이 훨씬 간편하기 때문에 재수정분개가 권장된다.

[예제 4-3] 선수수익 회계처리

세무법인 한양은 20×1년 7월 1일 보유중인 건물의 4층을 A사에 임대하기로 하고 1년치 임대료 ₩600,000을 현금으로 수령하였다.
세무법인 한양이 수수한 임대료를 수익으로 처리하는 경우 20×1년 7월 1일과 20×1년 12월 31일에 해야 할 회계처리를 하시오.

풀이

7.1	(차)	현금	600,000	(대)	임대료	600,000
12.31	(차)	임대료	300,000	(대)	선수임대료	300,000

2) 선급비용

회계기간 중의 타실체에게 미래의 비용금액을 미리 지급하면 현금의 감소를 기록하는 분개를 한다. 선급비용(prepaid expense)은 회계기간 말 현금유출액이 모두 비용으로 발생하지 않았을 경우 발생주의 기준에 따라 기간 미경과분에 해당하는 비용을 차기로 이연하기 위해 사용하는 자산계정이다.

'선급비용'은 포괄적인 명칭의 계정과목으로 비용이 발생하는 각 상황별로 계정과목의 명칭을 달리할 수 있다. 예를 들면, 보험료를 미리 지급한 선급금액은 '선급보험료'라는 계정과목을 사용할 수 있고, 임차료를 미리 지급한 선급금액은 '선급임차료'라는 계정과목을 사용하면 된다.

선급비용은 두 가지 방법으로 회계처리가 가능하다. 회계기간 중에 현금을 지급할 때 모두 비용으로 인식하는 방법과 모두 선급비용(자산)으로 인식하는 방법으로 구분된다. 모두 선급비용(자산)으로 인식하는 방법은 보론에서 다루도록 하겠다.

다음에 제시되는 사례를 통하여 모두 비용으로 인식하는 방법의 회계처리를 확인해 보도록 하자.

세무법인 한양은 20×1년 4월 1일에 1년분 자동차보험료 ₩120,000을 모두 현금으로 지급하였다.

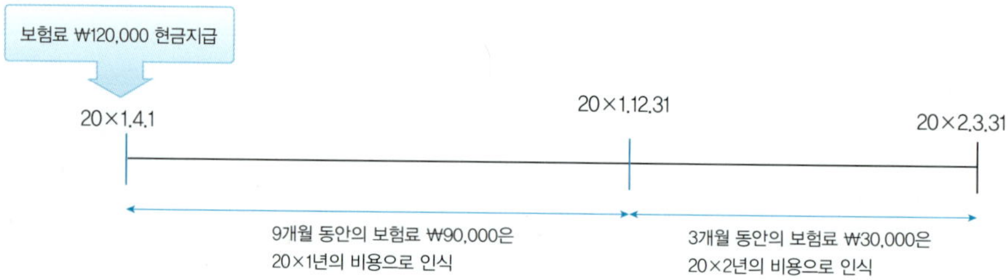

위의 그림을 살펴보면 20×1년은 4월 1일부터 12월 31일까지 9개월 동안의 보험료 비용 ₩90,000이 제시되었으며, 20×2년은 1월 1일부터 3월 31일까지 3개월 동안의 보험료 비용 ₩30,000이 제시되었다.

20×1년 4월 1일에 1년 동안의 자동차 보험료를 모두 보험료(비용)로 회계처리하면 ₩120,000을 현금으로 지급하였으므로 대변에는 현금의 감소를 기록하고, 차변에는 보험료 비용의 발생을 기록한다.

20×1.4.1	(차)	보험료	120,000	(대)	현금	120,000

시간이 경과하여 20×1년 12월 31일 회계기간 말에 20×1년의 보험료 비용을 인식하는 수정분개는 보험료 ₩120,000 중 ₩30,000은 20×2년의 보험료 비용이므로 이를 선급보험료로 회계처리하여 20×1년에 회계기간 중에 인식되어 있는 보험료 ₩30,000을 제거해야 한다.

20×1.12.31	(차)	선급보험료	30,000	(대)	보험료	30,000

보험료 인식과 관련된 마지막 회계처리는 20X2년 3개월분의 보험료비용을 인식하는 것이다. 이를 위해서 20×2년 1월 1일에 재수정분개를 실시하여 3개월분의 비용을 인식해야 한다.

20×2.1.1	(차)	보험료	30,000	(대)	선급보험료	30,000

재수정분개는 20×1년의 결산수정분개의 반대분개와 같기 때문에 역분개라고도 할 수 있다. 이러한 역분개는 20×2년의 회계처리를 단순화 시키고 오류를 줄이기 위하여 사용된다. 20×2년 1월 1일에 재수정분개를 실시하지 않을 경우 그 대신에 20×2년 3월 31일 보험기간기간 만료시점에 이 분개를 실시해야 한다. 20×2년 1월 1일 회계처리와 20×2년 3월 31일 두 가지의 회계처리가 별 차이가 없는 것처럼 보일 수 있다. 그러나 건물, 차량운반구, 기계장치 등 수많은 자산에 대한 보험만기일이 20×2년 중에 수시로 도래할 경우 만료시점이 도래할 때마다 일일이 관련 회계처리를 하는 것보다 20×2년 1월 1일에 선급보험료 전액을 한꺼번에 회계처리 하는 것이 훨씬 간편하기 때문에 재수정분개가 권장된다.

[예제 4–4] 선급비용 회계처리

세무법인 한양은 20×1년 8월 1일 보유중인 건물의 화재보험을 가입하면서 1년치 보험료 ₩360,000을 현금으로 지급하였다.
세무법인 한양이 지급한 보험료를 비용으로 처리하는 경우 20×1년 8월 1일과 20×1년 12월 31일에 해야 할 회계처리를 하시오

풀이

8.1	(차)	보험료	360,000	(대)	현금	360,000
12.31	(차)	선급보험료	210,000	(대)	보험료	210,000

3) 소모품

소모품이란 한번 사용하면 닳아 없어지거나 못 쓰게 되는 사무용품, 청소용품, 포장용지 등의 물품이다. 소모품은 선급비용과 유사한 수정분개를 수행한다.

소모품은 두 가지 방법으로 회계처리가 가능하다. 회계기간 중에 소모품 구입을 위해 현금을 지급할 때 모두 소모품비(비용)으로 인식하는 방법과 모두 소모품(자산)으로 인식하는 방법으로 구분된다.

다음에 제시되는 사례를 통하여 두 가지 방법의 회계처리를 구분해 보도록 하자.

세무법인 한양은 20×1년 9월 1일에 사무용 소모품 ₩100,000을 현금을 지급하여 구입하였다. 20×1년 12월 31일 소모품을 확인한 결과 ₩20,000의 소모품이 남아있었다.

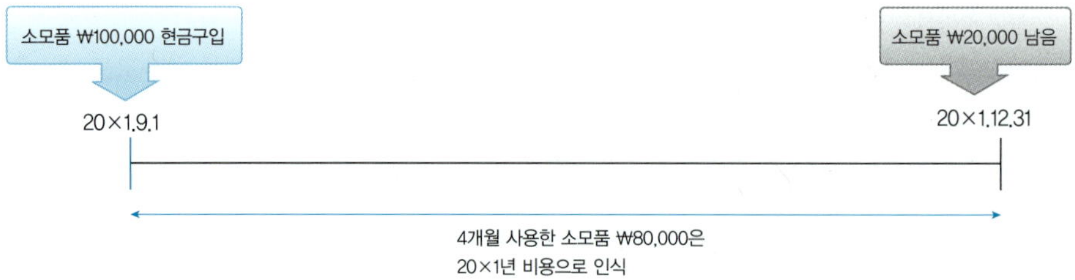

위의 그림을 살펴보면 20×1년은 9월 1일부터 12월 31일까지 4개월 동안의 ₩80,000의 소모품이 사용되었으며 20×1년 현재 남아있는 소모품은 ₩20,000으로 제시되었다.

20×1년 9월 1일 구입시점에 사무용 소모품을 모두 비용으로 회계처리하면 차변에는 소모품비(비용) ₩100,000의 발생이 기록되고, 대변에는 현금을 지급하였으므로 현금 ₩100,000의 감소가 기록된다.

20×1.9.1	(차)	소모품비	100,000	(대)	현금	100,000

시간이 경과하여 20×1년 12월 31일 회계기간 말에 미사용 소모품에 해당하는 금액을 소모품(자산)으로 인식하기 위해서 소모품비 ₩20,000을 제거하고 소모품 ₩20,000을 인식하는 회계처리를 해야 한다. 이러한 수정분개를 통하여 아직 사용하지 않은 소모품 ₩20,000은 20×2년으로 이연된다.

20×1.12.31	(차)	소모품	20,000	(대)	소모품비	20,000

[예제 4-5] 소모품비용 회계처리

세무법인 한양은 20×1년 2월 1일 사무실에서 사용할 소모품 ₩150,000을 현금을 지급하여 구입하였다. 20×1년 12월 31일 소모품을 확인한 결과 ₩40,000의 소모품이 남아있었다.
세무법인 한양이 구입한 시점에서 소모품을 비용으로 처리하는 경우 20×1년 2월 1일과 20×1년 12월 31일에 해야 할 회계처리를 하시오.

풀이

2.1	(차)	소모품비	150,000	(대)	현금	150,000
12.31	(차)	소모품	40,000	(대)	소모품비	40,000

세무법인 한양은 20×1년 9월 1일에 사무용 소모품 ₩100,000을 현금을 지급하여 구입하였다. 20×1년 12월 31일 소모품을 확인한 결과 ₩20,000의 소모품이 남아있었다.

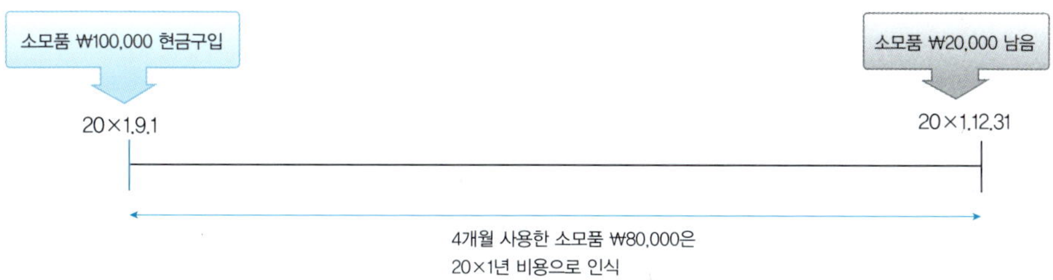

위의 그림을 살펴보면 20×1년은 9월 1일부터 12월 31일까지 4개월 동안의 ₩80,000의 소모품이 사용되었으며 20×1년 현재 남아있는 소모품은 ₩20,000으로 제시되었다.

20×1년 9월 1일 구입시점에 사무용 소모품을 모두 자산으로 회계처리하면 차변에는 소모품(자산) ₩100,000의 증가가 기록되고, 대변에는 현금을 지급하였으므로 현금 ₩100,000의 감소가 기록된다.

20×1.9.1	(차)	소모품	100,000	(대)	현금	100,000

시간이 경과하여 20×1년 12월 31일 회계기간 말에 소모품 사용분에 해당하는 금액을 소모품비(비용)로 인식하기 위해서 소모품 ₩80,000을 제거하고 소모품비 ₩80,000을 인식하는 회

계처리를 해야 한다. 이러한 수정분개를 통하여 아직 사용하지 않은 소모품 ₩20,000은 20×2년으로 이연된다.

20×1.12.31	(차)	소모품비	80,000	(대)	소모품	80,000

[예제 4-6] 소모품 자산 회계처리

세무법인 한양은 20×1년 2월 1일 사무실에서 사용할 소모품 ₩150,000을 현금을 지급하여 구입하였다. 20×1년 12월 31일 소모품을 확인한 결과 ₩40,000의 소모품이 남아있었다.
세무법인 한양이 구입한 시점에서 소모품을 자산으로 처리하는 경우 20×1년 2월 1일과 20×1년 12월 31일에 해야 할 회계처리를 하시오.

풀이

2.1	(차)	소모품	150,000	(대)	현금	150,000
12.31	(차)	소모품비	110,000	(대)	소모품	110,000

제4절 수정후 시산표

회계순환과정의 1단계~4단계까지 학습한 내용들을 복습하기 위하여 다음의 사례를 이용하여 학습한 내용을 복습을 하고 이를 이용하여 회계순환과정의 나머지 단계를 설명하고자 한다.

[예제 4-7] 회계처리와 수정전 시산표 작성

20×1년 4월 1일에 경영컨설팅 용역을 제공하는 (주)한양이 설립되었다. 다음은 4월 중 거래내역이다. 단, (주)한양의 보고기간은 한 달이라 가정한다.

4월 1일	현금 ₩1,000,000을 출자하여 (주)한양를 설립하였다.
4월 2일	회사 홍보를 위하여 광고제작을 의뢰하고 6개월 동안의 광고비 ₩120,000을 현금으로 지급하고 이를 모두 비용으로 회계처리 하였다.
4월 7일	경영컨설팅 용역 ₩300,000을 외상으로 제공하였다.
4월 8일	은행으로부터 ₩500,000을 1년간 차입하였다.
4월 10일	사무실 화재보험에 가입하면서 1년간 보험료 ₩360,000을 지급하고 이를 모두 비용으로 회계처리 하였다.
4월 17일	소모품 ₩320,000을 취득하면서 ₩270,000을 현금으로 지급하고, 잔액은 외상으로 하였다. 취득시점에 모두 비용으로 회계처리 하였다.
4월 21일	소모품 취득시 미지급한 대금 ₩50,000을 지급하였다.
4월 25일	급여 ₩400,000을 지급하였다.

물음

(1) 4월 한 달 동안의 분개와 전기를 수행하시오.

(2) 수정전 잔액시산표를 작성하시오.

풀이

(1)

4.1	(차)	현금	1,000,000	(대)	자본금	1,000,000
4.2	(차)	광고비	120,000	(대)	현금	120,000
4.7	(차)	매출채권	300,000	(대)	용역수익	300,000
4.8	(차)	현금	500,000	(대)	차입금	500,000
4.10	(차)	보험료	360,000	(대)	현금	360,000
4.17	(차)	소모품비	320,000	(대)	현금	270,000
					미지급금	50,000
4.21	(차)	미지급금	50,000	(대)	현금	50,000
4.25	(차)	급여	400,000	(대)	현금	400,000

현금

4.1	자본금	1,000,000	4.2	광고비	120,000
4.8	차입금	500,000	4.10	보험료	360,000
			4.17	소모품비	270,000
			4.21	미지급금	50,000
			4.25	급여	400,000
잔액		300,000			

매출채권

4.7	용역수익	300,000			
잔액		300,000			

차입금

			4.8	현금	500,000
			잔액		500,000

미지급금

4.21	현금	50,000	4.17	소모품비	50 000
			잔액		0

자본금

			4.1	현금	1,000,000
			잔액		1,000,000

용역수익

			4.7	매출채권	300 000
			잔액		300 000

광고비

4.2	현금	120,000			
잔액		120,000			

보험료

4.10	현금	360,000			
잔액		360,000			

소모품비

4.17	현금	270,000			
	미지급금	50,000			
잔액		320 000			

급여

4.25	현금	400,000			
잔액		40,000			

(2) 각 계정의 잔액을 이용하여 수정전 잔액 시산표를 작성하면 다음과 같다.

수정전 잔액 시산표

잔 액	계 정	잔 액
300,000	현금	
300,000	매출채권	
	차입금	500,000
	자본금	1,000,000
	용역수익	300,000
120,000	광고비	
360,000	보험료	
320,000	소모품비	
400,000	급여	
1,800,000		1,800,000

[예제 4-8] 수정분개와 수정후 잔액시산표 작성

〈예제 4-7〉에서 이어지는 내용이다. (주)한양의 4월 30일 수정분개 사항은 다음과 같다.

(1) 회계기간 말까지 발생한 차입금 이자비용은 ₩5,000이다.

(2) 4월 28일 경영컨설팅 용역을 외상으로 제공하였는데, 회계담당자가 용역대금 미수액 ₩550,000을 아직 기록하지 못하였다.

(3) 남아있는 소모품은 ₩30,000이다.

물음

(1) 4월 30일 필요한 수정분개와 전기를 수행하시오.

(2) 수정후 잔액시산표를 작성하시오.

풀이

(1) 4월 30일 회계기간 말의 필요한 수정분개와 전기를 수행하면 다음과 같다.

일자		차변 계정	금액		대변 계정	금액
4.30	(차)	이자비용	5,000	(대)	미지급이자비용	5,000
4.30	(차)	매출채권	550,000	(대)	용역수익	550,000
4.30	(차)	소모품	30,000	(대)	소모품비	30,000
4.30	(차)	선급광고비	100,000	(대)	광고비	100,000

₩120,000×5/6(20×1년도 미경과된 광고기간)=₩100,000

일자		차변 계정	금액		대변 계정	금액
4.30	(차)	선급보험료	330,000	(대)	보험료	330,000

₩360,000×11/12(20×1년도 미경과 보험기간)=₩330,000

매출채권

일자	적요	금액	일자	적요	금액
4.7	용역수익	300,000			
4.30	용역수익	550,000			
잔액		850,000			

소모품

일자	적요	금액	일자	적요	금액
4.30	소모품비	30,000			
잔액		30,000			

선급광고비

일자	적요	금액	일자	적요	금액
4.2	광고비	100,000			
잔액		100,000			

선급보험료

일자	적요	금액	일자	적요	금액
4.30	보험료	330,000			
잔액		330,000			

미지급이자비용

일자	적요	금액	일자	적요	금액
			4.30	이자비용	5,000
			잔액		5,000

용역수익

일자	적요	금액	일자	적요	금액
			4.7	매출채권	300,000
			4.30	매출채권	550,000
			잔액		850,000

소모품비

4.17	현금	270,000	4.30	소모품	30,000
	미지급금	50,000			
잔액		290,000			

광고비

4.2	현금	120,000	4.30	선급광고비	100,000
잔액		20,000			

보험료

4.10	현금	360,000	4.30	선급보험료	330,000
잔액		30,000			

이자비용

4.30	미지급이자비용	5,000			
잔액		5,000			

각 계정이 잔액을 이용하여 수정후 잔액 시산표를 작성하면 다음과 같다.

수정후 잔액 시산표

잔 액	계 정	잔 액
300,000	현 금	
850,000	매 출 채 권	
30,000	소 모 품	
100,000	선 급 광 고 비	
330,000	선 급 보 험 료	
	미 지 급 이 자 비 용	5,000
	차 입 금	500,000
	자 본 금	1,000,000
	용 역 수 익	850,000
20,000	광 고 비	
30,000	보 험 료	
290,000	소 모 품 비	
400,000	급 여	
5,000	이 자 비 용	
2,355,000		2,355,000

제5절 재무제표 작성

기업은 수정후 시산표를 작성하면 이를 이용하여 재무제표를 작성할 수 있다. 본 절에서는 재무제표 중에서 포괄손익계산서와 재무상태표의 작성 방법을 확인하고자 한다.

수정후 시산표 상의 수익계정 금액과 비용계정 금액을 이용하여 포괄손익계산서를 작성하면 다음과 같다.

포괄손익계산서		
(주)한양	20×1년4월1일~4월30일	(단위: 원)
용역수익		850,000
영업비용		
급여	400,000	
소모품비	290,000	
보험료	30,000	
광고비	20,000	
이자비용	5,000	745,000
당기순이익		105,000
기타포괄이익		0
당기총포괄이익		105,000

손익계산서와 재무상태표를 연계하기 위해서는 손익계산서의 당기순이익과 재무상태표의 이익잉여금의 관계를 알아야 한다. 기말 재무상태표에 표시될 이익잉여금을 계산하는 식은 아래와 같다.

기말 이익잉여금 = 기초 이익잉여금 + 당기순이익 – 배당금

위의 식을 이용하여 (주)한양의 기말 이익잉여금을 계산하면, (주)한양의 경우 20×1년 4월 1일에 설립된 기업이므로 기초이익잉여금이 존재하지 않는다. 또한 당기순이익은 손익계산서에 제시된 바와 같이 ₩105,000이며, (주)한양의 경우 배당을 하지 않았으므로 기말 이익잉여금은 ₩105,000이 된다. 이를 식으로 나타내면 다음과 같다.

$$105{,}000 = 0 + 105{,}000 - 0$$

수정후 시산표 상의 자산계정 금액, 부채계정 금액, 자본계정 금액과 위에서 계산된 기말 이익잉여금을 이용하여 재무상태표를 작성하면 다음과 같다.

재무상태표

(주)한양 20×1년 4월 30일 현재 (단위: 원)

자산		부채	
현금	300,000	미지급이자비용	5,000
매출채권	850,000	차입금	500,000
소모품	30,000	자본	
선급광고비	100,000	자본금	1,000,000
선급보험료	330,000	이익잉여금	105,000
자산총계	1,610,000	부채와 자본 총계	1,610,000

제6절 장부의 마감

기업의 회계순환과정은 매 회계기간마다 계속 반복된다. 경영성과를 정확히 계산하기 위해서는 당기의 거래기록과 차기의 거래기록을 뒤섞이지 않도록 분리해야 하는데 이를 위하여 기업은 장부를 마감한다. 장부를 마감하기 위해서는 자산 · 부채 · 자본 · 수익 · 비용 계정들을 임시계정과 영구계정으로 구분해야 한다.

포괄손익계산서 계정인 수익계정과 비용계정들은 임시계정으로 구분된다. 임시계정의 잔액은 마감분개를 통하여 회계기간 말에 0으로 만들어 진다. 임시계정 잔액이 0으로 만드는 이유는 임시계정의 잔액을 차기로 이월시키지 않기 위해서 이다. 포괄손익계산서는 한 회계기간 동안의 경영성과를 나타낸 재무제표이므로 회계기간 말 포괄손익계산서를 작성하기 위해서 계산된 수익계정과 비용계정의 잔액은 한 회계기간 동안만을 대상으로 집계되어야 한다.

만일 한 회계기간 말에 수익과 비용 각각의 계정잔액이 0이 되지 않는다면, 다음기간의 포괄손익계산서에 나타나는 경영성과는 전기의 경영성과와 당기의 경영성과가 합쳐진 경영성과로서 한 회계기간의 경영성과가 아니라 두 개의 회계기간의 경영성과를 보고하게 되는 것이다.

한 회계기간 동안의 수익계정과 비용계정을 계산하기 위해서는 회계기간 기초의 잔액은 0에서 출발하므로 시간이 흘러 회계기간 기말의 잔액은 모두 해당 회계기간에만 발생한 것이 된다. 이들 잔액은 포괄손익계산서에 보고 뒤에 0으로 만들어 다음 회계기간 기초의 잔액이 또다시 0이 되도록 해야 한다.

재무상태표 계정인 자산계정, 부채계정, 자본계정은 영구계정으로 구분된다. 영구계정의 잔액은 회계기간 말의 잔액이 다음 회계기간 초로 이월되어 다음기간에 누적된다. 영구계정의 잔액은 이월되기 때문에 마감분개가 요구되지 않는다.

마감분개는 임시계정을 영구계정으로 대체하기 위하여 필요한 분개라고 할 수 있다. 즉, 임시계정의 회계기간 말의 잔액인 당기순이익(혹은 당기순손실)을 영구계정인 이익잉여금에 대체하기 위하여 마감분개를 수행해야 한다.

마감분개에서는 수익계정과 비용계정을 마감하기 위해서 집합손익이라는 임시계정을 사용한다. 수익계정과 비용계정은 집합손익계정을 이용하여 마감하고 집합손익계정의 잔액을 마감하기 위해서는 이익잉여금계정으로 대체한다.

마감분개는 3단계로 이루어진다.

1) 1단계 : 수익의 마감

수익의 잔액은 대변에 나타난다. 이 잔액은 0으로 만들기 위한 마감분개는 수익의 모든 잔액을 차변에 기입하고 대변에는 같은 금액의 집합손익을 기입한다.

(차)	수익	×××	(대)	집합손익	×××

2) 2단계 : 비용의 마감

비용의 잔액은 차변에 나타난다. 이 잔액은 0으로 만들기 위한 마감분개는 비용의 모든 잔액을 대변에 기입하고 차변에는 같은 금액의 집합손익을 기입한다.

(차)	집합손익	xxx	(대)	비용	xxx

3) 3단계 : 집합손익의 마감

집합손익 역시 임시계정이므로 마감되어야 한다. 집합손익은 기업의 경영성과가 이익이냐 손실이냐에 따라 다르게 계산된다.

● 당기순이익이 나타나는 경우

수익잔액이 비용잔액보다 큰 경우 즉 당기순이익 발생한 경우 집합손익의 잔액은 대변에 나타난다. 이 잔액을 0으로 만들기 위한 마감분개는 집합손익의 잔액을 차변에 기입하고 대변에는 같은 금액의 이익잉여금으로 기입한다.

(차)	집합손익	xxx	(대)	이익잉여금	xxx

● 당기순손실이 나타나는 경우

수익잔액이 비용잔액보다 작은 경우 즉 당기순손실이 발생한 경우 집합손익의 잔액은 차변에 나타난다. 이 잔액을 0으로 만들기 위한 마감분개는 집합손익의 잔액을 대변에 기입하고 차변에는 같은 금액의 이익잉여금으로 기입한다.

(차)	이익잉여금	xxx	(대)	집합손익	xxx

마감분개 역시 분개 후에는 전기를 실시해야 한다.

4) 예제를 활용한 마감분개

(주)한양의 4월의 마감분개와 전기를 실시하면 다음과 같다.

● 1단계: 수익의 마감

(차)	용역수익	850,000	(대)	집합손익	850,000

2단계: 비용의 마감

(차)	집합손익	745,000	(대)	급여	400,000
				소모품비	290,000
				보험료	30,000
				광고비	20,000
				이자비용	5,000

3단계: 집합손익의 마감

(차)	집합손익	105,000	(대)	이익잉여금	105,000

마감분개를 수행하면 임시계정의 잔액들은 모두 0이 된다.

수익

용역수익

4.30	집합손익	850,000	4.7	매출채권	300,000
			4.30	매출채권	550,000
			잔액		0

비용

급여

4.25	현금	400,000	4.30	집합손익	400,000
잔액		0			

소모품비

4.17	현금	270,000	4.30	집합손익	320,000
	미지급금	50,000			
잔액		0			

보험료

4.10	현금	360,000	4.30	선급보험료	330,000
			4.30	집합손익	30,000
잔액		0			

광고비

4.2	현금	120,000	4.30	선급광고비	100,000
			4.30	집합손익	20,000
잔액		0			

이자비용

4.30	미지급이자비용	5,000	4.30	집합손익	5,000
잔액		0			

집합손익

4.30	급여	400,000	4.30	용역수익	850,000
	소모품비	290,000			
	보험료	30,000			
	광고비	20,000			
	이자비용	5,000			
4.30	이익잉여금	105,000			
				잔액	0

이익잉여금

			4.30	집합손익	105,000
				잔액	105,000

앞서 2장에서 설명하였지만, 4장을 학습 한 뒤에 학습 목적을 위하여 재무제표간의 연계관계를 다시 한 번 살펴보기로 하자. 재무제표들은 상호 독립적으로 작성되는 것이 아니라 일정한 관계에 의해 서로 연결되어 있다.

기초 재무상태표와 기말 재무상태표는 기초 시점과 기말 시점에 대한 결과를 보고하므로 기간 동안의 변동은 나타내지 못한다. 이러한 기간 동안의 변동은 포괄손익계산서, 자본변동표, 현금흐름표에 의해서 작성되어 보고가 되며 이를 바탕으로 작성된 기말 재무상태표는 기초 재무상태표와 차이가 발생하게 된다. 이들 간의 관계를 그림으로 나타내면 [그림 4-2]와 같다.

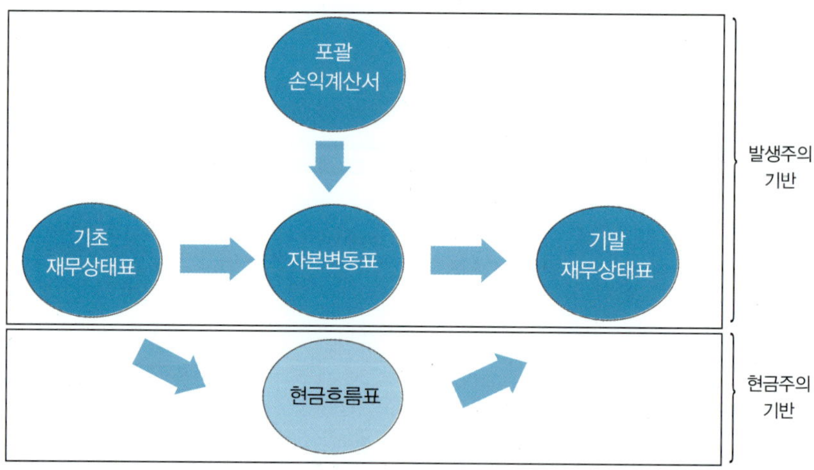

[그림 4-2] 재무제표간의 연계관계

보론

1. 선수수익

선수수익은 두 가지 방법으로 회계처리가 가능하다. 회계기간 중에 현금을 수령할 때 모두 수익으로 인식하는 방법과 모두 선수수익(부채)로 인식하는 방법으로 구분된다.

다음에 제시되는 사례를 통하여 모두 선수수익(부채로)으로 인식하는 방법의 회계처리를 확인해 보도록 하자.

세무법인 한양은 20×1년 9월 1일에 1년분 임대수익 ₩120,000을 모두 현금으로 수령하였다.

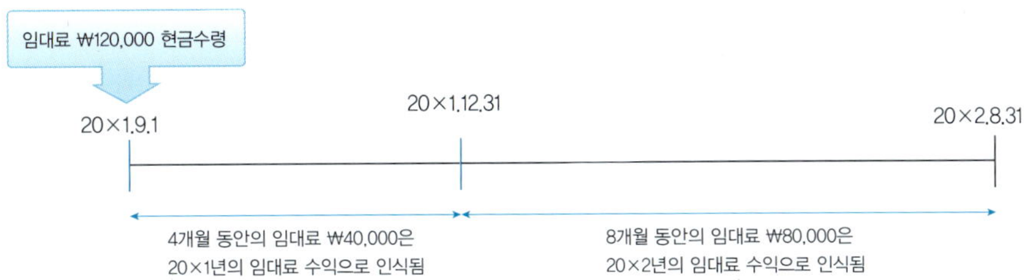

위의 그림을 살펴보면 20×1년은 9월 1일부터 12월 31일까지 4개월 동안의 임대료 수익 ₩40,000이 제시되었으며, 20×2년은 1월 1일부터 8월 31일까지 8개월 동안의 임대료 수익 ₩80,000이 제시되었다.

20×1년 9월 1일에 1년 동안의 임대료를 모두 선수임대료(부채)로 회계처리하면 1년 동안의 임대료를 미리 받았으므로 선수임대료는 부채가 된다. 부채의 증가는 대변에 기록되며 임대료를 모두 현금으로 받았으므로 차변에는 현금의 증가가 기록된다.

20×1.9.1	(차)	현금	120,000	(대)	선수임대료	120,000

시간이 경과하여 20×1년 12월 31일 회계기간 말에 20×1년의 임대료 수익을 인식하는 수정분개는 선수임대료 ₩120,000 중 ₩40,000은 더 이상 선수임대료가 아니라 임대료 수익이므로 선수임대료를 제거하고 임대료 수익을 인식하는 회계처리를 해야 한다.

20×1.12.31	(차)	선수임대료	40,000	(대)	임대료	40,000

임대료 인식과 관련된 마지막은 20X2년 8월 31일 20X2년 임대료 수익 ₩80,000을 인식하는 회계처리를 해야 한다.

20×2.8.31	(차)	선수임대료	80,000	(대)	임대료	80,000

[보론예제 4-1] 선수수익 회계처리

(주)한양은 20×1년 7월 1일 보유중인 건물의 4층을 A사에 임대하기로 하고 1년치 임대료 ₩600,000을 현금으로 수령하였다.

(주)한양이 수수한 임대료를 부채로 처리하는 경우 20×1년 7월 1일과 20×1년 12월 31일에 해야 할 회계처리를 하시오.

풀이

7.1	(차)	현금	600,000	(대)	선수임대료	600,000
12.31	(차)	선수임대료	300,000	(대)	임대료	300,000

2. 선급비용

선급비용은 두 가지 방법으로 회계처리가 가능하다. 회계기간 중에 현금을 지급할 때 모두 비용으로 인식하는 방법과 모두 선급비용(자산)으로 인식하는 방법으로 구분된다.

다음에 제시되는 사례를 통하여 모두 선급비용(자산)으로 인식하는 방법의 회계처리를 확인해 보도록 하자.

세무법인 에리카는 20×1년 4월 1일에 1년분 자동차보험료 ₩120,000을 모두 현금으로 지급하였다.

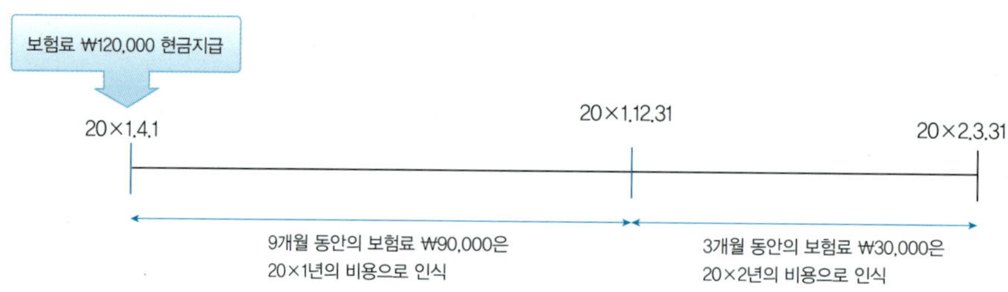

위의 그림을 살펴보면 20×1년은 4월 1일부터 12월 31일까지 9개월 동안의 보험료 비용 ₩90,000이 제시되었으며, 20×2년은 1월 1일부터 3월 31일까지 3개월 동안의 보험료 비용 ₩30,000이 제시되었다.

20×1년 4월 1일에 1년 동안의 자동차 보험료를 모두 선급보험료(자산)로 회계처리하면 1년 동안의 보험료를 미리 지급하였으므로 선급보험료는 자산이 된다. 자산의 증가는 차변에 기록되며 보험료를 모두 현금으로 지급하였으므로 대변에는 현금의 감소가 기록된다.

20×1.4.1	(차)	선급보험료	120,000	(대)	현금	120,000

시간이 경과하여 20×1년 12월 31일 회계기간 말에 20×1년의 보험료 비용을 인식하는 수정분개는 선급보험료 ₩120,000 중 ₩90,000은 더 이상 선급보험료가 아니라 보험료 비용이므로 선급보험료를 제거하고 보험료 비용을 인식하는 회계처리를 해야 한다.

20×1.12.31	(차)	보험료	90,000	(대)	선급보험료	90,000

보험료 인식과 관련된 마지막은 20X2년 3월 31일 20X2년 보험료 비용 ₩30,000을 인식하는 회계처리를 해야 한다.

20×2.3.31	(차)	보험료	30,000	(대)	선급보험료	30,000

[보론예제 4-2] 선급비용 회계처리

(주)한양은 20×1년 8월 1일 보유중인 건물의 화재보험을 가입하면서 1년치 보험료 ₩360,000을 현금으로 지급하였다.

(주)한양이 지급한 보험료를 자산으로 처리하는 경우 20×1년 8월 1일과 20×1년 12월 31일에 해야 할 회계처리를 하시오.

풀이

8.1	(차)	선급보험료	360,000	(대)	현금	360,000
12.31	(차)	보험료	150,000	(대)	선급보험료	150,000

연·습·문·제

1. 다음의 제시되는 문장을 읽고 맞는 설명인 경우는 O, 틀린 설명인 경우는 X로 답하세요.

1) 시산표는 작성되는 시점에 따라 수정전 시산표와 수정후 시산표로 구분된다.

2) 현금주의 기준은 현금의 수취와 지출을 수익과 비용의 인식기준으로 하는 회계처리 방법으로 현금의 수취와 지급의 시점이 기준이 되어, 경영성과에 적절하므로 한국채택국제회계기준에서는 현금주의 기준을 채택하고 있다.

3) 이연과 관련된 수정분개는 현금의 유입 또는 유출이 아직 이루어지지 않았지만 실현된 수익이나 발생된 비용을 회계기간 말에 당기의 수익이나 비용으로 인식하는 분개이다.

4) 미수수익은 회계기간 중에 수익이 이미 발생하였으나 현금유입이 이루어지지 않아 회계처리를 하지 않았을 경우 발생주의 기준에 따라 기간경과분에 해당하는 수익을 당기에 인식할 때 사용하는 수익계정이다.

5) 선수수익은 두 가지 방법으로 회계처리가 가능하다. 회계기간 중에 현금을 수령할 때 모두 선수수익(부채)로 인식하는 방법과 모두 수익으로 인식하는 방법으로 구분된다.

6) 선급비용은 회계기간 말 현금유출액기 모두 비용으로 발생하지 않았을 경우 발생주의 기준에 따라 기간 미경과분에 해당하는 비용을 차기로 이연하기 위해 사용하는 자산계정이다.

7) 수정전 시산표와 수정후 시산표의 등식은 항상 자산 + 비용 = 부채 + 자본 + 수익이다.

8) 유형자산의 감가상각비를 인식하는 경우 상대계정은 유형자산을 직접 차감한다.

9) 영구계정의 잔액은 이월되기 때문에 마감분개가 요구되지 않는다.

10) 손익계산시 계정들은 재무제표를 작성한 이후 이월되지 않기 때문에 집합손익계정을 이용하여 장부를 마감한다. 집합손익계정은 임시계정이므로 자본금으로 대체된다.

2. 아래의 빈칸에 알맞은 단어를 기입하세요.

1) 경제적 사건을 회계거래로 인식하고 측정하는 시기에 따라 현금주의 기준과 (　　　) 기준으로 구분 할 수 있다.

2) 거래의 발생시기와 현금 유입과 유출의 시기에 따라 수정분개는 크게 (　　　)와 (　　　)에 대한 수정분개로 구분할 수 있다.

3) 미지급비용은 회계기간 중에 비용이 이미 발생하였으나 현금유출이 이루어지지 않아 회계처리를 하지 않았을 경우 발생주의 기준에 따라 기간경과분에 해당하는 비용을 당기에 인식할 때 사용하는 (　　　)이다.

4) 선급비용은 두 가지 방법으로 회계처리가 가능하다. 회계기간 중에 현금을 지급할 때 모두 선급비용(자산)으로 인식하는 방법과 모두 (   )으로 인식하는 방법으로 구분된다.

5) 감가상각누계액은 유형자산을 (   )하는 계정이다.

6) 기말 이익잉여금 = 기초 이익잉여금 + (   ) − (   )

7) 임시계정의 잔액은 마감분개를 통하여 회계기간 말에 (   )으로 만들어 진다.

8) 재무상태표 계정인 자산계정, 부채계정, 자본계정은 (   )으로 구분된다.

9) (   )는 임시계정을 영구계정으로 대체하기 위하여 필요한 분개라고 할 수 있다.

10) 집합손익 계정에서 구한 당기순이익은 (   ) 계정으로 대체된다.

3. 20×1년 4월 1일 (주)한국은 1년 만기 정기예금(연 이자율 6%)에 현금을 예치하였으며, 만기일에 원금과 이자를 수취한다. (주)한국이 결산일에 이자에 대한 회계처리를 누락한 경우, 20×1년 말 재무제표에 미치는 영향으로 옳은 것은?(공무원 9급 2024년)

① 부채에 영향은 없고, 당기순이익이 과대계상된다.

② 자산과 당기순이익이 모두 과소계상된다.

③ 자산은 과대계상되고, 당기순이익은 과소계상된다.

④ 자산과 자본은 과소계상되고, 당기순이익은 과대계상된다.

4. (주)한국의 재무상태표에 계상된 기초 선수임대료는 ₩16,000이고 기말 선수임대료는 ₩24,000이다. 당기에 현금으로 수취한 임대료가 ₩50,000인 경우, 당기 임대료수익은? (공무원 9급 2024년)

① ₩42,000　　② ₩50,000　　③ ₩58,000　　④ ₩66,000

5. (주)한국의 기말 수정분개와 관련된 자료가 다음과 같을 때, 기말 수정분개를 반영한 후 당기순이익은? (단, 기간은 월할 계산한다) (공무원 9급 2024년)

- 4월 1일: 화재보험에 가입하고 1년분 보험료 ₩3,600을 선급하고 자산으로 인식하였다.
- 8월 1일: 건물을 임차하고 1년분 임차료 ₩2,400을 선급하고 전액 비용으로 인식하였다.
- 10월 1일: 창고를 1년간 임대하기로 하고 받은 현금 ₩4,800을 선수수익으로 인식하였다.
- 기말 수정분개 반영 전 당기순이익은 ₩5,000이다.

① ₩2,100　　② ₩2,500　　③ ₩4,900　　④ ₩5,100

6. **(주)한국의 20×1년 말 소모품 관련 총계정원장은 다음과 같다.**

현금

차변		대변	
		5/1	₩100,000

소모품

차변		대변	
12/31	₩20,000		

소모품비

차변		대변	
5/1	₩100,000	12/31	₩20,000

(주)한국의 20×1년 회계처리에 관한 설명으로 옳지 않은 것은?(공무원 9급 2023년)

① 소모품과 관련하여 비용으로 인식한 금액은 ₩20,000이다.

② 소모품 관련 수정분개는 '(차)소모품 ₩20,000 (대)소모품비 ₩20,000'이다.

③ 기말 소모품 잔액은 ₩20,000이다.

④ 5월 1일 소모품 구입 시 지출한 현금 ₩100,000을 전액 비용으로 처리하였다.

7. **(주)한국은 20×1년 7월 1일 창고를 임대하고 1년분 임대료 ₩300,000을 현금 수령하여 임대료수익으로 회계처리하였다. (주)한국이 임대료와 관련하여 기말 수정분개를 하지 않은 경우, (주)한국의 재무제표에 미치는 영향에 대한 설명으로 옳은 것은? (단, 기간은 월할 계산한다) (공무원 9급 2023년)**

① 부채와 당기순이익이 모두 과대계상된다.

② 부채는 과소계상되고 당기순이익은 과대계상된다.

③ 자산과 당기순이익이 모두 과소계상된다.

④ 자산은 과소계상되고 당기순이익은 과대계상된다.

8. **(주)한국의 수정전시산표상 수익총액은 ₩800,000이며 비용총액은 ₩500,000이다. 다음의 결산 수정 사항을 반영할 경우, (주)한국의 당기순이익은?(공무원 9급 2023년)**

- 당해연도에 이자수익 ₩60,000이 발생하였으나 장부에 반영하지 않았다.
- 당해연도에 발생한 급여 ₩80,000을 장부에 반영하지 않았다.
- 보험료 ₩120,000을 지급하면서 전액 자산으로 인식하였으나 이 중 다음연도에 해당하는 금액은 ₩90,000이다.
- 임대료 ₩240,000을 수취하면서 전액 수익으로 인식하였으나 당해연도에 해당하는 금액은 ₩80,000이다.

① ₩30,000 ② ₩90,000 ③ ₩110,000 ④ ₩170,000

9. (주)한국의 다음 거래에 대한 기말수정분개로 옳지 않은 것은?(단, 모든 거래는 월할 계산한다) (공무원 9급 2019년)

구분	거래
㉠	12월 1일에 대여금의 향후 3개월분 이자수익 ₩9,000을 현금으로 수령하고 전액 선수수익으로 계상하였다.
㉡	소모품 ₩5,000을 현금 구입하고 소모품으로 계상하였다. 기말 실사 결과 소모품 재고는 ₩2,000이었다.
㉢	12월 1일에 향후 3개월분 이자비용 ₩3,000을 현금으로 지급하고 이를 전액 이자비용으로 계상하였다.
㉣	12월 1일에 비품 ₩6,000을 구입하였다. 비품의 내용연수는 5년, 잔존가치는 없으며, 정액법으로 상각한다.

		차변		대변	
①	㉠	이자수익	₩3,000	선수수익	₩3,000
②	㉡	소모품비	₩3,000	소모품	₩3,000
③	㉢	선급비용	₩2,000	이자비용	₩2,000
④	㉣	감가상각비	₩100	감가상각누계액	₩100

10. (주)한국의 20×1년 중 발생한 거래는 다음과 같다.

(1)	20×1년 7월 1일 만기 1년의 정기예금에 현금 ₩100,000을 예치하였다. 정기예금의 연 이자율은 4%이며, 만기시점에 이자를 받는다.
(2)	종업원에 대한 급여는 매월 말에 지급했으나, 20×1년 12월 급여 ₩1,000은 20×1년 12월 31일에 지급하지 않고 20×2년 1월 3일에 지급하였다.
(3)	20×1년 11월 1일에 창고를 6개월간 임대하고, 1개월에 ₩1,000씩 6개월 임대료 ₩6,000을 현금으로 받아 수익으로 처리하였다.

20×1년에 발생한 기중 거래 및 결산 수정사항을 반영하여 발생기준과 현금기준으로 회계처리 하였을 때, 20×1년 당기순이익에 각각 미치는 영향은? (공무원 9급 2020년)

	발생기준	현금기준
①	₩3,000 감소	₩0
②	₩3,000 증가	₩0
③	₩3,000 증가	₩6,000 증가
④	₩3,000 감소	₩6,000 증가

11. **다음은 (주)한국과 관련된 거래이다. 기말 수정분개가 재무제표에 미치는 영향으로 옳은 것은?(단, 기간은 월할 계산한다) (공무원 9급 2021년)**

- 8월 1일 건물을 1년간 임대하기로 하고, 현금 ₩2,400을 수취하면서 임대수익으로 기록하였다.
- 10월 1일 거래처에 현금 ₩10,000을 대여하고, 1년 후 원금과 이자(연 이자율 4%)를 회수하기로 하였다.
- 11월 1일 보험료 2년분

① 자산이 ₩2,100만큼 증가한다.

② 비용이 ₩200만큼 증가한다.

③ 수익이 ₩100만큼 증가한다.

④ 당기순이익이 ₩900만큼 증가한다.

12. **(주)한국은 보험료 지급 시 전액을 자산으로 회계처리하며, 20×1년 재무상태표상 기초와 기말 선급보험료는 각각 ₩200,000과 ₩310,000이다. 20×1년 중 보험료를 지급하면서 자산으로 회계처리한 금액이 ₩1,030,000이라면, 20×1년 포괄손익계산서상 보험료 비용은?(공무원 9급 2022년)**

① ₩520,000　　② ₩920,000

③ ₩1,030,000　　④ ₩1,140,000

13. **(주)한국은 20×1년 말 결산 중 다음 항목에 대한 기말수정분개가 누락된 것을 발견하였다. 누락된 기말수정분개가 20×1년 당기순이익에 미치는 영향은?(단, 기간은 월할 계산한다) (공무원 9급 2022년)**

- 20×1년 7월 1일 1년치 보험료 ₩120,000을 현금지급하고 전액 선급보험료로 처리하였다.
- 20×1년 1월 1일 자산으로 계상된 소모품 ₩200,000 중 12월 말 현재 보유하고 있는 소모품은 ₩100,000이다.
- 20×1년 3월 1일 사무실 일부를 임대하고 1년치 임대료 ₩240,000을 현금으로 수령하면서 전액 수익으로 처리하였다.

① ₩60,000 증가　　② ₩100,000 증가

③ ₩60,000 감소　　④ ₩200,000 감소

14. **다음 중 집합손익계정에 집합되는 계정을 모두 고르시오.**

① 매출채권

② 이자수익

③ 단기차입금

④ 자본금

⑤ 감가상각비

15. **20×1년 6월 1일 (주)한양은 건물의 화재보험을 가입하면서 1년 동안의 보험료 ₩90,000을 지급하였다. 20×1년 말 (주)한양은 수정분개를 통하여 선급보험료와 보험료를 재무제표에 인식하였다. 각각 얼마인가?**

① 선급보험료	₩90,000	보험료	₩0
② 선급보험료	₩0	보험료	₩90,000
③ 선급보험료	₩52,500	보험료	₩37,500
④ 선급보험료	₩45,000	보험료	₩45,000
⑤ 선급보험료	₩37,500	보험료	₩52,500

16. **(주)한양은 기말에 손익계산서를 작성하면서, 당기순이익을 ₩500,000으로 인식하였는데, 이후 수정분개를 하지 못한 항목들을 확인하였다. 다음의 제시되는 항목들을 반영할 경우 당기순이익은 어떻게 변하겠는가?**

광고비 미지급 금액	₩50,000
보험료 선급 금액	₩40,000
건물 감가상각비	₩25,000

① ₩385,000

② ₩435,000

③ ₩465,000

④ ₩515,000

⑤ ₩615,000

17. **20×1년 10월 1일에 컨설팅업을 하는 (주)한양이 영업을 시작하였다. 12월 31일의 수정전 잔액시산표와 수정분개에 필요한 정보는 다음과 같다.**

수정전 잔액시산표

㈜한양 20X1년 12월 31일 현재

차변	계정과목	대변
540	현금	
700	매출채권	
900	건물	
	매입채무	300
	단기차입금	500
	자본금	1,000
	용역수익	900
	임대료	300
400	급여	
120	보험료	
100	소모품비	
240	임차료	
3,000		3,000

수정전 잔액 시산표에는 다음과 같은 사항들이 반영되어 있지 않았다.

〈수정사항〉

① 임대료 수익 중 선수임대료가 ₩150이 있다.

② 종업원급여 ₩200을 지급하지 못하고 있다.

③ 20X1년 10월 1일에 사무실의 1년간 화재보험료 ₩120을 지급하였다.(월₩10)

④ 소모품을 구입 당시 소모품비로 처리 하였으며, 기말 현재 ₩20의 소모품이 남아있다.

1) 수정분개를 하시오.

2) 수정후 잔액 시산표를 작성하시오.

3) 손익계산서를 작성하시오.

4) 재무상태표를 작성하시오.

5) 마감분개를 하시오.

18. **(주)한양은 20X1년 7월 1일에 설립되었다. 다음은 20X1년 12월 31일의 수정전 잔액시산표이다.**

수정전 잔액시산표

㈜한양 20X1년 12월 31일 현재

차 변	계 정 과 목	대 변
38,000	현금	
9,000	매출채권	
30,000	기계장치	
2,400	선급보험료	
	매입채무	5,000
	단기차입금	10,000
	미지급금	1,000
	장기차입금	2,000
	자본금	50,000
	용역수익	20,000
	이자수익	1,000
7,000	종업원급여	
1,000	광고비	
1,100	통신비	
500	이자비용	
89,000		89,000

수정전 잔액 시산표에는 다음과 같은 사항들이 반영되어 있지 않았다.

〈수정사항〉

① 이자수익 중 선수이자가 ₩300이 있다.

② 장기차입금에 대한 이자 ₩200이 발생하였는데 지급하지 않았다.

③ 사무실의 화재보험료 선급액은 1년간 보험료를 선급한 것이다.(월₩200)

④ 종업원급여 ₩500을 지급하지 못하고 있다.

⑤ 소모품을 ₩1,000 현금을 지출하고 구입하여, 사용하고 기말현재 ₩300이 남았는데, 회계처리 담당자의 실수로 구입시점부터 현재까지 회계처리가 되어 있지 않았다.(소모품 취득시 자산으로 회계처리)

1) 수정분개를 하시오.

2) 수정후 잔액 시산표를 작성하시오.

3) 손익계산서를 작성하시오.

4) 재무상태표를 작성하시오.

5) 마감분개를 하시오.

5

CHAPTER

상품매매기업 회계

기업의 유형은 기업이 수행하는 주된 영업활동에 따라 구분된다. 고객에게 용역을 제공하고 수익을 창출하는 서비스기업, 기업에서 제조한 제품을 생산 판매하여 수익을 창출하는 제조기업, 상품의 매입 및 판매를 통해 수익을 창출하는 상품매매기업으로 구분된다. 상품매매기업의 경우 상품을 구매할 것이다. 이때 현금을 지급하여 상품을 구매할 수도 있고, 신용매입거래를 할 수도 있다. 신용매입거래가 발생하였다면 매입채무라는 부채가 발생하게 되는데 일정기간 후에 매입대금을 현금으로 지급해야 한다. 판매할 상품이 기업에 재고로 존재한다면, 소비자들에게 상품을 판매할 것이다. 이때 소비자들에게 현금을 납입 받아 상품을 판매할 수도 있고, 신용판매거래를 할 수도 있다. 신용판매거래가 발생하였다면 매출채권이라는 자산이 발생하게 되는데 일정기간 후에 판매대금을 현금으로 회수하게 된다. 상품을 소비자에게 판매하게 되면 수익이 발생하는데, 이때 수익을 매출액이라 한다. 동시에 상품이 기업에서 유출되므로 비용이 발생하는데 이때의 비용을 매출원가라 한다. 본 장에서는 이에 대한 회계처리 방법을 제시할 것이다.

제1절 상품매매기업의 회계처리

1. 상품매매기업의 영업활동

4장까지는 활동이 단순한 용역을 제공하는 기업의 사례를 이용하여 회계처리를 설명하였다. 그러나 용역을 제공하는 기업 이외에도 제조나 상품매매를 주요 활동으로 하는 기업도 있다.

기업의 유형은 기업이 수행하는 주된 영업활동에 따라 구분된다. 고객에게 용역을 제공하고 수익을 창출하는 서비스기업, 기업에서 제조한 제품을 생산 판매하여 수익을 창출하는 제조기업, 상품의 매입 및 판매를 통해 수익을 창출하는 상품매매기업으로 구분된다. 상품매매기업의 예로는 백화점, 홈쇼핑, 인터넷쇼핑 등이 있다.

본장에서는 상품매매기업의 회계절차를 다룬다. 상품매매기업의 경우 상품을 매입 하고 판매하기 전까지 상품을 재고자산으로 보유하기 때문에 서비스기업에 비하여 회계처리가 다소 복잡하다.

상품매매기업을 인터넷쇼핑몰이라고 가정하고 영업활동을 예를 들면, 우선 인터넷쇼핑몰이 판매할 상품이 기업에 존재하지 않는 다면, 상품을 구매할 것이다. 이때 현금을 지급하여 상품을 구매 할 수도 있고, 신용매입거래(매입채무가 발생하는 거래)를 할 수도 있다. 신용매입거래가 발생하였다며 매입채무라는 부채가 발생하게 되는데 일정기간 후에 매입대금을 현금으로 지급해야 한다. 판매할 상품이 기업에 재고로 존재한다면, 소비자들에게 상품을 판매할 것이다. 이때 소비자들에게 현금을 납입 받아 상품을 판매할 수도 있고, 신용판매거래(매출채권이 발생하는 거래)를 할 수도 있다. 신용판매거래가 발생하였다며 매출채권이라는 자산이 발생하게 되는데 일정기간 후에 판매대금을 현금으로 회수하게 된다. 상품을 소비자에게 판매하게 되면 수익이 발생하는데 이때 수익을 매출액이라 한다. 동시에 상품이 기업에서 유출되므로 비용이 발생하는데 이때의 비용을 매출원가라 한다. 매출원가는 판매된 상품의 취득원가를 나타낸다. 즉 인터넷쇼핑몰 (주)한양이 ₩50,000의 상품을 구입하여 소비자에게 ₩80,000에 판매하였다면, 매출액은 ₩80,000이 되고 매출원가는 ₩50,000이 된다. 매출액 ₩80,000에서 매출원가 ₩50,000을 차감한 ₩30,000을 매출총이익이라고 한다. 매출액과 매출원가는 서비스기업의 수익과 비용계정이 아니었으므로 서비스기업의 포괄손익계산서에 보고되지 않는다. 따라서 포괄손익계산서 역시 서비스기업과 상품매매기업의 구조는 상이하다. 이들의 구조를 비교하면 다음과 같다.

〈표 5-1〉 서비스기업과 상품매매기업의 포괄손익계산서 비교[1]

서비스기업의 포괄손익계산서		
용역수익		₩1,000,000
용역비용		
급여	₩450,000	
보험료	100,000	
광고비	50,000	600,000
당기순이익		₩400,000

상품매매기업의 포괄손익계산서		
매출액		₩1,000,000
매출원가		400,000
매출총이익		600,000
판매비와관리비		
급여	₩250,000	
보험료	100,000	
광고비	50,000	400,000
당기순이익		₩200,000

매출원가는 재고자산과 관련이 있다. 재고자산은 전기에 판매하고 남은 기초재고자산에서 시작하여 당기 중에 상품을 구매하면 증가하고, 상품을 판매하면 감소하며, 기말에 재고자산이 남아있으면 기말재고자산이 된다. 기초재고자산에 당기매입 재고자산을 합한 금액을 판매가능재고자산이라고 한다. 즉, 판매가능재고자산 중 판매되었다면, 이를 매출원가로 인식하게 되고 판매가능재고자산 중 기말시점에서도 아직 판매되지 못하였다면, 기말재고자산으로 남아 다음기간으로 이월된다. 이를 그림으로 나타내면 [그림 5-1]과 같다.

1) 상품매매기업의 구체적인 포괄손익계산서의 구조는 매출총이익에서 판매비와관리비를 차감하여 영업이익을 산출하고 영업이익에서 기타수익과 기타비용을 가감하여 당기순이익을 산출하여 보고하지만 본 사례에서는 서비스기업의 포괄손익계산서와 가장 큰 차이점인 매출액과 매출원가 매출총이익에 초점을 두어 다른 수익과 비용을 생략하고 간단하게 표시하였다.

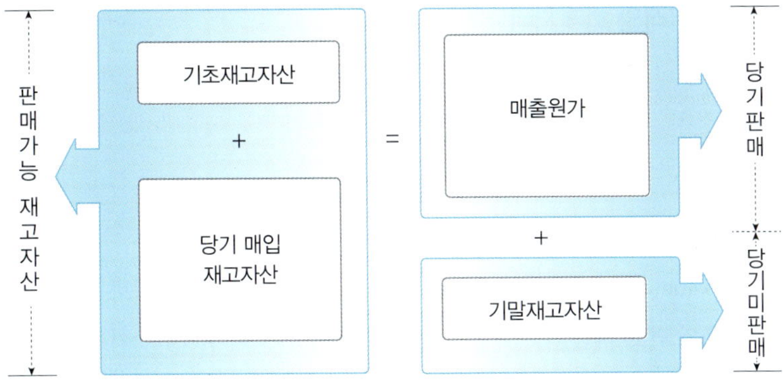

[그림 5-1] 재고자산의 원가배분

예를 들면, 인터넷쇼핑몰 (주)한양이 기초에 ₩15,000의 상품을 보유하고 있었으며, 당기 기간 중에 상품 ₩55,000을 추가로 구입한 경우 판매가능 재고자산은 기초재고자산 ₩15,000과 당기 매입 재고자산 ₩55,000의 합계인 ₩70,000이 된다. 당기 중 ₩60,000의 상품을 소비자에게 판매했다면 매출원가는 ₩60,000이 되고 아직 판매하지 못한 ₩10,000은 기말재고자산이 된다. 이를 재고자산계정에 표시하면 다음과 같다.

〈표 5-2〉 재고자산 계정

재고자산			
기초재고	15,000	매출원가	60,000
당기매입	55,000	기말재고	10,000
	70,000		70,000

재고자산은 자산계정이므로 기초재고자산은 차변에 나타난다. 또한 당기에 재고자산을 매입하면 재고자산이 증가하게 되었으므로 당기매입 역시 차변에 기록이 된다. 재고자산을 판매하면 재고자산이 감소하게 되었으므로 대변에 기록이 된다. 3장에서는 자산 계정에서 기말의 잔액을 차변에 기입하였으나, 본 장에서는 차변의 합계와 대변의 합계를 동일하게 하기 위하여(계산의 편의를 위하여) 기말재고자산을 대변에 기입한다. 위의 그림과 재고자산의 계정을 이용하여 재고자산과 매출원가의 관계를 나타내는 등식을 나타내면 다음과 같다.

기초재고자산 + 당기매입재고자산 = 매출원가 + 기말재고자산

2. 상품매매기업 거래의 회계처리

재고자산의 관리와 기말재고자산의 수량파악을 위한 방법으로는 계속기록법과 실지재고조사법이 있다.

1) 계속기록법

계속기록법(perpetual inventory system)은 재고자산의 매입과 매출을 계속 기록함으로써 매출수량이 먼저 파악되고 자동적으로 기말 재고수량이 산출된다. 계속 기록함으로써 항시 장부상 기말수량을 알 수 있다. 계속기록법을 적용할 경우 매출원가가 먼저 결정이 되고, 기말재고자산이 나중에 결정된다. 또한 언제든지 기초시점부터 특정시점까지 발생한 매출원가뿐만 아니라 현재 보유하고 있는 재고자산을 쉽게 파악할 수 있다. 이러한 관계를 그림과 등식으로 나타내면 다음과 같다.

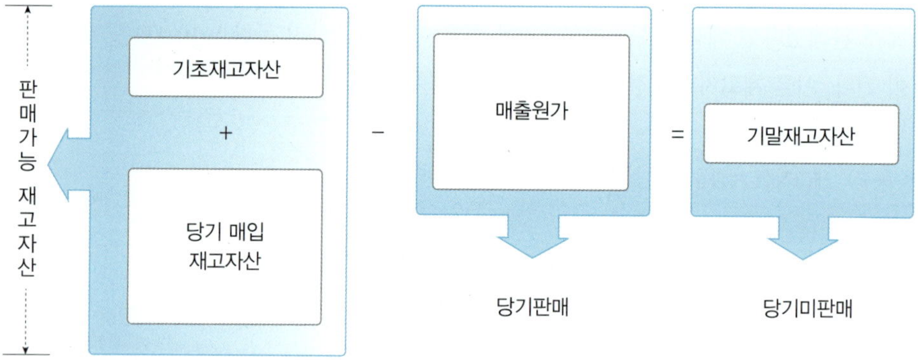

[그림 5–2] 계속기록법

기초재고자산 + 당기매입재고자산 − 매출원가 = 기말재고자산

계속기록법의 회계처리는 다음과 같다.

〈상품의 매입 시〉

상품을 매입할 경우 계속기록법에서는 상품계정에 직접 기록한다. 따라서 취득원가로 차변에 상품이 기록된다. 이때 현금을 지급하면 대변에 현금을 기록하고, 외상으로 상품을 매입하면 대변에 매입채무를 기록한다.

(차)	상품	×××	(대)	현금(혹은 매입채무)	×××

〈상품의 매출 시〉

상품의 매출 시 매출과 매출원가를 동시에 기록한다. 상품을 매출할 경우 매출(수익)을 대변에 기록한다. 이때 현금을 납입 받으면 차변에 현금을 기록하고, 외상으로 상품을 매출하면 차변에 매출채권을 기록한다. 동시에 상품이 판매되어 감소하므로 대변에 상품을 기록하며, 차변에는 매출원가를 기록한다.

(차)	현금(혹은 매출채권)	×××	(대)	매출	×××
(차)	매출원가	×××	(대)	상품	×××

〈기말 결산시〉

계속기록법을 사용할 경우 상품을 매매할 때마다 상품 계정의 증감을 기록하기 때문에 기말에 수정분개는 불필요하다.

수정분개 없음

예제를 통하여 계속기록법의 회계처리를 구체적으로 살펴보자.

[예제 5-1] 계속기록법 회계처리

다음은 인터넷쇼핑몰 (주)한양이 상품을 구입하고 판매한 거래이다. 계속기록법에 의해 각 일자별로 회계처리 하시오.

9월 5일 인터넷쇼핑몰 (주)한양은 현금 ₩50,000을 지급하여 상품을 구입하였다.
9월 11일 인터넷쇼핑몰 (주)한양은 상품(원가: ₩50,000)을 ₩90,000에 외상으로 판매하였다.

풀이

9.5	(차)	상품	50,000	(대)	현금	50,000
9.11	(차)	매출채권	90,000	(대)	매출	90,000
	(차)	매출원가	50,000	(대)	상품	50,000

2) 실지재고조사법

실지재고조사법(periodic inventory system)은 결산일에 재고조사를 통하여 기말 재고수량을 실제로 파악하고 기말 재고수량을 제외한 나머지 수량을 판매된 것으로 간주하는 방법으로 실사법이라고도 한다.

실사법에 의해 재고자산의 수량을 파악하는 경우 먼저 기말 재고수량이 확정되고, 판매가능수량에서 기말 재고수량을 차감하여 매출수량을 계산한다. 이러한 관계를 그림과 등식으로 나타내면 다음과 같다.

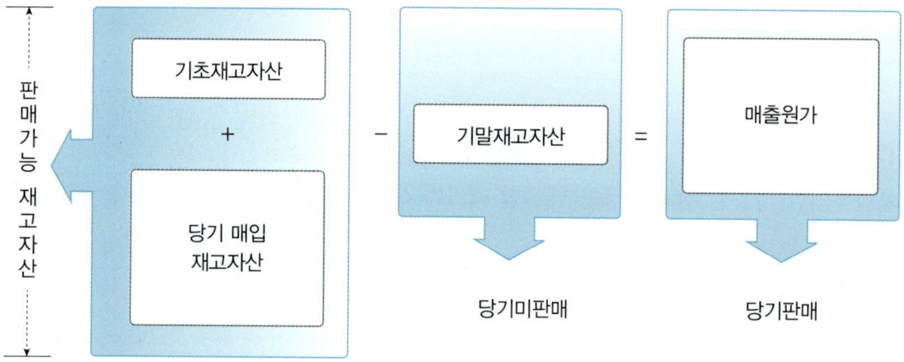

[그림 5–3] 실지재고조사법

기초재고자산 + 당기매입재고자산 − 기말재고자산 = 매출원가

실지재고조사법의 회계처리는 다음과 같다.

〈상품의 매입시〉

계속기록법에서는 상품 매입 시 상품계정에 직접 기록하였지만, 실지재고조사법에서는 상품의 매입 시 매입이라는 임시계정에 기록한다. 따라서 취득원가로 차변에 매입을 기록하며, 이때 현금을 지급하면 대변에 현금을 기록하고, 외상으로 상품을 매입하면 대변에 매입채무를 기록한다.

(차)	매입	×××	(대)	현금(혹은 매입채무)	×××

〈상품의 매출시〉

계속기록법에서는 매출과 매출원가를 동시에 기록하였지만, 실지재고조사법에서는 매출에 대한 회계처리만 수행하고 매출원가 회계처리는 수행하지 않는다. 따라서 상품을 매출할 경우 매출(수익)을 대변에 기록한다. 이때 현금을 납입 받으면 차변에 현금을 기록하고, 외상으로 상품을 매출하면 차변에 매출채권을 기록한다.

(차)	현금(혹은 매출채권)	×××	(대)	매출	×××

〈기말 결산시〉

실지재고조사법을 사용하면 상품을 구입과 매출하였을 경우 상품계정을 회계처리 하지 않았으며, 매출원가 역시 회계처리 하지 않았다. 따라서 기말 결산시점에서 실사를 통하여 기말재고자산을 파악하고 매출원가를 계상하기 위하여 수정분개를 수행해야 한다.

수정분개는 다음과 같이 이뤄진다. 첫 번째, 기초상품을 대변에 기록하고 매출원가를 차변에 기록한다. 두 번째, 매입계정은 임시계정이므로 이를 제거하기 위하여 대변에 기록하며 이때 매출원가를 차변에 기록한다. 세 번째, 실지재고조사를 통해서 파악된 기말상품재고액을 차변에 기입하고 대변에는 매출원가를 기록한다.

〈기초〉	(차)	매출원가	×××	(대)	(기초)상품	×××
〈매입〉	(차)	매출원가	×××	(대)	매입	×××
〈기말〉	(차)	(기말)상품	×××	(대)	매출원가	×××

예제를 통하여 실지재고조사법의 회계처리를 구체적으로 살펴보자.

[예제 5-2] 실지재고조사법 회계처리

다음은 인터넷쇼핑몰 (주)한양이 상품을 구입하고 판매한 거래이다. 실지재고조사법에 의해 각 일자별로 회계처리 하시오.

9월 5일 인터넷쇼핑몰 (주)한양은 상품 ₩60,000을 현금을 지급하여 구입하였다.
9월 11일 인터넷쇼핑몰 (주)한양은 상품(원가: ₩50,000)을 ₩90,000에 외상으로 판매하였다.
9월30일(기말시점) 인터넷쇼핑몰 (주)한양의 기초상품의 재고는 ₩10,000이고 기말에 재고조사를 한 결과 기말상품의 재고는 ₩20,000으로 파악되었다.

풀이

9.5	(차)	매입	60,000	(대)	현금	60,000
9.11	(차)	매출채권	90,000	(대)	매출	90,000

9월 30일 시점에서 매출원가를 계산하면 다음과 같다.

매출원가 = ₩10,000(기초상품) + 60,000(매입) − 20,000(기말상품)

= ₩40,000

〈기초〉	9.30	(차)	매출원가	10,000	(대)	(기초)상품	10,000
〈매입〉		(차)	매출원가	60,000	(대)	매입	60,000
〈기말〉		(차)	(기말)상품	20,000	(대)	매출원가	20,000

3) 매입 · 매출의 부대비용

상품매매계약을 체결할 때 판매자와 구매자는 운임 부담을 누가 할 것인지를 결정한다. 구매자가 매입상품에 대한 운임을 부담한다면, 이 운임은 상품의 취득원가에 가산시켜야 한다.

재고자산의 취득원가 = 구입가격 + 매입운임

인터넷쇼핑몰 (주)한양이 (주)안산으로부터 상품을 구매하면서 발생한 운임 ₩10,000을 부담했다고 하면, (주)한양의 분개는 다음과 같다.

매입자가 계속기록법을 사용하는 경우

(차)	상품	10,000	(대)	현금	10,000

매입자가 실지재고조사법을 사용하는 경우

(차)	매입	10,000	(대)	현금	10,000

운임을 상품계정(매입계정)에 가산하는 대신 매입운임(transportation-in)계정을 이용하기도 한다. 운임을 매입운임계정에 기입하는 경우 추후 수정분개를 통하여 상품계정(매입계정)

에 가산해야 한다.

인터넷쇼핑몰 (주)한양이 (주)안산으로부터 상품을 구매하면서 발생한 운임 ₩10,000을 부담했는데 이를 매입운임계정을 이용한 분개는 다음과 같다.

(차)	매입운임	10,000	(대)	현금	10,000

〈매입운임 수정분개〉

매입자가 계속기록법을 사용하는 경우

(차)	상품	10,000	(대)	매입운임	10,000

매입자가 실지재고조사법을 사용하는 경우

(차)	매입	10,000	(대)	매입운임	10,000

판매자가 매출상품에 대한 운임을 부담한다면, 이 운임은 판매자의 판매활동비용으로 회계처리한다.

인터넷쇼핑몰 (주)한양이 (주)안산에 상품을 판매하면서 발생한 운임 ₩10,000을 부담했다고 하면, (주)한양의 분개는 다음과 같다.

(차)	운송비(판매비와 관리비)	10,000	(대)	현금	10,000

제2절 상품매매기업의 회계순환

1. 수정분개

상품매매기업의 회계순환과정은 앞서 제시했던 용역기업의 절차와 큰 차이는 없다. 용역기업에서 수행하였던 수정분개 사항 역시 상품매매기업에서도 수행해야 한다. 상품매매기업의 경우 매출원가 회계처리 시 실지재고조사법에서 수정분개가 필요하므로 앞으로 제시되는 예제에서는 실지재고조사법의 상황을 가정하여 수정분개를 실시하고자 한다.

[예제 5-3] 상품매매기업의 회계순환

인터넷쇼핑몰 (주)한양의 수정전 시산표는 다음과 같다. 이를 토대로 기말수정사항을 반영하여 수정후시산표를 작성하고자 한다. 회계기간은 20×1년 1월 1일부터 12월 31일까지로 가정한다. 단, 인터넷쇼핑몰 (주)한양은 실지재고조사법을 사용하고 있다.

수정전 잔액 시산표

(주)한양 20×1년 12월 31일 현재 (단위: 원)

잔 액	계 정	잔 액
875,000	현금	
310,000	매출채권	
56,000	상품	
84,000	소모품	
	매입채무	150,000
	차입금	320,000
	자본금	700,000
	이익잉여금	55,000
	매출	750,000
350,000	매입	
75,000	급여	
120,000	보험료	
50,000	운송비	
55,000	통신비	
1,975,000		1,975,000

요구사항

1. 기말의 수정분개사항은 다음과 같다. 각 상황에 대해서 수정분개를 하시오.

(1) 12월 31일 현재 상품재고액을 실지조사한 결과 ₩32,000의 상품이 남아 있다.
(2) 12월 31일 현재 보험료계정의 ₩120,000은 9월1일에 1년간 화재보험료를 지급한 것이다.
(3) 12월 31일 현재 소모품 미사용액은 ₩15,000이다.

2. 수정후 시산표를 작성하시오.

풀이

1. 각 상황별 수정분개

(1) 매출원가와 기맬재고액에 대한 수정분개

실지재고조사법을 사용하였으므로 회계기간 중에 상품의 증감이 상품계정에 기록되지 않았고 매출원가도 기록되지 않았다. 따라서 수정전 시산표에 나타나있는 상품계정의 금액 ₩56,000은 1월 1일 기초상품의 재고액이며, 매입계정의 ₩350,000은 1년 동안의 상품 매입액의 합계이다.

매출원가 등식을 사용하여 매출원가를 계산하면 다음과 같다.

매출원가 = ₩56,000(기초상품) + 350,000(매입) − 32,000(기말상품)
= ₩374,000

이를 바탕으로 기말 매출원가 관련 수정분개를 실시하면 다음과 같다.

12.31	(차)	매출원가	56,000	(대)	(기초)상품	56,000
	(차)	매출원가	350,000	(대)	매입	350,000
	(차)	(기말)상품	32,000	(대)	매출원가	32,000

(2) 보험료에 대한 수정분개

1년간 화재보험료 선급액 ₩120,000 중에서 4개월(9월~12월)분의 보험료 ₩40,000을 당기비용으로 회계처리 한다. 따라서 선급보험료는 ₩80,000이다.

12.31	(차)	선급보험료	80,000	(대)	보험료	80,000

(3) 소모품에 대한 수정분개

12월 31일 현재 소모품 미사용액은 ₩15,000이므로 소모품 사용액 ₩69,000을 비용으로 회계처리 한다.

12.31	(차)	소모품비	69,000	(대)	소모품	69,000

2. 수정분개를 통하여 모든 계정의 잔액이 확정되었으므로 이 잔액을 이용하여 수정후 시산표를 작성하면 다음과 같다.

6) 계속기록법에서는 상품을 매입할 경우 (   )로 산정하여 상품을 차변에 기록하며, 외상으로 상품을 매입한다면 대변에 (   )를 기록한다.

7) (   )은 결산일에 재고조사를 통하여 기말 재고수량을 실제로 파악하고 기말 재고수량을 제외한 나머지 수량을 판매된 것으로 간주하는 방법이다.

8) 계속기록법에서는 상품 매입 시 상품계정에 직접 기록하였지만, 실지재고조사법에서는 상품의 매입 시 (   )이라는 임시계정에 기록한다.

9) 구매자가 매입상품에 대한 운임을 부담한다면, 이 운임은 (   )에 가산시켜야 한다.

10) 계속기록법을 사용할 경우 상품이 판매될 때 마다 매출원가를 기록하므로 회계기간 말 (   ) 계정의 차변 합계는 해당기간의 전체 매출원가이다.

3. 다음은 20×1년 (주)한국의 재무제표와 거래 자료 중 일부이다.

기초매입채무	₩4,000
기말매입채무	₩6,000
현금지급에 의한 매입채무 감소액	₩17,500
기초상품재고	₩6,000
기말상품재고	₩5,500
매출총이익	₩5,000

20×1년 손익계산서상 당기 매출액은?(공무원 9급 2021년)

① ₩24,000　　② ₩25,000　　③ ₩26,000　　④ ₩27,000

4. (주)한국의 수정후시산표상 자산, 부채, 수익, 비용, 자본금 금액이 다음과 같을 때, 기초이익잉여금은?(공무원 9급 2021년)

계정과목	금액	계정과목	금액
매출	₩120,000	현금	₩130,000
매출원가	₩100,000	재고자산	₩200,000
급여	₩50,000	매입채무	₩170,000
선급비용	₩70,000	미지급금	₩50,000
미지급비용	₩80,000	미수수익	₩50,000
자본금	₩40,000	기초이익잉여금	?

① ₩40,000　　② ₩110,000　　③ ₩140,000　　④ ₩300,000

5. (주)한국은 휴대전화 판매를 영위하는 회사이며, 다음의 거래를 누락한 상태에서 당기순이익을 ₩40,000으로 산정하였다. 다음 거래를 추가로 반영할 경우 포괄손익계산서상 당기순이익은?(공무원 9급 2022년)

미수이자수익 발생	₩10,000
선수수익의 수익실현	₩40,000
매출채권의 현금회수	₩20,000
매입채무의 현금상환	₩7,000
미지급이자비용 발생	₩3,000

① ₩50,000 ② ₩87,000 ③ ₩100,000 ④ ₩110,000

6. 도소매기업인 (주)한국의 2016년 1월 1일부터 12월 31일까지 영업활동과 관련된 자료가 다음과 같을 때, 2016년 매출원가는?(단, 모든 매입거래는 외상 매입거래이다) (공무원 9급 2017년)

기초매입채무	₩43,000
기말매입채무	₩41,000
매입채무 현금상환	₩643,000
기초재고자산	₩30,000
기말재고자산	₩27,000

① ₩642,000 ② ₩644,000 ③ ₩646,000 ④ ₩647,000

7. 다음에 제시되는 기업 들 중에 포괄손익계산서에 매출원가가 보고되지 않는 기업은?

① 홈쇼핑

② 전자회사

③ 컨설팅회사

④ 편의점

⑤ 자동차회사

8. **(主)한양은 실지재고조사법을 사용하고 있다. 기초상품재고액은 ₩50,000, 당기상품매입액은 ₩120,000, 기말상품재고액은 ₩30,000일 경우, 기말수정분개로 옳은 것은?**

① (차) 매입	120,000	(대) 매출원가	120,000
② (차) 매출원가	170,000	(대) 매입	120,000
		상품	50,000
③ (차) 상품	50,000	(대) 매출원가	50,000
매입	120,000	매출원가	120,000
매출원가	30,000	상품	30,000
④ (차) 매출원가	50,000	(대) 상품	50,000
매출원가	120,000	매입	120,000
상품	30,000	매출원가	30,000

⑤ 실지재고조사법은 기말수정분개가 필요 없다.

※ 다음은 (주)한양의 20X1년 거래 자료이다. (문제9~ 문제11)

1월1일	전기에 이월된 상품의 수량은 50개이고 단가는 ₩5,000이었다.
3월 20일	상품 250개를 개당 ₩5,000에 매입하였다.
6월 10일	상품 270개를 개당 ₩8,000에 판매하였다.
9월 5일	상품 150개를 개당 ₩5,000에 매입하였다.
12월 15일	상품 120개를 개당 ₩8,000에 판매하였다.

9. **(주)한양의 20X1년 기말에 상품재고액은 얼마인가?**

① ₩300,000　② ₩500,000　③ ₩700,000
④ ₩870,000　⑤ ₩1,000,000

10. **(주)한양의 20X1년 매출원가는 얼마인가?**

① ₩3,550,000　② ₩3,120,000　③ ₩2,750,000
④ ₩2,200,000　⑤ ₩1,950,000

11. **(주)한양의 20X1년 매출총이익은 얼마인가?**

① ₩1,950,000　② ₩1,650,000　③ ₩1,320,000
④ ₩1,170,000　⑤ ₩870,000

12. **다음은 (주)한양의 20X1년 자료이다. (주)한양은 20X1년 모든 매입거래를 신용매입으로 하였다. 이를 이용하여 20X1년 매출원가를 계산하시오.**

– 자료 –

기초상품재고액	₩300,000	기말상품재고액	₩150,000
기초매입채무	250,000	기말매입채무	200,000
매입채무감소액	520,000		

① ₩470,000　② ₩620,000　③ ₩720,000
④ ₩770,000　⑤ ₩870,000

13. **다음은 20×1년 7월 1일부터 7월 31일까지의 (주)한양의 상품매매 거래내역이다. 거래내역을 확인하고 각 물음에 답하세요((주)한양 회계기간은 1개월이다).**

7월 1일 (주)한양의 기초상품의 수량은 10개(개당 ₩1,000)이다.

7월 4일 (주)한양은 상품 50개를 개당 ₩1,000에 현금을 지급하여 구입하였다.

7월 19일 (주)한양은 상품 40개를 개당 ₩1,500에 외상으로 판매하였다.

7월 23일 (주)한양은 상품 30개를 개당 ₩1,000에 외상으로 구입하였다.

7월 27일 (주)한양은 상품 20개를 개당 ₩2,000에 현금을 지급받고 판매하였다.

[물음]

(1) (주)한양이 계속기록법을 사용하는 경우 각 일자별 거래를 분개하시오.

(2) (주)한양이 계속기록법을 사용하는 경우 매출원가와 기말상품재고액을 계산하시오.

(3) (주)한양이 실지재고조사법을 사용하는 경우 각 일자별 거래를 분개하고 기말수정분개도 실시하시오.

(4) (주)한양이 실지재고조사법을 사용하는 경우 매출원가와 기말상품재고액을 계산하시오. 7월 31일 실사를 실시한 결과 상품이 30개가 남아 있는 것으로 확인되었다.

14. **(주)한양은 20X1년 5월 영업을 개시한 상품매매회사이다. 회사는 상품과 관련하여 실지재고조사법을 사용하여 회계처리하며, 6월말 현재 수정전 잔액시산표는 다음과 같다. 이 회사는 6월말 법인이다.**

수정전 잔액 시산표

(주)한양 20×1년 6월 30일 현재 (단위: 원)

잔 액	계 정	잔 액
4,600	현금	
9,000	매출채권	
10,000	단기대여금	
3,000	소모품	
9,000	건물	
	매입채무	6,000
	장기미지급금	9,000
	자본금	20,000
	매출	17,000
7,000	매입	
1,000	급여	
4,800	임차료	
3,600	보험료	
52,000		52,000

다음의 자료는 기간 중 회계처리와 관련되어 기말(6월 30일)에 발견된 사항들이다.

① 창고에 남아있는 상품 재고를 조사해본 결과 상품 ₩4,000이 남아있다.
② 6월1일 구입한 소모품 중 6월 30일까지 회사에 남아있는 소모품은 ₩1,000 이다.
③ 6월1일 선납한 1년치 보험료 ₩3,600에 대한 회계처리가 필요함을 알았다.
④ 6월1일 빌려준 원금의 이자에 ₩50을 수령하지 못하여 아직 회계처리가 안되어 있음을 확인하였다.
⑤ 6월1일 선납한 임차료 ₩4,800은 1년치 임차료였다.
⑥ 상품판매 촉진을 위한 마케팅의 일환으로 6월에 ₩300의 광고를 했지만 현금을 지급하지 않았다.
⑦ 6월분 종업원 월급 ₩1,200을 지급하지 않았음을 발견하였다.

다음 물음에 답하시오.

1) 6월 30일에 수행되어야 할 수정분개를 하시오.

2) 수정후 잔액 시산표를 작성하시오.

3) 포괄손익계산서를 작성하시오.

4) 재무상태표를 작성하시오.

5) 마감분개를 하시오.

IFRS 회계원리

PART III 계정과목별 회계처리와 현금흐름표

6

CHAPTER

재고자산

재고자산(inventory)은 기업이 정상적인 영업활동과정에서 판매 또는 제품의 생산을 위하여 보유중인 자산이다. 기업유형에 따라 재고자산의 종류는 다르다. 상품매매기업의 주요 재고자산은 상품이며, 제조기업의 재고자산은 원재료, 재공품, 제품이다. 재고조사방법에 의하여 기말재고자산의 수량이 결정되면 이 수량에 곱할 재고자산의 단가가 결정되어야 하는데, 재고자산의 단가는 재고자산을 매입할 때마다 항상 동일하지는 않은 것이 일반적이므로 보유하고 있는 재고자산의 단가를 결정하기 위해서는 원가흐름의 가정이 필요하게 된다. 원가흐름을 통상적으로 상호 교환될 수 없거나 특정 프로젝트별로 생산되는 항목은 개별법을 적용하고, 개별법으로 원가를 결정할 수 없는 재고자산의 원가는 평균법, 선입선출법, 후입선출법을 적용하여 원가를 산정하는 법을 제시할 것이다.

제1절 재고자산의 의의와 취득원가

제2절 재고자산 원가결정

제3절 재고자산의 평가 및 추정

제1절 재고자산의 의의와 취득원가

1. 재고자산의 의의

재고자산(inventory)은 기업이 정상적인 영업활동과정에서 판매 또는 제품의 생산을 위하여 보유중인 자산이다. 재고자산은 1년 이내에 혹은 차기 영업활동과정 내 즉, 정상적인 영업활동 주기내에 상품이나 제품이 판매되어 현금으로 전환될 것으로 예상할 수 있으므로 유동자산으로 분류한다.

기업유형에 따라 재고자산의 종류는 다르다. 상품매매기업의 주요 재고자산은 상품이며, 제조기업의 재고자산은 원재료, 재공품, 제품이다.

- 상품: 판매를 목적으로 구입한 상품, 미착상품, 적송품 등으로 하며, 부동산 판매업에 있어서 판매를 목적으로 소유하는 토지, 건물 기타 이와 유사한 부동산은 이를 상품에 포함하는 것으로 한다.
- 원재료: 원료, 재료, 매입부분품, 미착 원재료 등으로 한다.
- 재공품: 제품 또는 반제품의 제조를 위하여 재공과정에 있는 것으로 한다.
- 제품: 판매를 목적으로 제조한 생산품, 부산물 등으로 한다.

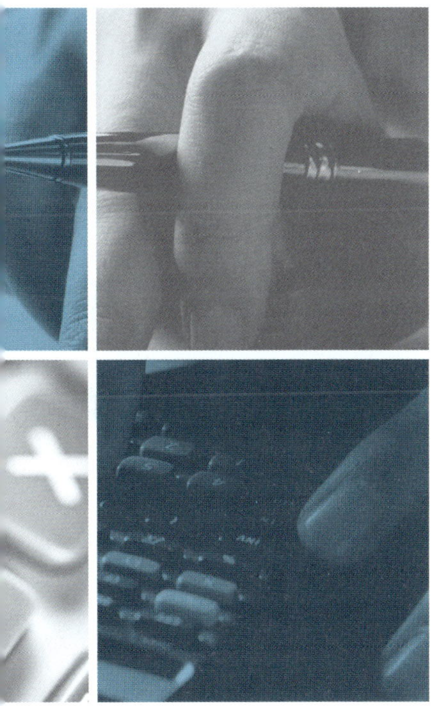

기업에서는 자산을 종류나 형태로 구분하지 않고 보유목적에 따라 분류한다. 컴퓨터 판매회사의 경우 판매목적으로 컴퓨터를 보유중인 경우 이 컴퓨터는 재고자산이지만, 사용목적으로 컴퓨터를 보유중인 경우 이 컴퓨터는 유형자산이 된다.

제조기업의 재고자산 회계처리는 원가관리회계에서 상세히 다루어지므로 이 장에서는 상품매매기업의 재고자산을 중심으로 설명한다.

기말재고를 파악할 때 재고자산이 창고에 보관되어 있더라도 그 재고자산이 기업의 재고자산이 아닐 수도 있으며 창고에 보관되어 있지 않더라도 그 재고자산이 기업의 재고자산인 경우도 있다. 또한 운송 중에 있는 재고자산 역시 기업의 재고자산인지 여부를 판별해야 한다. 일반적으로 기업은 보고기간 말 현재 재고자산에 포함시켜야 할 항목으로는 미착상품, 위탁상품과 시송품이다.

1) 미착상품

미착상품(goods in transit)은 운송 중에 있으나 아직 구매자에게 도착하지 않은 매입상품을 말한다. 미착상품을 재고자산에 포함시키는 것이 가능한지 여부를 고려할 때 기업은 선적계약조건을 검토해야 한다. 상품을 선적지인도조건(F.O.B. shipping point)으로 매입한 경우 상품이 선적된 시점부터 운송기간 중의 미착품은 구매자의 재고자산이 되며 상품운송에 따른 보험료 및 수송비를 매입자가 부담하게 된다. 도착지인도조건(C.I.F destination)으로 매입한 경우 상품이 선적된 시점부터 운송기간 중의 미착품은 판매자의 재고자산이 되며 상품운송에 따른 보험료 및 수송비를 판매자가 부담하게 된다.

선적계약조건	보험료 및 수송비 부담	재고자산의 귀속
선적지인도조건 (F.O.B. shipping point)	구매자	구매자
도착지인도조건 (C.I.F destination)	판매자	판매자

[예제 6-1] 미착상품 재고자산 계산

(주)한양의 결산일 현재 재고자산은 다음과 같은 항목들을 포함하고 있다. 정확한 재고자산은 얼마인가?

① 기말이월상품: ₩5,000
② 미착상품(선적지인도조건): ₩15,000
③ 미착상품(도착지인도조건): ₩8,000

풀이

기말이월상품과 선적지인도조건으로 인도된 미착상품은 결산일에 재고자산에 포함된다.
₩5,000(기말이월상품)+₩15,000(미착상품(선적지인도조건)) = ₩20,000

2) 위탁상품

위탁판매(consignment sales)는 위탁자가 수탁자에게 상품의 판매를 의뢰하는 판매방식이다. 수탁자는 위탁상품에 대하여 점유권을 가지게 되고 손실 혹은 파손으로부터 위탁품을 보호할 책임을 진다. 상품이 수탁자에 의해 판매될 때 판매수수료를 차감한 판매대금이 위탁자에게 송금된다. 비록 위탁품이 수탁자에게 점유되고 있지만 소유권이 위탁자에게 있으므로 이 상품은 위탁자의 재고자산에 포함시켜야 한다.

[예제 6-2] 위탁상품 회계처리

다음 필요한 회계처리를 하시오.

(1) 위탁자가 수탁자에게 상품(원가 @10, 판매가 @20, 1,000개)을 적송하다.
(2) 기중에 상품 중 700개가 @20에 현금으로 판매되다.

풀이

(1) 적송시점의 분개

차변	금액	대변	금액
(차) 적송품	₩10,000	(대) 상품	₩10,000

*일반 상품과 구분하기 위하여 계정 구분

(2) 판매시점의 분개

차변	금액	대변	금액
(차) 현금	₩14,000	(대) 적송품 매출	₩14,000
적송품 매출원가	7,000	적송품	7,000

*결산시에 적송품재고 ₩3,000은 재고자산에 포함시킨다.

3) 시송품

시용판매(sales approval)는 고객에게 주문을 받기 이전에 미리 상품을 보내고 그것을 고객이 사용해 본 후 매입하겠다는 의사를 표시할 경우 판매가 성립되는 특별판매방법이다. 예를 들면, 정수기(시송품)를 잠재적 고객에게 적송한 경우 구매자가 결산일까지 구매의사를 표시하지 않으면 판매자의 재고자산에 시송품을 포함시켜야 한다.

[예제 6-3] 시송품 회계처리

다음 필요한 회계처리를 하시오.

(1) 판매자인 (주)한양이 잠재고객에게 정수기(원가 @₩2,000, 판매가 @₩3,000) 2대를 적송하다.
(2) 잠재고객이 1대를 외상으로 사겠다는 의사표시를 해 오다.

풀이

(1) 적송시점의 분개

(차) 시송품	₩4,000	(대) 상품	₩4,000

* 일반상품의 매출원가와 구분하기 위하여 매입에서 차감

(2) 판매시점의 분개

(차) 매출채권	₩3,000	(대) 시송품 매출	₩3,000
시송품매출원가	2,000	시송품	2,000

* 결산시에 시송품재고(정수기 1대) ₩2,000은 재고자산에 포함시킴

2. 재고자산의 측정

1) 재고자산의 취득원가

재고자산의 취득원가는 매입가액에 매입부대비용을 가산해서 결정한다. 여기서 매입부대비용은 매입운임, 하역료, 보험료, 매입관련 제세공과금 등이다.

재고자산 취득원가 = 매입가액 + 매입부대비용

2) 재고자산의 매입환출 및 에누리, 매입할인

재고자산을 매입한 뒤에 거래처에게 재고자산의 결함이나 파손 등의 이유로 반품을 하거나 재고자산의 값을 깎아 달라고 요청하는 경우가 발생한다. 매입한 재고자산의 결함이나 파손 등의 이유로 거래처에게 반품 하는 것을 매입환출(purchases returns)이라 한다. 매입한 상품의 결함이나 파손이 크지 않아서 반품 하는 대신 재고자산의 대금을 깎는 것을 매입에누리(purchases allowance)라 한다.

매입할인(purchase discount)은 외상으로 재고자산을 매입한 뒤에 매입채무를 조기에 상환

해서 대금의 일부를 감액 받는 혜택이다. 예를 들어, 5/10, n/30이라는 조건은 상품 매입일 부터 10일 이내에 외상대금을 지급하면 매입채무의 5%를 할인받으며, 30일 이내까지 매입채무 전액을 모두 지불해야 한다는 것이다.

매입환출, 매입에누리, 매입할인은 모두 매입액에서 차감되어 순매입액을 결정하게 되는 데 이를 수식으로 나태내면 아래와 같다.

순매입액 = 총매입액 − 매입환출 − 매입에누리 − 매입할인

실지재고조사법을 사용하여 회계처리를 할 경우, 매입환출, 매입에누리, 매입할인은 매입을 차감하는 계정으로 각각의 계정을 사용하여 회계처리를 한 뒤에 결산수정분개를 통하여 매입을 차감하는 회계처리 방법을 사용 할 수도 있고, 매입계정을 직접 감소시키는 회계처리 방법을 사용할 수도 있다. 계속기록법을 사용하여 회계처리를 할 경우는 매입계정을 별도로 사용하지 않기 때문에 상품계정을 직접 감소시키는 회계처리 방법을 사용한다.

[예제 6-4] 매입거래 회계처리

다음은 (주)한양의 10월 중 매입거래 내역이다.

(1) 10월 1일 거래처 (주)안산에게 ₩500,000의 상품을 2/10, n/30의 조건으로 외상매입 하였다.
(2) 10월 3일 매입한 상품의 미미한 결함이 발생하여 ₩20,000의 에누리를 하였다.
(3) 10월 5일 매입한 상품의 결함이 발생하여 ₩60,000의 반품을 진행하였다.
(4) 10월 9일 외상매입대금 중 ₩100,000을 지급하였다.
(5) 10월 30일 외상매입대금 잔액을 모두 지급하였다.

물음

1. (주)한양이 실지재고조사법을 사용하는 경우 각 거래를 회계처리 하시오.
1-1. 경영관리 목적상 매입환출, 매입에누리, 매입할인 계정을 모두 사용하여 회계처리 하시오.
1-2. 매입계정만을 사용하여 회계처리 하시오.
2. 10월 순매입액을 계산하시오.

풀이

1-1. 매입환출, 매입에누리, 매입할인 계정을 모두 사용하는 경우

	차변	금액	대변	금액
(1) 10월 1일	(차) 매입	500,000	(대) 매입채무	500,000
(2) 10월 3일	(차) 매입채무	20,000	(대) 매입에누리	20,000
(3) 10월 5일	(차) 매입채무	60,000	(대) 매입환출	60,000
(4) 10월 9일	(차) 매입채무	100,000	(대) 현금	98,000
			매입할인	2,000
(5) 10월 30일	(차) 매입채무	320,000	(대) 현금	320,000

1-2. 매입계정을 사용하는 경우

	차변	금액	대변	금액
(1) 10월 1일	(차) 매입	500,000	(대) 매입채무	500,000
(2) 10월 3일	(차) 매입채무	20,000	(대) 매입	20,000
(3) 10월 5일	(차) 매입채무	60,000	(대) 매입	60,000
(4) 10월 9일	(차) 매입채무	100,000	(대) 현금	98,000
			매입	2,000
(5) 10월 30일	(차) 매입채무	320,000	(대) 현금	320,000

2. 10월 순매입액을 계산하세요.

순매입액 = 총매입액 − 매입에누리− 매입환출 − 매입할인

순매입액 = ₩500,000 − ₩20,000 − ₩60,000 − ₩2,000

= ₩418,000

참고 1-1번 분개는 (주)한양이 경영관리 목적상 매입에누리 및 환출, 매입할인 등이 어느 정도 되는지 확인하려고 하는 상황을 가정하였다. 이 경우에는 기중분개 시 매입에누리, 매입환출, 매입할인 계정과목이 나타나고 수정전 시산표에도 나타나게 된다. 하지만 결산분개에서 다음과 같은 분개를 통해 매입차감으로 대체해주게 된다.

	차변	금액	대변	금액
결산 수정 분개	(차) 매입에누리	20,000	(대) 매입	82,000
	(차) 매입환출	60,000		
	(차) 매입할인	2,000		

위와 같은 결산분개를 하면 2번 해답과 같이 10월 순매입액은 ₩418,000이 된다.

	실지재고조사법		계속기록법	
	차변	대변	차변	대변
(1) 10월 1일	매입 500,000	매입채무 500,000	상품 500,000	매입채무 500,000
(2) 10월 3일	매입채무 20,000	매입에누리 20,000	매입채무 20,000	상품 20,000
(3) 10월 5일	매입채무 60,000	매입환출 60,000	매입채무 60,000	상품 60,000
(4) 10월 9일	매입채무 100,000	현금 98,000 매입할인 2,000	매입채무 100,000	현금 98,000 상품 2,000
(5) 10월 30일	매입채무 320,000	현금 320,000	매입채무 320,000	현금 320,000
결산 시	매입에누리 20,000 매입환출 60,000 매입할인 2,000	매입 82,000	분개없음	

3) 재고자산의 매출환입 및 에누리, 매출할인

상품을 판매한 뒤에 거래처로부터 상품의 결함이나 파손 등의 이유로 반품이나 상품의 값을 깎아주어야 하는 경우가 발생한다. 판매된 상품의 결함이나 파손 등의 이유로 거래처로부터 반품 받는 것을 매출환입(sales returns)이라 한다. 판매된 상품의 결함이나 파손이 크지 않아서 반품 받는 대신 상품의 대금을 깎아 주기도 하는데 이를 매출에누리(sales allowance)라 한다.

매출할인(sales discount)은 외상으로 상품을 판매한 뒤에 매출채권을 조기에 회수하기 위하여 거래처로부터 일정기간 이내에 매출채권을 회수하게 되면 일정액을 깎아주는 혜택이다. 예를 들면 5/10, n/30이라는 조건은 상품 판매일 부터 10일 이내에 외상대금을 회수하면 매출채권의 5%를 할인해 주며, 30일 이내까지 외상대금 전액을 모두 지불해야 한다는 것이다.

매출환입, 매출에누리, 매출할인은 모두 매출을 감소시키는 항목들이므로 손익계산서에 매출액을 보고 시 총매출액에서 매출환입, 매출에누리, 매출할인을 차감한 순매출액으로 보고해야 한다.

순매출액 = 총매출액 − 매출환입 및 에누리 − 매출할인

매출환입 및 에누리, 매출할인을 회계처리 할 경우 각각의 계정을 사용하여 회계처리를 한 후에 결산 수정분개를 통하여 매출을 차감하는 회계처리 방법을 사용할 수 도 있고, 매출환입

및 에누리, 매출할인으로 구분하지 않고 매출에서 직접 감소시키는 회계처리 방법을 사용할 수도 있다.

[예제 6-5] 매출거래 회계처리

다음은 (주)한양의 10월 중 매출거래 내역이다.

(1) 10월 1일 거래처 (주)성동에게 ₩500,000의 상품(원가 ₩200,000)을 2/10, n/30의 조건으로 외상판매 하였다.
(2) 10월 3일 판매한 상품의 미미한 결함이 발생하여 ₩20,000의 에누리를 하였다.
(3) 10월 5일 판매한 상품의 결함이 발생하여 ₩60,000의 반품이 발생하였다.
(4) 10월 9일 외상판매대금 중 ₩100,000을 회수하였다.
(5) 10월 30일 외상판매대금 잔액을 모두 회수하였다.

물음

1. 각 거래를 회계처리하세요
   1-1. 경영관리 목적상 매출환입, 매출에누리, 매출할인 계정을 모두 사용하여 회계처리 하시오.
   1-2. 매출계정만을 사용하여 회계처리 하시오.
2. 10월 매출액을 계산하세요.

풀이

1-1. 매출환입, 매출에누리, 매출할인 계정을 모두 사용한 경우

(1) 10월 1일	(차) 매출채권	500,000	(대) 매출	500,000
(2) 10월 3일	(차) 매출에누리	20,000	(대) 매출채권	20,000
(3) 10월 5일	(차) 매출환입	60,000	(대) 매출채권	60,000
(4) 10월 9일	(차) 현금	98,000	(대) 매출채권	100,000
	매출할인	2,000		
(5) 10월 30일	(차) 현금	320,000	(대) 매출채권	320,000

1-2. 매출계정을 사용한 경우

(1) 10월 1일	(차) 매출채권	500,000	(대) 매출	500,000
(2) 10월 3일	(차) 매출	20,000	(대) 매출채권	20,000
(3) 10월 5일	(차) 매출	60,000	(대) 매출채권	60,000
(4) 10월 9일	(차) 현금	98,000	(대) 매출채권	100,000
	매출	2,000		
(5) 10월 30일	(차) 현금	320,000	(대) 매출채권	320,000

2. 10월 순매출액을 계산하세요.

순매출액 = 총매출액 − 매출환입 및 에누리 − 매출할인

순매출액 = ₩500,000 − ₩20,000 − ₩60,000 − ₩2,000
= ₩418,000

참고 - 1−1번 분개는 (주)한양이 경영관리 목적상 매출에누리 및 환입, 매출할인 등이 어느 정도 되는지 확인하려고 하는 상황을 가정하였다. 이 경우에는 기중분개 시 매출에누리, 매출환입, 매출할인 계정과목이 나타나고 수정전 시산표에도 나타나게 된다. 하지만 결산분개에서 다음과 같은 분개를 통해 매출차감으로 대체해주게 된다.

결산 시 분개	(차) 매출	82,000	(대) 매출에누리	20,000
			(대) 매출환입	60,000
			(대) 매출할인	2,000

위와 같은 결산분개를 하면 2번 해답과 같이 10월 순매출액은 ₩418,000이 된다.

제2절 재고자산 원가결정

재고조사방법에 의하여 기말재고자산의 수량이 결정되면 이 수량에 곱할 재고자산의 단가가 결정되어야 하는데 재고자산의 단가는 재고자산을 매입할 때마다 항상 동일하지는 않은 것이 일반적이므로 보유하고 있는 재고자산의 단가를 결정하기 위해서는 일정한 가정이 필요하게 된다.

매입단가를 적용하기 위해서 재고자산의 원가가 일정한 흐름을 갖고 있다고 가정한 뒤 단가적용순서를 결정하고 이를 바탕으로 매출원가와 기말재고자산 계산에 적용하는 방법을 원가흐름의 가정이라고 한다.

원가흐름을 통상적으로 상호 교환될 수 없거나 특정 프로젝트별로 생산되는 항목은 개별법을 적용하고, 개별법으로 원가를 결정할 수 없는 재고자산의 원가는 평균법, 선입선출법, 후입선출법을 적용하여 원가를 산정한다.

1. 개별법

개별법(specific identification method)은 재고자산을 매입가격별 수량과 판매가격별 수량을 개별적으로 식별하고 기록하여 재고자산의 가격을 결정하는 방법으로서 이 방법은 취급품목이 적고 귀금속 등과 같은 고가상품에 적용될 수 있는 방법이다.

개별법은 실제물량흐름과 장부상 원가 기입이 일치하고 수익과 비용의 대응이 이상적으로 이루어진다는 장점이 있으나 거래가 빈번하고 여러 가지 상품을 취급하는 경우에는 실무적으로 실행이 번거로운 단점이 있다.

2. 평균법

평균법(average cost method)은 기초에 보유하고 있는 재고자산과 회계기간 중에 매입한 재고자산이 구별 없이 판매 또는 사용된다고 원가흐름을 가정하여 평균원가를 사용하는 방법이다. 평균원가는 기초 재고자산의 원가와 회계기간 중에 매입한 재고자산의 원가를 평균하여 산정한다. 재고자산의 원가를 평균하는 방법에 따라 총평균법과 이동평균법으로 구분된다. 평균법은 실무적으로 편리하고 이익조정의 여지가 없다는 장점이 있으나 실제의 물량흐름의 방향과 일치하지 않고 수익과 비용의 대응이 이상적이지 않다는 단점이 있다.

1) 총평균법

총평균법(weighted average method)은 실지재고조사법을 적용한 경우에 나타나는 평균법이다. 한 회계기간의 기말시점에서 전체 판매가능상품액을 전체 재고수량으로 나누어서 총평균단가를 산정하고, 이 단가를 기말재고수량과 당기판매수량에 공통적으로 적용하여 기말재고금액과 매출원가금액을 산정하는 방법이다. 따라서 총평균법을 사용하게 되면 재고자산의 평균취득 단가는 기말시점에 한번 만 산정하게 되므로 계속기록법에서는 사용할 수가 없고, 실지재고조사법에서만 사용이 가능하다.

$$\text{총평균단가} = \frac{\text{전체판매가능상품액}}{\text{전체재고수량}} = \frac{\text{기초재고액} + \text{당기매입액}}{\text{기초재고수량} + \text{당기매입수량}}$$

2) 이동평균법

이동평균법(moving average method)은 계속기록법을 적용한 경우에 재고자산을 매입할 때마다 매입직전의 단가에 새로 구입한 재고자산의 구입금액을 가산하고 이를 판매가능수량으로 나누어 평균 취득단가를 산정하고, 다음 재고자산을 매입할 때까지 이 단가를 판매한 수량에 대한 단가로 적용하는 방법이다. 따라서 이동평균법을 사용 할 경우 재고자산을 매입할 때마다 평균 취득단가를 산정하게 되므로, 실지재고조사법에서는 사용할 수가 없고, 계속기록법에서만 사용이 가능하다.

$$\text{이동평균단가} = \frac{\text{직전재고액} + \text{신규매입액}}{\text{직전재고수량} + \text{신규매입수량}}$$

[예제 6–6] 평균법

다음 자료에 의하여 평균법을 적용하는 경우 실지재고조사법과 계속기록법에 의한 1월 말의 기말재고액과 매출원가를 구하시오(단, 실지재고조사방법의 수량과 계속기록법에 의한 수량은 일치하였다).

일자	구분	입고(수량, 단가)	출고(수량, 단가)	잔고
1.1	기초재고	1,000개 @100		1,000개
1.10	상품매입	3,000개 @140		4,000개
1.15	상품매출		2,000개 @500	2,000개
1.25	상품매입	1,000개 @190		3,000개

풀이

1. 실지재고조사법에 의한 평균법(총평균법)

→ 실지재고조사법을 사용하므로 기말시점에 총평균단가를 산정하고 이를 이용하여 기말재고자산과 매출원가를 계산함

$$\text{총평균단가} = \frac{(1{,}000\text{개} \times @100) + (3{,}000\text{개} \times @140) + (1{,}000\text{개} \times @190)}{1{,}000\text{개} + 3{,}000\text{개} + 1{,}000\text{개}} = \frac{₩710{,}000}{5{,}000\text{개}} = @142$$

기말재고금액 = 3,000개 × @142 = 426,000

매출원가 = 기초재고 + 당기매입액 − 기말재고

= 100,000+ 610,000 − 426,000 = 284,000

선입선출법에 의한 상품재고장

일자	적요	입 고			출 고			잔 액		
		수량	단가	금 액	수량	단가	금 액	수량	단가	금 액
1. 1.	기초	1,000	100	₩100,000				1,000	100	100,000
1. 10.	매입	3,000	140	420,000				1,000	100	100,000
								3,000	140	420,000
1. 15.	매출				1,000	100	₩100,000***	2,000	140	280,000
					1,000	140	140,000****			
1. 25.	매입	1,000	190	190,000				2000	140	280,000*
								1000	190	190,000**

1월 말의 기말재고액 ₩280,000*+₩190,000** = ₩470,000

1월 매출원가 ₩100,000*** + 140,000**** = 240,000

4. 후입선출법[1)]

후입선출법(LIFO: Last–In First–Out method)의 원가흐름은 나중에 매입한 상품이 먼저 판매되는 것으로 가정하는 방법으로 매출원가는 최근의 매입원가가 적용되고 기말재고자산에 적용되는 단가는 오래 전의 매입원가가 적용된다.

후입선출법은 물가상승시 매출원가가 높게 표시되어 수익(매출)과 비용(매출원가)의 대응이 적절하고 기말재고자산이 낮게 계상됨으로써 이익이 낮게 계상되어 세제상 혜택이 있는 장점이 있으나 기말재고자산이 현행원가를 나타내지 못하며 이익이 낮게 표시되어 경영성과가 낮게 평가되는 단점이 있다.

1) 「한국채택국제회계기준」에서는 원칙적으로 후입선출법을 인정하지 않고 있다.

[예제 6-8] 후입선출법

다음 자료에 의하여 후입선출법을 적용하는 경우 실지재고조사법과 계속기록법에 의한 1월 말의 기말재고액과 매출원가를 구하시오(단, 실지재고조사방법의 수량과 계속기록법에 의한 수량은 일치하였다).

일자	구분	입고(수량, 단가)	출고(수량, 단가)	잔고
1.1	기초재고	1,000개 @100		1,000개
1.10	상품매입	3,000개 @140		4,000개
1.15	상품매출		2,000개 @500	2,000개
1.25	상품매입	1,000개 @190		3,000개

풀이

1. 실지재고조사법에 의한 후입선출법

→ 실지재고조사법을 사용하므로 기말시점에 기말재고자산 가액을 계산한다. 기말재고자산 가액 계산시 매출시점을 기준으로 하여 매출수량을 제외한 뒤 남은 수량의 단가는 가장 오래 전에 매입한 단가를 사용하고, 매출 이후에 매입 수량의 단가를 가산한다. 추후 판매가능재고액에서 기말재고를 차감하여 매출원가를 계산한다.

기말재고금액 = (1,000 × @100) + (2,000 × @140) = 380,000
매출원가 = 기초재고 + 당기매입액 − 기말재고
= 100,000+ 610,000 − 380,000 = 330,000

2. 계속기록법에 의한 후입선출법

→ 계속기록법을 사용하므로 판매시점에 가장 최근에 매입했던 재고자산의 매입단가부터 이용하여 매출원가를 계산한다. 기말재고는 판매가능재고자산에서 매출원가를 차감하여 기말재고자산을 계산한다.

1.15 매출시 매출원가
매출원가 = 2,000개 × @140 = 280,000
1.31 기말재고
기말재고금액 = 기초재고 + 당기매입액 − 매출원가
= 100,000 + 610,000 − 280,000 = 430,000

후입선출법 의한 상품재고장

일자	적요	입 고			출 고			잔 액		
		수량	단가	금 액	수량	단가	금 액	수량	단가	금 액
1. 1.	기초	1,000	100	₩100,000				1,000	100	100,000
1. 10.	매입	3,000	140	420,000				1,000	100	100,000
								3,000	140	420,000
1. 15.	매출				2,000	140	₩280,000	1,000	100	100,000
								1,000	140	140,000
1. 25.	매입	1,000	190	190,000				1,000	100	100,000*
								1,000	140	140,000**
								1,000	190	190,000***

1월 말의 기말재고액 ₩100,000*+₩140,000**+₩190,000* = ₩430,000

제3절 재고자산의 평가 및 추정

1. 재고감모

계속기록법만 사용하면 재고자산감모손실은 기말재고에 포함되고, 실지재고조사법만 사용하면 매출원가에 포함된다. 일반적으로 실무에서는 계속기록법과 실지재고조사방법의 단점을 보완하기 위하여 양방법을 병용(倂用)하는 것이 일반적이다. 실사한 기말재고와 계속 기록한 장부상의 기말재고를 비교하여 차이가 발생하면 재고자산감모손실(loss from inventory shrinkage)로 회계처리해야 한다.

한국채택국제회계기준에서 모든 감모손실은 감모가 발생한 기간에 비용으로 인식하도록 하고 있으므로 기업의 회계정책에 따라 매출원가나 판관비로 처리할 수 있다. 예를 들어 재고자산의 도난 · 분실 · 파손 등으로 인한 재고자산감모손실인 경우 경상적으로 발생한 감모손실, 즉 원가정이 있으면 매출원가에 산입시키고, 비경상적인 감모손실, 즉 원가성이 없으면 재고자산감모손실(판관비)로 회계처리할 수 있다.

[예제 6-9] 재고감모손실이 있는 경우 회계처리

다음 자료에 의하여 상품감모손실을 원가성이 있는 경우(매출원가로 처리)와 원가성이 없는 경우(재고감모손실)로 구분하여 기말수정분개를 하고 매출원가와 매출총이익을 구하시오. 이 기업은 계속기록법을 사용하는 기업이다.

〈자료〉

	수 량	단 가	금 액
기초상품	100	₩10	₩1,000
매 입	900	10	9,000
매 출	800	15	12,000
기말상품 장부재고	200	10	2,000
실지재고	150	10	1,500

풀이

1. 감모손실로 인식할 금액을 계산하시오.

(1) 감모수량 : 200개 − 150개 = 50개

(2) 감모손실 : 50개 × @10 = ₩500

2. 원가성이 있는 경우(매출원가에 산입)

(1) 기말수정분개

(차)	매출원가	500	(대)	상품	500

(2) 부분 손익계산서

• 매출원가

	매출원가	₩8,000
+	재고감모손실	500
	매출원가	₩8,500

• 매출총이익

	매출액	₩12,000
−	매출원가	8,500
	매출총이익	₩3,500

3. 원가성이 없는 경우(재고자산감모손실로 분류)

(1) 기말수정분개

(차)	재고자산감모손실	500	(대)	상품	500

(2) 부분손익계산서

• 매출원가

매출원가	₩8,000
매출원가	₩8,000

• 법인세비용차감전순이익

	매출액	₩12,000
−	매출원가	8,000
	매출총이익	4,000
−	재고자산감모손실	500
	법인세비용차감전순이익	₩3,500

2. 저가법

한국채택국제회계기준은 재고자산의 평가에 원가주의를 채택하고 있으나, 다만 순실현가능가액이 취득원가보다 하락할 경우에는 의무적으로 순실현가능가액으로 평가(저가기준 평가)하도록 하였다. 이는 평가이익은 계상하지 않고 평가손실만 계상하는 보수주의에 의한 규정이다.

보수주의(conservatism accounting)는 여러 가지 의미로 표현될 수 있으나, 수익과 자산은 과대평가 되지 않고 부채나 비용은 과소평가 하지 않으며 회계사건에 대해 충분히 위험을 인식해서 재무상태가 강고해지게 하는 회계처리나 관습이다.

한국채택국제회계기준에서는 재고자산의 평가를 저가법으로 하는 경우 제품, 상품 및 재공품의 시가는 순실현가능가액을 말하며 생산과정에 투입될 원재료의 시가는 현행 대체원가로 하도록 규정하고 있다. 이 경우 순실현가능가액은 추정 판매가액에서 판매시까지 정상적으로 발생하는 추정비용을 차감한 가액을 의미한다.

한편, 저가법에 따라 평가하는 경우 발생한 평가손실은 발생한 기간에 비용으로 인식하도록 하고 있으므로 매출원가로 인식할 수 있다.

재고자산의 차감계정인 재고자산평가충당금은 감가상각누계액 계정처럼 자산의 차감항목으로 취득원가를 기록하면서 재무보고일 시가와의 차이를 보여주는 방법이다. 만약 재고자산을 기초에 ₩100에 취득했었고 기말에 재고자산의 순실현가능가액이 ₩90이었다면, 기말 재고자산 금액을 ₩90으로 하지 않는다. 대신 재고자산 ₩100, 재고자산평가충당금 ₩10을 자산의 차감항목으로 인식해서 재무제표 이용자들이 현재 기업의 재고자산 장부금액이 ₩90이라는 것을 알 수 있게 한다.

부분재무상태표

재고자산	₩100	
재고자산평가충당금	(10)	90

재고자산평가충당금이라는 계정에서 평가라는 단어는 기업이 재고자산을 실현한 것이 아니라 기말에 시가로 평가를 했기에 평가라는 단어가 사용되었다. 유사한 예로 11장에서 공부할 금융자산평가이익 계정과목도 기업이 보유한 금융자산을 기말에 평가하기에 평가라는 단어가 들어간다. 충당이라는 단어는 금액이 미래에 변할 수 있을 때 주로 사용된다. 유사한 예로 7장에서 공부할 대손충당금이라는 계정과목도 자산(매출채권)의 차감항목으로서 매출채권 중 미래에 현금으로 회수불가능한 금액을 의미하는데, 그 금액이 변할 수 있기에 사용된다.

저가법의 적용에 따른 평가손실을 초래했던 상황이 해소되어 새로운 시가가 장부가액보다 상승한 경우에는 최초의 장부가액을 초과하지 않는 범위 내에서 평가손실을 환입하고 매출원가에서 차감하여야 한다.

[예제 6-10] 저가법 회계처리

(주)한양의 A제품의 기말재고자산 현황은 다음과 같다. 재고자산을 저가법으로 평가하고 회계처리하시오.

수 량	취득원가	추정판매가액	추정판매비용
100개	@₩750	@₩1,000	@₩300

풀이

(1) 순실현가능가액 : ₩1,000 − ₩300 = ₩700
(2) 재고자산평가손실 : (₩750 − ₩700) × 100개 = ₩5,000

(차)	재고자산평가손실[주]	5,000	(대)	재고자산 평가충당금 (자산의 감소)	5,000

주) 재고자산평가손실은 당기손실로 인식되며, 일반적으로 매출원가에 가산된다.

3. 재고자산 추정

1) 소매재고법

소매재고법(retail inventory method)은 매가환원법 또는 매가재고법이라고도 불리는 것으로 재고자산에 관한 자료를 소매가격으로 기록 · 보존하였다가 기말에 일정한 수정과정을 통하여 원가로 환산하는 방법이다.

소매재고법은 이익률이 유사하고 품종변화가 심한 다품종 상품을 취급하는 유통업에서 실무적으로 다른 원가측정법을 사용할 수 없는 경우에 흔히 사용한다. 소매재고법에서 재고자산의 원가는 재고자산의 판매가격을 적절한 총이익률을 반영하여 환원하는 방법으로 결정한다. 이때 적용되는 이익률은 최초판매가격 이하로 가격이 인하된 재고자산을 고려하여 계산하는데, 일반적으로 판매부문별 평균이익률을 사용한다.

일반적으로 소매재고법을 사용하기 위해서는 다음의 자료가 필요하다.

① 기초재고자산의 원가와 소매가
② 당기매입분의 원가와 소매가
③ 소매가로 표시된 당기매출액

이를 상품계정으로 표시하면 다음과 같다.

상품(원가)

기초	×××	매출원가(?)	
매입	×××	기말(?)	

상품(매가)

기초	×××	매출	×××
매입	×××	기말(계산가능)	

위와 같은 자료가 주어졌을 때 원가율은 다음과 같이 계산한다.

$$\text{원가율(\%)} = \frac{\text{원가로 표시된 판매가능한 총재고자산(기초+매입)(A)}}{\text{소매가로 표시된 판매가능한 총재고자산(기초+매입)(B)}}$$

소매재고법에 의한 기말재고자산(원가)과 매출원가의 추정은 다음과 같은 단계를 거쳐 산출한다.

1단계 : 소매가로 표시된 기말재고자산의 계산(기초+매입−매출)

2단계 : 원가율을 산정한다.

3단계 : 원가율에 의한 기말재고자산(원가)을 추정한다.

추정기말재고자산(원가)=기말재고자산(소매가)×원가율

4단계 : 매출원가를 추정한다.

추정매출원가=기초재고(원가)+매입(원가)−기말재고자산(원가)

소매재고법에 의한 기말재고자산(원가)와 매출원가를 다음 예제에서 추정해 보자.

[예제 6-11] 소매재고법을 이용한 기말재고자산 계산

다음 자료에 의하여 소매재고법을 사용하여 기말재고자산의 원가와 매출원가를 추정하시오.

	원가	소매가
기초재고액	₩1,000	₩2,000
매 입 액	9,000	14,000
매 출 액		12,000

풀이

소매재고법에 의한 기말재고액

	원 가	소매가(판매가격)
기초재고액	₩1,000	₩2,000
매입액	9,000	14,000
당기 판매가능액	10,000	16,000
차감 : 매출액		(12,000)
기말재고액		4,000

1단계 : 기말재고액(소매가) 4,000

2단계 : 원가율 = $\frac{(₩10,000)}{(₩16,000)}$ = 62.5%

3단계 : 추정기말재고자산(원고) = ₩4,000×62.5% = ₩2,500

4단계 : 추정매출원가 = (₩1,000+₩9,000)−₩2,500 = ₩7,500

2) 매출총이익률법

매출총이익률법(gross profit method)은 매출액과 매출원가와의 비율에 의하여 기말재고액을 역산하는 방법이다. 즉, 매출총이익률을 이용하여 추정매출총이익을 계산한 후 이를 매출액에서 차감하여 추정매출원가를 구하고 판매가능액(기초재고액과 당기순매입액의 합계)에서 추정매출원가를 차감하여 추정기말재고액을 계산하는 방법이다.

매출총이익률법에 의한 기말재고자산은 다음과 같은 단계를 거쳐 산출된다.

1단계 : 매출총이익률에 의한 추정매출총이익을 산출한다.

추정매출총이익 = 매출액×매출총이익률

2단계 : 추정매출원가를 계산한다.

매출원가 = 매출액 − 매출총이익

3단계 : 매출원가에서 판매가능상품을 공제하여 기말재고자산을 추정한다.

추정매출원가 = 기초상품 + 매입 − 기말상품(?)

(기초상품 + 매입 : 판매가능상품)

추정기말상품 = 추정매출원가 − (기초상품 + 매입)

포괄손익계산서

1. 매출액	
2. 매출원가(①+②−③)	2단계 계산
① 기초상품	
② 매입	
③ 기말상품	3단계 계산
3. 매출총이익(1×매출총이익률)	1단계 계산

매출총이익률법에 의한 기말재고자산을 다음 예제에서 추정해 보자.

[예제 6-12] 매출총이익률법을 이용한 기말재고자산 계산

다음 자료에 의하여 매출총이익률법을 사용하여 기말재고자산을 추정하시오.

① 기초재고자산(역사적 원가):₩1,000
② 순매입: ₩13,000
③ 순매출(소매가격):₩15,000
④ 순매출액의 추정총이익률(과거 회계자료로부터 도출): 20%

풀이

1단계 : 추정매출총이익 = 매출액 ₩15,000×매출총이익률 20% = ₩3,000
2단계 : 추정매출원가 = 매출액 ₩15,000−추정매출총이익 ₩3,000 = ₩12,000
3단계 : 추정기말재고액 = 판매가능액(기초상품+매입)(₩1,000+₩13,000)−추정매출원가(₩12,000)
= ₩2,000

연·습·문·제

1. 다음의 제시되는 문장을 읽고 맞는 설명인 경우는 O, 틀린 설명인 경우는 X로 답하세요.

1) 기업의 기말재고자산을 파악할 때 재고자산은 기업의 창고에 보관되어 있는 재고자산 만이 기업의 기말재고자산에 파악된다.

2) 위탁상품의 경우 상품이 위탁자에 의해 판매될 때 판매수수료를 차감한 판매대금이 수탁자에게 송금된다.

3) 시용품의 경우 고객에게 상품을 전달하면, 그 시용품은 기업의 재고자산의 수량에서 재고자산은 차감된다.

4) 매입에누리는 외상으로 재고자산을 매입한 뒤에 매입채무를 조기에 상환해서 대금의 일부를 감액 받는 혜택이다.

5) 판매된 상품의 결함이나 파손 등의 이유로 거래처로부터 반품 받는 것을 매출환입이라 하고, 판매된 상품의 결함이나 파손이 크지 않아서 상품의 대금을 깎아 주는 것을 매출에누리라 한다.

6) 총평균법은 한 회계기간의 기말시점에서 전체 판매가능상품액을 전체 재고수량으로 나누어서 총평균단가를 산정하고, 이 단가를 기말재고수량과 당기판매수량에 공통적으로 적용하여 기말재고금액과 매출원가금액을 산정하는 방법이어서, 계속기록법에서는 사용할 수가 없고, 실지재고조사법에서만 사용이 가능하다.

7) 선입선출법은 물가상승시 매출원가가 높게 표시되어 수익과 비용의 대응이 적절하고 기말재고자산이 낮게 계상됨으로써 이익이 낮게 계상되어 세제상 혜택이 있는 장점이 있으나 기말재고자산이 현행원가를 나타내지 못하며 이익이 낮게 표시되어 경영성과가 낮게 평가되는 단점이 있다.

8) 계속기록법만 사용하면 재고자산감모손실은 기말재고에 포함되고, 실지재고조사법만 사용하면 매출원가에 포함된다. 어느 방법을 사용하든 재고자산감모손실이 산출되므로 실무에서는 이 두 가지 방법 중 한 가지 방법을 선택하여 사용한다.

9) 저가법의 적용에 따른 평가손실을 초래했던 상황이 해소되어 새로운 시가가 장부가액보다 상승한 경우에는 새로운 시가와 장부가액의 차액을 산출하여 차액 전체를 평가손실에 환입하고 매출원가에서 차감하여야 한다.

10) 매출총이익률법은 매출총이익률을 이용하여 매출총이익을 계산한 후 이를 매출액에서 차감하여 매출원가를 구하고 판매가능액에서 매출원가를 차감하여 기말재고액을 계산하는 방법이다.

2. 아래의 빈칸에 알맞은 단어를 기입하세요.

1) 기업유형에 따라 재고자산의 종류는 다르다. 상품매매기업의 주요 재고자산은 (　　　)이며, 제조기업의 재고자산은 원재료, 재공품, (　　　) 이다.

2) (　　　)은 수송 중에 있으나 아직 구매자에게 도착하지 않은 매입상품을 말한다.

3) 매입한 재고자산의 결함이나 파손 등의 이유로 거래처에게 반품 하는 것을 (　　　)이라 한다.

4) 순매입액을 계산하기 위해서는 다음과 같은 산식을 이용한다. 순매입액 = 총매입액 – 매입환출 – 매입에누리 – (　　　)

5) 가중평균법은 기초에 보유하고 있는 재고자산과 회계기간 중에 매입한 재고자산이 구별 없이 판매 또는 사용된다고 원가흐름을 가정하여 평균원가를 사용하는 방법으로 재고자산의 원가를 평균하는 방법에 따라 (　　　)과 (　　　)으로 구분된다.

6) 이동평균법을 사용 할 경우 되면 재고자산을 매입할 때마다 평균 취득단가를 산정하게 되므로, (　　　)에서만 사용이 가능하다.

7) (　　　)은 원가흐름을 먼저 매입한 재고자산이 먼저 판매된다고 가정하는 방법으로서 (　　　)는 오래 전의 매입원가가 적용되고 (　　　)에 적용되는 단가는 최근의 매입원가가 적용된다.

8) 경상적으로 재고자산감모손실이 나타난 경우 이 재고자산감모손실 가액은 (　　　)에 산입한다.

9) 저가법에 따라 평가하는 경우 발생한 평가손실은 재고자산의 (　　　)으로 표시하고 (　　　)에 가산한다.

10) (　　　)은 이익률이 유사하고 품종변화가 심한 다품종 상품을 취급하는 유통업에서 실무적으로 다른 원가측정법을 사용할 수 없는 경우에 흔히 사용한다.

3. 재고자산에 대한 설명으로 옳지 않은 것은?(공무원 9급 2024년)

① 재고자산은 취득원가와 순실현가능가치 중 낮은 금액으로 측정하고, 취득원가는 매입원가, 전환원가 및 재고자산을 현재의 장소에 현재의 상태로 이르게 하는 데 발생한 기타 원가 모두를 포함한다.

② 재고자산을 순실현가능가치로 감액하는 저가법은 항목별로 적용한다. 그러나 경우에 따라서는 서로 비슷하거나 관련된 항목들을 통합하여 적용하는 것이 적절할 수 있다.

③ 재고자산의 순실현가능가치가 상승한 증거가 명백한 경우 최초의 장부금액을 초과하지 않는 범위 내에서 평가손실을 환입한다. 그 결과 새로운 장부금액은 취득원가와 수정된 순실현가능가치 중 큰 금액이 된다.

④ 순실현가능가치의 상승으로 인한 재고자산 평가손실의 환입은 환입이 발생한 기간의 비용으로 인식된 재고자산 금액의 차감액으로 인식한다.

4. 다음은 (주)한국의 20×1년 상품과 관련된 자료이다. (주)한국이 선입선출법을 적용할 경우, 20×1년 기말재고자산 금액은?(단, 재고자산에 대한 감모 및 평가손실은 발생하지 않았다) (공무원 9급 2023년)

- 기초상품재고액은 ₩5,000(개당 취득원가 ₩500)이다.
- 기중에 상품 100개(개당 매입가격 ₩500)를 매입하였으며, 매입운임으로 개당 ₩50이 지출되었다.
- 기중에 매입한 상품 중 하자가 있어 개당 ₩50의 할인(매입에누리)을 받았다.
- 기중에 상품 50개를 판매하였다.

① ₩25,000 ② ₩30,000 ③ ₩35,000 ④ ₩40,000

5. (주)한국의 2018년 재고자산 관련 자료는 다음과 같다.

• 기초재고액	₩10,000	• 재고자산 당기순매입액	₩100,000
• 기말 재고자산(장부수량)	100개	• 장부상 취득단가	₩500/개
• 기말 재고자산(실사수량)	90개	• 추정판매가액	₩450/개
• 현행대체원가	₩380/개	• 추정판매수수료	₩50/개

(주)한국은 재고자산감모손실 중 40%를 정상적인 감모로 간주하며, 재고자산평가손실과 정상적 재고자산감모손실을 매출원가에 포함한다. (주)한국이 2018년 포괄손익계산서에 보고할 매출원가는?(단, 재고자산은 계속기록법을 적용하며 기초재고자산의 재고자산평가충당금은 ₩0이다) (공무원 9급 2019년)

① ₩60,000 ② ₩71,000 ③ ₩75,000 ④ ₩79,000

6. 다음은 도 · 소매 기업인 (주)한국의 상품과 관련된 자료이다. 정상적 원인에 의한 재고감모손실은 매출원가로, 비정상적 감모손실은 기타비용으로 보고하는 경우 (주)한국이 당기에 인식해야 할 매출원가는?(단, 재고감모손실의 30%는 비정상적 원인, 나머지는 정상적 원인에 의해 발생되었다) (공무원 9급 2020년)

기초상품재고액	₩100,000
당기상품매입액	₩900,000
기말상품재고액(장부금액)	₩220,000
기말상품재고액(실사금액)	₩200,000

① ₩766,000 ② ₩786,000 ③ ₩794,000 ④ ₩800,000

7. **(주)한국의 재고자산과 관련한 자료가 다음과 같을 때, 홍수로 소실된 상품의 추정원가는?(공무원 9급 2021년)**

- 20×1년 1월 1일 기초상품재고액은 ₩250,000이다.
- 20×1년 7월 31일 홍수가 발생하여 ₩150,000의 상품만 남고 모두 소실되었다.
- 20×1년 7월 31일까지 당기상품매입액은 ₩1,300,000이다.
- 20×1년 7월 31일까지 당기매출액은 ₩1,200,000이다.
- (주)한국의 매출총이익률은 20%이다.

① ₩200,000 ② ₩260,000 ③ ₩440,000 ④ ₩590,000

8. **20×1년 초 설립한 (주)한국의 20×1년 말 수정전시산표는 회계기록상 계정잔액의 오류가 없었음에도 불구하고, 차변 합계와 대변 합계가 일치하지 않았다.**

계정과목	차변	대변
현금	₩200	
매출	₩300	
매출채권	₩500	
건물	₩1,000	
미지급금		₩150
재고자산	₩200	
선급보험료		₩50
자본금		₩1,000
소모품	₩30	
선수수익	₩50	
미수수익		₩10
차입금		₩500
매입채무	₩50	
임차비용	₩30	
급여	₩30	
합계	₩2,390	₩1,710

12. **재고자산에 대한 설명으로 옳은 것은?(공무원 9급 2017년)**

① 기초재고자산 금액과 당기매입액이 일정할 때, 기말재고자산 금액이 과대계상될 경우 당기순이익은 과소계상된다.

② 선입선출법은 기말에 재고로 남아있는 항목은 가장 최근에 매입 또는 생산된 항목이라고 가정하는 방법이다.

③ 실지재고조사법을 적용하면 기록유지가 복잡하고 번거롭지만, 특정 시점의 재고자산 잔액과 그 시점까지 발생한 매출원가를 적시에 파악할 수 있는 장점이 있다.

④ 도착지 인도기준에 의해서 매입이 이루어질 경우, 발생하는 운임은 매입자의 취득원가에 산입하여야 한다.

13. **판매자의 기말 재고자산에 포함되지 않는 것은?(공무원 9급 2017년)**

① 고객이 구매의사를 표시하지 아니하고, 반환금액을 신뢰성 있게 추정할 수 없는 시용판매 상품

② 위탁판매를 하기 위하여 발송한 후, 수탁자가 창고에 보관 중인 적송품

③ 판매대금을 일정기간에 걸쳐 분할하여 회수하는 조건으로 판매 인도한 상품

④ 도착지 인도조건으로 선적되어 운송 중인 미착상품

14. **(주)감평의 당기 매출총이익률은 30%이고, 기초재고자산원가는 ₩2,000,000, 당기순매입원가는 ₩6,000,000, 순매출액은 ₩10,000,000일 때, 기말재고자산원가는?(감정평가사 1차 2019년)**

① ₩500,000 ② ₩1,000,000 ③ ₩3,000,000

④ ₩5,000,000 ⑤ ₩7,000,000

15. **20x1년 말 현재 (주)감평의 외부감사 전 재무상태표 상 재고자산은 ₩1,000,000이다. (주)감평은 실지재고조사법을 사용하여 창고에 있는 상품만을 기말재고로 보고하였다. 회계감사 중 공인회계사는 (주)감평의 기말 재고자산과 관련하여 다음 사항을 알게 되었다.**

- 20×1년 12월 27일 FOB 선적지 조건으로 (주)한국에게 판매한 상품(원가 ₩300,000)이 20×1년 말 현재 운송 중에 있다.
- 수탁자에게 20×1년 중에 적송한 상품(원가 ₩100,000) 중 40%가 20x1년 말 현재 판매완료되었다.
- 고객에게 20×1년 중에 인도한 시송품의 원가는 ₩200,000이며, 이 중 20×1년 말까지 매입의사표시를 해 온 금액이 ₩130,000이다.
- 20×1년 12월 29일 FOB 도착지 조건으로 (주)민국으로부터 매입한 상품(원가 ₩200,000)이 20×1년 말 현재 운송 중에 있다.

앞의 내용을 반영하여 작성된 20x1년 말 재무상태표 상 재고자산은?(감정평가사 1차 2018년)

① ₩1,010,000 ② ₩1,110,000 ③ ₩1,130,000

④ ₩1,330,000 ⑤ ₩1,430,000

16. 다음은 (주)감평의 20x1년도 재고자산 거래와 관련된 자료이다.

일자	적요	수량	단가
1월 1일	기초재고	100개	₩90
3월 9일	매입	200개	150
5월 16일	매출	150개	
8월 20일	매입	50개	200
10월 25일	매입	50개	220
11월 28일	매출	200개	

다음 설명 중 옳지 않은 것은?(감정평가사 1차 2018년)

① 실지재고조사법을 적용하여 선입선출법을 사용할 경우 기말재고자산 금액은 ₩11,000이다.

② 실지재고조사법을 적용하여 가중평균법을 사용할 경우 매출원가는 ₩52,500이다.

③ 선입선출법을 사용할 경우보다 가중평균법을 사용할 때 당기순이익이 더 작다.

④ 가중평균법을 사용할 경우, 실지재고조사법을 적용하였을 때보다 계속기록법을 적용하였을 때 당기순이익이 더 크다.

⑤ 선입선출법을 사용할 경우, 계속기록법을 적용하였을 때보다 실지재고조사법을 적용하였을 때 매출원가가 더 크다.

17. (주)감평은 상품에 관한 단위원가 결정방법으로 선입선출법을 이용하고 있으며 20×1년도 상품 관련 자료는 다음과 같다. 20×1년 말 재고실사결과 3개였으며 감모는 모두 정상적이다. 기말 현재 상품의 단위당 순실현가능가치가 ₩100일 때 (주)감평의 20×1년도 매출총이익은? (단, 정상적인 재고자산감모손실과 재고자산평가손실은 모두 매출원가에 포함한다)(감정평가사 1차 2016년)

항 목	수 량	단위당 취득원가	단위당 판매가격	금 액
기초재고(1월 1일)	20개	₩120	–	₩2,400
매입(4월 8일)	30개	180	–	5,400
매출(5월 3일)	46개	–	₩300	13,800

① ₩6,300 ② ₩6,780 ③ ₩7,020

④ ₩7,260 ⑤ ₩7,500

18. (주)관세는 스마트폰을 매입하여 판매하는 기업으로 한 가지 모델만을 취급하고 있다. (주)관세는 계속기록법으로 재고자산을 회계처리하고 있으며 단가는 가중평균법으로 계산하고 있다. 3월 초 보유 중인 스마트폰은 10개이고 단가는 ₩50이며, 3월 한 달간 스마트폰의 매입과 매출에 관한 기록은 다음과 같다. 3월 말 재고자산은 얼마인가?(관세사 1차 2016년)

3월 5일	스마트폰 20개를 개당 ₩80에 매입하다.
3월 12일	스마트폰 10개를 개당 ₩120에 판매하다.
3월 18일	스마트폰 10개를 개당 ₩100에 매입하다.
3월 25일	스마트폰 15개를 개당 ₩140에 판매하다.

① ₩1,050 ② ₩1,163 ③ ₩1,200
④ ₩1,252 ⑤ ₩1,500

19. (주)관세의 20×1년 12월 31일 현재 재고자산(상품)에 대한 자료는 다음과 같다.

수 량	장부상 단가	단위당 예상 판매가격	단위당 예상 판매비용
1,000단위	₩100	₩110	₩30

(주)관세가 20×1년 말 보유하고 있는 재고자산 중 200단위는 20×2년 1월 1일에 (주)무역에게 단위당 ₩130에 판매하기로 확정계약되어 있다. (주)관세가 20×1년도에 인식할 재고자산평가손실은 얼마인가?(관세사 1차 2014년)

① ₩0 ② ₩8,000 ③ ₩10,000
④ ₩16,000 ⑤ ₩20,000

20. 20×1년 초에 영업을 개시한 (주)대전의 재고자산과 관련된 자료가 다음과 같을 때, 20×1년 말에 인식해야하는 재고자산평가손실은 얼마인가?(관세사 1차 2013년)

- (주)대전의 장부상 기말상품A의 수량은 20개이고, 단위당 취득원가는 ₩100이다.
- 기말실사 결과 도난으로 인하여 기말상품A의 수량이 15개만 남아있다.
- 상품A의 기말 예상 판매가격은 단위당 ₩90, 예상 판매비용은 단위당 ₩10으로 추정된다.

① ₩100 ② ₩200 ③ ₩300
④ ₩400 ⑤ ₩500

21. **(주)대한의 20×9년도 재고자산의 매입과 매출에 관한 자료는 아래의 표와 같다.**

일자	적요	수량	단 가*	금 액
1월 1일	기초재고	20개	₩10	₩200
2월 3일	매입	40개	20	800
5월 8일	매출	(50개)	50	2,500
7월 3일	매입	40개	30	1,200
9월 9일	매출	(30개)	60	1,800

* 매입 시 매입단가, 매출 시 판매단가를 의미함

(주)대한은 재고자산의 단위원가를 실지재고조사법에 따라 20×9년 말에 가중평균법을 사용하여 결정한다. (주)대한의 20×9년도 매출총이익은 얼마인가? (20×9년 말 기말재고 실사결과 장부상 재고와 일치한다.)(관세사 1차 2010년)

① ₩1,760 ② ₩2,220 ③ ₩2,540 ④ ₩2,740 ⑤ ₩2,960

22. **다음 자료에 의하여 선입선출법에 의한 1월 말의 기말재고액을 구하시오(단, 기초재고는 없으며 실재고조사방법에 의한 수량과 계속기록법에 의한 수량은 일치하였다).**

일자	입고		출고	잔고
1. 5.	10	@120		10
1. 10.	20	@140		30
1. 15.			20	10
1. 25.	10	@190		20

23. **다음 자료에 의하여 상품평가손실에 대한 결산정리분개를 하고 매출원가와 매출총이익 또는 법인세차감전이익을 구하시오(단, 재고감모손실은 없으며, 기업은 상품평가손실을 매출원가에 가산하는 회계처리 방법을 채택하고 있다.).**

	수 량	단 가	금 액
기초상품	10	₩1,000	₩10,000
매 입	90	1,000	90,000
매 출	80	1,500	120,000
기말상품 장부재고	20	1,000	20,000(취득원가)
실지재고	20	800	16,000(시가)

24. **결산일 현재 재고자산에는 다음과 같은 항목들을 포함하고 있다. 정확한 재고자산은 얼마인가?**

① 기말이월상품 : ₩2,000

② 미착상품(F.O.B. 선적시점기준) : ₩10,000

③ 미착상품(C.I.F. 도착기준) : ₩9,000

④ 적송품 : ₩3,000

25. **다음 분개를 표시하라.**

1) (주)강릉(위탁자)이 (주)중부(수탁자)에게 상품(원가 @₩1,200, 판매가 @₩2,000, 10개)을 적송하다.

2) 기중에 상품 중 7개가 @2,000에 현금으로 판매된다.

26. **다음 분개를 표시하라.**

1) 잠재고객에게 정수기(원가 @₩2,000, 판매가 @₩3,000) 10대를 적송하다.

2) 잠재고객이 3대를 외상으로 사겠다는 의사표시를 해왔다.

27. **다음 자료에 의하여 소매재고법을 사용하여 기말재고자산의 원가와 매출원가를 추정하시오.**

	원 가	소 매 가
기초재고액	₩1,000	₩1,200
매입액	10,000	13,000
매출액		13,200

28. **다음은 (주)한양의 제3기 수정전 잔액 시산표와 기말 정리사항이다. 이를 참조하여 결산수정분개를 하시오.**

수정전 잔액시산표

잔액	계 정 과 목	잔액
3,600	현 금	
2,000	매 출 채 권	
	대 손 충 당 금	50
3,000	F V P L 금 융 자 산	
500	상 품	
2,200	매 입	
5,000	기 계 장 치	

차변	계정과목	대변
	감가상각누계액	1,000
900	개발비	
	매입채무	1,500
	차입금	2,000
	퇴직급여충당부채	500
	자본금	5,000
	매출	8,550
1,000	급여	
400	이자비용	
18,600		18,600

〈기말정리 사항〉

1) 회사는 재고자산의 수량은 실지재고조사법을 채택하고 있는데 내부통제목적으로 재고장을 기록하고 있다. 장부상 장부재고 ₩800으로 그 구성은 다음과 같다.

구분	수량	단가	금액
A상품	100	₩2	200
B상품	150	₩4	600

2) 12월31일 창고에 기말상품의 실지재고는 ₩600이고 그 구성은 다음과 같으며 장부재고와 실지재고와의 차이를 조사한 결과 A상품은 천재지변에 의하여 소실되었으며, B상품은 창고관리인의 부주의로 인하여 소실된 것으로 판명되었다.

구분	수량	단가	금액
A상품	60	₩2	120
B상품	120	₩4	480

3) 기말상품의 원가와 순실현가치는 다음과 같다.

구분	수량	원가	순실현가치
A상품	60	₩2	₩3
B상품	120	₩4	₩3

7

CHAPTER

현금 및 수취채권과 지급채무

현금 및 현금성자산은 유가증권, 매출채권 등과 같이 현금화가 가장 용이한 자산으로 분류된다. 현금이란 교환의 매개체로서 재화나 용역의 구입에 대한 일반적인 지불수단으로 이용되는 것이나 회계상의 현금은 일반적인 의미보다는 더 넓은 의미를 가진다. 매출채권은 외상매출금과 받을어음으로 구분되는데, 고객에게 상품이나 용역을 제공하면서 그 대금을 나중에 받기로 한 경우에 발생되는 권리이다. 기업의 주된 영업활동과 관련하여 발생한 외상매입금과 지급어음 등의 채무를 매입채무(trade payables)라 한다. 본 장에서는 현금의 개념과 분류에 대하여 살펴보고 현금의 내부통제 방법을 설명하고 매출채권 및 매입채무의 회계처리방법을 학습할 것이다.

제1절 현금 및 현금성자산

1. 현금 및 현금성자산

현금 및 현금성자산은 유가증권, 매출채권 등과 같이 현금화가 가장 용이한 자산으로 분류된다. 현금이란 교환의 매개체로서 재화나 용역의 구입에 대한 일반적인 지불수단으로 이용되는 것이나 회계상의 현금은 일반적인 의미보다는 더 넓은 의미를 가진다.

즉, 현금 및 현금성자산 계정은 지폐나 동전과 같은 통화뿐만 아니라 통화로 항상 전환하여 사용할 수 있는 타인발행 당좌수표, 자기앞수표, 우편환 증서 등과 같은 통화대용증권과 요구불예금인 당좌예금·보통예금 및 현금성자산을 포함하고 있다. 이 경우 현금성자산이라 함은 유동성이 매우 높은 단기 투자자산으로서, 큰 거래비용 없이 확정된 현금으로 전환이 용이하고 이자율변동의 위험이 중요하지 않은 자산으로 정의된다. 예를 들면, 취득당시 만기(또는 상환일)가 3개월 이내에 도래하는 정기예금 및 정기적금, CD(Certificate of Deposit, 양도성예금증서), CMA(Cash Management Account, 어음관리계좌), CP(Commercial Paper, 기업어음), RP(Repurchase Agreements, 환매채) 등을 취득하는 경우이다.

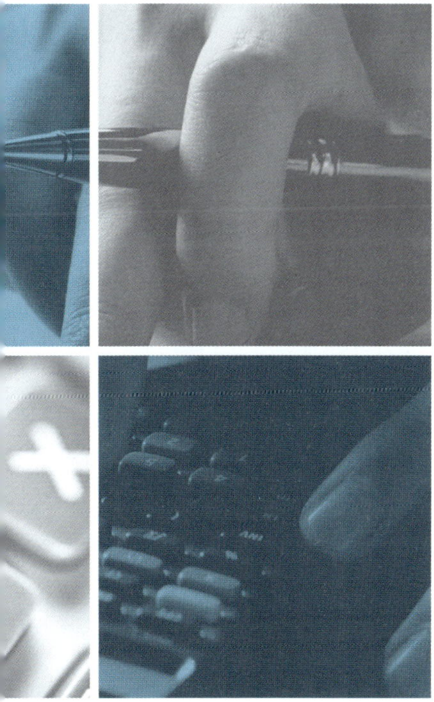

한편, 공표용 재무제표상에는 현금, 당좌예금 및 현금성자산 등을 구분하지 않고 현금 및 현금성자산 계정으로 표시하도록 하고 있다. 그러나 기업 내부적으로는 구분하여 회계처리하여야 할 것이다.

〈표 7-1〉 현금 및 현금성자산으로 분류되는 항목

<table>
<tr><th>구분</th><th colspan="2">분류항목</th></tr>
<tr><td rowspan="2">현금및현금성자산</td><td colspan="2">통화, 타인발행수표, 통화대용증권, 요구불예금</td></tr>
<tr><td>정기예금 및 정기적금, CMA, CD, CP, RP</td><td>취득일로부터 3개월 이내 만기 도래</td></tr>
</table>

[예제 7-1] 현금 및 현금성자산 계산

다음은 (주)한양이 20×1년 12월 31일 보유하고 있는 현금 및 금융상품등의 내역이다. 현금 및 현금성자산을 계산하시오.

현금	₩550,000	타인발행수표	₩1,000,000
우편환	150,000	우표	25,000
당좌예금	750,000	정기예금(만기 10개월)	1,500,000
양도성예금증서(만기 2개월)	250,000	환매채(만기 2개월)	100,000

풀이

현금	₩550,000
타인발행수표	1,000,000
우편환	150,000
당좌예금	750,000
양도성예금증서(만기 2개월)	250,000
환매채(만기 2개월)	100,000
	₩2,800,000

2. 현금의 내부통제

내부통제제도(internal control system)는 기업의 자산을 보호하고, 재무자료의 정확성과 신뢰성을 보장하며, 영업활동을 원활히 하기 위하여 기업이 취하는 모든 절차를 의미한다.

현금의 내부통제는 기업의 자산을 보호하기 위하여 설계된 절차라 할 수 있다. 현금의 내부통제 필요성은 현금의 특성을 인지하면 좀 더 이해하기 쉽다. 현금은 기업의 보유하고 있는 자산 중에서 유입과 유출이 빈번히 일어나는 유동성과 거래빈도가 가장 높은 자산이다. 현금의 취급에서 도난과 횡령 같은 부정이 개입되기 쉽고, 기록과정에서도 오류가 일어나기 쉬운 자산이다. 따라서 이러한 문제를 방지하기 위해서는 현금의 내부통제가 필요하다.

현금의 내부통제의 두 가지의 핵심사항은 현금관리 업무를 분리시키는 것과 승인절차를 확립시키는 것이다. 즉 현금과 관련된 제반업무 예를 들어, 현금의 수입과 지출에 관련된 업무, 현금의 보관 업무, 거래의 기록업무 등의 업무를 분리시켜 여러 사람이 서로 감시할 수 있어야 한다. 또한 현금의 수입과 지출거래 시 관리자의 승인을 받는 승인절차를 확립하여 현금의 수입과 지출이 정당하게 이뤄질 수 있어야 한다.

1) 현금과부족

기업 내부에 보유하는 현금 잔액은 장부 잔액과 일치해야 한다. 그러나 거래의 누락이나 오기 등의 이유로 인해 이들 금액이 서로 일치하지 않는 경우가 있는데, 이를 현금과부족(cash over and short)이라고 한다. 실제잔액과 장부잔액의 차이는 현금과부족 계정을 이용하여 일치시킬 수 있다. 즉, 실제잔액이 장부잔액보다 작으면 현금과부족계정을 차변에 기록하고, 실제잔액이 장부잔액보다 크면 현금과부족계정을 대변에 기록한다. 현금과부족은 임시적으로 설정한 계정이므로 추후 차이의 원인이 밝혀지면 해당 계정으로 처리하고, 결산 때까지 차이의 원인이 밝혀지지 않을 경우에는 잡손실이나 잡이익으로 처리한다.

[예제 7-2] 현금과부족 회계처리

(주)한양의 현금과부족에 관련된 상황이다. 다음 각 상황에 대하여 회계처리 하세요.

(1) 20×1년 10월 5일 (주)한양은 현금의 실제잔액이 장부잔액보다 ₩50,000이 작다는 사실을 확인하였다.
(2) 20×1년 12월 7일 (주)한양은 현금 부족액 중 ₩30,000은 종업원이 업무상 교통비로 사용한 증빙서류가 누락된 것으로 밝혀졌다.
(3) (주)한양은 현금 부족액 중 나머지 ₩20,000은 결산 때까지 그 원인이 밝혀지지 않았다.

풀이

(1)	10.5	(차)	현금과부족	50,000	(대)	현금	50,000
(2)	12.7	(차)	교통비	30,000	(대)	현금과부족	30,000
(3)	12.31	(차)	잡손실	20,000	(대)	현금과부족	20,000

2) 소액현금제도

현금은 유동성이 높은 자산이므로 기업 내부에 지급을 위한 현금을 보유하는 것은 도난, 분실 등의 위험이 따르므로 일반적으로 기업은 당좌예금을 개설하고 필요시에는 수표를 발행하여 현금을 관리한다.

그러나 통신비, 교통비, 잡비 등과 같이 소액인 경우 수표를 발행하여 지급하는 것은 번거롭고 비경제적이기 때문에 일정액의 현금을 부서별로 일정기간 동안 미리 지급하였다가 현금지출에 사용하도록 하는데 이것이 소액현금제도이다.

소액현금은 일정 금액을 정하여 매 기간마다 똑같은 금액을 지급하는 정액자금전도제도를 많이 사용한다. 즉 기업에 각 부서에 일정금액을 설정하며, 매기간 초에 지출한 금액만큼을 보충해주는 제도이다.

[예제 7-3] 소액현금제도 회계처리

(주)한양은 ₩200,000의 정액자금전도제도를 채택하고 있다. 다음 각 상황에 대하여 회계처리 하세요.

(1) 20×1년 5월 1일 영업부서에 소액현금 ₩200,000을 지급하기 위하여 당좌수표를 발행하였다.
(2) 20×1년 5월 31일 영업부로부터 다음과 같은 소액현금 사용을 보고받고, 같은 금액을 당좌수표를 발행하여 보충해주었다.

통신비	₩50,000	소모품비	₩30,000
교통비	25,000	잡비	15,000

풀이

(1) 5.1	(차)	소액현금	200,000	(대)	당좌예금	200,000
(2) 5.31	(차)	통신비	50,000	(대)	소액현금	120,000
		소모품비	30,000			
		교통비	25,000			
		잡비	15,000			
	(차)	소액현금	120,000	(대)	당좌예금	120,000

제2절 당좌예금과 은행계정조정표

1. 당좌예금

당좌예금은 요구불예금 종류의 하나이다. 기업이 은행과 당좌계약을 맺어 은행에 현금을 예입하고 필요에 따라 수표(이를 '당좌수표'라 함)를 발행하여 현금을 인출할 수 있는 예금을 말한다. 상품 · 물품 등의 대금지급에 수표를 사용함으로써 은행이 대금지급을 대행해 주는 셈이 되어 영업상 편리한 예금이다. 따라서 당좌예금은 그 성질상 자금의 예입과 인출이 빈번하여 그에 따른 출납사무를 정리하는 데에도 많은 시간과 비용이 들고, 예입된 자금도 안전성이 없어 은행의 자금조달원으로서의 기여도가 미미하여 당좌예금에 대해서는 이자를 지급하지 않는다. 현금 및 현금성자산 범위에 당좌예금이 포함되지만, 회계기간 중 회계처리 시에는 현금계정과 분리하여 당좌예금계정을 사용하며, 회계보고를 위한 재무상태표를 작성 할 때는 현금 및 현금성자산 계정에 포함시켜 보고한다.

당좌예금계좌에 현금을 입금하면 당좌예금 계정 차변에 기록하고, 당좌수표를 발행하게 되면 당좌예금 계정의 대변에 기록한다.

[예제 7-4] 당좌예금 회계처리

다음은 (주)한양의 거래 내역이다. 각 상황에 맞는 회계처리를 하시오.

(1) 20×1년 3월 25일 신한은행과 당좌거래를 계약하고 당좌계좌에 현금 ₩300,000을 예금하였다.
(2) 20×1년 4월 16일 거래처에서 상품을 매입하고 미지급한 ₩150,000을 수표를 발행하여 지급하였다.
(3) 20×1년 5월 31일 상품 ₩250,000을 매출하고 거래처가 발행한 수표를 받아 당좌계좌에 입금하였다.

풀이

(1)	3.25	(차)	당좌예금	300,000	(대)	현금	300,000
(2)	4.16	(차)	매입채무	150,000	(대)	당좌예금	150,000
(3)	5.31	(차)	현금	250,000	(대)	매출	250,000
		(차)	당좌예금	250,000	(대)	현금	250,000

2. 당좌차월

당좌수표는 당좌예금의 잔액의 범위에서만 발행해야 한다. 당좌예금의 잔액을 초과하여 당좌수표를 발행하게 되면, 은행이 지급을 거절하게 되는데 이 경우를 부도라고 한다. 일시적으로 자금이 부족하여 일어나는 부도를 막기 위하여 기업은 은행과 당좌예금 잔액을 초과하여 수표가 발행되어도 은행이 지급해주는 계약을 체결하는데 이를 당좌차월(bank overdraft)이라고 한다. 기중에는 당좌차월이 발생하면 당좌차월 계정으로 회계처리를 하며, 보고기간 말 재무상태표에는 단기차입금 계정으로 보고한다.

[예제 7-5] 당좌차월 회계처리

다음은 (주)한양의 거래 내역이다. 각 상황에 맞는 회계처리를 하시오.

(1) 20×1년 6월 22일 컴퓨터(비품)을 구입하고 ₩500,000 당좌수표를 발행하여 지급하였다. 이날 현재 당좌예금 잔액은 ₩400,000이며, 신한은행과 한도금액 ₩1,000,000의 당좌차월 약정이 계약되어 있다.
(2) 20×1년 7월 27일 상품 ₩150,000을 매출하고 현금을 받아 당좌계좌에 입금하였다.

풀이

(1)	6.22	(차)	비품	500,000	(대)	당좌예금	400,000
						당좌차월	100,000
(2)	7.27	(차)	당좌차월	100,000	(대)	현금	150,000
			당좌예금	50,000			

3. 은행계정조정표

특정시점에서 회사의 당좌예금 장부 잔액과 거래은행 당좌예금 계좌의 잔액은 일치하는 것이 일반적이지만, 여러 가지 이유로 서로 일치하지 않는 경우가 있다. 회사의 당좌예금 장부 잔액과 거래은행 당좌예금 계좌 잔액이 차이가 발생했을 때 그 원인을 밝혀 장부상의 금액을 조정하는 표는 은행계정조정표(bank reconciliation statement)이다.

회사의 당좌예금 장부 잔액과 은행의 당좌예금 계좌 잔액이 일치하지 않는 원인은 다음과 같다.

첫째, 은행에서는 입금 혹은 출금으로 기입하였으나 회사에서 해당 사실을 장부에 기록하지 않은 경우이다. 은행으로 직접 입금되는 채권의 회수나 예금의 이자나 회사의 은행계좌에서 직접 이체되는 공과금, 수수료, 대출이자 등이 회사에 통보되지 않은 경우에 발생하게 되고 이 경우에는 회사측 잔액을 수정하고 장부에 반영하기 위해 필요한 분개를 하여야 할 것이다.

둘째, 회사의 장부상 이미 입금 혹은 출금으로 기록하였으나 은행에서 해당 사실을 기입하지 않은 경우이다. 회사에서 은행에 입금하였으나 은행이 기록하지 않고 있거나(은행미기입예금), 거래처에 지급한 당좌수표를 해당 거래처가 결산일까지 은행에 청구하지 않아서 은행의 예금잔액이 차감되지 않은 경우(기발행미지급수표) 등일 때 발생하게 되고 이 경우에는 은행측잔액을 수정하여야 할 것이다.

셋째, 회사 또는 은행의 장부 기입상의 오류에 의해서 발생하게 되는 경우도 있다. 이 경우에도 회사의 장부가 오류라면 회사측 잔액 조정과 함께 적절한 수정분개가 필요할 것이다.

〈표 7–2〉 당좌예금 잔액의 불일치 원인 및 조정방법

분류	종류	차이 발생 원인	은행계정표 조정방법
회사측 조정	미통지입금	거래처 등에서 은행에 직접 입금하여 은행측 잔액에는 정상적으로 반영되어 있지만 회사는 입금에 대한 통지를 받지 못하여 회계처리를 하지 못함	회사 장부상 잔액이 과소계상되었으므로 미통지입금은 회사 장부상 잔액에 가산함
	이자수익 입금	은행이 다른 상품에 대한 이자를 당좌예금 계좌에 입금하여 은행 측 잔액에는 정상적으로 반영되었으나 회사는 입금에 대한 통지를 받지 못하여 회계처리를 하지 못함	회사 장부상 잔액이 과소계상되었으므로 이자수익은 회사 장부상 잔액에 가산함
	은행수수료, 이자비용 출금	은행이 당좌차월이나 기타 은행서비스에 대한 대가로 수수료를 부과하여 당좌예금 계좌에서 출금하여 은행 측 잔액에는 정상적으로 반영되었으나 회사에서는 출금에 대한 통지를 받지 못하여 회계처리를 하지 못함	회사 장부상 잔액이 과대계상되었으므로 은행수수료 등은 회사 장부상 잔액에 차감함
	부도수표	거래처로부터 수표를 받아 당좌예금 계좌에 입금하였으나 이 수표가 은행결제 과정에서 지급거절 부도수표로 판명이나 은행에 당좌예금 계좌에 입금처리가 되지 않은 경우	회사 장부상 잔액이 과대계상되었으므로 부도수표를 회사 장부상 잔액에 차감함
은행측 조정	미기록예금	회사는 장부상 당좌예금잔액에 반영을 시켰지만, 타인발행수표 등이 은행업무 마감시간 이후 입금되거나, 우편환으로 송금되어 아직 은행 당좌예금계좌에 입금처리 되지 않은 경우	은행측 잔액이 과소계상되었으므로 미기록예금을 은행측잔액에 가산함
	기발행미인출 (미지급, 미결제)수표	회사가 거래처에 대금을 지급하기 위해서 당좌수표를 발행하였지만, 거래처가 이를 아직 은행에서 인출하지 않은 경우	은행측 잔액이 과대계상되었으므로 기발행미인출수표를 은행측잔액에 차감함
양쪽	오류	회사나 은행에서 나타나는 기록 오류 경우	오류발생 금액을 가산하거나 차감함

은행계정조정표를 통해서 회사측에서 조정한 각 사항들은 회사 장부에 반영하기 위하여 수정분개를 해야 한다.

은행계정조정표는 최근에는 인터넷 뱅킹의 활성화로 인하여 회사와 은행 간의 입출금 거래기록의 차이가 나타날 경우 수시 조정이 가능하게 되어 유용성이 축소되었으나, 현금의 내부통제의 한 가지 방법으로 직원들의 부정, 기록의 오류 등을 확인할 수 있는 회계절차이다.

[예제 7-6] 은행계정조정표 작성

20×1년 12월 31일 현재 (주)한양의 당좌예금 잔액은 ₩1,700,000인데, 은행의 당좌예금잔액명세서 상에는 ₩2,100,000으로 나타났다. 이러한 차이에 대한 원인은 다음과 같다.

① (주)한양이 12월 30일에 발행한 수표 ₩310,000이 은행에서 아직 인출되지 않았다.
② (주)한양이 예입하였던 타인발행수표 ₩150,000이 부도처리되었다.
③ 거래처는 매출채권 잔액 중 ₩300,000을 온라인으로 입금하였는데 이 사실을 회사에 알려주지 않았다.
④ (주)한양이 12월 31일 은행 영업시간 이후에 입금한 ₩100,000을 은행이 아직 기록하지 않았다.
⑤ 12월 중 은행이 수수료 ₩10,000과 당좌차월이자로 ₩50,000을 계좌에서 인출하였으나 회사는 이를 아직 모르고 있다.
⑥ 회사의 회계담당자가 매출채권 회수액으로 받은 ₩150,000의 수표를 예입하면서 분개할 때 ₩50,000으로 잘못 기록하였다.

물음

1. 은행계정조정표를 작성 하세요.
2. (주)한양의 12월 31일 현재 정확한 당좌예금 잔액은 얼마인가?
3. (주)한양이 수행해야 할 수정분개를 하세요.

풀이

① (주)한양이 12월 30일에 발행한 수표 ₩310,000이 은행에서 아직 인출되지 않았다.
→ 은행측 차감 310,000
② (주)한양이 예입하였던 타인발행수표 ₩150,000이 부도처리되었다. → 기업측 차감 150,000
③ 거래처는 매출채권 잔액 중 ₩300,000을 온라인으로 입금하였는데 이 사실을 회사에 알려주지 않았다.
→ 기업측 가산 300,000
④ (주)한양이 12월 31일 은행 영업시간 이후에 입금한 ₩100,000을 은행이 아직 기록하지 않았다. → 은행측 가산 100,000
⑤ 12월 중 은행이 수수료 ₩10,000과 당좌차월이자로 ₩50,000을 계좌에서 인출하였으나 회사는 이를 아직 모르고 있다. → 기업측 차감 60,000
⑥ 회사의 회계담당자가 매출채권 회수액으로 받은 ₩150,000의 수표를 예입하면서 분개할 때 ₩50,000으로 잘못 기록하였다. → 기업측 가산 100,000

1. 은행계정조정표

	회사측 조정 전 잔액	₩1,700,000	은행측 조정 전 잔액	₩2,100,000
가산	미통지 입금 오류수정	300,000 100,000	미기록예금	100,000
차감	부도수표 수수료, 이자비용	150,000 60,000	미인출수표	310,000
	회사측 조정 후 잔액	₩1,890,000	은행측 조정 후 잔액	₩1,890,000

2. 당좌예금잔액 ₩1,890,000

3. 수정분개

기업측과 관련있는 ②, ③, ⑤, ⑥을 수정분개 해야 한다.

②	12월 31일	(차)	부도수표	150,000	(대)	당좌예금	150,000
③	12월 31일	(차)	당좌예금	300,000	(대)	매출채권	300,000
⑤	12월 31일	(차)	수수료비용	10,000	(대)	당좌예금	60,000
			이자비용	50,000			
⑥	12월 31일	(차)	당좌예금	100,000	(대)	매출채권	100,000

제3절 매출채권의 인식과 회수가능성

1. 매출채권의 의의와 인식

매출채권은 외상매출금과 받을어음으로 구분되는데, 고객에게 상품이나 용역을 제공하면서 그 대금을 나중에 받기로 한 경우에 발생되는 권리이다. 외상매출금은 일반적인 영업활동으로 인해 발생한 채권으로 그 지급기일은 특약이 없이 상관습에 의하며 이자가 붙지 않는다. 받을어음은 일반적인 영업활동으로 인해 발생한 어음상의 채권으로 금액, 만기, 지급장소 등이 명기되어 있다. 한국채택국제회계기준에 따르면 외상매출금과 받을어음은 재무상태표에 표기 시 구분하지 않고 매출채권으로 통합하여 표시한다.

회사는 거래처에 외상으로 상품을 판매하였을 때 다음과 같이 회계처리한다.

(차) 매출채권	XXX	(대) 매출	XXX

2. 매출채권의 처분

매출채권은 정상적인 거래를 통하여 현금으로 회수되고 장부에서 제거된다. 그러나 기업은 경우에 따라서 매출채권을 회수기일이 도래하기 전에 매출채권을 양도하기도 한다. 매출채권의 양도를 위하여 금융기관에 일정한 수수료를 내고 매출채권을 매각하는 것을 팩토링(factoring)이라고 한다. 팩토링 회계처리는 매출채권에 대한 위험과 보상이 기업에서 금융기관으로 이전되었는지에 따라 달라진다. 매출채권에 대한 위험과 보상의 대부분이 금융기관으로 이전된 경우 매출채권에 대한 권리를 매각한 것으로 보아 매출채권을 장부에서 제거한다. 이를 매각거래라고 한다.

[예제 7–7] 매각거래

(주)한양이 20×1년 7월 31일 거래처에 지급해야 할 현금이 부족하여 한양금융에 ₩100,000의 매출채권을 양도하기로 하였다. 한양금융의 팩토링 수수료는 3%이다. 단, 매출채권 양도에 의하여 한양금융에 위험과 보상이 모두 이전되었다. 회계처리를 하세요.

풀이

7월 31일	(차)	현금	97,000	(대)	매출채권	100,000
		매출채권처분손실	3,000			

매출채권 소유에 따른 위험과 보상의 대부분을 보유하고 있는 경우 매출채권을 담보로 제공하고 자금을 차입한 것으로 보아 매출채권을 장부에서 제거하지 않고 단기차입금으로 인식한다. 이를 차입거래라고 한다.

[예제 7–8] 차입거래

(주)한양이 20×1년 7월 31일 거래처에 지급해야 할 현금이 부족하여 한양금융에 ₩100,000의 매출채권을 양도하기로 하였다. 한양금융의 팩토링 수수료는 3%이다. 단, (주)한양은 매출채권 소유에 따른 위험과 보상의 대부분을 보유하고 있다. 회계처리를 하세요.

풀이

7월 31일	(차)	현금	97,000	(대)	단기차입금	100,000
		이자비용	3,000			

제4절 받을어음

1. 받을어음의 의의

어음에는 약속어음(promissory note)과 환어음(bill of exchange)의 두 종류가 있는데 일반적 상거래에서는 약속어음이 대부분이며 약속어음은 국내거래뿐만 아니라 국제거래에도 사용되나 환어음은 국제거래의 결제수단 이외에는 별로 사용되지 않고 있다.

받을어음은 기업이 재화나 용역을 제공하고 약속어음을 받기로 한 어음으로 유동자산에 속한다. 받을어음은 재무상태표에 매출채권으로 보고된다.

2. 받을어음의 용어 및 계산

약속어음의 액면에는 여러 가지 정보들이 기재되어 있다. 액면금액은 어음발행인이 지급기일(만기일)에 지급하기로 약정한 금액을 의미한다. 액면이자율은 만기일까지 지급하기로 약정한 연이자율이다. 지급기일은 만기일이라고도 하는데 약정된 액면금액을 지급해야 하는 기간을 의미한다.

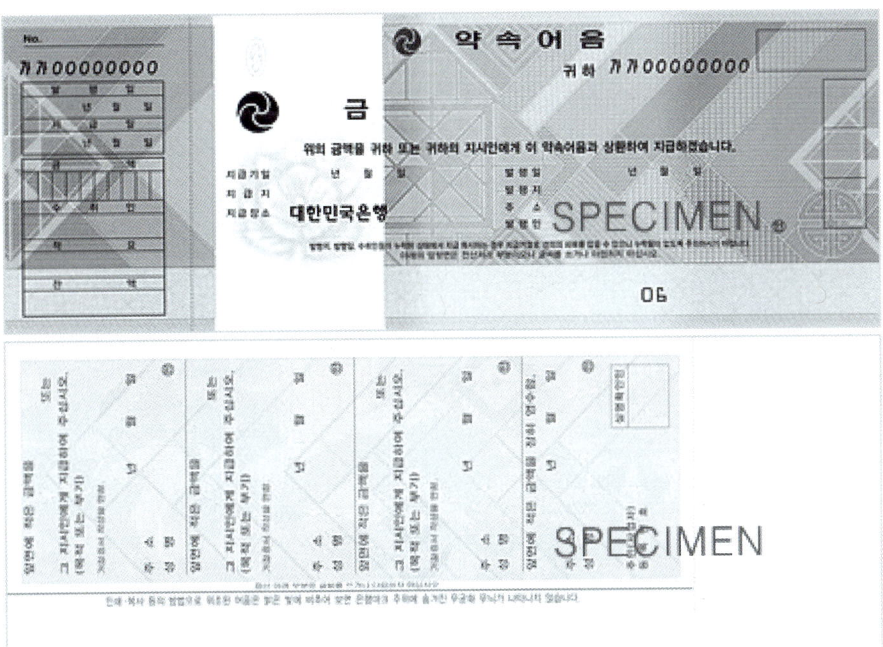

[그림 7–1] 약속어음 양식

어음은 액면에 이자 표기 여부에 따라 이자부어음과 무이자부어음으로 구분된다. 이자부어음(interest bearing note)은 발행인이 어음기간에 일정률의 이자를 지급하고 만기일에 액면금액 또는 원금을 지급할 것을 약정하는 어음이고, 무이자부어음(non-interest bearing note)은 발행인이 만기일에 단지 액면금액만을 지급할 것을 약정하는 어음이다.

이자부 어음의 이자 계산을 예를 들면 액면금액 ₩1,000,000, 이자율 5%, 120일 만기일 경우 이자는 다음과 같이 계산된다.

> 이자 = 액면금액 × 연이자율 × (어음의 기간/365)
> 16,438 = 1,000,000 × 0.05 × 120/365

한편, 2005년 9월부터 전자어음의 발행 및 유통에 관한 법률에 근거하여 전자어음 사용이 의무화 되고 있다. 외부감사대상 주식회사의 경우 약속어음 발행 시 종이어음은 발행이 불가하며, 전자어음으로만 발행되어야 한다. 전자어음은 발행인, 수취인, 금액들의 어음 정보를 전자문서 형태로 작성하고, 전가어음관리기관의 전산시스템에 등록하여, 유통하는 어음이다. 전자어음은 전자유가증권으로서 기존 종이어음과 같이 이용된다.

전자어음의 특징은 전자어음관리기관에 등록해야 하며, 약속어음에 한정된다. 백지 어음의 발행과 배서는 불가능하며, 지급지는 금융기관으로 한정된다. 배서횟수는 20회로 제한된다.

3. 받을어음의 회계처리

약속어음의 흐름을 표시하면 [그림 7-2]와 같다.

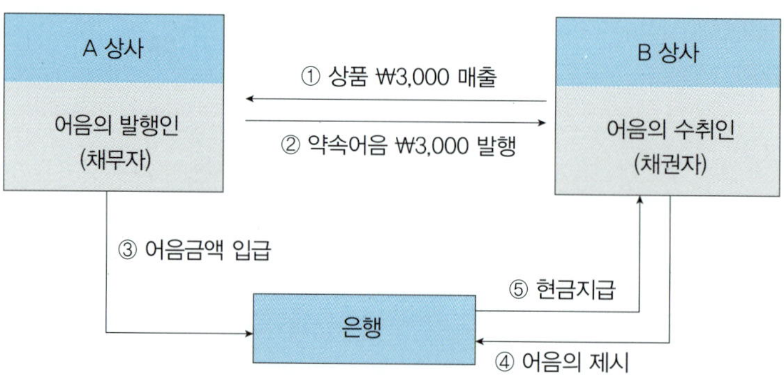

[그림 7-2] 약속어음 흐름

기업이 재화와 용역을 제공한 대가로서 거래처에서 약속어음을 받았을 경우에는 받을어음(notes receivable)이라 하고, 반대로 어음을 발행한 거래처는 지급어음(notes payable)이라 한다. 본 절에서는 어음 수취인의 받을어음에 초점을 맞추어 설명을 하고 지급어음에 대해서는 제6절에서 소개하기로 한다.

1) 받을어음의 인식

기업이 재화와 용역을 제공하고 어음을 수령한 경우 주후에 현금을 받을 수 있는 권리를 받을어음이라고 하며 매출채권으로 기록한다. 이때 기록되는 금액은 어음의 액면금액으로 기록한다.

(차) 매출채권	×××	(대) 매출	×××

어음의 만기일이 되면 어음의 수취인은 어음을 거래은행에 제시하고 현금을 수령하게 된다. 이에 대한 회계처리는 다음과 같다.

(차) 현금	×××	(대) 매출채권	×××

다음에 제시된 사례에는 받을어음이 수령에 관한 회계처리를 예제를 통하여 확인해보도록 하자.

[예제 7-9] 받을어음의 수령

(주)한양은 20×1년 5월 1일 (주)안산에게 상품 ₩240,000에 신용판매하고 (주)안산이 발행한 액면금액 ₩240,000의 이자부 어음(6개월 만기)을 받았다. 어음의 연 이자율은 10%이다.

풀이

1. (차) 매출채권	240,000	(대) 매출	240,000

[예제 7-10] 어음의 만기회수

20×1년 10월 1일 (주)안산은 어음의 액면가액 ₩240,000과 이자 ₩12,000(= ₩240,000 × 10% × 6/12)을 지급하여 어음을 결제하였다.

풀이

1. (차) 현금	252,000	(대) 매출채권	240,000
		이자수익	12,000

2) 어음의 배서양도

어음의 배서양도란 어음소지인이 어음 뒷면에 서명날인하여 어음상의 채권을 타인에게 양도하는 것을 말한다.

배서양도에는 세 가지의 경우가 있는데 첫째, 만기일에 거래은행에 대금추심(대금회수)을 의뢰하기 위한 추심위임배서양도, 둘째, 일반 상거래에서 만기일 이전에 자금의 결제수단으로서 배서양도, 셋째, 만기일 이전에 자금의 융통을 위하여 금융기관에 어음의 할인을 의뢰하면서 배서양도한 경우를 들 수 있다.

(가) 추심위임 배서양도

어음소지인이 만기일에 대금지급지의 은행에 직접 방문하여 배서양도하고 어음대금을 회수할 수 있으나 대부분의 경우에는 거래은행에 의뢰하여 추심위임 배서양도하고 대금을 추심(회수)하게 된다.

[예제 7-11] 추심위임 배서양도 회계처리

다음 거래를 회계 처리하시오.

1) 거래처로부터 받은 ₩10,000의 매출채권(받을어음)(지급지가 보람은행 부산지점)이 만기가 되어 거래은행인 하나은행에 추심위임배서양도하고 추심수수료 ₩200을 현금으로 지급하다.
2) 위의 어음이 추심되어 당좌예금계정에 입금되었음을 확인하다.

풀이

1) (차) 수수료비용	200	(대) 현금	200
2) (차) 당좌예금	10,000	(대) 매출채권	10,000

(나) 어음만기일 이전의 배서양도

일반 상거래에서 만기일 이전에 자금의 결제수단으로서 소지하고 있는 받을어음을 타인에게 배서양도하거나 어음소지인이 자금의 융통을 목적으로 소지한 받을어음을 은행에서 할인한 경우가 있는데 이 경우 만일 어음발행인(채무자)이 만기일에 어음금액을 지급하지 않으면 부도처리되어 배서인이 어음소지인(피배서인) 또는 은행에 어음금액의 상환의무를 지게 되고 동시에 배서인은 자기보다 앞의 배서인 또는 어음발행인(채무자)에게 상환청구권을 행사하게 된다.

[예제 7-12] 어음만기일 이전 배서양도

어음만기일 이전에 소지어음을 타인에게 배서양도 한 경우, 회계 처리하시오.

1) (주)중부에 대한 매입채무 ₩5,000을 지급하기 위하여 (주)강남으로부터 받은 약속어음(받을어음)을 배서양도하다.
2) 위의 약속어음이 만기일에 무사히 결제되다.

풀이

1)	(차) 매입채무	5,000	(대) 매출채권	5,000
2)			분개 없음	

한편, 자금의 융통을 목적으로 소지한 받을어음을 은행에서 할인한 경우가 있는데 양도하면서 받을어음 소유에 따른 위험과 보상을 금융기관에 이전하는 경우 받을어음을 제거하는 회계처리를 한다. 반면 받을어음 소유에 따른 위험과 보상을 기업이 계속 보유하는 경우는 자금을 차입하는 것으로 보아 받을어음을 제거하지 않는 차입거래로 회계처리를 한다.

[예제 7-13] 어음만기일 이전 배서양도

어음만기일 이전에 소지어음을 은행에서 어음할인 한 경우, 다음을 회계 처리하시오.

1) (주)중부로부터 받은 받을어음 ₩10,000을 만기 1개월 전에 하나은행에서 할인하고, 이자비용 ₩100(할인율 연 12%)을 차감하고 현금수령하다. 위의 할인한 약속어음이 만기일에 무사히 결제되다. 위험과 보상의 대부분이 하나은행에 이전되었다.

2) (주)중부로부터 받은 받을어음 ₩10,000을 만기 1개월 전에 하나은행에서 할인하고, 이자비용 ₩100(할인율 연 12%)을 차감하고 현금수령하다. 위의 할인한 약속어음이 만기일에 결제된다. 위험과 보상의 대부분을 보유하고 있다.

풀이

1) 할인시:	(차) 현금	9,900	(대) 매출채권	10,000
	매출채권처분손실	100		
어음 만기일: 분개 없음				
2) 할인시 :	(차) 현금	9,900	(대) 단기차입금	10,000
	이자비용	100		
어음 만기일 :	(차) 단기차입금	10,000	(대) 매출채권	10,000

3) 어음의 부도

만기일에 채무자(어음금액의 지급인)가 어음금액을 결제하지 못하면 어음소지인이 제시한 어음 또는 배서양도 한 어음은 은행에서 지급거절이 되는데 이 때 지급거절 되어 부도처리 된 어음을 부도어음(dishonored notes receivable)이라고 한다.

부도처리 된 어음은 일반 어음과 구분하여 관리해야 하기 때문에 부도어음계정으로 대체한다. 부도어음을 재무상태표에 인식하는 경우에는 매출채권계정에 합산되어 보고한다. 또한 주석에 매출채권에 포함된 부도어음 가액을 보고한다.

[예제 7-14] 보유어음의 부도

(주)대한은 거래처 (주)명성으로부터 받은 ₩10,000의 받을어음이 만기가 되어 지급은행에 제시하였으나 지급거절 되었다. (주)대한이 소지하고 있던 어음이 부도가 된 경우에 회계처리를 하시오. 이미 회계처리 되어 있는 거래처에 매출 당시의 분개를 참고로 표시하면 다음과 같다.

(차) 매출채권(받을어음)	10,000	(대) 매출	10,000

풀이

(차) 부도어음	10,000	(대) 매출채권(받을어음)	10,000

[예제 7-15] 양도어음의 부도

(주)대한은 거래처에 배서양도 했던 어음이 만기일에 부도가 발생하여 어음대금 ₩100,000과 지급거절증서 작성비 등 제비용 ₩1,500을 지급하라는 청구를 받고, 수표를 발행하여 지급하였다. (주)대한이 배서양도했던 어음이 부도가 된 경우에 회계처리 하시오.

풀이

(차) 부도어음	101,500	(대) 당좌예금	101,500

제5절 대손상각(손상차손)

기업의 회계연도 말에 보유하고 있는 매출채권은 차기에 모두 현금으로 회수하는 것은 불가능하다. 몇몇의 매출거래처의 재무상태의 악화 등으로 인하여 매출채권의 회수가 불가능한 경우가 생기기 때문이다. 이와 같이 매출채권이 회수불가능하게 되는 것을 대손이라고 하며, 그 채권은 회수불능채권이라고 한다. 회수불능채권은 대손상각비로 회계처리 된다.

회수불능 매출채권에 대한 회계처리 방법으로 직접상각법과 충당금설정법이 있다.

1. 직접상각법

직접상각법은 매출채권이 실제로 회수 불가능하게 되었을 때 그 손실금액을 대손상각비로 인식하고 매출채권을 직접 차감하는 방법이다. 예를 들어, (주)한앙의 20X1년 12월 31일 매출채권 잔액이 ₩50,000이었다. 20×2년 1월 15일 매출채권 중 ₩20,000이 실제로 회수 불가능하게 되었다면 직접상각법에 의해 회계처리를 하면 다음과 같다.

1. 15	(차)	대손상각비	20,000	(대)	매출채권	20,000

직접상각법은 대손상각비를 추정치를 사용하는 것이 아니라 실제 회수불능이 확정되면, 이를 기준으로 매출채권을 직접 차감하기 때문에 객관적이라는 장점이 있다. 그러나 직접상각법은 실제로 회수불능이 확정되기 전에는 대손비용을 인식하지 않으므로 회계연도와 매

출이 발생하는 회계연도가 불일치하는 수익·비용 대응의 문제가 발생하는 단점이 있다. 또한 실제로 회수불능이 확정된 시점에 대손 회계처리를 하므로 매출이 발생하는 회계연도에는 매출채권이 과대계상 될 수 있으며, 기말 매출채권이 회수가능한 금액으로 평가되지 않는다는 단점이 있다. 이러한 단점으로 인하여 국제회계기준에서는 직접상각법은 인정되지 않는다.

2. 충당금설정법

충당금설정법은 회계연도 말에 회수가 불확실하다고 추정되는 금액을 예상하여 대손상각비로 인식하고 이를 대손충당금으로 설정하는 방법이다[1].

대손충당금을 인식하기 위해서는 대손을 추정해야 하는데 한국채택국제회계기준은 대손 추정을 위하여 기대신용손실법을 허용하고 있다. 기대신용손실법은 매 보고기간 말에 매출채권의 신용위험이 유의적으로 증가하였는지를 판단하고 미래 전망 정보를 포함하여 합리적으로 뒷받침될 수 있는 모든 정보를 고려하여 기대신용손실을 추정하는 방법이지만 매출채권의 경우는 기대신용손실을 측정할 때 충당금 설정률표(provision matrix)를 이용하는 실무적 간편법을 허용하고 있다. 예를 들면 충당금 설정률표는 매출채권의 연체 일수에 따라 고정된 충당률을 설정할 수 있다. 즉 연체가 없는 경우에 1%, 연체 일수가 30일 미만인 경우에 2%, 30일 초과 90일 미만인 경우에 3%, 90일과 180일 사이인 경우에 20% 등으로 충당률을 설정할 수 있다.

(주)한양은 다수의 거래처와 신용거래를 하고 있다. 20×1년 말 현재 (주)한양은 ₩3,000,000의 매출채권 잔액을 보유중이며, 매출채권의 기대신용손실을 추정하기 위하여 충당금 설정률표를 이용한다. 20×1년 말 충당금 설정률표는 다음과 같다.

	연체되지 않음	1~30일 연체	31~60일 연체	61~90일 연체	91일 이상 연체
기대손실률	0.5%	2%	5%	10%	20%
매출채권 장부금액	₩2,000,000	₩350,000	₩200,000	₩150,000	₩300,000

(주)한양의 매출채권의 회수가능 예상액을 계산하기 위해서는 기대신용손실을 이용하여

1) K-IFRS에서는 '대손상각비'라는 용어 대신 '매출채권손상차손', '대손충당금'이라는 용어 대신에 '손실충당금'이라는 용어를 사용한다. 이는 대손회계는 기본적으로 손상회계의 일부이므로 보다 큰 범위의 용어를 사용한 것이다. 그러나 본서에서는 실무용어인 '대손상각비', '대손충당금'이라는 용어를 사용한다. 본서 추후에 소개되는 '대손충당금환입' 역시 K-IFRS에서는 '손상차손환입'이라는 용어를 사용하지만 같은 이유로 '대손충당금환입'으로 사용한다.

대손충당금이 먼저 계산되어져야 한다. 기대신용손실은 충당금 설정률표에 각 상황별로 표기된 기대손실률과 매출채권 장부금액의 곱으로 계산된다.

	기대손실률	매출채권 장부금액	기대신용손실
연체되지 않음	0.5%	₩2,000,000	₩10,000
1~30일 연체	2%	350,000	7,000
31~60일 연체	5%	200,000	10,000
61~90일 연체	10%	150,000	15,000
91일 이상 연체	20%	300,000	60,000
합계		₩3,000,000	₩102,000

(주)한양의 20×1년 말 각 상황별 기대신용손실의 합계가 ₩102,000이므로 재무상태표에 인식되는 대손충당금 역시 ₩102,000이며, 매출채권의 회수가능 예상액은 ₩2,898,000(=3,000,000−102,000)이 된다.

대손충당금은 매출채권을 차감하는 계정으로 자산을 차감시키기 때문에 대변에 기록하며 차변에는 대손상각비로 기록된다. 대손상각비는 판매관리비로서 당기비용 처리한다. (주)한양의 20×1년 말 매출채권에 대한 대송충당금 회계처리는 다음과 같다.

12월 31일	(차)	대손상각비	102,000	(대)	대손충당금	102,000

이를 부분 재무상태표에 표시 하면 다음과 같다.

재무상태표

(주)한양 20×1년 12월31일 현재

유동자산		
매출채권	3,000,000	
대손충당금	(102,000)	
	2,898,000	

대손충당금을 이용하여 매출채권을 간접 차감시키는 회계처리를 한다. 대손충당금을 이용하여 간접 차감하는 이유는 회수되지 않을 것으로 예상은 되지만 현재 매출채권의 대손이 확정되어 있는 것은 아니기 때문이다.

〈대손확정〉
매출채권의 회수가 불가능해 지면 대손확정을 위해 회계처리를 한다. 대손이 확정된 매출채권은 대손충당금과 우선 상계처리하며, 대손충당금이 부족한 경우에는 부족한 금액을 대손상각비로 처리한다.

위에 제시된 (주)한양의 사례를 이용하여 살펴보면 다음과 같다.

(주)한양의 20×2년 4월 30일 A거래처의 도산으로 인해 매출채권 ₩70,000에 대해 대손이 확정되었을 경우 현재 대손충당금이 ₩102,000이 설정되어 있으므로 매출채권과 대손충당금을 상계처리 한다. 이에 대한 회계처리는 다음과 같다.

4월 30일	(차)	대손충당금	70,000	(대)	매출채권	70,000

(주)한양의 20×2년 7월 1일 B거래처의 도산으로 인해 매출채권 ₩50,000에 대해 대손이 확정되었을 경우 현재 대손충당금은 ₩32,000(=102,000−70,000)으로 대손충당금보다 확정된 대손이 ₩18,000이 더 크다. 이 경우 ₩18,000은 대손상각비로 처리한다. 이에 대한 회계처리는 다음과 같다.

7월 1일	(차)	대손충당금	32,000	(대)	매출채권	50,000
		대손상각비	18,000			

〈확정된 대손채권을 회수한 경우〉
대손처리 한 매출채권을 추후에 회수하게 되면 회수를 기록하게 위해서 첫째, 매출채권의 대손확정 회계처리를 취소하는 역분개를 이용하여 매출채권을 회복시킨다. 둘째, 매출채권 회수와 관련된 일반적인 회계처리를 한다.

(주)한양의 20×2년 9월 20일 A거래처의 도산으로 인해서 회수불능으로 처리했던 매출채권 ₩70,000중 ₩40,000이 현금으로 회수되었다.

9월 20일	(차)	매출채권	40,000	(대)	대손충당금	40,000
		현금	40,000		매출채권	40,000

위에 회계처리 매출채권 ₩40,000 은 취소분개 차변에서도 나타나며 매출채권 회수분개 대

변에서도 나타난다. 따라서 두 개의 회계처리를 통합하여 하나의 회계처리로 나타내면 다음과 같다.

9월 20일	(차)	현금	40,000	(대)	대손충당금	40,000

〈기말에 대손충당금 재설정〉

(주)한양은 20×2년 12월 31일이 되면 기말현재 보유중인 매출채권에 대해서 회수가능성을 평가하여 대손충당금을 다시 설정해야 한다. 예를 들면 20×2년 말 현재 매출채권 ₩4,000,000을 보유하고 있고 충당금 설정률표 이용하여 계산된 대손충당금은 ₩120,000이라고 가정하면, (주)한양은 현재 대손충당금 ₩40,000(9월 20일)을 보유하고 있으므로 추가로 인식해야 할 대손충당금은 ₩80,000(=120,000−40,000)이 된다.

12월 31일	(차)	대손상각비	80,000	(대)	대손충당금	80,000

[예제 7-16] 대손 종합예제

(주)한양은 20×1년 설립기업이다. 다음 자료를 활용하여 대손에 대한 회계처리를 하세요.

(1) 20×1. 3. 25 매출채권 중 ₩10,000이 대손이 확정되었다.
(2) 20×1. 12. 31 매출채권의 잔액 ₩1,000,000 중 2%인 ₩20,000이 대손금액으로 추정되었다.
(3) 20×2. 6. 27 매출채권 중 ₩15,000이 대손이 확정되었다.
(4) 20×2. 12. 31 매출채권 잔액 ₩800,000 중 2%인 ₩16,000이 대손금액으로 추정되었다.
(5) 20×3. 7. 3 매출채권 중 ₩20,000이 대손이 확정되었다.
(6) 20×3. 12. 31 매출채권 잔액 ₩500,000 중 2%인 ₩10,000이 대손금액으로 추정되었다.
(7) 20×4. 12. 31 매출채권 잔액 ₩300,000 중 2%인 ₩6,000이 대손금액으로 추정되었다.

풀이

×1.3.25	(차)	대손상각비	10,000	(대)	매출채권	10,000
×1.12.31	(차)	대손상각비	20,000	(대)	대손충당금	20,000
×2.6.27	(차)	대손충당금	15,000	(대)	매출채권	15,000
×2.12.31	(차)	대손상각비	11,000	(대)	대손충당금	11,000
×3.7.3	(차)	대손충당금	16,000	(대)	매출채권	20,000
		대손상각비	4,000			
×3.12.31	(차)	대손상각비	10,000	(대)	대손충당금	10,000
×4.12.31	(차)	대손충당금	4,000	(대)	대손충당금환입	4,000

제6절 매입채무와 지급어음

1. 매입채무

지급채무(payables)는 기업이 타 실체에게 현금이나 재화 및 용역 등을 제공하여야 하는 의무이다. 발생 원인에 따라 구분되는데 기업의 주된 영업활동과 관련하여 발생한 외상매입금과 지급어음 등의 채무를 매입채무(trade payables)라 하며, 기업의 주된 상거래 이외의 활동과 관련된 미지급금, 차입금, 선수금 등의 미지급 채무를 기타채무라 한다.

금융부채로 분류되는 차입금과 지급채무도 취득시점 이후의 후속 측정에 있어서 상각후원가법을 적용한다. 상각후원가[2]란, 금융자산이나 금융부채의 최초인식시점의 측정금액에서 상환된 원금을 차감하고, 최초인식금액과 만기금액의 차액에 유효이자율법을 적용하여 계산된 상각누계액을 가감한 금액으로, 손상차손이나 대손상각을 인식 한 경우에는 그 금액을 차감한 금액을 말한다.

다만, 현금지급이 단기에 실현되는 자산에 대하여는 실무상 이러한 상각후원가법을 적용할 여지가 제한적이므로 본 장에서는 유동부채로 분류되는 매입채무에 대한 회계처리를 위주로 설명하기로 한다.

한편 재무상태표에 표시되는 계정을 단순화하기 위하여 공시되는 재무제표상에는 외상매출금과 받을어음을 구분하지 않고 총액을 매출채권으로 표시하고, 외상매입금과 지급어음도 구분하지 않고 총액을 매입채무로 표시하도록 규정하고 있으나, 기업 내부적으로는 순수한 외상(신용)거래와 어음거래를 구분하여 회계처리를 해야 한다.

2. 신용거래

기업이 거래처에서 외상으로 상품을 구매하였다면, 다음과 같은 회계처리를 한다.

〈계속기록법〉

(차) 상품	×××	(대) 매입채무	×××

〈실지재고조사법〉

(차) 매입	×××	(대) 매입채무	×××

2) 상각후원가를 적용하는 회계처리는 후술하는 금융자산과 금융부채에서 보다 자세히 설명하기로 한다.

[예제 7–17] 매입채무 회계처리

3월 1일 현재 매입채무의 전기(전월)이월액은 (주)중부 ₩6,000, (주)도봉 ₩4,000이 있다. 다음 (주)한양의 3월 중의 거래를 분개하시오(계속기록법으로 처리하시오).

물음

1) 3월 5일 (주)중부로부터 상품 ₩25,000을 외상으로 매입하다.
2) 3월 6일 (주)도봉으로부터 상품 ₩14,000을 외상으로 매입하다.
3) 3월 20일 (주)중부의 매입채무 중 ₩21,000을 당좌수표를 발행하여 지급하다.
4) 3월 25일 (주)도봉의 매입채무 중 ₩11,000을 현금으로 지급하다.

풀이

1)	3. 5	(차)	상품	25,000	(대)	매입채무(중부)	25,000
2)	3. 6	(차)	상품	14,000	(대)	매입채무(도봉)	14,000
3)	3.20	(차)	매입채무(중부)	21,000	(대)	당좌예금	21,000
4)	3.25	(차)	매입채무(도봉)	11,000	(대)	현금	11,000

[예제 7–18] 상황별 매입채무 금액 계산

〈예제 7–17〉에서 분개한 내용과 다음 식을 참고로 하여 3월 25일을 기준으로 (주)한양의 총계정원장 잔액을 구하시오.

기말매입채무 = 기초매입채무＋당월증가액－당월지급액

물음

1) (주)중부에 대한 매입채무
2) (주)도봉에 대한 매입채무
3) 매입채무총액

풀이

1) ₩6,000(기초)＋₩25,000(증가액)－₩21,000(지급액) = ₩10,000
2) ₩4,000(기초)＋₩14,000(증가액)－₩11,000(지급액) = ₩7,000
3) ₩10,000(중부)＋₩7,000(도봉) = ₩17,000

3. 어음거래

기업이 재화나 용역을 구입하고 약속어음을 발행하여 거래처에 지급한 경우 이를 지급어음이라 한다. 반대로 기업이 재화나 용역을 제공하고 약속어음을 받았을 경우는 받을어음이라 한다. 약속어음의 흐름은 [그림 7-3]과 같다.

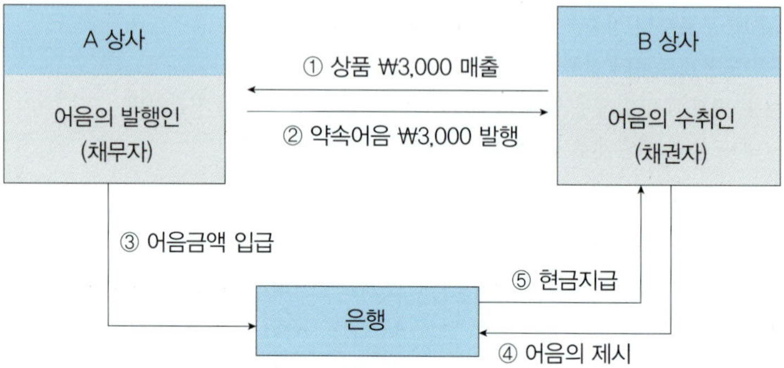

[그림 7-3] 약속어음 흐름

약속어음의 관련당사자의 관계를 표시하면 [그림 7-4]와 같다.

[그림 7-4] 약속어음의 관련 당사자

일반 상거래에서 예를 들어, 상품을 매입하고 발생한 채무를 결제하기 위하여 어음을 발행한 경우의 회계처리는 다음과 같다.

(차) 상품	×××	(대) 매입채무	×××

어음의 만기일이 되면 어음의 발행인은 어음대금은 일반적으로 당좌예금계좌에서 출금되기 때문에 당좌예금계정을 감소시키면서, 지급어음을 제거하는 회계처리를 해야 한다.

(차) 매입채무	×××	(대) 당좌예금	×××

[예제 7-19] 지급어음의 발행

(주)안산은 20×1년 5월 1일 (주)한양에게 상품 ₩240,000을 신용매입하면서 이자부 어음(6개월 만기)을 발행하여 지급하였다. 어음의 연 이자율은 10%이다(계속기록법으로 처리하시오).

풀이

(차) 상품	240,000	(대) 매입채무	240,000

[예제 7-20] 어음의 만기회수

20×1년 11월 1일 (주)안산은 어음의 액면가액 ₩240,000과 이자 ₩12,000(= ₩240,000 × 10% × 6/12)을 당좌수표를 지급하여 어음을 결제하였다.

풀이

(차) 매입채무	240,000	(대) 당좌예금	252,000
이자비용	12,000		

연·습·문·제

1. 다음의 제시되는 문장을 읽고 맞는 설명인 경우는 O, 틀린 설명인 경우는 X로 답하세요.

1) 현금 및 현금성자산에 포함되는 통화대용증권으로는 타인발행 당좌수표, 자기앞 수표, 우편환 증서 등이 있다.

2) 취득당시 만기(또는 상환일)가 3개월 이내에 도래하는 정기예금 및 정기적금은 요구불예금이 아니므로 현금 및 현금성자산에 포함되지 않는다.

3) 당좌차월이 발생하면 당좌차월 계정으로 회계처리를 하며, 보고기간 말 재무상태표에는 단기차입금 계정으로 보고한다.

4) 은행계정조정표를 통해서 조정 된 모든 사항들에 대해서 수정분개를 해야 한다.

5) K-IFRS에 따르면 외상매출금과 받을어음을 재무상태표에 인식할 때 각각의 계정 즉 외상매출금, 받을어음으로 재무상태표의 표시한다.

6) K-IFRS는 대손추정을 위하여 매 보고기간 말에 매출채권의 신용위험이 유의적으로 증가하였는지를 판단하고 미래 전망 정보를 포함하여 합리적으로 뒷받침될 수 있는 모든 정보를 고려하여 기대신용손실을 추정하는 방법인 기대신용손실법을 허용하므로, 매출채권의 대손추정은 기대신용손실법을 사용해야 한다.

7) 대손충당금은 매출채권을 차감하는 계정으로 자산을 차감시키기 때문에 대변에 기록하며 차변에는 대손상각비로 기록된다. 대손상각비는 이자비용으로 당기비용 처리한다.

8) 기말이 되면 보유중인 매출채권에 대해서 회수가능성을 평가하여 대손충당금을 설정해야 하는데, 만일 20×2년 말 현재 매출채권 ₩700,000을 보유하고 있고 충당금 설정률표 이용하여 계산된 대손충당금은 ₩90,000이며, 현재 대손충당금 ₩40,000을 보유하고 있다면, 추가로 인식해야 하는 대손충당금은 ₩50,000이다.

9) 기업은 매출채권의 회수기일이 도래하기 전에 매출채권을 양도하기도 하는데, 이때 발생하는 수수료비용은 매출채권처분손실로 인식한다.

10) 만기일에 채무자(어음금액의 지급인)가 어음금액을 결제하지 못하면 어음소지인이 제시한 어음 또는 배서양도 한 어음은 은행에서 지급거절이 되는데 이 때 지급거절 되어 부도처리 된 어음을 부도어음이라고 한다.

2. 아래의 빈칸에 알맞은 단어를 기입하세요.

1) 현금은 유동성과 거래빈도가 가장 높으며, 도난과 횡령 같은 부정이 개입되기 쉽고, 기록과정에서도 오류가 일어나기 쉬운 자산이다. 따라서 이러한 문제를 방지하기 위해서는 현금의 (　　　) 가 필요하다.

2) 당좌예금계좌에 현금을 입금하면 당좌예금 계정 (　　)에 기록하고, (　　)를 발행하게 되면 당좌예금 계정의 대변에 기록한다.

3) 회사의 당좌예금 장부 잔액과 거래은행 당좌예금 계좌 잔액이 차이가 발생했을 때 그 원인을 밝혀 장부상의 금액을 조정하는 표는 (　　)이다.

4) 은행계정조정표의 불일치 원인 중 거래처 등에서 은행에 직접 입금하여 은행측 잔액에는 정상적으로 반영되어 있지만 회사는 입금에 대한 통지를 받지 못하여 회계처리를 하지 못한 경우를 (　　)이라 한다.

5) 매출채권은 (　　)과 (　　)으로 구분된다.

6) 매출채권이 회수불가능하게 되는 것을 (　　)이라고 하며, 그 채권은 (　　)이라고 한다.

7) 회수불능 매출채권에 대한 회계처리 방법은 충당금설정법으로 회계연도 말에 회수가 불확실하다고 추정되는 금액을 예상하여 대손상각비로 인식하고 이를 (　　)으로 설정하는 방법이다.

8) 매출채권의 회수가 불가능해 지면 대손확정을 위해 회계처리를 한다. 대손이 확정된 매출채권은 (　　)과 우선 상계처리하며, 대손충당금이 부족한 경우에는 부족한 금액을 (　　)로 처리한다.

9) 매출채권의 양도를 위하여 금융기관에 일정한 수수료를 내고 매출채권을 매각하는 것을 (　　)이라고 한다.

10) 기업이 재화와 용역을 제공한 대가로서 거래처에서 약속어음을 받았을 경우에는 (　　)으로 기록하고, 반대로 어음을 발행한 거래처는 (　　)으로 기록한다.

3. 20×1년 초 (주)한국은 거래처에 상품을 판매하고 액면금액 ₩100,000인 무이자부어음(6개월 만기)을 수취하였다. (주)한국은 3개월간 해당 어음을 보유한 후 거래은행에 연 10%로 할인받았다. (주)한국이 받을어음 소유에 따른 위험과 보상의 대부분을 거래은행에 이전하였다면 받을어음 할인 시점에 인식할 매출채권처분손실은?(단, 이자는 월할 계산한다) (공무원 9급 2024년)

① ₩0　　② ₩2,500　　③ ₩3,000　　④ ₩5,000

4. (주)한국은 보유 중인 매출채권 중 회수가 어려울 것으로 예상되는 금액을 회계기간 말에 추정하여 대손충당금을 설정하고 있다. (주)한국이 기말에 인식하여야 할 대손과 관련된 회계처리를 누락한 경우, 재무제표에 미치는 영향으로 옳은 것은?(단, 대손충당금 기초잔액은 없다) (공무원 9급 2024년)

① 당기순이익의 과소계상

② 매출채권의 과소계상

③ 대손충당금의 과소계상

④ 대손상각비 과대계상

5. (주)한국의 2018년 12월 31일 결산일 현재 다음의 현금 및 예금 등의 자료를 이용할 때, 2018년 재무상태표에 보고할 현금및현금성자산 금액은?(공무원 9급 2019년)

• 현금	₩30,000
• 우편환증서	₩100,000
• 우표와 수입인지	₩20,000
• 은행발행 자기앞수표	₩20,000
• 보통예금(사용제한 없음)	₩10,000
• 정기적금(만기 2022년 1월 31일)	₩200,000
• 당좌차월	₩50,000
• 당좌개설보증금	₩80,000
• 환매조건부 채권 (2018년 12월 1일 취득, 만기 2019년 1월 31일)	₩300,000

① ₩360,000 ② ₩440,000 ③ ₩460,000 ④ ₩660,000

6. (주)한국은 모든 매출이 외상으로 발생하는 회사이다. 당기 총매출액은 ₩800,000이며, 매출채권으로부터 회수한 현금유입액은 ₩600,000이다. 다음의 당기 매출채권 관련 자료를 사용하여 (주)한국이 인식할 당기 손상차손(대손상각비)은?(공무원 9급 2021년)

	기초	기말
매출채권	₩500,000	₩450,000
손실충당금(대손충당금)	₩50,000	₩50,000

① ₩250,000 ② ₩350,000 ③ ₩450,000 ④ ₩550,000

7. 기말재무상태표에 현금및현금성자산으로 보고될 금액은?(공무원 9급 2022년)

• 우표	₩4,000	• 당좌차월	₩50,000
• 당좌예금	₩10,000	• 타인발행 수표	₩20,000
• 지폐와 주화	₩12,000	• 우편환증서	₩5,000
• 수입인지	₩8,000	• 환매채(취득 당시 60일 이내 환매조건)	₩40,000
• 보통예금	₩16,000		

① ₩98,000 ② ₩103,000 ③ ₩116,000 ④ ₩166,000

8. **(주)한국은 고객에게 60일을 신용기간으로 외상매출을 하고 있으며, 연령분석법을 사용하여 기대신용손실을 산정하고 있다. 2017년 말 현재 (주)한국은 매출채권의 기대신용손실을 산정하기 위해 다음과 같은 충당금설정률표를 작성하였다. 2017년 말 매출채권에 대한손실충당금(대손충당금) 대변잔액 ₩20,000이 있을 때, 결산 시 인식할 손상차손(대손상각비)은?(공무원 9급 2018년)**

구분	매출채권금액	기대신용손실률
신용기간 이내	₩1,000,000	1.0%
1~30일 연체	₩400,000	4.0%
31~60일 연체	₩200,000	20.0%
60일 초과 연체	₩100,000	30.0%

① ₩66,000　② ₩76,000　③ ₩86,000　④ ₩96,000

9. **다음 자료를 이용하여 계산한 현금및현금성자산은?(감정평가사 1차 2012년)**

보관중인 현금	₩100	받을어음	₩400
요구불예금	200	선급금	500
자기앞수표	600	우편환증서	300

① ₩100　② ₩300　③ ₩700
④ ₩900　⑤ ₩1,200

10. **(주)감평은 20x1년 12월 31일 주거래은행으로부터 당좌예금잔액증명서상 잔액이 ₩7,810,000이라는 통지를 받았으나, 회사의 12월 31일 현재 총계정원장상 당좌예금 잔액과 불일치하였다. (주)감평이 이러한 불일치의 원인을 조사한 결과 다음과 같은 사항을 발견하였다. 이들 자료를 활용하여 (주)감평의 수정전 당좌예금계정 잔액(A)과 수정후 재무상태표에 당좌예금으로 계상할 금액(B)은?(감정평가사 1차 2019년)**

- (주)감평이 발행하고 인출 기록한 수표 ₩2,100,000이 은행에서 아직 지급되지 않았다.
- 매출거래처로부터 받아 예금한 수표 ₩1,500,000이 부도 처리되었으나, (주)감평의 장부에 기록되지 않았다.
- 주거래은행에 추심의뢰한 받을어음 ₩500,000이 (주)감평의 당좌예금 계좌로 입금 처리되었으나, 통보받지 못하였다.
- 지난 달 주거래은행에 현금 ₩190,000을 당좌예입하면서 회계직원의 실수로 장부상 ₩910,000으로 잘못 기장된 것이 확인되었다.

① A: ₩5,990,000　　B: ₩5,210,000

② A: ₩5,990,000　　B: ₩5,710,000

③ A: ₩7,430,000　　B: ₩5,710,000

④ A: ₩7,430,000　　B: ₩6,430,000

⑤ A: ₩9,530,000　　B: ₩7,310,000

11. (주)한국은 결산을 앞두고 당좌예금의 계정 잔액을 조정하기 위해 은행에 예금 잔액을 조회한 결과 20×1년 12월 31일 잔액은 ₩125,400이라는 회신을 받았다. (주)한국의 당좌예금 장부상의 수정전 잔액은 ₩149,400이다. (주)한국의 내부감사인은 차이의 원인에 대해 분석하였고, 다음과 같은 사실을 확인하였다.

- (주)한국이 20×1년 12월 31일에 입금한 ₩50,000이 은행에서는 20×2년 1월 4일자로 입금 처리되었다.
- (주)한국이 발행한 수표 중에서 20×1년 12월 3일에 발행한 수표(no. 164) ₩20,000이 아직 인출되지 않았다.
- (주)한국이 발행한 수표(no. 173)의 발행액은 ₩21,000이었으나 회계담당자가 이를 ₩12,000으로 잘못 기록하였다.
- (주)한국이 발행한 수표(no. 182) ₩15,000을 은행의 착오로 다른 기업의 계좌에서 출금처리하였다.

위 자료를 이용할 때 20×1년 말 (주)한국의 수정후 당좌예금 잔액은?(감정평가사 1차 2014년)

① ₩134,400　　② ₩140,400　　③ ₩158,400

④ ₩168,400　　⑤ ₩171,400

12. (주)광화문은 20×3년 12월 24일 자금담당 직원이 은행에서 회사자금을 인출하여 횡령하고 잠적한 사건이 발생하였다. 12월 24일 현재 회사 장부상 당좌예금계정 잔액을 검토한 결과 ₩76,000으로 확인되었다. 그리고 동 일자의 은행 예금잔액증명서상 금액은 ₩40,000으로 확인되었다. 회사측 잔액과 은행측 잔액이 차이가 나는 이유를 조사한 결과는 다음과 같았다. 아래의 자료 이외에는 차이가 날 이유가 없다면 자금담당 직원이 횡령한 것으로 의심되는 금액은 얼마인가?(관세사 1차 2013년)

- (주)광화문이 ₩50,000을 입금하였으나 예금잔액증명서에는 반영되지 않았다.
- 은행에서 수수료 ₩10,000을 인출하였으나 (주)광화문에서는 이를 반영하지 못하고 있었다.
- (주)광화문에서 당좌수표 ₩40,000을 발행하였으나 아직 은행에 제시되지 않았다.
- 매출거래처는 통보하지 않고 (주)광화문의 당좌예금계좌에 외상대금 ₩16,000을 송금하였다.
- 은행은 (주)을지로의 발행수표 ₩12,000을 실수로 (주)광화문의 당좌예금계좌에서 인출하여 지급하였다.

① ₩4,000 ② ₩8,000 ③ ₩20,000
④ ₩36,000 ⑤ ₩42,000

13. 20×1년 1월 1일 (주)한국은 이자부 받을어음 ₩1,000,000(만기 9개월, 표시이자율 연 10%)을 거래처로부터 수취하였다. 20×1년 7월 1일 (주)대한은행에서 연 12%로 할인하였다. 동 할인이 제거요건을 충족하는 경우, 매출채권처분손실은? (단, 이자는 월할 계산한다)(감정평가사 1차 2013년)

① ₩1,875 ② ₩5,000 ③ ₩7,250
④ ₩17,250 ⑤ ₩32,250

14. (주)분당은 상품을 판매하고 액면금액 ₩3,000,000, 만기 120일, 이자율 연 8%인 이자부 어음을 수취하였다. (주)분당은 이 어음을 30일간 보유하다가 현금을 확보하기 위해서 은행에서 연 12% 이자율로 할인하였다. 해당 어음할인이 금융자산 제거조건을 충족한다면, (주)분당이 인식해야할 매출채권처분손실은 얼마인가? (단, 1년은 360일로 가정하며, 이자는 일할계산한다)(관세사 1차 2013년)

① ₩20,000 ② ₩32,400 ③ ₩72,400
④ ₩80,000 ⑤ ₩92,400

15. 다음을 회계 처리하시오.

1) 4월 1일 상품 ₩10,000을 외상으로 매입하다.

2) 4월 5일 위의 상품 전부를 ₩13,000에 판매하고 ₩8,000은 수표로 받고 잔액은 외상으로 하다.

3) 4월 10일, 4월 1일의 매입채무 ₩10,000 중 ₩5,000을 당좌수표를 발행하여 갚다.

4) 4월 15일, 4월 5일의 매출채권 중 ₩4,000을 현금으로 받다.

5) 4월 20일 영업을 마치고 현금 시재액을 세어 보니까 ₩1,050이었고 현금출납장의 현금잔액은 ₩1,100임을 발견하다.

6) 4월 21일, 4월 20일의 현금과부족의 원인은 H사원의 교통비지급의 기장누락이었다.

16. 회사의 결산일인 12월 31일 현재 회사장부상의 당좌예금잔액이 ₩52,590이었으나 거래은행의 당좌예금잔액증명서의 금액은 ₩63,850이었다. 그 원인을 조사한 결과는 다음과 같았다. 회사측의 회계처리를 하시오.

1) 12월 30일 매입채무 ₩8,000을 변제하기 위하여 거래처에 수표발행 지급하였으나 거래처가 결산일까지 찾아가지 않았다.

2) 은행에서 공제한 이자비용과 수수료 ₩300을 회사측에서는 미기입하다.

3) 당사의 매출거래처가 12월 30일 ₩3,560을 송금하였으나 연락을 하지 않아 회사에서는 미기입된 상태로 있다.

17. 은행에서 어음할인 한 경우 다음을 회계 처리하시오.

1) 거래처로부터 받은 받을어음 ₩10,000을 만기 1개월 전에 대동은행에서 할인하고 이자비용 ₩100(할인율 연 12%)을 차감하고 현금수령하다.

2) 위의 할인한 약속어음이 만기일에 무사히 결제되다.

3) 위의 할인한 약속어음이 만기일에 부도처리되어 대동은행에 당좌수표 ₩10,000을 발행하여 지급하다.

18. 다음 일련의 거래를 회계 처리하시오.

1) (주)인천에 대한 매입채무를 갚기 위하여 거래처로부터 받은 ₩10,000의 매출채권(받을어음)을 배서양도하다.

2) 위의 어음이 결제일에 무사히 결제되다.

3) 위의 어음이 결제일에 부도처리되어 (주)인천에 당좌수표 ₩10,000을 발행하여 지급하다.

19. 다음 거래를 회계 처리하시오.

거래처로부터 받은 ₩30,000의 매출채권(받을어음)이 만기가 되어 지급은행에 제시하였으나 지급거절되다.

20. 다음을 회계 처리하시오.

1) (주)우성은 20×1년도 결산일에 매출채권 잔액 ₩55,000의 2%를 대손추정 하다(단, 대손충당금잔액이 ₩900 있음).

2) (주)화성은 20×1년 2월 10일 전기발생 매출채권 중 ₩400이 대손확정되다(단, 대손충당금 잔액이 ₩1,100 있음).

3) (주)삼양은 20×1년 5월 10일 전기발생 매출채권 중 ₩900이 대손확정되다(단, 대손충당금 잔액이 ₩700 있음).

4) (주)반포는 20×1년도 결산일에 매출채권 잔액 ₩80,000의 2%를 대손추정하다(단, 대손충당금 잔액은 없음).

21. **다음은 20×1년 12월 31일 총계정원장 잔액을 가지고 작성한 잔액시산표이다.**

잔액시산표

현금	12,010	매입채무	4,900
매출채권	25,000	대손충당금	100
기계장치	30,000	단기차입금	10,000
상품	1,000	미지급법인세	400
매입	6,000	자본금	50,000
급여	1,000	매출	10,000
이자비용	100	이자수익	110
법인세비용	400		
	75,510		75,510

결산시 다음과 같은 수정을 요하는 사항이 발견되었다. 수정분개를 표시하고 계정식 재무상태표와 포괄손익계산서를 작성하시오.

(1) 기말재고는 ₩2,500이다.

(2) 실사법에 의한 재고는 ₩1,800이다(차이의 ₩400은 정상감모, ₩300은 비정상감모로 처리하시오).

(3) 재고자산의 순실현가치는 ₩1,500이다.

(4) 대손추정액은 매출채권의 2%로 설정되었다.

22. **다음은 (주)한양의 제3기 수정전 잔액 시산표와 기말 정리사항이다. 이를 참조하여 결산수정분개를 하시오.**

수정전 잔액 시산표

잔 액	계 정	잔 액
3,600	현금	
2,000	매출채권	
	대손충당금	50
3,000	FVPL금융자산	
500	상품	
2,200	매입	
5,000	기계장치	
	감가상각누계액	1,000
900	개발비	
	매입채무	1,500
	차입금	2,000
	퇴직급여충당부채	500
	자본금	5,000
	매출	8,550
400	이자비용	
1,000	급여	
18,600		18,600

〈기말정리 사항〉

1) 회사는 재고자산의 수량은 실지재고조사법을 채택하고 있는데 내부통제목적으로 재고장을 기록하고 있다. 장부상 장부재고 ₩800으로 그 구성은 다음과 같다.

구분	수량	단가	금액
A상품	100	₩2	200
B상품	150	₩4	600

2) 12월 31일 창고에 기말상품의 실지재고는 ₩600이고 그 구성은 다음과 같으며 장부재고와 실지재고와의 차이를 조사한 결과 A상품은 천재지변에 의하여 소실되었으며, B상품은 창고관리인의 부주의로 인하여 소실된 것으로 판명되었다.

구분	수량	단가	금액
A상품	60	₩2	120
B상품	120	₩4	480

3) 기말상품의 원가와 순실현가치는 다음과 같다.

구분	수량	원가	순실현가치
A상품	60	₩2	₩3
B상품	120	₩4	₩3

4) 대손추정은 매출채권 잔액의 2%로 설정하였다.

8

CHAPTER

유형자산

유형자산은 재화나 용역의 생산이나 제공, 타인에 대한 임대 또는 관리활동에 사용할 목적으로 보유하는 물리적 형태가 있는 자산으로서 한 회계기간을 초과하여 사용할 것이 예상되는 자산을 의미한다. 유형자산으로 인식되기 위해서는 자산으로부터 발생하는 미래경제적효익이 기업에 유입될 가능성이 높으며, 자산의 원가를 신뢰성 있게 측정할 수 있어야 한다. 유형자산이 인식될 때에는 원가로 측정된다. 본 장에서는 유형자산의 인식 및 제거, 보유 중에 일어나는 지출과 기말에 일어나는 감가상각, 손상 및 재평가에 대한 회계처리를 설명한다.

제1절 유형자산의 의의 및 인식

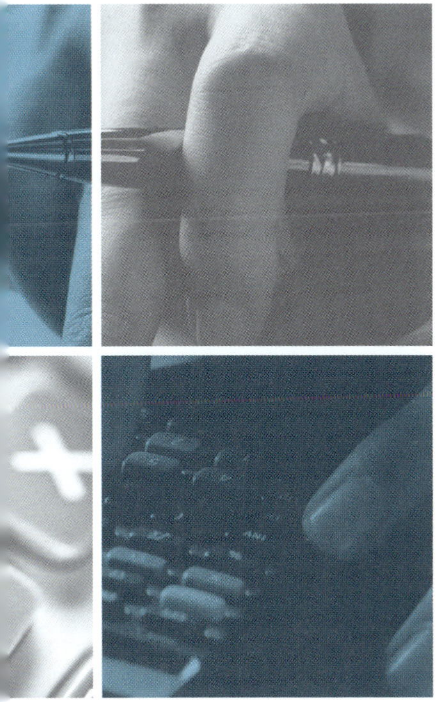

1. 유형자산의 의의

유형자산은 재화나 용역의 생산이나 제공, 타인에 대한 임대 또는 관리 활동에 사용할 목적으로 보유하는 물리적 형태가 있는 자산으로서 한 회계기간을 초과하여 사용할 것이 예상되는 자산을 의미한다. 유형자산으로 인식되기 위해서는 자산으로부터 발생하는 미래경제적효익이 기업에 유입될 가능성이 높으며, 자산의 원가를 신뢰성 있게 측정할 수 있어야 한다. 유형자산이 인식될 때에는 원가로 측정된다.

유형자산의 유형은 기업의 영업에서 특성과 용도가 비슷한 자산의 집합으로 다음은 개별 유형의 예이다.

(1) 토지
(2) 건물
(3) 기계장치
(4) 선박
(5) 항공기
(6) 차량운반구
(7) 집기
(8) 사무용비품
(9) 생산용식물
(10) 건설중인 자산

2. 유형자산의 취득원가

유형자산이 인식될 때에는 원가로 측정되는데, 원가란 자산을 취득하기 위하여 자산의 취득시점이나 건설시점에서 지급한 현금 또는 현금성자산이나 제공한 기타 대가의 공정가치이다.

취득원가는 유형자산을 매입하거나 건설할 때 최초로 드는 원가뿐만 아니라 후속적으로 유형자산을 의도된 목적에 사용가능 한 상태로 만들 때까지 소요된 모든 지출이 포함된다. 예를 들어 기계장치를 구입했다면, 취득원가는 기계장치 구입가격에 사용할 장소로 운반하고 설치되는 운송비와 시운전비가 기계장치의 취득원가에 포함된다.

토지의 경우 토지 취득 당시 낡은 건물이 딸려 있었는데 토지를 사용하기 위하여 이 건물을 철거해야 한다면 건물 철거에 소요되는 비용 역시 토지의 취득원가에 포함된다.

유형자산의 취득원가 = 구입가격 + 취득부대비용

[예제 8-1] 유형자산 회계처리

다음을 회계처리 하세요.

물음

1) 토지(100평, 평당 ₩1,000)를 구입하고 대금 ₩100,000은 부동산중개소의 수수료 ₩500과 함께 현금으로 지급하다.
2) 위의 토지에 대한 등기이전료 ₩2,100, 취득세 ₩1,400, 토지정리비용 ₩500을 현금으로 지급하다.
3) 건물을 신축하기로 하고 설계비용 ₩5,000과 도급금 ₩300,000 중 착수금 ₩50,000을 현금으로 지급하다.
4) 건물이 완공되어 공사도급금 중 최종금액 ₩50,000을 현금으로 지급하다. 건설중인 자산 ₩255,000은 이미 계상되어 있다고 가정한다.

풀이

	차변	금액	대변	금액
1)	(차) 토지	₩100,500	(대) 현금	₩100,500
2)	(차) 토지	₩4,000	(대) 현금	₩4,000
3)	(차) 건설중인 자산	₩55,000	(대) 현금	₩55,000
4)	(차) 건물	₩305,000	(대) 건설중인 자산	₩255,000
			현금	50,000

제2절 유형자산의 감가상각

1. 감가상각의 의의

유형자산은 사용 또는 시간의 경과, 진부화 및 부적응 등의 이유로 해당 자산의 가치감소 또는 원가의 소멸이 발생하게 되는데 이와 같은 자산원가의 소멸 등을 수익과 대응시키기 위해서 합리적이고 체계적으로 자산원가를 배분하는 과정을 감가상각(depreciation)이라고 한다. 유형자산의 감가상각은 자산이 사용가능한 때부터 시작한다. 즉, 경영진이 의도하는 방식으로 자산을 가동하는 데 필요한 장소와 상태에 이른 때부터 시작한다.

유형자산의 감가상각대상금액은 내용연수에 걸쳐 체계적인 방법으로 배분한다. 감가상각의 대상은 모든 유형자산이 대상이 된다. 그러나 자산의 소멸 인정이 곤란한 토지와 건설 중인 자산은 제외된다.

한편, 감가상각의 발생원인으로는 물리적 원인과 기능적 원인으로 구분할 수 있다. 물리적 원인이란 감가상각의 대상자산이 영업활동과정에서 사용되거나 또는 시일이 경과함에 따라 해당 자산의 용역잠재력을 감소시키고 결국에는 수명의 단축을 초래하는 마모, 파손, 부식 등을 의미한다. 기능적 원인이란 물리적인 마모와 파손 등과는 관계없이 기업의 규모나 환경의 변화 또는 해당 자산에 대한 새로운 발명이나 신기술의 발전으로 인하여 유형자산이 진부화(구식화)되거나 계속적인 사용이 부적절한 경우 등을 의미한다.

2. 감가상각비의 계산요소

감가상각비의 계산과 관련된 요소에는 취득원가, 잔존가치, 내용연수, 감가상각대상금액, 감가상각방법이 포함되어 있다. 잔존가치는 자산이 이미 오래되어 내용연수 종료시점에 도달하였다는 가정 하에 자산의 처분으로부터 현재 획득할 금액에서 추정 처분부대원가를 차감한 금액의 추정치이다. 내용연수는 기업이 자산을 사용할 수 있을 것으로 예상하는 기간이나 자산에서 얻을 것으로 예상하는 생산량 또는 이와 비슷한 단위 수량이다. 감가상각대상금액은 유형자산의 취득원가에서 잔존가치를 차감한 금액이다. 감가상각방법은 유형자산의 미래 경제적효익의 예상 소비형태를 반영하는 방법이다.

유형자산은 감가상각을 통해 가치의 감소를 인식하는데, 가치가 감소되면 기초 장부가액과 기말 장부가액은 차이가 나게 된다. 즉, 기말 장부가액은 기초 장부가액에서 감가상각비를 차감하여 계산하거나, 취득원가에서 감가상각누계액을 차감하여 계산한다. 이렇게 산출된 장부가액이 기말 장부가액으로 기말 재무상태표에 반영된다.

3. 감가상각방법

유형자산의 감가상각방법은 자산의 미래경제적효익이 소비될 것으로 예상되는 형태를 반영한다. 유형자산의 감가상각대상금액을 내용연수 동안 체계적으로 배부하기 위해 다양한 방법을 사용할 수 있다. 이러한 감가상각방법에는 정액법, 체감잔액법과 생산량비례법이 있다. 정액법은 잔존가치가 변동하지 않는다고 가정할 때 자산의 내용연수 동안 매 기간 일정액의 감가상각액을 계상하는 방법이다. 체감잔액법은 자산의 내용연수 동안 감가상각액이 매 기간 감소하는 방법이다. 생산량비례법은 자산의 예상조업도 또는 예상생산량에 기초하여 감가상각액을 계상하는 방법이다. 감가상각방법은 해당 자산에 내재되어 있는 미래경제적효익의 예상 소비형태를 가장 잘 반영하는 방법을 선택하고, 예상 소비형태가 달라지지 않는 한 매 회계기간에 일관성 있게 적용한다.

(주)한양의 20X1년 1월 1일 구입한 기계의 자료를 사용하여 다음에 제시되는 감가상각방법을 설명하고자 한다.

취득원가 ₩ 100,000
잔존가치 ₩ 10,000
내용연수(기간) 3년
내용연수(사용시간) 60,000시간

1) 정액법

정액법은 감가상각대상금액을 자산의 내용연수 동안에 매기 균등하게 배분하여 상각하는 방법이다. 정액법에 의한 연감가상각비의 계산을 식으로 표시하면 다음과 같다.

감가상각비 = 감가상각대상금액 ÷ 내용연수
= (취득원가 − 잔존가치) ÷ 내용연수

(주)한양의 1차년도 감가상각비를 계산하면 다음과 같다.
1차년도 감가상각비 = (100,000−10,000) ÷ 3
= ₩30,000

(주)한양의 연도별 기계의 감가상각비, 감가상각누계액, 장부금액은 다음과 같다. 감가상각비는 매 기간 ₩30,000으로 일정하게 유지되고 있으며, 내용연수가 모두 경과한 시점(3차년도말)의 장부금액은 잔존가치인 ₩10,000으로 확인된다.

연도	기초 장부금액	연간감가상각비	감가상각누계액	기말 장부금액
1	₩100,000	(100,000−10,000)÷ 3 = 30,000	₩30,000	₩70,000
2	70,000	(100,000−10,000)÷ 3 = 30,000	60,000	40,000
3	40,000	(100,000−10,000)÷ 3 = 30,000	90,000	10,000
합계		90,000		

[예제 8-2] 감가상각비 계산 – 정액법

다음 자료에 의하여 정액법에 의한 연간 감가상각비를 계산하시오.

취득시기 : 20×1년 1월 1일
취득원가 : ₩ 60,000
잔존가치 : ₩ 0
내용연수(기간) : 5년

풀이

연간감가상각비 = ₩60,000/5 = ₩12,000

연도	기초 장부금액	연간 감가상각비	감가상각누계액	기말 장부금액
1	₩60,000	60,000÷ 5 = 12,000	₩12,000	₩48,000
2	48,000	60,000÷ 5 = 12,000	24,000	36,000
3	36,000	60,000÷ 5 = 12,000	36,000	24,000
4	24,000	60,000÷ 5 = 12,000	48,000	12,000
5	12,000	60,000÷ 5 = 12,000	60,000	0
합계		60,000		

2) 체감잔액법

체감잔액법은 유형자산의 내용연수 초기에 감가상각비가 많이 계상되고 기간이 경과함에 따라 감가상각비가 줄어드는 방법으로 정률법과 연수합계법 등이 있다.

(1) 정률법

정률법은 유형자산의 연초의 장부가액에 일정한 상각률(정률)을 곱하여 연감가상각비를 계산하는 방법이다. 연초의 장부가액은 취득원가에서 전년말까지의 감가상각누계액을 차감하여 계산한다. 이를 식으로 표시하면 다음과 같다.

$$\text{감가상각비} = \text{연초 장부가액} \times \text{상각률}$$
$$= (\text{취득원가} - \text{전년 말까지의 감가상각누계액}) \times \text{상각률}$$

$$\text{상각률} = 1 - \sqrt[n]{\frac{\text{잔존가치}}{\text{취득원가}}}$$

(n = 내용연수)

(주)한양의 1차년도 감가상각비를 계산하면 다음과 같다.

$$\text{상각률} = 1 - \sqrt[3]{\frac{10,000}{100,000}} = 0.5$$ [1)]

$$\text{1차년도 감가상각비} = 100,000 \times 0.5$$
$$= ₩50,000$$

(주)한양의 연도별 기계의 감가상각비, 감가상각누계액, 장부금액은 다음과 같다. 감가상각비를 계산하기 위한 상각률이 매 기간 0.5로 일정하다.

연도	기초 장부금액	연간감가상각비	감가상각누계액	기말 장부금액
1	100,000	100,000×0.5=50,000	50,000	50,000
2	50,000	50,000×0.5=25,000	75,000	25,000
3	25,000	25,000−10,000=15,000	90,000	10,000
합계		90,000		

정률법을 이용할 경우 마지막 연도의 감가상각비는 상각률을 적용하는 대신에 '연초 장부금액 − 잔존가치'로 계산하여 마지막 연도의 장부금액과 잔존가치를 일치시킨다. 감가상각

1) $\text{상각률} = 1 - \sqrt[3]{\frac{10,000}{100,000}} = 0.5358$ 이지만, 계산의 편의를 위하여 둘째자리에서 반올림하여 사용하기로 한다.

비는 초기연도에서 후기연도로 갈수록 금액이 점차 작아지고 있다. 이는 상각률은 매년 0.5로 동일하지만, 연초의 장부금액이 매년 작아지고 있어서 나타나는 현상이며, 이렇게 초기에 더 많은 금액을 상각하는 방법이어서 체감잔액법이라 한다.

[예제 8-3] 감가상각비 계산 – 정률법

다음 자료에 의하여 정률법에 의한 연간 감가상각비를 계산하시오.

취득시기 : 20×1년 1월 1일
기계의 취득원가 : ₩60,000
잔존가치 : ₩3,000
내용연수 : 5년
상각률 : 45%[2)]

풀이

1차년도 감가상각비 = 60,000 × 0.45 = ₩27,000

연도	기초 장부금액	연간감가상각비	감가상각누계액	기말 장부금액
1	₩60,000	60,000×0.45 = 27,000	₩27,000	₩33,000
2	33,000	33,000×0.45 = 14,850	41,850	18,150
3	18,150	18,150×0.45 = 8,168	50,018	9,982
4	9,982	9,982×0.45 = 4,492	54,510	5,490
5	5,490	5,490−3,000 = 2,490	57,000	3,000
합계		60,000		

(2) 연수합계법

연수합계법(sum–of–years'–digits method)은 감가상각대상금액에 그 연도의 상각률을 곱하여 감가상각비를 계산한다. 연수합계법과 정률법의 차이는 상각률에서 나타나는데 정률법의 상각률은 매 기간 같은 크기의 상각률을 사용하지만, 연수합계법의 상각률은 매 기간 감소하여 감가상각비가 체감된다. 연수합계법의 상각률을 계산 시 내용연수가 3년인 경우, 연수합계는 6(1+2+3)이며, 1차 연도의 상각률은 3/6, 2차 연도의 상각률은 2/6, 3차 연도의 상각률은 1/6이다. 연수합계법의 계산방법을 식으로 나타내면 다음과 같다.

2) 상각률 = $1 - \sqrt[5]{\frac{3,000}{60,000}} = 0.4507$ 이지만, 계산의 편의를 위하여 셋째자리에서 반올림하여 사용하기로 한다.

$$감가상각비 = 감가상각대상금액 \times 상각률$$
$$= 감가상각대상금액 \times \frac{잔존연수}{연수합계}$$

(주)한양의 1차년도 감가상각비를 계산하면 다음과 같다.

$$1차년도\ 감가상각비 = (100{,}000 - 10{,}000) \times \frac{3}{6}$$
$$= ₩45{,}000$$

(주)한양의 연도별 기계의 감가상각비, 감가상각누계액, 장부금액은 다음과 같다. 내용연수가 3년이므로 연수합계는 6(1+2+3)이며 이는 상각률의 분모에 사용된다.

연도	기초 장부금액	연간감가상각비	감가상각누계액	기말 장부금액
1	₩100,000	(100,000−10,000)×(3/6) = 45,000	₩45,000	₩55,000
2	55,000	(100,000−10,000)×(2/6) = 30,000	75,000	25,000
3	25,000	(100,000−10,000)×(1/6) = 15,000	90,000	10,000
합계		90,000		

연수합계법 역시 감가상각비가 초기연도에서 후기연도로 갈수록 금액이 점차 작아지고 있다. 감가상각대상금액은 매년 동일하지만, 상각률이 3/6, 2/6, 1/6로 매년 작아지기 때문에 연간감가상각비가 점차 작아지는 것이다.

[예제 8-4] 감가상각비 계산 – 연수합계법

다음 자료에 의하여 연수합계법에 의한 연간 감가상각비를 계산하시오.

취득시기 : 20×1년 1월 1일
기계의 취득원가 : ₩60,000
잔존가치 : ₩0
내용연수 : 5년

풀이

내용연수의 합계 = 1+2+3+4+5 = 15

연도	기초 장부금액	연간감가상각비	감가상각누계액	기말 장부금액
1	₩60,000	60,000×(5/15) = 20,000	₩20,000	₩40,000
2	60,000	60,000×(4/15) = 16,000	36,000	24,000
3	60,000	60,000×(3/15) = 12,000	48,000	12,000
4	60,000	60,000×(2/15) = 8,000	56,000	4,000
5	60,000	60,000×(1/15) = 4,000	60,000	0
합계		90,000		

3) 생산량비례법

생산량비례법(units of production method)은 유형자산의 미래경제적효익의 감소가 기간의 경과에 의해 계산하는 것이 아니라 총생산량이나 사용량에 의해서 감가상가비를 계산하는 방법이다. 생산량비례법은 내용연수 동안의 총생산량(총사용량)을 추정하여하여 감가상각대상금액을 총생산량(총사용량)으로 나누어 단위당 감가상각비를 계산한 뒤, 당해 연도의 생산량(사용량)을 곱하여 연간 감가상각비를 계산한다.

$$\text{감가상각비} = \text{단위당 감가상각비} \times \text{당기 생산량(사용량)}$$

$$= \frac{\text{감가상각대상금액}}{\text{총 생산량(총사용량)}} \times \text{당기 생산량(사용량)}$$

(주)한양이 보유한 기계의 내용연수 동안의 기계 사용량은 1차년도와 2차년도 각각 15,000시간, 3차년도 30,000시간이라고 가정하고 1차년도 감가상각비를 계산하면 다음과 같다.

$$\text{1차년도 감가상각비} = \frac{100,000 - 10,000}{60,000} \times 15,000$$

$$= ₩22,500$$

(주)한양의 연도별 기계의 감가상각비, 감가상각누계액, 장부금액은 다음과 같다.

연도	기초 장부금액	연간감가상각비	감가상각누계액	기말 장부금액
1	100,000	(100,000−10,000)÷60,000×15,000 = 22,500	22,500	77,500
2	77,500	(100,000−10,000)÷60,000×15,000 = 22,500	45,000	55,000
3	40,000	(100,000−10,000)÷60,000×30,000 = 45,000	30,000	10,000
합계		90,000		

생산량비례법으로 계산되는 연간감가상각비는 당해 연도의 실제 생산량(사용량)에 의해 크기가 결정된다. 당해 연도의 실제 생산량(사용량)이 많으면 감가상각비가 크게 계산되고, 당해 연도의 실제 생산량(사용량)이 작으면 감가상각비는 작게 계산된다.

[예제 8-5] 감가상각비 계산 – 생산량비례법

다음 자료에 의하여 생산량비례법에 의한 연간 감가상각비를 계산하시오.

취득시기 : 20×1년 6월 1일
기계의 취득원가 : ₩60,000
잔존가치 : ₩0
추정총기계시간(생산량) : 100,000시간(100,000톤)
당해 연도 실제기계사용시간(생산량) : 20,000시간(20,000톤)

풀이

연간 감가상각비 = 60,000 ÷ 100,000 × 20,000 = 12,000

4) 회계기간 중의 유형자산의 취득

앞에서 여러 가지 감가상각방법을 이용하여 유형자산의 감가상각비를 계산할 때 계산의 편의상 모든 유형자산의 취득 시기를 기초, 즉 1월 1일로 가정하여 유형자산의 감가상각처리 방법을 학습하였다. 그러나 기업에서 유형자산을 취득할 때 항상 1월1일에 취득하는 일은 드물 것이다. 즉 유형자산은 회계기간 중에 어느 때라도 취득하게 될 것이며, 유형자산을 취득하여 사용하게 되면, 유형자산의 감가상각처리를 해야 할 것이다.

회계기간 중에 취득한 유형자산의 감가상각비를 인식하기 위해서는 사용한 기간에 배분하여 감가상각비를 인식하면 되는데 사용 기간을 일별로 계산할 수도 있고, 월별로 계산할 수도 있다. 계산의 편의로 인하여 사용 기간을 월별로 계산하는 월할상각이 널리 사용된다. 월할상각은 유형자산을 구입한 월부터 감가상각을 시작하는 방법으로 연 단위 감가상각비를 산출한 다음 12개월 중 사용한 기간에 배분하여 감가상각비를 산출하게 된다.

가령 유형자산을 X1년 4월 5일에 취득하였고, 연 단위 감가상각비가 1,200원이라고 가정을 하면, X1년 유형자산을 사용한 기간은 4월부터 12월까지 총 9개월이 된다. 따라서 X1년에 인식해야 하는 감가상각비는 ₩900(=1,200×(9/12))이 된다.

4. 감가상각의 회계처리

1) 감가상각의 회계처리

감가상각의 회계처리는 감가상각누계액을 사용하여 회계처리한다. 대변에 계상되는 감가상각누계액은 유형자산을 차감하는 평가계정이다.

(차) 감가상각비	×××	(대) 감가상각누계액	×××

유형자산을 직접차감하지 않고 감가상각누계액을 사용하여 간접차감하는 이유는 기업이 재무제표이용자들에게 보다 많은 정보를 제공할 수 있기 때문이다.

(주)한양의 20X1년 1월 1일 구입한 건물의 자료를 사용하여 취득시점의 유형자산 취득 시 회계처리와 내용연수 동안의 감가상각의 회계처리에 대해서 소개하고자 한다.

취득원가	₩ 100,000
잔존가치	₩ 10,000
내용연수(기간)	3년
내용연수(사용시간)	60,000시간
감가상각방법	정액법

취득시

(주)한양의 20X1년 1월 1일 현금을 지급하여 건물을 구입하였다.

(차) 건물	100,000	(대) 현금	100,000

연도별 감가상각비

(주)한양은 정액법을 사용하므로 매년도 감가상각비는 30,000으로 동일하다.

1차년도

(차) 감가상각비	30,000	(대) 감가상각누계액	30,000

2차년도

(차) 감가상각비	30,000	(대) 감가상각누계액	30,000

3차년도

(차) 감가상각비	30,000	(대) 감가상각누계액	30,000

위의 건물 감가상가비 회계처리가 매 년도의 재무상태표와 손익계산서에 미친 영향을 확인하기 위하여 재무상태표와 손익계산서의 일부분을 제시하면 다음과 같다.

재무상태표

(주)한양		1차 연도 말
유형자산		
건물	100,000	
감가상각누계액	(30,000)	
	70,000	

포괄손익계산서

(주)한양		1차 연도
판매비와 관리비		
감가상각비	30,000	

재무상태표

(주)한양		2차 연도 말
유형자산		
건물	100,000	
감가상각누계액	(60,000)	
	40,000	

포괄손익계산서

(주)한양		2차 연도
판매비와 관리비		
감가상각비	30,000	

재무상태표

(주)한양		3차 연도 말
유형자산		
건물	100,000	
감가상각누계액	(90,000)	
	10,000	

포괄손익계산서

(주)한양		3차 연도
판매비와 관리비		
감가상각비	30,000	

재무상태표를 살펴보면 1차 연도의 건물의 취득원가는 ₩100,000, 감가상각누계액은 ₩30,000, 장부가액은 ₩70,000으로 제시되어 있다. 2차 연도는 건물의 취득원가는 1차 연도와 같은 ₩100,000이고, 감가상각누계액은 당해 연도의 감가상각비 ₩30,000이 추가된 ₩60,000이어서 장부금액은 ₩40,000으로 줄어들었다. 3차 연도 역시 감가상각누계액은 당해 연도의 감가상각비 ₩30,000이 추가되어 ₩90,000이 되었으며 장부금액은 잔존가치와 같은 ₩10,000으로 나타났다. 정액법을 사용하여 매년 감가상각비는 동일하므로 손익계산서에 제시된 감가상각비는 매년 ₩30,000으로 동일함을 알 수 있다.

감가상각누계액을 사용하게 되면 위의 사례에서 보는 바와 같이 기업은 재무제표이용자들에게 유형자산의 취득원가와 그 동안의 감가상각에 관련된 정보 모두를 제공하게 된다.

2) 감가상각 추정의 변경

유형자산의 잔존가치와 내용연수는 적어도 매 회계연도말에 재검토한다. 재검토결과 추정치가 종전 추정치와 다르다면 새로운 추정치로 변경해야 하는데 이를 회계추정의 변경이라 한다.

유형자산의 감가상각방법은 적어도 매 회계연도 말에 재검토한다. 자산에 내재된 미래경제적효익의 예상되는 소비형테가 유의적으로 달라졌다면, 달라진 소비형태를 반영하기 위하여 감가상각방법을 변경하는데 이 역시 회계추정의 변경으로 회계처리를 해야 한다.

내용연수, 잔존가치 등을 새로운 추정치로 변경하는 경우, 이미 인식한 감가상각비는 소급하여 수정하지 않고, 전진적 조정법을 통하여 새로운 추정치를 사용하는 시점부터 변경된 추정치를 이용하여 감가상각비를 계산하면 된다.

제3절 유형자산의 제거

유형자산은 처분하는 때, 또는 사용이나 처분을 통하여 미래경제적효익이 기대되지 않을 때 제거한다. 유형자산의 제거로 인하여 발생하는 손익, 즉 유형자산처분손익 순매각금액과 장부금액의 차이로 결정한다. 순매각금액이 장부금액보다 크다면 유형자산처분이익이 발생하며, 순매각금액이 장부금액보다 작다면 유형자산처분손실이 발생한다.

(주)한양은 20X1년 4월 1일에 차량을 ₩400,000에 매각하였다. 차량의 취득원가는 ₩1,000,000이고, 20X1년 1월 1일의 감가상각누계액은 ₩600,000이며, 20X1년 1월 1일부터 4월 1일까지의 감가상각비는 ₩50,000일 경우 (주)한양은 차량의 매각을 위하여 먼저 20X1년 1월 1일부터 4월 1일까지의 감가상각비를 기록해야 한다. 이는 처분시점의 장부금액을 정확히 계산하기 위해서이다. 이를 위한 회계처리는 다음과 같다.

(차) 감가상각비	50,000	(대) 감가상각누계액	50,000

처분시점의 차량의 장부금액이 확정되면 처분손익을 확인할 수 있다. (주)한양의 경우 차량매각을 통하여 처분이익이 발생되는데 이를 계산하면 다음과 같다.

차량운반구의 취득원가	₩1,000,000
감가상각누계액	(650,000)
처분시점의 장부금액	₩350,000

순매각금액	₩400,000
처분시점의 장부금액	(350,000)
처분이익	₩50,000

위 계산에서 제시된 유형자산처분이익을 인식하기 위하여 (주)한양은 차량 매각시 다음과 같은 회계처리를 해야 한다.

(차) 현금	400,000	(대) 차량운반구	1,000,000
감가상각누계액	650,000	유형자산처분이익	50,000

[예제 8-6] 유형자산 제거 회계처리

(주)한양은 20X1년 1월 1일에 다음과 같은 건물을 취득하였다.

- 취득원가: ₩200,000
- 내용연수: 4년
- 잔존가치: ₩20,000
- 감가상각방법: 정액법

1. (주)한양은 20X3년 7월 1일에 건물을 현금 ₩100,000을 받고 매각 처분하였다. 매각시의 회계처리를 하세요.
2. (주)한양은 20X3년 7월 1일에 건물을 현금 ₩50,000을 받고 매각 처분하였다. 매각시의 회계처리를 하세요.

풀이

1. ₩100,000에 매각한 경우

(차) 감가상각비	22,500*	(대) 감가상각누계액	22,500

*X3년 1월~7월까지 감가상각비 $\{(200,000 - 20,000)/4\} \times \frac{6}{12} = 22,500$

(차) 현금	100,000	(대) 건물	200,000
감가상각누계액	112,500	유형자산처분이익	12,500

2. ₩50,000에 매각한 경우

(차) 감가상각비	22,500	(대) 감가상각누계액	22,500
(차) 현금	50,000	(대) 건물	200,000
감가상각누계액	112,500		
유형자산처분손실	37,500		

제4절 유형자산의 후속원가

유형자산의 내용연수기간 중에 수선, 증축, 개량 등이 있을 수 있다. 일상적인 수선 · 유지와 관련하여 발생하는 원가는 해당 유형자산의 장부금액에 포함하지 않고, 발생시점에 비용으로 인식한다. 수익에 대응하여 비용으로 계상되므로 수익적 지출이라고도 한다. 일상적인 수선 · 유지과정에서 발생하는 원가는 주로 노무비와 소모품비로 구성되며 사소한 부품원가가 포함될 수도 있다. 예를 들어 건물 또는 벽의 도장, 파손된 유리나 기와의 대체, 기계의 소모된 부속품의 대체와 벨트의 대체, 재해를 입은 자산에 대한 외장의 복구, 도장, 유리의 삽입 등이다. 수익적 지출의 경우 회계처리는 다음과 같다.

(차) 수선유지비	×××	(대) 현금	×××

유형자산의 증축과 개량은 생산능력의 증대나 내용연수의 연장, 상당한 원가절감 또는 품질 향상을 가져오는 경우로 이때 지출 금액이 유형자산의 인식조건을 충족하게 되면 유형자산의 장부금액에 산입 한다. 이러한 지출을 자본적 지출이라 한다. 자본적 지출의 예를 들면 본래의 용도를 변경하기 위한 개조, 엘리베이터 또는 냉 · 난방장치의 설치, 빌딩 등에서 피난시설 등의 설치, 재해 등으로 인하여 건물, 기계, 설비 등의 멸실 또는 훼손되어 당해 자산의 본래의 용도에 이용가치가 없는 것의 복구 등이다. 자본적 지출의 회계처리는 다음과 같다.

(차) 유형자산	×××	(대) 현금	×××

[예제 8–7] 유형자산의 후속원가 회계처리

(주)한양은 취득한지 10년이 지난 건물을 수리하였는데 ₩150,000은 엘리베이터, 냉 · 난방장치의 시설을 위한 것이고, ₩40,000은 내부도장(수익적 지출)비용으로 이를 모두 현금으로 지급하다.
다음 거래에 관련된 회계처리를 하시오.

풀이

(차)	건물	₩150,000	(대)	현금	₩190,000
	수선유지비	40,000			

연·습·문·제

1. 다음의 제시되는 문장을 읽고 맞는 설명인 경우는 O, 틀린 설명인 경우는 X로 답하세요.

1) 유형자산은 자산으로부터 발생하는 미래경제적효익이 기업에 유입될 가능성이 높으며, 자산의 원가를 신뢰성 있게 측정할 수 있을 때 인식되며, 인식될 때에는 원가로 측정된다.

2) 유형자산을 매입하거나 건설할 때 최초로 지출하는 구입가격 만을 취득원가로 인식할 수 있다.

3) 토지만을 사용할 목적으로 토지와 건물을 함께 구입한 경우, 토지와 건물의 구입원가는 모두 토지의 취득원가로 처리하며, 건물을 철거하기 위한 비용은 해당기간의 비용으로 처리한다.

4) 유형자산의 감가상각은 기업이 소유하고 있는 유형자산은 모두 감가상각 대상이므로, 기업이 사용할 목적으로 건설 중인 자산 역시 감가상각을 해야 한다.

5) 감가상각대상금액은 유형자산의 취득원가에서 내용연수를 차감한 금액이다.

6) 정률법은 유형자산의 연초의 감가상각대상금액에 일정한 상각률(정률)을 곱하여 연감가상각비를 계산하는 방법이다.

7) 정률법과 연수합계법은 둘다 체감 잔액법이므로, 두 방법 모두 상각률은 내용연수 동안 모두 동일한 상각률을 사용한다.

8) 생산량비례법은 내용연수 동안의 총생산량(총사용량)을 추정하여하여 감가상각대상금액을 총생산량(총사용량)으로 나누어 단위당 감가상각비를 계산한 뒤, 당해 연도의 생산량(사용량)을 곱하여 연간 감가상각비를 계산한다.

9) 감가상각비 회계처리 시 감가상각누계액을 사용하게 되면 기업은 재무제표이용자들에게 유형자산의 취득원가와 그 동안의 감가상각에 관련된 정보 모두를 제공할 수 있게 되는데, 이를 간접차감방법이라 한다.

10) 일상적인 수선 · 유지와 관련하여 발생하는 원가는 해당 유형자산의 장부금액에 포함하지 않고, 발생시점에 비용으로 인식한다. 수익에 대응하여 비용으로 계상되므로 수익적 지출이라고도 한다.

2. 아래의 빈칸에 알맞은 단어를 기입하세요.

1) 유형자산은 재화나 용역의 생산이나 제공, 타인에 대한 임대 또는 관리활동에 (　　　)할 목적으로 보유하는 (　　　)가 있는 자산으로서 한 회계기간을 초과하여 사용할 것이 예상되는 자산을 의미한다.

2) '유형자산의 취득원가 = 구입가격 + (　　　)'으로 계산된다.

3) 자산원가의 소멸 등을 수익과 대응시키기 위해서 합리적이고 체계적으로 자산원가를 배분하는 과정을 (　　　)이라고 한다.

4) 감가상각비의 계산과 관련된 요소에는 취득원가, 잔존가치, (　　) 감가상각방법이 포함되어 있다.

5) 잔존가치가 변동하지 않는다고 가정할 때 자산의 내용연수 동안 매 기간 일정액의 감가상각액을 계상하는 방법은 (　　)이다.

6) 정률법을 사용하면 감가상각비가 초기연도에서 후기연도로 갈수록 금액이 점차 작아지는데, 이는 상각률은 매년 동일하지만, 연초의 장부금액이 매년 작아져서 나타나는 현상으로, 이렇게 초기에 더 많은 금액을 상각하는 방법이어서 (　　)이라 한다.

7) 연수합계법의 상각률을 계산시 내용연수가 3년인 경우, 연수합계는 6(1+2+3)이며, 1차 연도의 상각률은 (　　), 2차 연도의 상각률은 (　　), 3차 연도의 상각률은(　　)이다.

8) 감가상각의 회계처리는 (　　)을 사용하여 회계처리한다. 대변에 계상되는 (　　)은 유형자산을 차감하는 평가계정이다.

9) (　　)의 예를 들면 본래의 용도를 변경하기 위한 개조, 엘리베이터 또는 냉 · 난방장치의 설치, 빌딩 등에서 피난실설 등의 설치, 재해 등으로 인하여 건물, 기계, 설비 등의 멸실 또는 훼손되어 당해 자산의 본래의 용도에 이용가치가 없는 것의 복구 등이다.

10) 유형자산 처분 시, 순매각금액이 장부금액보다 크다면 (　　)이 발생하며, 순매각금액이 장부금액보다 작다면 (　　)이 발생한다.

3. (주)한국은 20×1년 1월 1일 건물을 ₩110에 취득하였다. 건물의 잔존가치는 ₩10이며, 내용연수는 10년이고, 정액법으로 감가상각을 하기로 하였다. 해당 건물에 대한 감가상각과 관련한 설명으로 옳지 않은 것은?(공무원 9급 2023년)

① 감가상각대상금액 ₩110이 내용연수 10년에 걸쳐 배분된다.

② 20×1년에 인식되는 감가상각비는 ₩10이다.

③ 20×2년 말 해당 건물의 감가상각누계액은 ₩20으로 보고된다.

④ 20×3년 말 해당 건물의 장부금액은 ₩80으로 보고된다.

4. 유형자산에 대한 후속 원가의 예로 그 성격이 다른 것은?(단, 후속 원가는 신뢰성 있게 측정할 수 있다) (공무원 9급 2023년)

① 기계장치의 생산량을 증가시킬 것으로 기대되는 부품의 부착

② 내용연수를 연장시킬 것으로 기대되는 기존 부품의 교체

③ 기계설비의 성능을 증가시킬 것으로 기대되는 핵심 부품의 교체

④ 자동차의 성능을 유지시킬 것으로 기대되는 윤활유의 교체

5. (주)한국은 화재보험에 가입된 기계장치를 사용하고 있으며, 〈3월 말 수정후시산표 일부〉의 기계장치와 관련된 계정은 다음과 같다.

〈3월 말 수정후시산표 일부〉

- 선급보험료: ₩450,000
- 기계장치: ₩6,000,000(감가상각누계액 ₩2,400,000)

다음의 〈추가자료〉를 고려하여 기계장치의 화재보험료 1년 총액과 3월 말 기준 기계장치의 잔존내용연수는?(단, (주)한국은 매월 말 결산을 수행한다) (공무원 9급 2019년)

〈추가자료〉

- 매년 1월 1일 기계장치에 대한 화재보험을 갱신하며, 보험료 12개월분을 미리 현금으로 지급한다.
- 기계장치의 내용연수는 5년, 잔존가치 ₩0, 정액법으로 상각한다.

	화재보험료 1년 총액	3월 말 기준 기계장치의 잔존내용연수
①	₩450,000	12개월
②	₩450,000	24개월
③	₩600,000	36개월
④	₩600,000	60개월

6. (주)한국은 20×1년 한 해 동안 영업사업부 건물의 일상적인 수선 및 유지를 위해 ₩5,300을 지출하였다. 이 중 ₩3,000은 도색비용이고 ₩2,300은 소모품 교체 비용이다. 또한, 해당 건물의 승강기 설치에 ₩6,400을 지출하였으며, 새로운 비품을 ₩9,300에 구입하였다. 위의 거래 중 20×1년 12월 31일 재무상태표에 자산으로 기록할 수 있는 지출의 총액은?(공무원 9급 2020년)

① ₩11,700 ② ₩15,700 ③ ₩18,000 ④ ₩21,000

7. (주)한국은 20×1년 7월 1일 생산에 필요한 기계장치를 ₩1,200,000에 취득(내용연수 4년, 잔존가치 ₩200,000)하였다. 동 기계장치를 연수합계법을 적용하여 감가상각할 때, 20×4년 손익계산서에 보고할 감가상각비는? (단, 원가모형을 적용하고 손상차손은 없으며, 감가상각은 월할 계산한다) (공무원 9급 2021년)

① ₩50,000 ② ₩150,000 ③ ₩180,000 ④ ₩250,000

8. (주)한국은 20×1년 10월 1일 기계장치를 ₩80,000(내용연수 5년, 잔존가치 ₩5,000, 연수합계법, 월할 상각)에 취득하였다. 동 기계장치를 20×3년 3월 31일 ₩40,000에 처분할 경우, 처분시점의 장부금액과 처분손익을 바르게 연결한 것은?(단, 기계장치는 원가모형을 적용하고 손상차손은 발생하지 않았다) (공무원 9급 2022년)

	장부금액	처분손익
①	₩35,000	손실 ₩5,000
②	₩35,000	이익 ₩5,000
③	₩45,000	손실 ₩5,000
④	₩45,000	이익 ₩5,000

9. (주)한국은 2016년 5월 1일 기계장치를 ₩4,000,000에 취득하였다. 추정잔존가치는 취득원가의 10%, 내용연수는 3년, 감가상각방법은 연수합계법이며, 감가상각비는 월할로 계산한다. ㈜한국이 이 기계장치를 2017년 8월 31일 ₩2,000,000에 처분할 경우 처분시점의 감가상각누계액과 처분손익은?(단, 원가모형을 적용하며 손상차손은 없다고 가정한다) (공무원 9급 2018년)

① 감가상각누계액 ₩1,000,000, 처분손실 ₩1,000,000

② 감가상각누계액 ₩1,800,000, 처분손실 ₩200,000

③ 감가상각누계액 ₩2,200,000, 처분이익 ₩200,000

④ 감가상각누계액 ₩2,600,000, 처분이익 ₩600,000

10. (주)부산은 20×1년 초에 기계장치를 현금 ₩20,000에 구입하여 이를 즉시 생산에 이용하기 시작하였다. 취득 당시 이 기계장치의 잔존가치는 ₩2,000으로 추정하였다. (주)부산은 기계장치에 대해 원가모형을 적용하고 있으며 정률법으로 감가상각을 하고 있다. 이 기계장치를 구입하기 이전에는 다른 기계장치를 보유하고 있지 않았으며, 이 기계장치를 취득한 이후에 추가로 취득한 기계장치도 없다. 20×2년 말 수정전 시산표의 일부가 다음과 같은 경우, 20×2년 말 재무상태표상 기계장치의 장부금액은 얼마인가? (단, 기계장치에 대한 취득시점 이후 자산손상은 없었다)(관세사 1차 2011년)

수정전 시산표

현 금	₩15,000	매입채무	₩3,000
⋮		⋮	
기계장치	20,000	기계장치감가상각누계액	8,000
⋮		⋮	
		자 본 금	400,000
		⋮	

① ₩1,800 ② ₩4,800 ③ ₩7,200

④ ₩9,800 ⑤ ₩10,200

11. (주)감평은 본사 사옥을 신축하기 위하여 토지를 취득하였는데 이 토지에는 철거예정인 창고가 있었다. 다음 자료를 고려할 때, 토지의 취득원가는?(감정평가사 1차 2018년)

토지 구입대금	₩1,000,000
사옥 신축 개시 이전까지 토지 임대를 통한 수익	25,000
토지 취득세 및 등기수수료	70,000
창고 철거비	10,000
창고 철거 시 발생한 폐자재 처분 수입	5,000
본사 사옥 설계비	30,000
본사 사옥 공사대금	800,000

① ₩1,050,000 ② ₩1,075,000 ③ ₩1,080,000
④ ₩1,100,000 ⑤ ₩1,105,000

12. 유형자산의 감가상각에 관한 설명으로 옳지 않은 것은?(감정평가사 1차 2017년)

① 건물이 위치한 토지의 가치가 증가할 경우 건물의 감가상각대상금액이 증가한다.

② 유형자산을 수선하고 유지하는 활동을 하더라도 감가상각의 필요성이 부인되는 것은 아니다.

③ 유형자산의 사용정도에 따라 감가상각을 하는 경우에는 생산활동이 이루어지지 않을 때 감가상각액을 인식하지 않을 수 있다.

④ 유형자산의 잔존가치는 해당 자산의 장부금액과 같거나 큰 금액으로 증가할 수도 있다.

⑤ 유형자산의 공정가치가 장부금액을 초과하더라도 잔존가치가 장부금액을 초과하지 않는 한 감가상각액을 계속 인식한다.

13. (주)감평은 20×1년 초에 차량운반구를 ₩10,000,000에 취득하였다. 취득시에 차량운반구의 내용연수는 5년, 잔존가치는 ₩1,000,000, 감가상각방법은 연수합계법이다. 20×4년 초에 (주)감평은 차량운반구의 내용연수를 당초 5년에서 7년으로, 잔존가치는 ₩500,000으로 변경하였다. (주)감평이 20×4년에 인식할 차량운반구에 대한 감가상각비는?(감정평가사 1차 2014년)

① ₩575,000 ② ₩700,000 ③ ₩920,000
④ ₩990,000 ⑤ ₩1,120,000

14. 다음 각 상황을 회계처리 하시오.

1) 토지(100평, 평당 ₩2,000)를 구입하고 대금 ₩200,000은 부동산 중개소의 수수료 ₩1,000과 함께 현금지급하다.

2) 위의 토지에 대한 등기이전료 ₩4,200, 취득세 ₩2,800, 토지정지비용 ₩800을 현금지급하다.

3) 건물을 신축하기로 하고 설계비용 ₩5,000과 도급금 ₩400,000 중 착수금 ₩50,000을 현금으로 지급하다.

4) 5년 전 ₩150,000에 취득한 토지를 ₩230,000에 현금 매각처분하다.

5) 취득한지 10년이 지난 건물을 수리하였는데 ₩20,000은 엘리베이터와 냉 · 난방장치(자본적 지출)의 시설을 위한 것이고, ₩1,500은 내부도장(수익적 지출)비용으로 당좌수표를 발행하여 지급하다.

15. 다음 자료에 의하여 생산량비례법을 사용하여 연감가상각비를 계산하고 회계처리 하시오.

–자료–

① 기계의 취득원가 : ₩60,000

② 잔존가치 : ₩0

③ 추정 총기계시간 : 120,000시간

④ 당해 연도 실제기계사용시간 : 20,000시간

16. 다음 자료에 의하여 연수합계법에 의한 2차년도의 회계처리를 하시오.

–자료–

① 기계의 취득원가 : ₩60,000

② 잔존가치 : ₩0

③ 내용연수 : 5년

17. 다음 거래를 회계처리 하시오.

1) 건물(취득원가 ₩50,000, 감가상각누계액 ₩20,000)을 ₩50,000에 매각하고 대금은 현금으로 받다.

2) 기계(취득원가 ₩10,000, 감가상각누계액 ₩7,000)을 ₩1,500에 처분하고 대금은 현금으로 받다.

18. **다음은 (주)한양의 제3기 수정전 잔액 시산표와 기말 정리사항이다. 이를 참조하여 결산수정분개를 하시오.**

수정전 잔액 시산표

잔 액	계 정	잔 액
3,600	현금	
2,000	매출채권	
	대손충당금	50
3,000	FVPL금융자산	
500	상품	
2,200	매입	
5,000	기계장치	
	감가상각 누계액	1,000
900	개발비	
	매입채무	1,500
	차입금	2,000
	퇴직급여충당부채	500
	자본금	5,000
	매출	8,550
400	이자비용	
1,000	급여	
18,600		18,600

〈기말정리 사항〉

1) 회사는 재고자산의 수량은 실지재고조사법을 채택하고 있는데 내부통제목적으로 재고장을 기록하고 있다. 장부상 장부재고 ₩800으로 그 구성은 다음과 같다.

구분	수량	단가	금액
A상품	100	₩2	200
B상품	150	₩4	600

2) 12월 31일 창고에 기말상품의 실지재고는 ₩600이고 그 구성은 다음과 같으며 장부재고와 실지재고와의 차이를 조사한 결과 A상품은 천재지변에 의하여 소실되었으며, B상품은 창고관리인의 부주의로 인하여 소실된 것으로 판명되었다.

구분	수량	단가	금액
A상품	60	₩2	120
B상품	120	₩4	480

3) 기말상품의 원가와 순실현가치는 다음과 같다.

구분	수량	원가	순실현가치
A상품	60	₩2	₩3
B상품	120	₩4	₩3

4) 대손추정은 매출채권 잔액의 2%로 설정하였다.

5) 기계장치는 정률법으로 감가상각하며, 상각률은 20%이다.

9

CHAPTER

무형자산과 투자부동산

무형자산은 물리적 실체는 없지만 식별가능한 비화폐성자산이다. 무형자산은 다음과 같은 특성을 갖고 있다. 첫째, 구체적인 형태, 즉 물리적인 실체가 존재하지 않고 기업의 법률적 · 경제적인 권리나 미래에 기대되는 효익의 형태로 존재한다. 둘째, 유형자산과는 달리 다른 목적으로 대체하여 사용하기가 곤란하다. 본 장에서는 이러한 특징을 가지고 있는 무형자산과 투자부동산의 인식과 측정, 기중 감가상각 및 재평가와 제거에 관하여 학습한다.

제1절 무형자산

제2절 투자부동산

제1절 무형자산

1. 무형자산의 의의와 인식

1) 무형자산의 의의

무형자산은 물리적 실체는 없지만 식별가능한 비화폐성자산이다. 무형자산은 다음과 같은 특성을 갖고 있다. 첫째, 구체적인 형태, 즉 물리적인 실체가 존재하지 않고 기업의 법률적 · 경제적인 권리나 미래에 기대되는 효익의 형태로 존재한다. 둘째, 유형자산과는 달리 다른 목적으로 대체하여 사용하기가 곤란하다.

2) 무형자산의 인식 및 측정

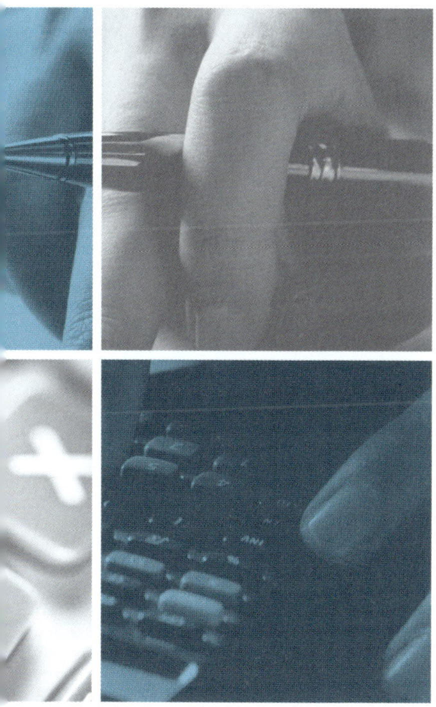

어떤 항목을 무형자산으로 재무상태표에 표시하기 위해서는 해당 항목이 자산의 정의를 만족하여야 함은 물론 자산의 일반적인 인식기준을 충족하여야 한다. 이러한 인식조건은 무형자산에도 동일하게 적용됨은 물론이지만, 무형자산의 경우에는 물리적 형체가 존재하지 않기 때문에 이러한 인식요건이 매우 중요한 문제가 될 것이다. 이하에서는 이러한 인식요건에 대하여 보다 구체적으로 설명한다.

(1) 무형자산의 식별가능성

무형자산은 다음 중 하나에 해당하는 경우에 식별가능하다고 할 수 있다.

첫째, 자산이 분리가능하여야 한다. 즉, 기업의 의도와는 무관하게 기업에서 분리하거나 분할할 수 있고, 개별적으로 식별가능한 자산이나 부채와 함께 매각, 이전, 라이선스, 교환할 수 있어야 한다.

둘째, 계약상 권리 또는 기타 법적 권리로부터 발생하는 자산이어야 한다. 이 경우 그러한 권리가 이전가능한지 여부 또는 기업이나 기타 권리와 의무에서 분리가능한지 여부는 고려하지 아니한다.

(2) 무형자산의 통제가능성

무형자산의 미래의 경제적효익을 확보할 수 있고 그 효익에 대한 제3자의 접근을 제한할 수 있다면 기업이 자산을 통제하고 있는 것이다. 무형자산의 미래경제적효익에 대한 통제는 일반적으로 법적 권리로부터 나오며, 법적 권리가 없는 경우에는 통제를 입증하기 어렵다. 그러나 권리의 법적 집행가능성이 통제의 필요조건은 아니다.

(3) 미래경제적효익의 유입가능성

무형자산의 미래경제적효익은 제품의 매출, 용역수익, 원가절감, 또는 자산의 사용에 따른 기타 효익의 형태로 발생한다. 예를 들면, 제조과정에서 지적재산을 사용하면 미래 수익을 증가시키기보다는 미래 제조원가를 감소시킬 수 있다. 미래경제적효익이 기업에 유입될 가능성은 무형자산의 내용연수 동안의 경제적 상황에 대한 경영자의 최선의 추정치를 반영하는 합리적이고 객관적인 가정에 근거하여 평가하여야 한다.

2. 무형자산의 종류

이러한 특징을 가진 무형자산을 다음과 같은 계정으로 분류할 수 있다.

- 산업재산권 : 법률에 의하여 일정기간 독점적, 배타적으로 이용할 수 있는 권리로서 특허권, 실용신안권, 의장권 및 상표권 등으로 한다.
- 저작권 : 저작자가 자기가 저작한 저작물에 대해 복제, 번역, 방송 등을 독점적으로 이용할 수 있는 권리
- 라이센스(license) : 다른 기업의 특정한 제품 등을 독점적으로 사용하여 수익을 창출할 수 있는 권리
- 프랜차이즈(franchise) : 특정한 상호나 상표를 사용하여 상품이나 제품 등을 판매, 제조할 수 있는 권리
- 소프트웨어(software) : 특정한 소프트웨어를 구입하기 위해 지출한 비용
- 광업권 : 광업법에 의해 등록된 일정한 광구에서 등록을 한 광물과 동 광상 중 부존하는 다른 광물을 채굴하여 취득할 수 있는 권리로 한다.
- 어업권(입어권을 포함한다) : 수산업법에 의하여 등록된 일정한 수면에서 어업을 경영할 권리로 한다.

- 차지권(지상권을 포함한다) : 임차료 또는 지대를 지급하고 타인이 소유하는 토지를 사용·수익할 수 있는 권리로 한다.
- 개발비 : 신제품, 신기술 등의 개발과 관련하여 발생한 비용(소프트웨어 개발과 관련된 비용을 포함한다)으로서 개별적으로 식별가능하고 미래의 경제적 효익을 확실하게 기대할 수 있는 것으로 한다.

무형자산은 사업상 비슷한 성격과 용도를 가진 종류별로 분류하여 표시한다. 다만, 재무제표 이용자에게 더 목적적합한 정보를 제공할 수 있다면 무형자산의 종류는 더 큰 단위로 통합하거나 더 작은 단위로 구분할 수 있다.

3. 무형자산의 취득

무형자산을 최초로 인식할 때에는 취득원가로 측정한다. 그러나 무형자산은 다른 자산과 동일하게 외부로부터의 취득되기도 하지만, 개발비와 같이 내부적으로 창출한 무형자산이 최초로 인식되기도 한다.

1) 외부로부터 취득한 무형자산의 취득원가

외부로부터 개별 취득하는 무형자산의 원가는 구입가격과 해당 무형자산을 기업이 의도한 목적에 사용할 수 있도록 준비하는 데 직접 관련되는 원가(예: 전문가 수수료, 검사비용 등)를 포함하여야 한다.

[예제 9-1] 외부로부터 취득한 무형자산 회계처리

(주)한양은 연초에 제품에 대한 특허권을 ₩150,000에 발명자인 가람연구소로부터 양도받았다. 대금은 현금으로 지급하였고, 당일 특허권을 사용하기 위하여 등록에 소요된 제 비용 ₩8,000도 현금으로 지급하였다. 필요한 회계처리를 하시오.

풀이

(차) 특허권	158,000	(대) 현금	158,000

2) 내부 창출된 무형자산(개발비)의 취득원가

내부적으로 창출한 무형자산이 인식기준을 충족하는지를 평가하기 위하여 무형자산의 창출과정을 연구단계와 개발단계로 구분한다. 무형자산을 창출하기 위한 내부 프로젝트를 연구단계와 개발단계로 구분할 수 없는 경우에는 그 프로젝트에서 발생한 지출은 모두 연구단계에서 발생한 것으로 본다.

연구단계에서 발생하는 지출은 무형자산으로 인식하지 않는다. 연구단계에 대한 지출은 발생시점에 비용으로 인식한다. 내부 프로젝트의 연구단계에서는 미래경제적효익을 창출할 무형자산이 존재한다는 것을 제시할 수 없기 때문에, 내부 프로젝트의 연구단계에서 발생한 지출은 발생시점에 비용으로 인식한다. 연구활동의 예는 다음과 같다.

(1) 새로운 지식을 얻고자 하는 활동
(2) 연구결과나 기타 지식을 탐색, 평가, 최종 선택, 응용하는 활동
(3) 재료, 장치, 제품, 공정, 시스템이나 용역에 대한 여러 가지 대체안을 탐색하는 활동
(4) 새롭거나 개선된 재료, 장치, 제품, 공정, 시스템이나 용역에 대한 여러 가지 대체안을 제안, 설계, 평가, 최종 선택하는 활동

개발단계, 즉 새로운 또는 현저히 개량된 재료, 장치 등의 신제품을 생산하기 위하여 연구결과나 기타 지식을 계획적으로 수행하는 활동과정에서 발생하는 지출금액은 무형자산으로 인식한다. 무형자산으로 인식될 때 계정과목은 '개발비'로 인식된다. 개발단계는 연구단계보다 훨씬 더 진전되어 있는 상태이기 때문에 어떤 경우에는 내부프로젝트의 개발단계에서는 무형자산을 식별할 수 있으며, 그 무형자산이 미래경제적효익을 창출할 것임을 제시할 수 있다. 개발활동의 예는 다음과 같다.

(1) 생산이나 사용 전의 시제품과 모형을 설계, 제작, 시험하는 활동
(2) 새로운 기술과 관련된 공구, 지그, 주형, 금형 등을 설계하는 활동
(3) 상업적 생산 목적으로 실현가능한 경제적 규모가 아닌 시험공장을 설계, 건설, 가동하는 활동
(4) 신규 또는 개선된 재료, 장치, 제품, 공정, 시스템이나 용역에 대하여 최종적으로 선정된 안을 설계, 제작, 시험하는 활동

내부적으로 창출한 무형자산의 원가는 일반적인 인식기준을 최초로 충족한 이후에 발생한 자산의 창출, 제조 및 사용준비에 직접 관련된 지출과 합리적이고 일관성 있게 배분된 간접 지출을 모두 포함한다.

이를 요약하면 〈표 9－1〉과 같다.

〈표 9–1〉 연구개발 관련지출의 회계처리

구분	계정과목	내용	분류
개발단계	개발비	개발관련비용 중 미래경제적효익의 유입가능성이 높고 취득원가가 측정가능한 경우	무형자산
	경상개발비	위 개발비의 조건을 충족하지 못하는 경우	제조원가 또는 판매비와 관리비
연구단계	연구비	독창적, 계획적 조사활동과 관련한 연구비용	판매비와 관리비

[예제 9–2] 연구개발 관련지출의 회계처리

(주)한양은 20×1년 현재 3가지 개발 프로젝트를 진행 중이다. 다음의 자료를 근거로 20×1년의 개발비와 관련된 회계처리를 하시오.

물음

1) 프로젝트 1 : 20×3년부터 상품화가 가능하며 관련수익이 발생할 것이 확실히 기대되며 합리적이며 신뢰성 있게 측정한 취득원가는 재료비(₩30,000)와 인건비 및 경비(₩21,000)가 현금으로 지출되었다.
2) 프로젝트 2 : 프로젝트 1과 동시에 시작하였으나 상품화가 불가능하고 현재 미래경제적 효익을 기대할 수 없다. 발생된 지출은 재료비(₩20,000)와 인건비 및 경비(₩9,000)가 현금으로 지출되었다.
3) 프로젝트 3 : 현재 개발활동의 초기단계로 미래경제적 효익의 여부가 매우 불확실하고 인건비(₩15,000)만 현금으로 지출되었다.

풀이

(차) 개발비	51,000	(대) 현금	95,000
경상개발비	44,000*		

*경상개발비 = 프로젝트2(₩20,000+₩9,000) + 프로젝트3(₩15,000) = ₩44,000

4. 무형자산의 상각

무형자산의 회계처리는 내용연수에 따라 다르다. 내용연수가 유한한 무형자산은 상각하고, 내용연수가 비한정인 무형자산은 상각하지 아니한다. 다만, 주기적으로 내용연수가 비한정인지 여부를 판단하여 내용연수가 유한하다고 판단되면 상각한다.

내용연수가 유한한 무형자산의 상각은 유형자산과 마찬가지로 자산원가의 소멸 또는 자산가치의 감소분을 수익에 대응하여 합리적이고 체계적으로 배분한다. 즉, 무형자산의 상각대상금액은 그 자산의 추정내용연수 동안 체계적인 방법에 의하여 비용으로 배분한다.

무형자산의 상각방법은 자산의 경제적 효익이 소비되는 행태를 반영한 합리적인 방법이어야 한다. 무형자산의 상각대상금액을 내용연수 동안 합리적으로 배분하기 위해 정액법, 정률법, 연수합계법, 생산량비례법 등을 사용할 수 있다. 다만, 합리적인 상각방법을 정할 수 없는 경우에는 정액법을 사용한다.

무형자산의 상각기간은 독점적 · 배타적인 권리를 부여하고 있는 관계 법령이나 계약에 정해진 경우를 제외하고는 20년을 초과할 수 없다. 무형자산의 상각은 자산이 사용가능한 때부터 시작하고, 잔존가치는 없는 것을 원칙으로 한다.

무형자산의 상각을 공시하는 경우는 그 상각액을 당해 자산에서 직접 차감한 잔액으로 기재하도록 규정하고 있다. 이 경우 발생하는 무형자산 상각비는 해당 유형자산의 사용목적에 따라 제조원가 또는 판매비와 관리비의 항목으로 분류하도록 하여야 한다.

[예제 9-3] 특허권 회계처리

(주)한양은 20×1년 연초에 현금 ₩1,000,000에 취득한 제품 생산과 관련된 특허권을 보유하고 있다. 20×1년 말에 특허권을 상각하다. 특허권의 내용연수는 10년으로 하고, 감가상각은 정액법에 따라서 하기로 한다. 특허권 취득과 상각에 관련된 회계처리를 하시오.

풀이

취득시 (20×1년 1월 1일)

(차) 특허권	1,000,000	(대) 현금	1,000,000

상각시 (20×1년 12월 31일)

(차) 무형자산상각비 (제조원가)	100,000	(대) 특허권	100,000*

* ₩1,000,000÷10년 = ₩100,000

5. 무형자산 제거

무형자산은 처분하거나, 미래경제적효익이 기대되지 않을 때 제거한다. 무형자산의 제거로 생기는 이익이나 손실은 순매각금액과 장부금액의 차이로 산정한다. 그 이익이나 손실은 자산을 제거할 때 당기손익으로 인식한다.

6. 영업권

1) 영업권의 의의

영업권(goodwill)이란 해당 기업이 동종업종의 타 기업에 비해 특히 유리한 여건을 바탕으로 초과수익을 기대할 수 있을 때 이에 대한 재무적인 평가금액을 의미한다. 이러한 영업권은 다른 기업실체를 매수 또는 합병하는 사업결합의 경우에도 발생할 수 있고, 해당 기업이 자신의 이러한 가치를 평가하여 계상할 수도 있는데 후자와 같은 상황을 내부창출 영업권이라 한다.

내부창출 영업권의 경우에는 영업권의 취득원가를 신뢰성 있게 측정, 평가할 수 없고, 무형자산의 인식조건에 부합하지 않기 때문에 국제회계기준에서는 이를 인정하지 않고 있다.

따라서 재무상태표에 표시될 수 있는 영업권은 기업실체가 다른 기업을 흡수합병하거나 영업을 양수하는 등 사업결합을 통하여 지불하는 대가가 피합병기업 또는 피인수기업의 순자산가치를 초과한 금액에 대해서 영업권으로 계상하도록 규정하고 있다.

2) 영업권의 발생요인

영업권의 발생요인은 우수한 경영진, 지리적 위치의 편리성, 영업 및 제조상의 비법의 소유, 유리한 자원확보, 기업 이미지, 고객만족도, 유리한 정부규제조건 등을 들 수 있다.

3) 영업권의 인식 및 측정방법

영업권의 인식은 다음과 같이 이루어진다. 합병기업은 취득일에 측정한 이전대가의 공정가치가 취득일에 측정한 식별할 수 있는 순자산 공정가치(취득 자산과 인수 부채의 순액)을 초과하면 그 초과금액을 영업권으로 인식한다. 반면, 취득일에 순자산 공정가치가 취득일에 측정한 이전대가의 공정가치보다 큰 경우는 염가매수차익(당기손익)으로 인식한다.

[예제 9-4] 영업권 회계처리

다음 자료는 (주)한양(합병기업)이 (주)서울(피합병기업)을 흡수합병하기로 하고 (주)서울의 자산과 부채를 공정한 시장가치로 평가한 내용이다.

(주)서울의 순자산액을 구하고 (주)한양이 (주)서울에 합병의 대가로 ₩500,000을 수표를 발행하여 지불하였다면 영업권을 계산하고 합병회사의 합병분개를 하시오.

(주)서울(피합병기업)의 자산과 부채

자 산		부 채	
현 금	40,000	매입 채무	450,000
매 출 채 권	200,000	단기차입금	450,000
재 고 자 산	350,000	사 채	800,000
투 자 자 산	550,000	합 계	1,700,000
유 형 자 산	900,000		
무 형 자 산	50,000		
합 계	2,090,000		

풀이

순자산 공정가치 = 자산의 공정가치－부채의 공정가치

= ₩2,090,000－₩1,700,000 = ₩390,000

영업권 = ₩500,000－₩390,000 = ₩110,000

〈합병분개〉

(차)		(대)	
현 금	40,000	매입 채무	450,000
매출채권	200,000	단기차입금	450,000
재고자산	350,000	사 채	800,000
투자자산	550,000	당좌 예금	500,000
유형자산	900,000		
무형자산	50,000		
영 업 권	110,000		

4) 영업권의 상각

한국채택국제회계기준에 따르면 사업결합으로 취득한 영업권은 내용연수가 비한정인 무형자산으로 보아 상각하지 않는다. 상각을 하지 않는 대신, 영업권은 일 년에 한번은 손상검사를 한다. 영업권의 손상은 회수가능액이 장부금액에 못 미치는 경우에 영업권의 장부금액을 회수가능액으로 감액하는 것을 의미한다. 이렇게 감소된 금액은 손상차손으로 인식한다.

영업권은 상각하지 않는 무형자산이므로 비한정이라는 평가가 계속하여 정당한지를 매 회계기간에 검토한다. 평가 결과 비한정이 정당화 되지 못하게 된다면, 비한정 내용연수를 유한 내용연수로 변경해야 하며, 변경 시점부터 상각을 해야 한다.

제2절 투자부동산

투자부동산은 임대수익이나 시세차익을 얻기 위하여 보유하는 부동산이다. 투자부동산은 기업이 보유하고 있는 부동산(토지, 건물(또는 건물의 일부분))으로 다른 자산과는 거의 독립적으로 현금흐름을 창출한다. 다만, 다음 목적으로 보유하는 부동산은 제외한다. 재화나 용역의 생산 또는 제공이나 관리목적에 사용하거나, 통상적인 영업과정에서의 판매를 위해서 보유하고 있는 부동산은 제외된다.

투자부동산으로 인식 가능한 경우는 장기 시세차익을 얻기 위해서 보유한 토지, 장래 사용목적을 결정하지 못한 채 보유한 토지, 직접 소유하고 운용리스로 제공하는 건물, 운용리스[1]로 제공하기 위해 보유하는 미사용 건물, 미래에 투자부동산으로 사용하기 위하여 건설 혹은 개발 중인 부동산 등이다.

투자부동산의 인식요건은 투자부동산에서 생기는 미래 경제적 효익의 유입 가능성이 높고 투자부동산의 원가를 신뢰성 있게 측정할 수 있을 때 자산으로 인식할 수 있다. 투자부동산은 최초 인식시점에 원가로 측정한다. 투자부동산의 원가에는 취득하기 위하여 최초로 발생한 원가와 후속적으로 발생한 추가원가, 대체원가 또는 유지원가를 포함한다. 그러나 부동산과 관련하여 일상적으로 발생하는 유지원가는 자산을 '수선유지'하는데 목적이 있으므로 원가가 발생하였을 때 비용으로 인식한다.

투자부동산을 인식 후 측정하는 방법으로는 원가모형과 공정가치 모형 중 하나를 선택하여 적용한다. 투자부동산에 대하여 원가모형을 선택한 경우에는 투자부동산의 원가를 내용연수에 걸쳐 상각한다.

1) 리스자산의 소유에 따른 위험과 보상의 대부분을 이전하지 않는 리스는 운용리스로 분류한다.

투자부동산에 대하여 공정가치모형을 선택한 경우에는 최초 인식 후 모든 투자부동산을 공정가치로 측정한다. 투자부동산의 공정가치 변동으로 발생하는 손익은 발생한 기간의 당기손익에 반영하고, 상각 자산의 경우 감가상각비를 인식하지 않는다.

투자부동산을 처분하거나, 투자부동산의 사용을 영구히 중지하고 처분으로도 더 이상의 경제적효익을 기대할 수 없는 경우에는 제거(재무상태표에서 삭제)한다. 투자부동산의 폐기나 처분으로 생기는 손익은 순처분금액과 장부금액의 차액이며 폐기하거나 처분한 기간에 당기손익으로 인식한다.

[예제 9-5] 공정가치 모형을 적용한 투자부동산 회계처리

투자부동산의 공정가치모형을 적용할 경우 다음을 회계처리 하시오.

(1) (주)한양은 20×1년 1월 1일 임대수익을 얻기 위하여 건물 ₩2,500,000을 매입하였다. 건물매입을 위하여 중개수수료 ₩25,000과 건물 취득과 관련한 세금 ₩475,000을 지급하였다.
(2) 20×1년 12월 31일 건물의 공정가치가 ₩2,700,000으로 측정되었다.
(3) 20×2년 12월 31일 건물의 공정가치가 ₩3,100,000으로 측정되었다.
(4) 20×3년 4월 30일 (주)한양은 현금 ₩3,220,000을 받고 건물을 매각하였다.

풀이

(1) (차) 투자부동산 3,000,000 (대) 현금 3,000,000
(2) (차) 투자부동산 평가손실 300,000* (대) 투자부동산 300,000
*2,700,000−3,000,000=(−)300,000
(3) (차) 투자부동산 400,000 (대) 투자부동산평가이익 400,000*
*3,100,000−2,700,000=400,000
(4) (차) 감가상각비 83,333 (대) 감가상각누계액 83,333
투자부동산처분이익 120,000*
*3,220,000−3,100,000=120,000

[예제 9-6] 원가모형을 적용한 투자부동산 회계처리

투자부동산의 원가모형을 적용할 경우 다음을 회계처리 하시오.

(1) (주)한양은 20×1년 1월 1일 임대수익을 얻기 위하여 건물 ₩2,500,000을 매입하였다. 건물매입을 위하여 중개수수료 ₩25,000과 건물 취득과 관련한 세금 ₩475,000을 지급하였다. 이 건물의 내용연수는 10년, 잔존가치는 ₩500,000이다. 정액법을 사용하여 감가상각을 한다.

(2) 20×1년 12월 31일 감가상각비를 인식하시오.

(3) 20×2년 12월 31일 감가상각비를 인식하시오.

(4) 20×3년 4월 30일 (주)한양은 현금 ₩3,220,000을 받고 건물을 매각하였다.

풀이

(1) (차) 투자부동산 3,000,000　　(대) 현금 3,000,000

(2) (차) 감가상각비 250,000*　　(대) 감가상각누계액 250,000

*(3,000,000−500,000)÷10=250,000

(3) (차) 감가상각비 250,000*　　(대) 감가상각누계액 250,000

*(3,000,000−500,000)÷10=250,000

(4)

(차)		(대)	
감가상각비	83,333	감가상각누계액	83,333
감가상각누계액	583,333	투자부동산	3,000,000
현금	3,220,000	투자부동산처분이익	803,333

연·습·문·제

1. 다음의 제시되는 문장을 읽고 맞는 설명인 경우는 O, 틀린 설명인 경우는 X로 답하세요.

1) 무형자산은 유형자산과는 달리 다른 목적으로 대체하여 사용 가능하다.

2) 법률에 의하여 일정기간 독점적, 배타적으로 이용할 수 있는 권리로서 특허권, 실용신안권, 의장권 및 상표권 등을 산업재산권이라 한다.

3) 무형자산의 미래경제적효익에 대한 통제는 일반적으로 법적 권리로부터 나오며, 법적 권리가 없는 경우에는 통제를 입증하기 어렵다. 따라서 권리의 법적 집행가능성이 통제의 필요조건이 된다.

4) 외부로부터 개별 취득하는 무형자산의 원가는 구입가격과 해당 무형자산을 기업이 의도한 목적에 사용할 수 있도록 준비하는 데 직접 관련되는 원가(예: 전문가 수수료, 검사비용 등)를 포함하여야 한다.

5) 무형자산은 자산이기 때문에 무형자산 사용이 가능한 시점부터 모든 무형자산은 상각을 해야 한다.

6) 무형자산의 제거로 생기는 이익이나 손실은 순매각금액과 장부금액의 차이로 산정하며, 그 이익이나 손실은 자산을 제거할 때 당기손익으로 인식한다.

7) 내부창출 영업권의 경우에는 영업권의 취득원가를 신뢰성 있게 측정 가능하다면, 국제회계기준에서 이를 영업권으로 인정한다.

8) 영업권의 가치를 금액으로 평가하는 방법은 초과수익환원법이나, 연매법 등 피합병법인의 초과수익을 이용하는 방법도 있고, 매수법과 같이 합병대가를 이용하는 방법이 있다.

9) 투자부동산은 임대수익이나 시세차익을 얻기 위하여 보유하는 부동산이다. 기업이 보유하고 있는 부동산(토지, 건물(또는 건물의 일부분))으로 다른 자산과는 거의 독립적으로 현금흐름을 창출한다.

10) 투자부동산에 대하여 공정가치모형을 선택한 경우에는 최초 인식 후 모든 투자부동산을 공정가치로 측정한다. 투자부동산의 공정가치 변동으로 발생하는 손익은 발생한 기간의 기타포괄손익에 반영한다.

2. 아래의 빈칸에 알맞은 단어를 기입하세요.

1) 무형자산은 (　　　)는 없지만 식별가능한 비화폐성 자산이다.

2) 무형자산 중 특정한 상호나 상표를 사용하여 상품이나 제품 등을 판매, 제조할 수 있는 권리는 (　　　)이다.

3) 신제품, 신기술 등의 개발과 관련하여 발생한 비용으로서 개별적으로 식별가능하고 미래의 경제적 효익을 확실하게 기대할 수 있는 무형자산은 (　　　)라 한다.

4) (　　) 권리 또는 기타 법적 권리로부터 발생하는 자산인 경우 무형자산으로 식별가능해 진다.

5) 무형자산의 미래의 경제적효익을 확보할 수 있고 그 효익에 대한 제3자의 접근을 제한할 수 있다면 기업이 자산을 (　　)하고 있는 것이다.

6) 무형자산을 최초로 인식할 때에는 (　　)로 측정한다.

7) 내부적으로 창출한 무형자산이 인식기준을 충족하는지를 평가하기 위하여 무형자산의 창출과정을 (　　)단계와 (　　)단계로 구분한다.

8) (　　)이란 해당 기업이 동종업종의 타 기업에 비해 특히 유리한 여건을 바탕으로 초과수익을 기대할 수 있을 때 이에 대한 재무적인 평가금액을 의미한다.

9)「한국채택국제회계기준」에서는 영업권의 내용연수를 (　　)인 것으로 보고 상각을 하지 않도록 규정하고 있다.

10) 투자부동산은 (　　) 과 원가모형 중 하나를 선택하여 모든 투자부동산에 적용한다.

3. **(주)한국이 2018년 1월 초 건물을 취득하여 투자부동산으로 분류하였을 때, 다음 자료의 거래가 (주)한국의 2018년 당기손익에 미치는 영향은?(단, 투자부동산에 대하여 공정가치모형을 적용하며, 감가상각비는 정액법으로 월할 계산한다) (공무원 9급 2019년)**

- 건물(내용연수 5년, 잔존가치 ₩0) 취득가액은 ₩2,000,000이며, 이와 별도로 취득세 ₩100,000을 납부하였다.
- 2018년 6월 말 건물의 리모델링을 위해 ₩1,000,000을 지출하였으며, 이로 인해 건물의 내용연수가 2년 증가하였다.
- 2018년 12월 말 건물의 공정가치는 ₩4,000,000이다.

① ₩900,000　② ₩1,000,000　③ ₩1,900,000　④ ₩2,000,000

4. **무형자산에 대한 설명으로 옳지 않은 것은?(공무원 9급 2023년)**

① 생산이나 사용 전의 시제품과 모형을 설계, 제작, 시험하는 활동과 같은 개발단계의 지출은 일정요건을 충족하면 무형자산으로 인식한다.

② 새로운 지식을 얻고자 하는 활동과 같은 연구단계의 지출은 발생시점에 비용으로 인식한다.

③ 내부적으로 창출된 영업권은 원가를 신뢰성 있게 측정할 수 없고 기업이 통제하고 있는 식별 가능한 자원이 아니기 때문에 자산으로 인식하지 아니한다.

④ 무형자산을 창출하기 위한 내부 프로젝트를 연구단계와 개발단계로 구분할 수 없는 경우에는 모두 개발단계에서 발생한 것으로 본다.

5. **(주)한국은 (주)민국에 대한 다음의 실사 결과를 이용하여 인수를 고려하고 있다.**

- 자산의 장부가치: ₩4,000(공정가치 ?)
- 부채의 장부가치: ₩2,500(공정가치 ₩2,500)
- 자본금: ₩500 • 자본잉여금: ₩300 • 이익잉여금: ₩700

만약, 이 중 75%를 ₩2,000에 취득하고 영업권 ₩500을 인식한다면 (주)민국의 자산 공정가치는? (공무원 9급 2020년)

① ₩3,500 ② ₩4,000 ③ ₩4,500 ④ ₩5,000

6. **무형자산에 대한 설명으로 옳지 않은 것은?(공무원 9급 2022년)**

① 내부적으로 창출한 브랜드, 제호, 출판표제, 고객 목록과 이와 실질이 유사한 항목은 무형자산으로 인식한다.

② 계약상 권리 또는 기타 법적 권리로부터 발생하는 무형자산의 내용연수는 그러한 계약상 권리 또는 기타 법적 권리의 기간을 초과할 수는 없지만, 자산의 예상사용기간에 따라 더 짧을 수는 있다.

③ 무형자산의 상각방법은 자산의 경제적 효익이 소비될 것으로 예상되는 형태를 반영한 방법이어야 한다. 다만, 그 형태를 신뢰성 있게 결정할 수 없는 경우에는 정액법을 사용한다.

④ 새로운 제품이나 용역의 홍보원가 그리고 새로운 계층의 고객을 대상으로 사업을 수행하는 데서 발생하는 원가는 무형자산의 원가에 포함하지 않는 지출이다.

7. **제조업을 영위하는 (주)한국의 20×1년 말 재무상태표에는 매출채권에 대한 손실충당금(대손충당금) 기초 잔액은 ₩200,000이며, 이익잉여금 기초 잔액은 ₩30,000이었다. 20×1년 중 발생한 다음 사항을 반영하기 전의 당기순이익은 ₩150,000이다.**

- 당기 중 거래처에 대한 매출채권 ₩70,000이 회수불능으로 확정되었다.
- 20×1년 말 매출채권 총액에 대한 기대신용손실액은 ₩250,000이다.
- 7월 1일 임대목적으로 ₩200,000의 건물을 취득하였다. 내용연수는 20년이고 잔존가치는 없다. (주)한국은 투자부동산에 대해서 공정가치모형을 적용한다. 결산일인 20×1년 말 건물의 공정가치는 ₩250,000이다.

(주)한국의 20×1년 당기순이익과 20×1년 말 이익잉여금은?(공무원 9급 2021년)

	당기순이익	이익잉여금
①	₩80,000	₩70,000
②	₩90,000	₩70,000
③	₩80,000	₩110,000
④	₩90,000	₩110,000

8. 무형자산에 대한 설명으로 옳지 않은 것은?(공무원 9급 2018년)

① 무형자산으로 정의되기 위해서는 식별가능성, 자원에 대한 통제 및 미래 경제적 효익의 존재라는 조건을 모두 충족하여야 한다.

② 무형자산에는 특허권, 상표권, 저작권 등이 있다.

③ 사업결합으로 취득한 식별가능 무형자산의 취득원가는 취득일의 공정가치로 평가한다.

④ 비한정내용연수를 가지는 것으로 분류되었던 무형자산이 이후에 유한한 내용연수를 가지는 것으로 변경된 경우에도 상각을 하지 않는다.

9. (주)한국은 내용연수가 유한한 무형자산에 대하여 정액법(내용연수 5년, 잔존가치 ₩0)으로 상각하여 비용처리한다. (주)한국의 2016년 무형자산 관련 자료가 다음과 같을 때, 2016년에 인식할 무형자산 상각비는?(단, 2016년 이전에 인식한 무형자산은 없으며, 무형자산상각비는 월할 상각한다) (공무원 9급 2017년)

- 1월 1일: 새로운 제품의 홍보를 위해 ₩10,000을 지출하였다.
- 4월1일: 회계법인에 의뢰하여 평가한 '내부적으로 창출한 영업권'의 가치는 ₩200,000이었다.
- 7월 1일: 라이선스를 취득하기 위하여 ₩5,000을 지출하였다.

① ₩500 ② ₩2,500 ③ ₩30,500 ④ ₩32,000

10. 투자부동산에 관한 설명으로 옳지 않은 것은?(감정평가사 1차 2019년)

① 미래에 투자부동산으로 사용하기 위하여 건설 또는 개발 중인 부동산은 투자부동산에 해당한다.

② 소유 투자부동산은 최초 인식시점에 원가로 측정하며, 거래원가는 최초 측정치에 포함한다.

③ 통상적인 영업과정에서 판매하기 위한 부동산이나 이를 위하여 건설 또는 개발 중인 부동산은 투자부동산에 해당하지 않는다.

④ 투자부동산을 개발하지 않고 처분하기로 결정하는 경우에는 재고자산으로 재분류한다.

⑤ 투자부동산에 대하여 공정가치모형을 선택한 경우, 투자부동산의 공정가치 변동으로 발생하는 손익은 발생한 기간의 당기손익에 반영한다.

11. **투자부동산에 해당하지 않는 것은?(감정평가사 1차 2014년)**

① 장기 시세차익을 얻기 위하여 보유하고 있는 토지(단, 정상적인 영업과정에서 단기간에 판매하기 위하여 보유하는 토지는 제외)

② 미래에 개발 후 자가사용할 부동산

③ 미래에 투자부동산으로 사용하기 위하여 건설 또는 개발중인 부동산

④ 직접 소유(또는 금융리스를 통해 보유)하고 운용리스로 제공하고 있는 건물

⑤ 장래 사용목적을 결정하지 못한 채로 보유하고 있는 토지

12. **다음 중 개발활동과 관련된 지출에 해당하는 것은?(관세사 1차 2013년)**

① 생산이나 사용 전의 시제품과 모형을 설계, 제작 및 시험하는 활동과 관련된 지출

② 새롭거나 개선된 재료, 장치, 제품, 공정, 시스템, 용역 등에 대한 여러 가지 대체안을 제안, 설계, 평가하는 활동과 관련된 지출

③ 새로운 지식을 얻고자 하는 활동과 관련된 지출

④ 재료, 장치, 제품, 공정, 시스템, 용역 등에 대한 여러 가지 대체안을 탐색하는 활동과 관련된 지출

⑤ 연구결과 또는 기타지식을 탐색, 평가하는 활동과 관련된 지출

13. **다음은 (주)감평의 20×1년 연구 및 개발활동 지출에 관한 자료이다. (주)감평이 20×1년에 연구활동으로 분류해야 하는 금액은?(감정평가사 1차 2015년)**

- 새로운 지식을 얻고자 하는 활동 : ₩100,000
- 연구결과나 기타 지식을 최종 선택하는 활동 : ₩200,000
- 생산이나 사용 전의 시제품과 모형을 제작하는 활동 : ₩350,000
- 상업적 생산 목적으로 실현가능한 경제적 규모가 아닌 시험공장을 건설하는 활동 : ₩400,000

① ₩300,000　② ₩450,000　③ ₩500,000

④ ₩550,000　⑤ ₩600,000

14. **(주)감평은 (주)대한을 합병하고 합병대가로 ₩30,000,000의 현금을 지급하였다. 합병 시점 (주)대한의 재무상태표상 자산총액은 ₩20,000,000이고 부채총액은 ₩11,000,000이다. (주)대한의 재무상태표상 장부금액은 토지를 제외하고는 공정가치와 같다. 토지는 장부상 ₩10,000,000으로 기록되어 있으나, 합병 시점에 공정가치는 ₩18,000,000인 것으로 평가되었다. 이 합병으로 (주)감평이 인식할 영업권은?(감정평가사 1차 2019년)**

① ₩9,000,000　② ₩10,000,000　③ ₩13,000,000

④ ₩21,000,000　⑤ ₩23,000,000

15. **(주)감평은 20x1년 1월 1일에 (주)민국을 흡수합병하였다. 합병시점에 (주)감평과 (주)민국의 식별가능한 자산과 부채의 장부금액 및 공정가치는 다음과 같다. (주)감평이 합병대가로 보통주(액면금액 ₩3,000, 공정가치 ₩3,500)를 (주)민국에 발행교부하였을 경우, 영업권으로 인식할 금액은?(감정평가사 1차 2017년)**

구 분	(주)감평		(주)민국	
	장부금액	공정가치	장부금액	공정가치
유동자산	₩2,000	₩1,900	₩1,800	₩1,300
유형자산	3,000	2,700	2,100	1,600
특허권	300	0	100	200
유동부채	400	400	200	200
장기차입금	600	600	600	660

① ₩760　② ₩960　③ ₩1,260
④ ₩1,360　⑤ ₩1,460

16. **다음 〈자료〉는 (주)한일이 (주)우성을 흡수합병하기로 하고 (주)우성의 자산과 부채를 공정한 시장가치로 평가한 내용이다. (주)우성의 순자산액을 구하고 (주)한일이 (주)우성에 인수대가로 ₩250,000을 수표를 발행하여 지불하였다면 영업권을 계산하고 인수시의 합병분개를 하시오.**

(주)우성(피합병기업)의 자산과 부채

자 산		부 채	
현 금	20,000	매입 채무	90,000
수 취 채 권	50,000	단기차입금	150,000
재 고 자 산	150,000	장기차입금	200,000
투 자 자 산	250,000	사 채	250,000
유 형 자 산	400,000	합 계	690,000
합 계	870,000		

17. **투자부동산의 공정가치모형을 적용할 경우 다음을 회계처리 하시오.**

(1) (주)한양은 20×1년 1월 1일 임대수익을 얻기 위하여 상가건물을 ₩5,000,000에 매입하였다. 건물 매입을 위하여 법률비용 ₩50,000과 건물 취득과 관련한 세금 ₩500,000을 지급하였다.

(2) 20×1년 12월 31일 건물의 공정가치가 ₩6,000,000으로 측정되었다.

(3) 20×2년 12월 31일 건물의 공정가치가 ₩5,800,000으로 측정되었다.

(4) 20×3년 4월 30일 (주)한양은 현금 ₩5,700,000을 받고 건물을 매각하였다.

18. **다음은 (주)한양의 제3기 수정전 잔액 시산표와 기말 정리사항이다. 이를 참조하여 결산수정분개를 하시오.**

수정전 잔액 시산표

잔 액	계 정	잔 액
3,600	현 금	
2,000	매 출 채 권	
	대 손 충 당 금	50
3,000	F V P L 금 융 자 산	
500	상 품	
2,200	매 입	
5,000	기 계 장 치	
	감 가 상 각 누 계 액	1,000
900	개 발 비	
	매 입 채 무	1,500
	차 입 금	2,000
	퇴 직 급 여 충 당 부 채	500
	자 본 금	5,000
	매 출	8,550
400	이 자 비 용	
1,000	급 여	
18,600		18,600

〈기말정리 사항〉

1) 회사는 재고자산의 수량은 실지재고조사법을 채택하고 있는데 내부통제목적으로 재고장을 기록하고 있다. 장부상 장부재고 ₩800으로 그 구성은 다음과 같다.

구분	수량	단가	금액
A상품	100	₩2	200
B상품	150	₩4	600

2) 12월 31일 창고에 기말상품의 실지재고는 ₩600이고 그 구성은 나음과 같으며 장부재고와 실지재고와의 차이를 조사한 결과 A상품은 천재지변에 의하여 소실되었으며, B상품은 창고관리인의 부주의로 인하여 소실된 것으로 판명되었다.

구분	수량	단가	금액
A상품	60	₩2	120
B상품	120	₩4	480

3) 기말상품의 원가와 순실현가치는 다음과 같다.

구분	수량	원가	순실현가치
A상품	60	₩2	₩3
B상품	120	₩4	₩3

4) 대손추정은 매출채권 잔액의 2%로 설정하였다.

5) 기계장치는 정률법으로 감가상각하며, 상각률은 20%이다.

6) 개발비 내용연수는 5년이며 이는 1기에 취득하였다.

10

CHAPTER

금융부채

금융부채(financial liability)는 거래상대방에게 현금 또는 다른 금융자산을 지급하거나 불리한 조건으로 금융자산을 교환해야 하는 계약상의 의무이다. 금융부채의 세부계정은 사채, 매입채무, 미지급금, 차입금 등이다. 비금융부채는 금융부채의 인식조건을 충족하지 못하는 부채로 거래상대방에게 인도되는 것이 재화와 용역을 인도해야 하는 부채이다. 비금융부채의 세부계정은 선수금, 선수수익, 충당부채 등이다. 본장에서는 금융부채의 의의와 이에 대한 회계처리에 필요한 화폐의 시간가치에 대한 개념을 설명하고 사채에 관련된 회계처리를 학습한다.

제1절 금융부채의 의의

부채(liability)란 과거 사건의 의하여 발생하였으며 미래에 타실체에게 경제적 효익이 내재된 자원, 즉 현금이나 상품 등을 제공해야 하는 현재의 의무이다.

금융부채(financial liability)는 거래상대방에게 현금 또는 다른 금융자산을 지급하거나 불리한 조건으로 금융자산을 교환해야 하는 계약상의 의무이다. 금융부채의 세부계정은 사채, 매입채무, 미지급금, 차입금 등이다. 비금융부채는 금융부채의 인식조건을 충족하지 못하는 부채로 거래상대방에게 인도되는 것이 재화와 용역을 인도해야 하는 부채이다. 비금융부채의 세부계정은 선수금, 선수수익, 충당부채 등이다.

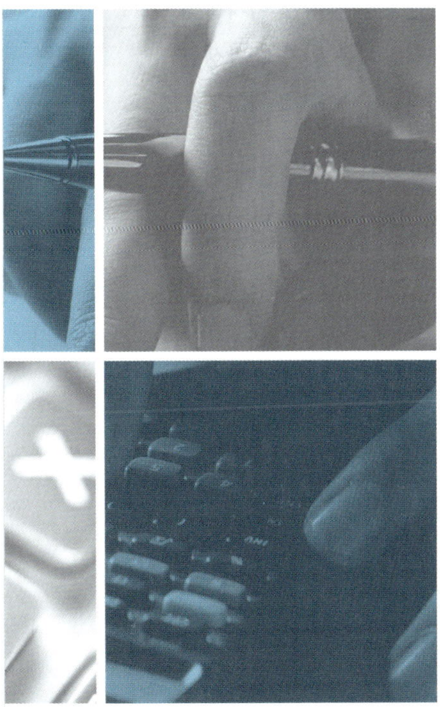

한국채택국제회계기준에서는 금융부채 몇 가지의 경우[1]를 제외하고는 상각후원가로 측정되도록 분류한다. 상각후원가로 측정되지 않는 금융부채는 회계원리의 수준을 넘어서는 부분이기에 이들은 중급회계에서 학습하길 권장하며 본 장에서는 상각후원가로 측정되는 금융부채에 대해서 설명하고자 한다.

제2절 화폐의 시간가치

화폐의 시간가치(time value of money)는 어떤 한 단위의 화폐단위가 시간적 요인에 따라 다른 가치를 가지게 되는 것을 의미한다. 현재의 ₩10,000과 1년 후의 ₩10,000은 동일한 양이라고 해도 그 가치가 다르

1) 상각후원가 측정에서 제외되는 금융부채는 FVPL 금융부채, 금융자산의 양도가 제거 조건을 충족하지 못하거나 지속적관여접근법이 적용되는 경우에 생기는 금융부채, 금융보증계약, 시장이자율보다 낮은 이자율로 대출하기로 한 약정, 기업회계기준서 제1103호 '사업결합'을 적용하는 사업결합에서 취득자가 인식하는 조건부 대가이다. 이들은 중급회계에서 다뤄진다.

현재가치를 PV(present value), 이자율을 r, 기간을 n, 미래가치를 FV(future value)라 표기할 경우, 위의 식을 일반화 하면

$$FV = PV(1 + r)^n$$

현재의 현금흐름을 미래가치로 전환하기 위해서는 $(1 + r)^n$을 곱하면 된다. 이렇게 식을 사용해서 미래가치를 계산할 수도 있지만, 부록으로 제공되고 있는 미래가치계수를 곱해서 미래가치를 계산할 수도 있다.

[예제 10-1] 미래가치 계산

원금 ₩10,000을 연리 12%로 정기예금하면 3년 후의 미래가치는 얼마인가?

풀이

미래가치 ₩10,000 × $(1+0.12)^3$ = ₩14,049

혹은

미래가치 ₩10,000 × 1.40493(n=3, 12%, 미래가치계수) = 14,049

2. 단일금액의 현재가치

현재가치(present value)의 계산이란 미래에 발생하게 될 화폐가치를 현재시점에서의 화폐가치로 환산하는 계산방법이다. 미래가치의 계산과정을 역으로 생각하면 현재가치를 계산 할 수 있다.

앞서 제시된 미래가치 사례에서 이자율은 10%, 기간은 3기간으로 원금 ₩1,000을 예금했을 때 3년 뒤에는 ₩1,331을 받을 수 있었다. 현재가치 사례에서 역시 이자율은 10%이고 기간을 3기간으로 가정하고 3년 후 ₩1,331원을 받기 위해서 현재 얼마를 입금해야 하는가를 계산해 보도록 하자.

이를 그림으로 나타내면 [그림 10-2]와 같다.

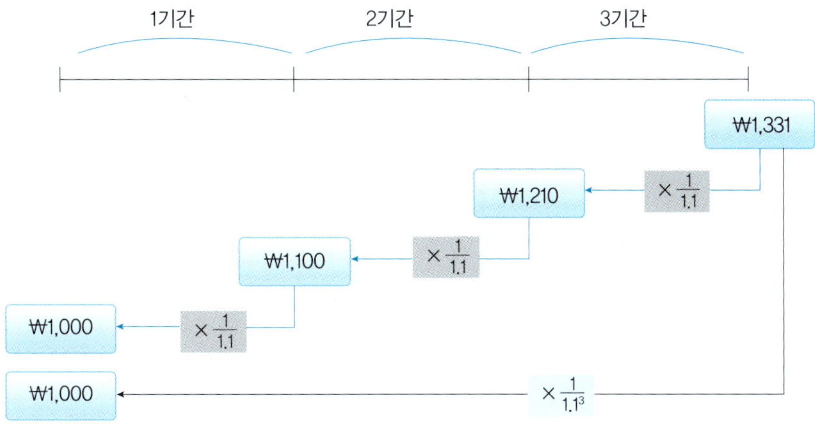

[그림 10-2] 현재가치 계산 과정

3년 뒤에 받고자 하는 금액이 1,331원 이었으므로 이를 이용하여

1기간 이전의 현재가치 = $1,331\times\frac{1}{1.1}=1,210$

2기간 이전의 현재가치 = $\left(1,331\times\frac{1}{1.1}\right)\times\frac{1}{1.1}=1,331\times\frac{1}{(1.1)^2}=1,100$

3기간 이후의 미래가치 = $\left(1,331\times\frac{1}{(1.1)^2}\right)\times\frac{1}{1.1}=1,331\times\frac{1}{(1.1)^3}=1,000$

현재가치를 PV(present value), 이자율을 r, 기간을 n, 미래가치를 FV(future value)라 표기할 경우, 위의 식을 일반화 하면

$$PV = FV \times \frac{1}{(1+r)^n}$$

미래의 현금흐름을 현재가치로 전환하기 위해서는 $(1+r)^n$ 으로 나누면 된다. 이렇게 식을 사용해서 현재가치를 계산할 수도 있지만, 부록으로 제공되고 있는 현재가치계수를 곱해서 현재가치를 계산할 수도 있다.

[예제 10–2] 현재가치 계산

3년 후에 ₩100,000 받을 수 있는 채권의 현재가치는 얼마나 될까? 이자율은 10%라고 가정한다.

풀이

현재가치 $₩100,000 \times \frac{1}{(1+0.1)^3} = 75,131$

혹은

현재가치 ₩100,000 × 0.75131(n=3, 10%, 현재가치계수) = 75,131

3. 연금의 미래가치

연금(annuities or pension)이란 매 기간 일정한 금액이 반복적으로 발생하는 현금흐름을 일컫는다. 연금의 미래가치계산(future value of annuity)이란 특정기간 동안 일정금액을 연말에 계속적으로 지급한다면 특정기간 말에 그 가치가 얼마인가를 계산하는 방법을 말한다.

예를 들어, 금융상품에 투자했는데 원금은 3년 뒤에 받기로 했으며(만기 3년), 3년 동안은 매년 말 이자 ₩100을 받기로 했다. 이자율은 10%로 가정한다. 이렇게 매 기간 일정한 금액이 반복적으로 발생하는 것을 연금이라 한다. 이 상황에서 3년 동안 수취할 이자들의 연금 미래가치 계산을 그림으로 나타내면 [그림 10–3]과 같다.

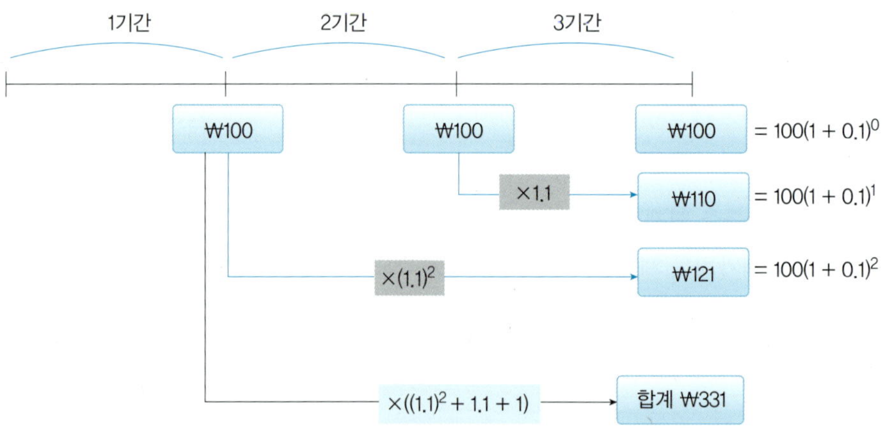

[그림 10–3] 연금 미래가치 계산과정

1기간 말 이자의 미래가치 = $100\times 1.1^2 = 121$

2기간 말 이자의 미래가치 = $100\times 1.1 = 110$

3기간 말 이자의 미래가치 = $100 \times 1 = 100$

마지막 3년 기말에서 측정한 이자들의 가치는 매 년말 이자 가치들의 합계가 되어 $100 \times((1.1)^2 + 1.1 + 1) = 331$이 된다.

연금의 미래가치를 FVA(future value of an annuity) 이자를 A, 이자율을 r, 기간을 n으로 표기할 경우, 위의 식을 일반화 하면

$$FVA = A[(1+r)^{n-1} + (1+r)^{n-2} + \cdots + (1+r)^0]$$
$$= A\left[\frac{(1+r)^n - 1}{r}\right]$$

이자에 $[(1+r)^n - 1]/r$을 곱하면 된다. 이렇게 식을 이용해서 계산할 수도 있지만, 부록으로 제공되는 연금 미래가치계수를 곱해서 미래가치를 계산할 수도 있다.

[예 10-3] 연금 미래가치 계산

이자 ₩1,000을 매 기말 5년 동안 받기로 했다. 연리 10%일 때, 이 이자들의 5년 뒤 미래가치는 얼마인가?

풀이

연금의 미래가치 ₩1,000 × $\frac{(1+r)^n - 1}{r}$ = 1,000 × $\frac{(1.1)^5 - 1}{0.1}$ =6,105.10

혹은

연금의 미래가치 ₩1,000 × 6.1051(n=5, 10%, 연금미래가치계수) = 6,105.10

4. 연금의 현재가치

연금의 현재가치(present value of annuity)란 일정기간 동안 매년 말에 일정금액을 지급하는 경우 이 미래금액들의 현재가치의 합계를 말한다.

예를 들어, 현재 투자자에게서 현금을 수취하고 원금은 3년 뒤에 지급하기로 했으며(만기

3년), 3년 동안 매년 말 이자 ₩100을 지급하기로 한다. 이자율은 10%로 가정한다. 이 상황에서 3년 동안 지급해야 할 이자들의 현재가치 계산을 그림으로 나타내면 [그림 10-4]와 같다.

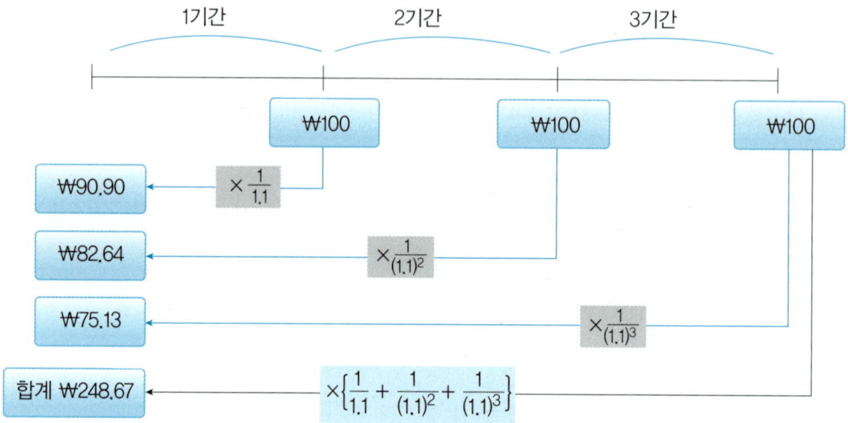

[그림 10-4] 연금 현재가치 계산과정

$$1기간\ 말\ 이자의\ 현재가치 = 100 \times \frac{1}{1.1} = 90.90$$

$$2기간\ 말\ 이자의\ 현재가치 = 100 \times \frac{1}{(1.1)^2} = 82.64$$

$$3기간\ 말\ 이자의\ 현재가치 = 100 \times \frac{1}{(1.1)^3} = 75.13$$

현재 시점에서 지급할 3년 동안 이자들의 총 합계액은

$100 \times \left(\frac{1}{1.1} + \frac{1}{(1.1)^2} + \frac{1}{(1.1)^3}\right) = 248.67$ 이 된다.

연금의 현재가치를 PVA(present value annuity), 이자를 A, 이자율을 r, 기간을 n으로 표기할 경우, 위의 식을 일반화 하면

$$\begin{aligned} PVA &= A\left[\frac{1}{1+r} + \frac{1}{(1+r)^2} + \cdots + \frac{1}{(1+r)^n}\right] \\ &= A\left[\frac{(1+r)^n - 1}{r(1+r)^n}\right] \end{aligned}$$

이자에 $[(1+r)^n - 1]/r(1+r)^n$ 을 곱하면 된다. 이렇게 식을 이용해서 계산할 수도 있지만, 부록으로 제공되는 연금 현재가치계수를 곱해서 현재가치를 계산할 수도 있다.

[예제 10-4] 연금 현재가치 계산

이자 ₩1,000을 매 기말 6년 동안 지급하기로 했다. 연리 10%일 때, 이 이자들의 현재가치는 얼마인가?

풀이

연금의 현재가치 ₩1,000 $\times \dfrac{(1+r)^n - 1}{r(1+r)^n} = 1{,}000 \times \dfrac{(1.1)^6 - 1}{0.1(1.1)^6} = 4{,}355.26$

혹은

연금의 현재가치 ₩1,000 × 4.3552(n=6, 10%, 연금현재가치계수) = 4,355.2

제3절 사채

1. 사채의 의의

사채(bonds)란 기업이 장기의 자금을 조달하기 위하여 유가증권을 발행하여 차입하는 채무이다. 발행된 사채는 일정기간 후에 원금을 상환하고 정기적으로 확정된 이자를 지급하기로 약정되어 있다.

2. 사채의 발행

회사가 발행한 사채를 취득한 채권자는 주식에 투자한 주주와는 달리 회사경영과 이익배당에는 참여할 수 없다. 한편, 채권자를 보호하기 위하여 상법에서는 사채의 총액을 최종의 재무상태표에 의하여 회사에 현존하는 순재산액의 4배를 초과하지 못하도록 규정하고 있다.

발행된 사채권에는 액면가액, 연이자율, 이자지급일, 만기일이 표시된다. 여기서 연이자율은 사채이자율(coupon rate) 또는 표시이자율(stated interest rate)이라고 하는 것으로 사채권에 표시된 이자율이다. 표시이자율과는 다른 개념으로 유효이자율(effective interest rate)은 사채발행 당시의 시장이자율(market interest rate)로서 사채발행의 시점에서 만기가액을 얻을 수 있는 투자수익률이다.

사채의 발행가액은 사채의 공정한 시장가치이며 사채를 발행함으로써 미래에 지급해야 할 현금흐름 즉 사채원금과 이자비용의 현재가치(present value)의 합계액을 의미한다. 사채 발행가액 계산과정을 그림으로 나타내면 [그림 10-5]와 같다.

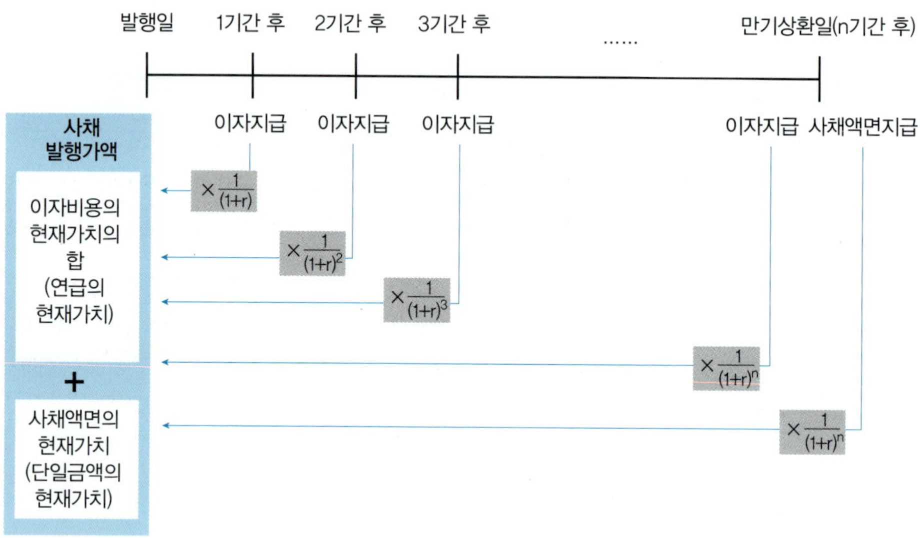

[그림 10-5] 사채 액면가액 계산과정

위 그림을 살펴보면 사채의 발행가격은 이자비용의 현재가치(연금의 현재가치)와 사채액면의 현재가치(단일금액의 현재가치)의 합으로 계산되어 있다. 이자는 매 기간 말에 지급을 해야 하므로 연금의 현재가치로 계산되어야 하며, 사채액면은 만기상환일에 한번만 지급을 하기 때문에 단일금액의 현재가치의 합으로 계산한다.

> 사채 발행가액 = 기간 별 지급이자의 현재가치(연금의 현재가치) +
> 사채액면의 현재가치(단일금액의 현재가치)

사채는 발행가액에 액면발행, 할인발행, 할증발행 세 가지 형태로 발행된다.

액면발행(issued at par)
사채의 액면가액과 동일한 발행가액으로 발행된 경우로, 이 경우 유효이자율(시장이자율)과 사채이자율(표시이자율)은 동일하다.

액면발행의 회계처리는 다음과 같다.

(차) 현금	×××	(대) 사채	×××

할인발행(issued at discount)
사채가 액면가액보다 낮은 발행가액으로 발행된 경우로, 이 경우 유효이자율(시장이자율)이 사채이자율(표시이자율)보다 높게 되어 사채할인발행차금이 나타나므로 이를 상각하는 회계처리를 해야 한다. 사채할인발행차금은 사채를 차감하는 평가계정[2)]이다.

할인발행의 회계처리는 다음과 같다.

(차) 현금	×××	(대) 사채	×××
사채할인발행차금	×××		

할증발행(issued at premium)
사채가 액면가액보다 높은 발행가액으로 발행된 경우로, 이 경우 유효이자율(시장이자율)이 사채이자율(표시이자율)보다 낮게 되어 사채할증발행차금이 나타나므로 이를 환입하는 회계처리를 해야 한다. 사채할증발행차금은 사채를 가산하는 평가계정이다.

할증발행의 회계처리는 다음과 같다.

(차) 현금	×××	(대) 사채	×××
		사채할증발행차금	×××

이를 요약하면 〈표 10-1〉과 같다.

2) 평가계정은 주된 계정에 부속된 계정을 말하며 주계정의 현재가치를 평가하기 위하여 존재한다.

〈표 10-1〉 사채의 발행형태

구분	상황	발행가액과 액면가액 비교
① 액면발행	시장이자율 = 표시이자율	발행가액 = 액면가액
② 할인발행	시장이자율 > 표시이자율	발행가액 < 액면가액
③ 할증발행	시장이자율 < 표시이자율	발행가액 > 액면가액

[예제 10-5] 사채발행

(주)한양은 다음과 같은 사채를 발행하였다.

발행일 : 20×1. 1. 1

액면금액 : ₩100,000

시장이자율 : 10%(매년 말에 지급)

만기일 : 20×3. 12. 31

물음

다음의 각 상황에 맞추어 사채발행가액을 계산하고, 사채발행과 관련된 회계처리를 하시오.

(1) 상황1 – 표시이자율 10%

(2) 상황2 – 표시이자율 8%

(3) 상황3 – 표시이자율 12%

풀이

(1) 표시이자율 = 시장이자율 (액면발행)

	20×1.1.1	20×1.12.31	20×2.12.31	20×3.12.31
표시이자 지급액		10,000	10,000	10,000
사채 액면금액				100,000

사채 발행가액

= 기간 별 지급이자의 현재가치 + 사채액면의 현재가치

= 10,000 × 2.48685(n=3, r=10% 연금의 현재가치) + 100,000 × 0.75131(n=3, r=10% 단일금액의 현재가치)

= 24,869 + 75,131 = 100,000

1.1	(차)	현금	100,000	(대)	사채	100,000

(2) 표시이자율 〈 시장이자율 (할인발행)

	20×1.1.1	20×1.12.31	20×2.12.31	20×3.12.31
표시이자 지급액		8,000	8,000	8,000
사채 액면금액				100,000

사채 발행가액
= 기간 별 지급이자의 현재가치 + 사채액면의 현재가치
= 8,000 × 2.48685(n=3, r=10% 연금의 현재가치) + 100,000 × 0.75131(n=3, r=10% 단일금액의 현재가치)
= 19,895 + 75,131 = 95,026

1.1	(차)	현금	95,026	(대)	사채	100,000
		사채할인발행차금	4,974			

(3) 표시이자율 〉 시장이자율 (할증발행)

	20×1.1.1	20×1.12.31	20×2.12.31	20×3.12.31
표시이자 지급액		12,000	12,000	12,000
사채 액면금액				100,000

사채 발행가액
= 기간 별 지급이자의 현재가치 + 사채액면의 현재가치
= 12,000 × 2.48685(n=3, r=10% 연금의 현재가치) + 100,000 × 0.75131(n=3, r=10% 단일금액의 현재가치)
= 29,842 + 75,131 = 104,973

1.1	(차)	현금	104,973	(대)	사채	100,000
					사채할증발행차금	4,973

한편, 사채발행비(bond issue costs)는 사채발행에 소요된 비용으로 인쇄비, 모집대행기관 수수료, 광고비 등이 포함되는데 한국채택국제회계기준에서는 사채발행가액을 사채발행비를 차감한 후의 가액으로 규정함으로써 사채할인차금(또는 사채할증발행차금)에 포함(또는 차감)되도록 하고 있다.

3. 사채의 이자비용 계산

사채가 액면가액과 다르게 할인발행 또는 할증발행된 경우 사채할인(할증)발행차금이 발생하게 되는데 이는 사채의 차감(부가)계정으로서 사채로부터 차감(부가)한 상각후가액을 재무상태표가액으로 표시하여야 한다.

또한 이와 같이 발생한 사채할인(할증)발행차금에 대한 회계처리를 K-IFRS에서는 유효이자율법을 적용하여 사채의 발행시부터 최종상환시까지의 기간에 상각 또는 환입하고 동 상각 또는 환입액을 사채이자에 가감하도록 규정하고 있다.

사채를 발행할 경우 액면발행을 하면, 발행가액과 만기 상환액 즉, 액면가액이 같다. 그러나 사채를 할인발행하거나 할증발행 할 경우 발행가액과 만기 상환액은 달라진다. 사채를 할인발행 할 경우 발행가액 보다 더 많은 금액을 만기에 액면가액으로 상환하게 되므로 그 차액 즉 사채할인발행차금만큼이 추가로 지급되는 이자비용에 해당된다. 따라서 할인발행을 할 경우 사채발행인이 실제로 부담하는 이자비용은 현금지급액에 사채할인발행차금을 가산한 금액으로 이루어진다. 반면 사채를 할증발행 할 경우 발행가액 보다 더 적은 금액을 만기에 액면가액으로 상환하게 되므로 그 차액 즉 사채할증발행차금만큼은 현금으로 지급한 이자비용 중 일부를 돌려받는 금액이 된다. 따라서 할증발행을 할 경우 사채발행인이 실제로 부담하는 이자비용은 현금지급액에 사채할증발행차금을 차감한 금액으로 이루어진다.

〈할인발행의 경우〉

(차) 이자비용	×××	(대) 사채할인발행차금	×××

〈할증발행의 경우〉

(차) 사채할증발행차금	×××	(대) 이자비용	×××

유효이자율법(effective interest method)은 사채의 장부가액에 유효이자율(시장이자율)을 적용하여 사채발행차금을 상각하는 방법이다.

[예제 10-6] 사채이자비용

〈예제 10-5〉에서 이어지는 상황이다.
(주)한양은 다음과 같은 사채를 발행하였다.
발행일 : 20×1. 1. 1
액면금액 : ₩100,000
시장이자율 : 10%(매년 말에 지급)
만기일 : 20×3. 12. 31

물음

다음의 각 상황 별로 이자지급일의 이자비용을 계산하고 이자지급과 관련된 회계처리를 하시오. 단, 사채할인발행차금상각은 유효이자율법에 의한다.

(1) 상황1 – 표시이자율 10%인 경우 사채 발행가액: ₩100,000
(2) 상황2 – 표시이자율 8%인 경우 사채 발행가액: ₩95,026
(3) 상황3 – 표시이자율 12%인 경우 사채 발행가액: ₩104,973

풀이

사채 이자비용을 계산하기 위해서는 사채발행차금 상각표를 이용하는 것이 편리하다.

(1) 액면발행

일자	시장이자	표시이자	사채할인발행 차금상각	사채장부가액
20×1. 1. 1.				100,000
20×1. 12. 31.	10,000	10,000	0	100,000
20×2. 12. 31.	10,000	10,000	0	100,000
20×3. 12. 31.	10,000	10,000	0	100,000
	30,000	30,000	0	

기간 말 이자지급 회계처리

20×1.12.31	(차)	이자비용	10,000	(대)	현금	10,000
20×2.12.31	(차)	이자비용	10,000	(대)	현금	10,000
20×3.12.31	(차)	이자비용	10,000	(대)	현금	10,000

(2) 할인발행

일자	시장이자	표시이자	사채할인발행 차금상각	사채장부가액
20×1. 1. 1.				95,026
20×1. 12. 31.	9,503[*1]	8,000	1,503[*2]	96,529[*3]
20×2. 12. 31.	9,653	8,000	1,653	98,182
20×3. 12. 31.	9,818	8,000	1,818	100,000
	28,974	24,000	4,974	

[*1] 95,026 × 10%
[*2] 9,503 − 8,000
[*3] 95,026 + 1,503

기간 말 이자지급 회계처리

20×1.12.31	(차)	이자비용	9,503	(대)	현금	8,000
					사채할인발행차금	1,503
20×2.12.31	(차)	이자비용	9,653	(대)	현금	8,000
					사채할인발행차금	1,653
20×3.12.31	(차)	이자비용	9,818	(대)	현금	8,000
					사채할인발행차금	1,818

(3) 할증발행

일자	시장이자	표시이자	사채할증발행 차금상각	사채장부가액
20×1. 1. 1.				104,974
20×1. 12. 31.	10,497[*1]	12,000	1,503[*2]	103,471[*3]
20×2. 12. 31.	10,347	12,000	1,653	101,818
20×3. 12. 31.	10,182	12,000	1,818	100,000
	31,026	36,000	4,974	

[*1] 104,974 × 10%
[*2] 120,000 − 10,497
[*3] 104,974 − 1,503

기간 말 이자지급 회계처리

20×1.12.31	(차)	이자비용	10,497	(대)	현금	12,000
		사채할증발행차금	1,503			
20×2.12.31	(차)	이자비용	10,347	(대)	현금	12,000
		사채할증발행차금	1,653			
20×3.12.31	(차)	이자비용	10,183	(대)	현금	12,000
		사채할증발행차금	1,818			

4. 사채의 상환

사채의 만기가 도래하여 상환할 경우에는 액면발행, 할인발행 및 할증발행에 관계없이 액면금액을 상환하게 된다.

(차) 사채	×××	(대) 현금	×××

사채의 만기상환 이외에 상환에는 조기상환이 있다. 사채의 조기상환이란 사채를 만기일 이전에 상환하는 경우를 나타낸다. 이때 사채의 상환가액과 사채의 장부가액이 일치하지 않으므로 사채상환에 따른 손익이 발생하게 된다. 사채상환손익은 사채 조기상환 가액에서 사채의 장부가액을 차감하여 계산하며, 당기손익으로 분류한다. 또한 사채가 할인발행 혹은 할증발행 되었다면, 조기상환일 현재 미상각된 사채할인발행차금 또는 사채할증발행차금을 제거해야 한다.

사채상환손익 = 사채 조기상환가액 − 사채 장부가액

예를 들어 사채상환이익이 나타날 경우 사채조기상환에 관련된 회계처리는 다음과 같다.

액면발행 사채의 조기상환

(차)	사채	×××	(대)	현금	×××
				사채상환이익	×××

할인발행 사채의 조기상환

(차)	사채	×××	(대)	현금	×××
				사채할인발행차금	×××
				사채상환이익	×××

할증발행 사채의 조기상환

(차)	사채	×××	(대)	현금	×××
	사채할증발행차금	×××		사채상환이익	×××

[예제 10-7] 사채만기상환과 사채조기상환

(주)한양은 다음과 같은 사채를 발행하였다.
발행일 : 20×1. 1. 1
액면금액 : ₩100,000
표시이자율 : 8%(매년 말에 지급)
시장이자율 : 10%
만기일 : 20×3. 12. 31

물음

다음의 각 상황 별로 사채 상환에 관련된 회계처리를 하시오.

(1) 상황1 – 20×3. 12. 31 만기일에 사채를 상환
(2) 상황2 – 20×1. 12. 31 현금 ₩95,000에 사채를 상환
(3) 상황3 – 20×2. 6. 30 현금 ₩96,000에 사채를 상환

풀이

사채의 이자비용과 사채할일발행 차금 상각을 위하여 상각표를 작성하여 확인하도록 하자.

일자	시장이자	표시이자	사채할인발행차금 상각	사채장부가액
20×1. 1. 1.				95,026
20×1. 12. 31.	9,503*1	8,000	1,503*2	96,529*3
20×2. 12. 31.	9,653	8,000	1,653	98,182
20×3. 12. 31.	9,818	8,000	1,818	100,000
	28,974	24,000	4,974	

*1 95,026 × 10%
*2 9,503 – 8,000
*3 95,026 + 1,503

(1) 20×3. 12. 31 만기상환

(차)	사채	100,000	(대)	현금	100,000

(2) 20×1. 12. 31 조기상환

(차)	이자비용	9,503	(대)	현금	8,000
				사채할인발행차금	1,503

(차)	사채	100,000	(대)	현금	95,000
				사채할인발행차금	3,471
				사채상환이익	1,529

(3) 20×2. 6. 30 조기상환

20×2. 6. 30 조기상환은 20×2. 12. 31 이전 시점이므로 아직 이자지급이 되지 않았다. 따라서 20×2. 1. 1 ~ 20×2. 6. 30 즉, 6개월 동안의 이자비용과 미지급이자를 인식해야 한다.

(차)	이자비용	4,827[*1]	(대)	미지급이자	4,000[*2]
				사채할인발행차금	827[*3]

[*1] $9,653 \times 6/12 = 4,827$
[*2] $8,000 \times 6/12 = 4,000$
[*3] $1,653 \times 6/12 = 827$

(차)	사채	100,000	(대)	현금	96,000
	미지급이자	4,000		사채할인발행차금	2,645[*1]
				사채상환이익	5,355

[*1] $(1,653 \times 6/12) + 1,818 = 2,645$

연·습·문·제

1. 다음의 제시되는 문장을 읽고 맞는 설명인 경우는 O, 틀린 설명인 경우는 X로 답하세요.

1) 한국채택 국제회계기준에서는 모든 금융부채를 상각후원가로 측정되도록 분류한다.

2) 미지급비용은 발생주의에 의해 기간손익을 인식하기 위해 비용으로 계상된 금액으로, 미지급비용의 예로는 미지급이자, 미지급급여, 미지급보험료, 미지급임차료 등이 있다.

3) 미래의 현금흐름을 현재가치로 전환하기 위해서는 (1+r)n으로 곱하면 된다.

4) 발행된 사채권에는 액면가액, 시장이자율, 이자지급일, 만기일이 표시된다.

5) 사채가 액면가액보다 낮은 발행가액으로 발행된 경우로, 이 경우 유효이자율(시장이자율)이 사채이자율(표시이자율)보다 낮게 되어 사채할인발행차금이 나타나므로 이를 환입하는 회계처리를 해야 한다.

6) 시장이자율이 표시이자율 보다 낮은 경우 액면가액은 발행가액보다 낮게 되며, 이를 할증발행이라 한다.

7) 사채발행비는 사채발행에 소요된 비용으로 인쇄비, 모집대행기관 수수료, 광고비 등이 포함되는데 K-IFRS에서는 사채발행가액을 사채발행비를 차감한 후의 가액으로 규정함으로써 사채할인차금(또는 사채할증발행차금)에 포함(또는 차감)되도록 하고 있다.

8) 사채할인(할증)발행차금에 대한 회계처리를 K-IFRS에서는 유효이자율법을 적용하여 사채의 발행시부터 최종상환시까지의 기간에 상각 또는 환입하고 동 상각 또는 환입액을 사채이자에 가감하도록 규정하고 있다.

9) 유효이자율법을 적용하는 경우 사채할인발행차금 상각액은 시간의 경과에 따라 감소하지만, 사채할증발행차금 환입액은 시간의 경과에 따라 증가한다.

10) 사채를 조기상환하는 경우 사채의 상환가액과 사채의 장부가액이 일치하지 않으므로 사채상환에 따른 손익이 발생하게 되는데, 이때 사채상환손익은 사채의 장부가액에서 조기상환 가액을 차감하여 계산한다.

2. 아래의 빈칸에 알맞은 단어를 기입하세요.

1) 금융부채는 거래상대방에게 현금 또는 다른 (　　　)을 지급하거나 (　　　) 조건으로 금융자산을 교환해야 하는 (　　　)의 의무이다.

2) 기업의 주된 영업활동과 관련하여 발생한 채무를 (　　　)라 하며, 기업의 주된 상거래 이외의 활동과 관련된 미지급금, 차입금, 선수금 등의 미지급 채무를 (　　　)라 한다.

3) 기업이 재화나 용역을 구입하고 약속어음을 발행하여 거래처에 지급한 경우 (　　　)이라 하고, 반대로 기업이 재화나 용역을 제공하고 약속어음을 받았을 경우는 (　　　)이라 한다.

4) (　　　)은 일반적 상거래 이외에서 발생한 미지급채무로서 유가증권, 유형자산 등의 취득으로 발생한 채무이다.

5) 보고기간말로부터 1년 이내에 만기가 도래하는 차입금은 (　　　)으로 분류되며, 보고기간말로부터 1년 이후에 만기가 도래하는 차입금은 (　　　)으로 분류된다.

6) 현재가치의 계산이란 미래에 발생하게 될 화폐가치를 현재시점에서의 화폐가치로 환산하는 계산방법으로, 미래가치의 계산과정을 (　　　)으로 생각하면 현재가치를 계산할 수 있다.

7) 유효이자율은 사채발행 당시의 (　　　)로서 사채발행의 시점에서 만기가액을 얻을 수 있는 투자수익률이다.

8) 사채의 발행가액은 사채를 발행함으로써 미래에 지급해야 할 현금흐름 즉 (　　　)과 (　　　)의 현재가치의 합계액이다.

9) 사채가 액면가액과 다르게 할인발행된 경우 사채할인발행차금이 발생하게 되는데 이는 사채의 (　　　)계정으로서 사채로부터 (　　　)한 상각후가액을 재무상태표가액으로 표시하여야 한다.

10) 사채의 만기가 도래하여 상환할 경우에는 액면발행, 할인발행 및 할증발행에 관계없이 (　　　)을 상환하게 된다.

3. 사채에 대한 설명으로 옳지 않은 것은?(공무원 9급 2024년)

① 사채발행 시 시장이자율이 액면이자율보다 높은 경우 할인발행된다.

② 사채를 할인발행한 경우 매년 인식할 이자비용은 증가한다.

③ 사채할증발행차금 잔액은 매년 감소한다.

④ 사채할인발행차금 상각액은 매년 감소한다.

4. (주)한국은 20×1년 1월 1일 액면금액이 ₩1,000,000인 사채(액면이자율 8%, 만기 3년)를 ₩950,263에 발행하였다. (주)한국이 발행한 사채와 관련한 설명으로 옳지 않은 것은?(단, 액면이자는 매년 말 지급하고, 원금은 만기에 일시 상환한다) (공무원 9급 2023년)

① 사채발행 시 액면이자율이 시장이자율보다 낮다.

② 매년 인식해야 할 이자비용은 증가한다.

③ 만기까지 인식해야 할 이자비용의 총액은 ₩240,000이다.

④ 이자비용으로 지출하는 현금은 매년 ₩80,000으로 일정하다.

5. **(주)한국은 2016년 1월 1일에 액면가액 ₩1,000, 액면이자율 연 8%, 유효이자율 연 10%, 만기 3년, 이자지급일 매년 12월 31일인 사채를 발행하였다. (주)한국은 유효이자율법을 적용하여 사채할인발행차금을 상각하고 있으며, 2017년 12월 31일 사채의 장부금액은 ₩982이다. (주)한국이 2018년 6월 30일 동 사채를 ₩1,020에 조기 상환하였다면, 이때의 사채상환손실은?(단, 계산은 월할 계산하며, 소수점 발생 시 소수점 아래 첫째 자리에서 반올림한다) (공무원 9급 2019년)**

① ₩11 ② ₩20 ③ ₩29 ④ ₩31

6. **(주)한국은 20×1년 1월 1일에 액면가 ₩10,000, 만기 3년, 표시이자율 8%, 이자지급일이 매년 12월 31일인 사채를 ₩9,503에 할인발행하였다. 이 사채를 20×2년 1월 1일에 ₩9,800을 지급하고 조기상환할 때, 사채상환손익은?(단, 발행일의 유효이자율은 10%이고, 금액은 소수점 첫째자리에서 반올림한다) (공무원 9급 2021년)**

① 사채상환손실 ₩18

② 사채상환손실 ₩147

③ 사채상환이익 ₩18

④ 사채상환이익 ₩147

7. **유효이자율법에 의한 사채할인발행차금 또는 사채할증발행차금에 대한 설명으로 옳은 것은?(공무원 9급 2020년)**

① 사채를 할증발행할 경우, 인식하게 될 이자비용은 사채할증발행차금에서 현금이자 지급액을 차감한 금액이다.

② 사채를 할인발행할 경우, 사채할인발행차금 상각액은 점차 감소한다.

③ 사채를 할인발행 또는 할증발행할 경우 마지막 기간 상각 완료 후 장부가액은 사채의 액면금액이 된다.

④ 사채할인발행차금의 총발생액과 각 기간 상각액의 합계금액은 같고, 사채할증발행차금의 총발생액과 각 기간 상각액의 합계금액은 다르다.

8. **상각후원가측정금융부채로 분류하는 사채의 회계처리에 대한 설명으로 옳지 않은 것은?(공무원 9급 2021년)**

① 사채발행 시 사채발행비가 발생한 경우의 유효이자율은 사채발행비가 발생하지 않는 경우보다 높다.

② 사채의 액면이자율이 시장이자율보다 낮은 경우 사채를 할인발행하게 된다.

③ 사채를 할증발행한 경우 사채의 장부금액은 시간이 흐를수록 감소한다.

④ 사채의 할인발행과 할증발행의 경우 사채발행차금상각액이 모두 점차 감소한다.

9. (주)한국은 2016년 1월 1일 액면금액 ₩1,000,000, 만기 3년의 사채를 유효이자율 연 10%를 적용하여 ₩925,390에 발행하였다. 2016년 12월 31일 장부금액이 ₩947,929이라면 이 사채의 표시이자율은?(공무원 9급 2017년)

① 7% ② 8% ③ 9% ④ 10%

10. (주)감평은 20x1년 1월 1일 액면금액 ₩1,000,000(만기 3년, 표시이자율 연 6%, 매년 말 이자지급)의 사채를 발행하였으며, 사채의 발행 당시 유효이자율은 연 8%이었다. (주)감평은 20x2년 6월 30일 사채를 조기상환하였다. 조기상환시 발생한 사채상환손실은 ₩32,000이다. (주)감평이 유효이자율법을 적용할 때, 상환일까지의 경과이자를 포함한 사채조기상환금액은?(단, 이자비용은 월할계산하고, 계산금액은 소수점 첫째자리에서 반올림하며, 단수차이로 인한 오차가 있으면 가장 근사치를 선택한다.) (감정평가사 1차 2019년)

기간	단일금액 ₩1의 현재가치		정상연금 ₩1의 현재가치	
	6%	8%	6%	8%
1	0.9434	0.9259	0.9434	0.9259
2	0.8900	0.8574	1.8334	1.7833
3	0.8396	0.7938	2.6730	2.5771

① ₩970,872 ② ₩996,300 ③ ₩1,004,872
④ ₩1,034,872 ⑤ ₩1,073,444

11. (주)감평은 20x1년 1월 1일에 액면금액 ₩1,000,000(표시이자율 연 8%, 매년 말 이자지급, 만기 3년)의 사채를 발행하였다. 발행당시 시장이자율은 연 13%이다. 20x1년 12월 31일 현재 동 사채의 장부금액은 ₩916,594이다. 동 사채와 관련하여 (주)감평이 20x3년도 인식할 이자비용은?(단, 단수차이로 인한 오차가 있으면 가장 근사치를 선택한다.) (감정평가사 1차 2018년)

① ₩103,116 ② ₩107,026 ③ ₩119,157
④ ₩124,248 ⑤ ₩132,245

12. (주)감평은 20×1년 1월 1일 액면금액이 ₩1,000,000이고, 표시이자율 연 10%(이자는 매년 말 지급), 만기 3년인 사채를 시장이자율 연 8%로 발행하였다. (주)감평이 20×2년 1월 1일 동 사채를 ₩1,100,000에 조기상환할 경우, 사채의 조기상환손익은?(단, 단수차이가 있으면 가장 근사치를 선택한다.) (감정평가사 1차 2016년)

기간	단일금액 ₩1의 현재가치		정상연금 ₩1의 현재가치	
	8%	10%	8%	10%
1	0.9259	0.9091	0.9259	0.9091
2	0.8573	0.8264	1.7833	1.7355
3	0.7938	0.7513	2.5771	2.4868

① ₩64,369 손실 ② ₩64,369 이익 ③ ₩134,732 손실
④ ₩134,732 이익 ⑤ ₩0

13. (주)서울은 액면금액 ₩1,000,000, 표시이자율 연 6%(매년 9월말 지급 조건)인 사채를 이자지급일에 표시이자 지급 직후 현금 ₩1,070,000으로 조기상환하였다. 이 거래로 인한 (주)서울의 사채상환손실이 ₩120,000이었다면, 조기상환 시점에서의 미상각 사채할인발행차금은 얼마인가?(관세사 1차 2013년)

① ₩20,000 ② ₩40,000 ③ ₩50,000
④ ₩70,000 ⑤ ₩120,000

14. (주)광주는 20×1년 초에 액면가액 ₩100,000(액면이자율 연 10%, 만기 3년, 매년 말 이자지급조건)인 사채를 발행하였다. 이 회사는 사채발행차금을 유효이자율법으로 회계처리하고 있다. 사채발행일의 시장이자율은 연 12%라고 할 때, (주)광주가 동 사채와 관련하여 3년간 포괄손익계산서에 인식할 총이자비용은 얼마인가?(단, 사채발행일의 시장이자율과 유효이자율은 일치한다.) (관세사 1차 2011년)

기간	기간 말 ₩1의 현재가치		정상연금 ₩1의 현재가치	
	10%	12%	10%	12%
1	0.9091	0.8929	0.9091	0.8929
2	0.8264	0.7972	1.7355	1.6901
3	0.7513	0.7118	2.4868	2.4018

① ₩24,018 ② ₩30,000 ③ ₩34,802
④ ₩36,000 ⑤ ₩36,802

15. **원금 ₩10,000을 연리 15%로 정기예금하면 10년 후의 미래가치는 얼마인가?**

16. **3년 후에 ₩100,000 받을 수 있는 채권의 현재가치는 얼마나 될까?(이자율은 15%라고 가정한다)**

17. **3년 동안 말에 ₩10,000씩 15%로 정기적금하여 3년 후에 찾는다면 그 총액은 얼마나 될까?**

18. **매년도 말에 ₩10,000씩 3년간 연금을 지급받기로 약속된 금액을 현재 일시금으로 받는다면 얼마인가?(이자율은 15%로 가정한다)**

19. **다음 자료에 의하여 물음에 답하시오.**

-자료-

회사는 20×1년 1월 1일 다음 조건으로 사채를 발행하였다.

(1) 사채의 발행조건

① 사액액면 : ₩100,000)

② 발행기간 : 3년(20×1. 1. 1. ~ 20×3. 12. 31.)

③ 표시이자율 : 8%(이자지급일은 매년 12월 31일 후급)

④ 유효이자율 : 15%

(2) 사채할인발행차금상각은 유효이자율법에 의한다.

-물음-

1) 사채발행가액을 계산하시오.

2) 유효이자율법에 따른 상각표를 작성하시오.

3) 사채발행시의 분개를 하시오.

4) 20×1년 12월 31일 이자지급과 관련된 회계처리를 하시오.

5) 20×2년 12월 31일 현재 재무상태표상의 사채장부가액은 얼마인가?

20. **다음은 (주)한양의 제3기 수정전 잔액 시산표와 기말 정리사항이다. 이를 참조하여 결산수정분개를 하시오.**

수정전 잔액 시산표

잔 액	계 정	잔 액
3,600	현 금	
2,000	매 출 채 권	
	대 손 충 당 금	50
3,000	FVPL 금 융 자 산	
500	상 품	
2,200	매 입	
5,000	기 계 장 치	
	감 가 상 각 누 계 액	1,000
900	개 발 비	
	매 입 채 무	1,500
	차 입 금	2,000
	퇴 직 급 여 충 당 부 채	500
	자 본 금	5,000
	매 출	8,550
400	이 자 비 용	
1,000	급 여	
18,600		18,600

〈기말정리 사항〉

1) 회사는 재고자산의 수량은 실지재고조사법을 채택하고 있는데 내부통제목적으로 재고장을 기록하고 있다. 장부상 장부재고 ₩800으로 그 구성은 다음과 같다.

구분	수량	단가	금액
A상품	100	₩2	200
B상품	150	₩4	600

2) 12월 31일 창고에 기말상품의 실지재고는 ₩600이고 그 구성은 다음과 같으며 장부재고와 실지재고와의 차이를 조사한 결과 A상품은 천재지변에 의하여 소실되었으며, B상품은 창고관리인의 부주의로 인하여 소실된 것으로 판명되었다.

구분	수량	단가	금액
A상품	60	₩2	120
B상품	120	₩4	480

3) 기말상품의 원가와 순실현가치는 다음과 같다.

구분	수량	원가	순실현가치
A상품	60	₩2	₩3
B상품	120	₩4	₩3

4) 대손추정은 매출채권 잔액의 2%로 설정하였다.

5) 기계장치는 정률법으로 감가상각하며, 상각률은 20%이다.

6) 개발비 내용연수는 5년이며 이는 1기에 취득하였다.

7) 차입금의 연간 이자비용은 미지급상태이다. 이자율은 10%이다.

11

CHAPTER

금융자산 및 관계기업 투자

금융자산은 크게 지분상품과 채무상품으로 구분된다. 금융자산의 지분상품은 당기손익-공정가치로 측정하는 것이 원칙이다. 채무상품을 구분하기 위한 조건으로 사업모형과 계약상 현금흐름이 존재한다. 사업모형은 현금흐름을 창출하기 위해 금융자산을 관리하는 방식을 의미한다. 사업모형은 3가지로 구분된다. 첫째, 계약상 현금흐름을 수취하기 위해 자산을 보유하는 것이 목적인 사업모형, 둘째, 계약상 현금흐름의 수취와 금융자산의 매도 둘 다를 통해 목적을 이루는 사업모형, 셋째, 그 밖의 사업모형이다. 이러한 사업모형의 예로는 자산의 매도를 통해 현금흐름을 실현할 목적으로 금융자산을 관리하는 경우이다. 금융자산의 채무상품은 사업모형과 금융자산의 계약상 현금흐름 특성을 함께 고려하여 금융자산을 상각후원가, 기타포괄손익-공정가치, 당기손익-공정가치로 측정되도록 분류한다. 본 장에서는 금융자산과 관계회사투자에 대한 회계처리 방법을 설명한다.

제1절 금융자산의 의의와 종류

금융상품(financial instruments)은 거래당사자 어느 한쪽에게는 금융자산이 생기게 하고 거래상대방에게 금융부채나 지분상품이 생기게 하는 모든 계약이다.

금융자산(financial assets)은 다음의 자산을 말한다.

(1) 현금
(2) 다른 기업의 지분상품
(3) 다음 중 어느 하나에 해당하는 계약상 권리
　(가) 거래상대방에게서 현금 등 금융자산을 수취할 계약상 권리
　(나) 잠재적으로 유리한 조건으로 거래상대방과 금융자산이나 금융부채를 교환하기로 한 계약상 권리

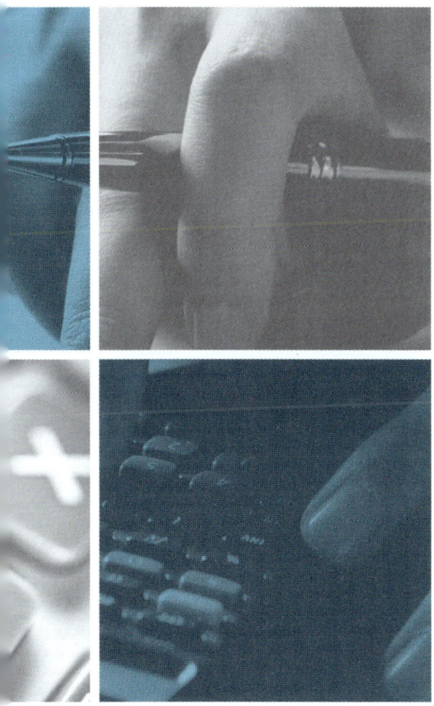

금융자산은 크게 지분상품과 채무상품으로 구분이 된다. 금융자산의 지분상품은, 당기손익-공정가치로 측정하는 것이 원칙이다. 다만 공정가치 변동분을 기타포괄손익으로 인식할 수 있는 선택권을 주고 있으며, 한번 선택하면 취소할 수 없다. 이 경우 기타포괄손익으로 인식한 공정가치 변동분은 해당 지분상품이 매도 등으로 제거되더라도 당기손익으로 대체할 수 없다.

또한 채무상품을 구분하기 위한 조건으로 사업모형과 계약상 현금흐름이 존재한다.

사업모형은 현금흐름을 창출하기 위해 금융자산을 관리하는 방식을 의미한다. 사업모형은 3가지로 구분된다. 첫째, 계약상 현금흐름을 수취하기 위해 자산을 보유하는 것이 목적인 사업모형, 둘째, 계약상 현금흐름의 수취와 금융자산의 매도 둘 다를 통해 목적을 이루는 사업모형, 셋째, 그 밖의 사업모형 이러한 사업모형의 예로는 자산의 매도를 통해 현

금흐름을 실현할 목적으로 금융자산을 관리하는 경우이다.

계약상 현금흐름 특성이란 특정일에 원금과 원금잔액에 대한 이자지급(이하 '원리금 지급')만을 이루어진 현금흐름(solely payments of principal and interest: SPPI)을 의미한다. 예를들어 계약상 현금흐름 특성을 갖춘 금융자산은 매출채권, 회사채 혹은 국공채와 같은 채무증권 등이다. 그러나 매출채권 혹은 채무증권이라 하더라도 만기 이전에 회수되거나 처분될 가능성이 있는 경우에는 현금흐름 특성을 갖추지 못한 금융자산으로 분류한다. 또한 기업이 보유하고 있는 타기업의 주식 즉 지분증권은 만기와 처분대가가 정해지지 않기 때문에 계약상 현금흐름 특성을 갖추지 못한 금융자산으로 분류한다.

금융자산의 채무상품은 사업모형과 금융자산의 계약상 현금흐름 특성을 함께 고려하여 금융자산을 상각후원가, 기타포괄손익－공정가치, 당기손익－공정가치로 측정되도록 분류한다.

상각후원가로 측정되기 위해서는 다음 두 가지 조건을 모두 충족해야 한다. 즉, 계약상 현금흐름을 수취하기 위해 보유하는 것이 목적인 사업모형 하에서 금융자산을 보유하고, 금융자산의 계약 조건에 따라 특정일에 원금과 원금잔액에 대한 이자지급(이하 '원리금 지급')만으로 구성되어 있는 현금흐름이 발생해야 한다. 상각후원가로 측정된 금융자산을 상각후원가(amortised cost) 측정 금융자산이라 한다. 본서에서는 '상각후원가 측정 금융자산'이라 표기하는 것이 너무 길기 때문에 AC금융자산으로 표기하기로 한다.

기타포괄손익－공정가치로 측정되기 위해서는 다음 두 가지 조건을 모두 충족해야 한다. 즉, 계약상 현금흐름의 수취와 금융자산의 매도 둘 다를 통해 목적을 이루는 사업모형 하에서 금융자산을 보유하고, 금융자산의 계약 조건에 따라 특정일에 원리금 지급만으로 구성되어 있는 현금흐름이 발생해야 한다.

기타포괄손익－공정가치로 측정된 금융자산을 기타포괄손익－공정가치(fair value through other comprehensive income: FVOCI) 측정 금융자산 이라 한다. 본서에서는 '기타포괄손익－공정가치 측정 금융자산'이라 표기하는 것이 너무 길기 때문에 FVOCI금융자산으로 표기하기로 한다.

상각후원가로 측정되거나 기타포괄손익－공정가치로 측정하는 경우가 아니라면 당기손익－공정가치로 측정한다. 그러나 당기손익－공정가치로 측정되는 '지분상품에 대한 특정 투자'에 대하여는 후속적인 공정가치 변동을 기타포괄손익으로 표시하도록 최초 인식시점에 선택할 수도 있다. 다만 한번 선택하면 이를 취소할 수 없다.

당기손익−공정가치로 측정된 금융자산을 당기손익−공정가치(fair value through profit or loss: FVPL) 측정 금융자산 이라 한다. 본서에서는 '당기손익−공정가치 측정 금융자산'이라 표기하는 것이 너무 길기 때문에 FVPL금융자산으로 표기하기로 한다.

이를 정리하면 〈표 11−1〉과 같다.

〈표 11−1〉 금융자산 측정을 위한 분류

구분	AC금융자산	FVOCI금융자산	FVPL금융자산
지분상품	−	최초인식 시점 선택권 존재	원칙
채무상품	계약상 현금흐름 수취 사업모형 & SPPI	계약상 현금흐름 수취와 매도 사업모형 & SPPI	AC금융자산혹은 FVOCI금융자산이 아닌 경우

제2절 금융자산의 분류 및 회계처리

지분투자는 FVPL금융자산, FVOCI금융자산으로 구분하여 설명하며, 채무투자는 AC로 설명하고자 한다.

1. 지분투자의 회계처리

1) FVPL금융자산

(1) 최초 측정

금융자산은 최초 인식 시점에 공정가치로 측정한다. 따라서 FVPL금융자산도 최초 인식 시점에 공정가치[1]로 측정한다. FVPL금융자산의 취득과 관련된 거래비용(예: 매매수수료 등)은 당기비용으로 인식한다.

1) 공정가치란 주된 시장에서의 정상거래에서 자산을 매도하면서 수취하게 될 가격으로 정의한다. 자산의 거래가격은 자산을 취득하면서 지급한 가격을 말하는데, 일반적으로 최초 인식시점에서 거래가격은 공정가치와 동일하다.

[예제 11-1] FVPL금융자산 취득 회계처리

×1년 9월 30일 (주)한양은 (주)서울의 주식 10주를 단기매매 목적으로 주당 ₩10,000에 현금매입하고 매입 거래비용으로 ₩20,000을 현금으로 지급하였다. FVPL금융자산의 취득과 관련된 회계처리를 하시오.

풀이

9.30	(차)	FVPL금융자산	100,000	(대)	현금	120,000
		지급수수료	20,000			

(2) 기말평가

FVPL금융자산은 기말에 공정가치로 평가한다. 공정가치로 평가시 나타나는 평가손익은 당기손익에 반영한다. FVPL금융자산의 기말 공정가치 평가의 분개는 다음과 같다.

(차)	FVPL금융자산	×××	(대) 금융자산평가이익(PL)	×××

혹은

(차)	금융자산평가손실(PL)	×××	(대) FVPL금융자산	×××

[예제 11-2] FVPL금융자산 기말평가

×1년 12월 31일 현재 (주)한양이 보유 중인 FVPL금융자산이다. FVPL금융자산을 종목별로 회계처리를 하시오.

종목	수량	취득원가	공정가치
(주)서울	10	₩100,000	₩93,000
(주)행당	40	200,000	225,000

풀이

주식회사 갑의 취득원가는 ₩100,000이고 기말 현재 공정가치는 ₩93,000이므로 ₩7,000의 평가손실이 발생하였다. 이에 ₩7,000을 당기손실로 회계처리를 해야 한다.
주식회사 을의 취득원가는 ₩200,000이고 기말 현재 공정가치는 ₩225,000이므로 ₩25,000의 평가이익이 발생하였다. 이에 ₩25,000을 당기이익으로 회계처리를 해야 한다.

12.31	(차)	금융자산평가손실(PL)	7,000	(대)	FVPL금융자산-(주)서울	7,000
	(차)	FVPL금융자산-(주)행당	25,000	(대)	금융자산평가이익(PL)	25,000

(3) 배당의 수령

FVPL금융자산을 취득한 후에 발행회사로부터 현금배당을 수령하는 거래가 발생할 수 있다. 현금배당을 받게 되면 배당금수익을 인식하면 된다.

[예제 11-3] FVPL금융자산 배당 회계처리

×2년 2월 20일 주식회사 (주)서울은 주당 ₩1,000의 현금배당을 결의하였으며, (주)한양은 ×2년 3월 31일 현금배당을 수령하였다. 현재 (주)한양이 보유중인 주식회사 (주)서울의 관련 자료는 아래와 같다. 자료를 참고하여 배당에 관련한 회계처리를 하시오.

종목	수량	취득원가
(주)서울	10	₩100,000

풀이

배당의 경우 결의일과 지급일이 다르므로 결의일에는 배당수익을 인식하는 회계처리를 수행하고, 지급일에는 현금 수령에 관련된 회계처리를 수행해야한다.
(주)서울의 주식 10주를 보유 중이므로 (주)한양이 지급받게 될 현금배당액은 ₩10,000(=10주×₩1,000)이다.

2.20	(차)	미수배당금	10,000	(대)	배당금수익	10,000
3.31	(차)	현금	10,000	(대)	미수배당금	10,000

(4) 처분

FVPL금융자산을 처분하는 경우 처분가액과 직전의 장부가액을 비교하여 금융자산처분손익이 계산된다. 만일 처분가액이 직전의 장부가액보다 크면 금융자산처분이익으로 처리하고, 처분가액이 직전의 장부가액보다 작으면 금융자산처분손실로 처리한다.

[예제 11-4] FVPL금융자산 처분 회계처리

×2년 5월 25일 (주)한양은 보유중이던 (주)서울의 주식 FVPL금융자산을 ₩250,000에 처분하고 현금을 수령하였다. FVPL금융자산의 직전 장부금액은 ₩225,000이었다. 처분에 관련된 회계처리를 하시오.

풀이

5.25	(차)	현금	250,000	(대)	FVPL금융자산	225,000
					금융자산처분이익	25,000

2) FVOCI금융자산

(1) 최초 측정

금융자산은 최초 인식 시점에 공정가치로 측정한다. 따라서 FVOCI금융자산도 최초 인식 시점에 공정가치로 측정한다. FVOCI금융자산의 취득과 관련된 거래비용(예: 매매수수로 등)은 취득원가에 가산한다.

[예제 11-5] FVOCI금융자산 취득 회계처리

×1년 9월 30일 (주)한양은 (주)서울의 주식 10주를 장기투자 목적으로 주당 ₩10,000에 현금매입하고 매입 거래비용으로 ₩20,000을 현금으로 지급하였다. FVOCI금융자산의 취득과 관련된 회계처리를 하시오.

풀이

9.30	(차)	FVOCI금융자산	120,000	(대)	현금	120,000

(2) 기말평가

FVOCI금융자산은 기말에 공정가치로 평가한다. 공정가치로 평가시 나타나는 평가손익은 기타포괄손익으로 인식한다. FVOCI융자산의 기말 공정가치 평가의 분개는 다음과 같다.

(차) FVOCI금융자산	×××	(대) 금융자산평가이익(OCI)	×××

혹은

(차) 금융자산평가손실(OCI)	×××	(대) FVOCI금융자산	×××

여기서 주의할 점은 최초 금융자산평가이익(OCI)을 인식하고 다음 회계기간에 공정가치가 하락하여 금융자산평가손실(OCI)를 인식해야 할 경우, 전기에 계상하였던 금융자산평가이익(OCI)을 먼저 감소시키고, 초과하는 금액을 금융자산평가손실(OCI)로 인식해야 한다. 반대로 최초 금융자산평가손실(OCI)을 인식하고 다음 회계기간에 공정가치가 상승하여 금융자산평가이익(OCI)을 인식해야 할 경우, 전기에 계상하였던 금융자산평가손실(OCI)을 먼저 감소시키고, 초과하는 금액을 금융자산평가이익(OCI)으로 인식해야 한다.

[예제 11-6] FVOCI금융자산 기말평가

(주)한양의 지분상품 취득과 평가 관련 거래는 다음과 같다. 각 일자별 회계처리를 하시오.

×1. 8. 5. (주)서울의 지분상품을 장기투자 목적으로 ₩170,000에 현금매입 하고 거래비용으로 ₩30,000을 현금으로 지급하였다.

×1. 12. 31. (주)서울의 지분상품의 공정가치가 ₩230,000이다.

×2. 12. 31. (주)서울의 지분상품의 공정가치가 ₩180,000이다.

×3. 12. 31. (주)서울의 지분상품의 공정가치가 ₩220,000이다.

×4. 12. 31. (주)서울의 지분상품의 공정가치가 ₩250,000이다.

풀이

×1.8.5. 장기투자목적으로 지분상품을 매입하였으므로 FVOCI금융자산으로 분류하여 측정해야 하며, 거래비용 ₩30,000은 FVOCI금융자산의 취득원가에 가산해야 한다.

×1.8.5	(차)	FVOCI금융자산	200,000	(대)	현금	200,000

×1.12.31. 취득당시 ₩200,000이었던 FVOCI금융자산이 ×1년 기말 평가 시 공정가치가 ₩230,000으로 증가하였으므로 금융자산평가이익(OCI)을 인식해야 한다.

×1.12.31	(차)	FVOCI금융자산	30,000	(대)	금융자산평가이익(OCI)	30,000

×2.12.31. ×1년 기말 평가 시 공정가치가 ₩230,000이었던 FVOCI금융자산이 ×2년 기말 평가 시 공정가치가 ₩180,000으로 ₩50,000이 감소하였다. 우선 직전년도에 인식했던 금융자산평가이익(OCI) ₩30,000을 감소시키고, 금융자산평가손실(OCI) ₩20,000을 인식해야 한다.

×2.12.31	(차)	금융자산평가이익(OCI)	30,000	(대)	FVOCI금융자산	50,000
		금융자산평가손실(OCI)	20,000			

×3.12.31. ×2년 기말 평가 시 공정가치가 ₩180,000이었던 FVOCI금융자산이 ×3년 기말 평가 시 공정가치가 ₩220,000으로 ₩40,000이 증가하였다. 우선 직전년도에 인식했던 금융자산평가손실(OCI) ₩20,000을 감소시키고, 금융자산평가이익(OCI) ₩20,000을 인식해야 한다.

×3.12.31	(차)	FVOCI금융자산	40,000	(대)	금융자산평가손실(OCI)	20,000
					금융자산평가이익(OCI)	20,000

×4.12.31. ×3년 기말 평가 시 공정가치가 ₩220,000이었던 FVOCI금융자산이 ×4년 기말 평가 시 공정가치가 ₩250,000으로 ₩30,000이 증가하였으므로. 금융자산평가이익(OCI) ₩30,000을 인식해야 한다.

×3.12.31	(차)	FVOCI금융자산	30,000	(대)	금융자산평가이익(OCI)	30,000

(3) 배당의 수령

FVOCI금융자산을 취득한 후에 발행회사로부터 현금배당을 수령하는 거래가 발생할 수 있다. 현금배당을 받게 되면 배당금수익을 인식하면 된다.

[예제 11-7] FVOCI금융자산 배당 회계처리

×2년 2월 20일 (주)서울은 주당 ₩1,000의 현금배당을 결의하였으며, (주)한양은 ×2년 3월 31일 현금배당을 수령하였다. 현재 (주)한양이 보유중인 (주)서울의 관련 자료는 아래와 같다. 자료를 참고하여 배당에 관련한 회계처리를 하시오.

종목	수량	취득원가
(주)서울	10	₩100,000

풀이

배당의 경우 결의일과 지급일이 다르므로 결의일에는 배당수익을 인식하는 회계처리를 수행하고, 지급일에는 현금 수령에 관련된 회계처리를 수행해야한다.
(주)서울의 주식 10주를 보유 중이므로 (주)한양이 지급받게 될 현금배당액은 ₩10,000(=10주×₩1,000)이다.

2.20	(차)	미수배당금	10,000	(대)	배당금수익	10,000
3.31	(차)	현금	10,000	(대)	미수배당금	10,000

(4) 처분

FVOCI금융자산은 처분하는 처분시점에서 FVOCI금융자산의 공정가치 평가를 통해 금융자산평가손익을 기타포괄손익으로 먼저 처리하고 처분회계처리를 수행한다. FVOCI금융자산을 처분하게 되면 금융자산처분손익(당기손익)은 발생하지 않는다[2].

2) FVOCI금융자산을 처분하는 경우 기타포괄손익으로 처리한 금융자산평가손익 누계액은 다른 자본계정으로 대체할 수는 있으나 당기손익으로 재순환할 수는 없다.

[예제 11-8] FVOCI금융자산 처분 회계처리

×2년 5월 25일 (주)한양은 보유중이던 (주)서울의 주식 FVOCI금융자산을 ₩250,000에 처분하고 현금을 수령하였다. FVOCI금융자산의 직전 장부금액은 ₩225,000이었다. 처분에 관련된 회계처리를 하시오. (단, FVOCI금융자산의 취득원가는 ₩200,000이다.)

풀이

FVOCI금융자산은 처분 시 공정가치 평가를 먼저하고 이후에 처분해야 하므로 처분시점의 공정가치는 ₩250,000이고 직전 장부금액은 ₩225,000이므로 ₩25,000이 증가하였으므로 금융자산평가이익(OCI)를 ₩25,000 인식한다. 그 이후 FVOCI금융자산을 처분하고 현금을 ₩250,000수령하는 회계처리를 수행한다. 단, FVOCI금융자산을 처분하는 경우 금융자산처분손익(PL)은 발생하지 않는다.

5.25	(차)	FVOCI금융자산	25,000	(대)	금융자산평가이익(OCI)	25,000
	(차)	현금	250,0000	(대)	FVOCI금융자산	250,000

2. 채권투자의 회계처리

AC금융자산으로 분류되는 금융상품이 일반적으로 채권투자와 관련된 상품이므로 채권투자의 회계처리는 AC금융자산의 회계처리 위주로 설명한다.

1) 최초 측정

금융자산은 최초 인식 시점에 공정가치로 측정한다. 따라서 AC금융자산도 최초 인식 시점에 공정가치로 측정한다. AC금융자산은 미래현금흐름의 시기와 금액을 명확히 확인할 수 있으므로 미래현금흐름의 현재가치를 측정하여 공정가치로 사용한다.

채권투자라 함은 타실체가 발행한 사채(bond)를 취득하여 보유하는 것이므로 이후에는 사채에 투자한 투자자를 중심으로 AC금융자산을 설명한다. 사채의 권면에는 액면금액, 표시이자율, 이자지급일, 상환일이 기재되어 있다. 권면에 기재된 사항을 이용하여 사채 발행가액을 산정하게 되는데 이렇게 산정된 발행가액이 공정가치가 된다.

AC금융자산의 최초 공정가치는 액면금액의 현재가치와 이자수취액의 현재가치의 합으로 계산되는데 이를 그림으로 나타내면 [그림 11-1]과 같다.

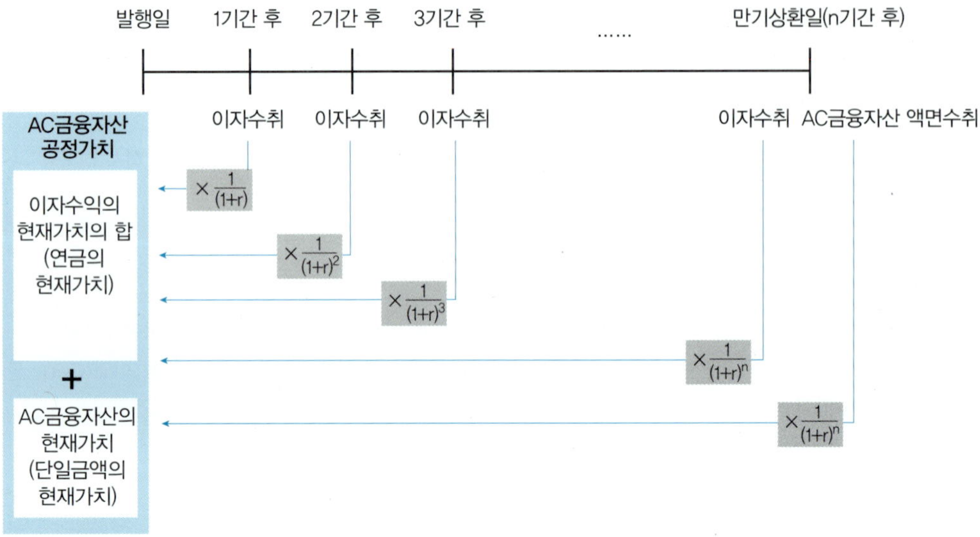

[그림 11–1] AC금융자산 공정가치

위 그림을 살펴보면 AC금융자산의 공정가치는 이자수취의 현재가치(연금의 현재가치)와 AC금융자산액면의 현재가치(단일금액의 현재가치)의 합으로 계산되어 있다. 이자는 매 기간 말에 수취 되므로 연금의 현재가치로 계산되어야 하며, AC금융자산액면은 만기상환일에 한 번만 수취하기 때문에 단일금액의 현재가치의 합으로 계산한다.

> AC금융자산 = 기간 별 수취이자의 현재가치(연금의 현재가치) + AC금융자산액면의 현재가치(단일금액의 현재가치)

AC금융자산의 공정가치계산을 보면, 앞서 10장에서 학습하였던 사채의 발행가격 계산과 동일함을 알 수 있다. 그 이유는 사채를 발행자 입장에서 보면, 금융부채 사채가 되는 것이고 투자자 입장에서 보면, AC금융자산이 되기 때문이다. 따라서 발행가액에 따라 액면발행, 할증발행, 할인발행이 이루어진다. 또한 회계처리 역시 금융부채 사채에서는 이자를 지급하고, 만기 상환에 관련된 회계처리가 진행되었다면, 금융자산 AC금융자산은 이자를 수취하고 만기 처분하는 회계처리가 진행된다.

[예제 11-9] AC금융자산 취득

(주)안산은 (주)한양이 다음과 같은 조건으로 발행한 사채를 취득하였다.

발행일 : 20×1. 1. 1 　　　　　　　　　액면금액 : ₩100,000
시장이자율 : 10%(매년 말에 지급) 　　　만기일 : 20×3. 12. 31

물음

다음의 각 상황에 맞추어 AC금융자산의 공정가치(사채발행가액)를 계산하고, AC금융자산 취득과 관련된 회계처리를 하시오.

(1) 상황1 − 표시이자율 10%
(2) 상황2 − 표시이자율 8%
(3) 상황3 − 표시이자율 12%

풀이

(1) 표시이자율 = 시장이자율 (액면취득)

	20×1.1.1	20×1.12.31	20×2.12.31	20×3.12.31
표시이자 수취액		10,000	10,000	10,000
AC금융자산 액면금액				100,000

AC금융자산 공정가치
= 기간 별 수취이자의 현재가치 + AC금융자산액면의 현재가치
= 10,000 × 2.48685(n=3, r=10% 연금의 현재가치) + 100,000 × 0.75131(n=3, r=10% 단일금액의 현재가치)
= 24,869 + 75,131 = 100,000

1.1	(차)	AC금융자산	100,000	(대)	현금	100,000

(2) 표시이자율 〈 시장이자율 (할인취득)

	20×1.1.1	20×1.12.31	20×2.12.31	20×3.12.31
표시이자 수취액		8,000	8,000	8,000
AC금융자산 액면금액				10,000

AC금융자산 공정가치
= 기간 별 수취이자의 현재가치 + AC금융자산액면의 현재가치
= 8,000 × 2.48685(n=3, r=10% 연금의 현재가치) + 100,000 × 0.75131(n=3, r=10% 단일금액의 현재가치)
= 19,895 + 75,131 = 95,026

1.1	(차)	AC금융자산	95,026	(대)	현금	95,026

(3) 표시이자율 〉 시장이자율 (할증취득)

	20×1.1.1	20×1.12.31	20×2.12.31	20×3.12.31
표시이자 수취액		12,000	12,000	12,000
AC금융자산 액면금액				100,000

AC금융자산 공정가치
= 기간 별 지급수취의 현재가치 + AC금융자산액면의 현재가치
= 12,000 × 2.48685(n=3, r=10% 연금의 현재가치) + 100,000 × 0.75131(n=3, r=10% 단일금액의 현재가치)
= 29,842 + 75,131 = 104,973

1.1	(차)	AC금융자산	104,973	(대)	현금	104,973

2) 이자수익 인식

기업이 채무상품인 AC금융자산을 취득한 경우 정해진 기간에 이자를 수취하게 된다. 만일 이자를 수취하는 기간이 기간 말 이라면 매년 말에는 이자수익을 인식하는 회계처리를 해야 한다. AC금융자산을 할인취득 혹은 할증취득 할 경우 이자는 유효이자율법을 적용하여 상각후원가로 측정한다. 상각후원가는 최초 인식시점에 측정한 금융자산이나 금융부채에서 상환된 원금을 차감하고, 최초 인식금액과 만기금액의 차액에 유효이자율법을 적용하여 계산한 상각누계액을 가감한 금액을 의미한다.

[예제 11-10] AC금융자산 이자수익

〈예제 11-9〉에서 이어지는 상황이다.
(주)안산은 (주)한양이 다음과 같은 조건으로 발행한 사채를 취득하였다.

발행일 : 20×1. 1. 1	액면금액 : ₩100,000
시장이자율 : 10%(매년 말에 지급)	만기일 : 20×3. 12. 31

물음

다음의 각 상황 별로 이자수취일의 이자수익을 계산하고 이자수취와 관련된 회계처리를 하시오. 단, 상각후원가는 유효이자율법을 적용한다.

(1) 상황1 – 표시이자율 10%인 경우 AC금융자산 공정가치: ₩100,000
(2) 상황2 – 표시이자율 12%인 경우 AC금융자산 공정가치: ₩95,026
(3) 상황3 – 표시이자율 8%인 경우 AC금융자산 공정가치: ₩104,973

풀이

금융자산 이자수익을 계산하기 위해서는 장부금액 조정표를 이용하는 것이 편리하다.

(1) 액면취득

일자	시장이자	표시이자	상각액	AC금융자산 장부가액
20×1. 1. 1.				100,000
20×1. 12. 31.	10,000	10,000	0	100,000
20×2. 12. 31.	10,000	10,000	0	100,000
20×3. 12. 31.	10,000	10,000	0	100,000
	30,000	30,000	0	

기간 말 이자수취 회계처리

20×1.12.31	(차)	현금	10,000	(대)	이자수익	10,000
20×2.12.31	(차)	현금	10,000	(대)	이자수익	10,000
20×3.12.31	(차)	현금	10,000	(대)	이자수익	10,000

(2) 할인취득

일자	시장이자	표시이자	상각액	AC금융자산 장부가액
20×1. 1. 1.				95,026
20×1. 12. 31.	9,503*1	8,000	1,503*2	96,529*3
20×2. 12. 31.	9,653	8,000	1,653	98,182
20×3. 12. 31.	9,818	8,000	1,818	100,000
	28,974	24,000	4,974	

*1 95,026 × 10%
*2 9,503 − 8,000
*3 95,026 + 1,503

기간 말 이자수취 회계처리

20×1.12.31	(차)	현금	8,000	(대)	이자수익	9,503
		AC금융자산	1,503			
20×2.12.31	(차)	현금	8,000	(대)	이자수익	9,653
		AC금융자산	1,653			
20×3.12.31	(차)	현금	8,000	(대)	이자수익	9,818
		AC금융자산	1,818			

(3) 할증취득

일자	시장이자	표시이자	상각액	AC금융자산 장부가액
20×1. 1. 1.				104,974
20×1. 12. 31.	10,497[*1]	12,000	1,503[*2]	103,471[*3]
20×2. 12. 31.	10,347	12,000	1,653	101,818
20×3. 12. 31.	10,182	12,000	1,818	100,000
	31,026	36,000	4,974	

[*1] 104,974 × 10%

[*2] 12,000 − 10,497

[*3] 104,974 − 1,503

기간 말 이자수취 회계처리

20×1.12.31	(차)	현금	12,000	(대)	이자수익	10,497
					AC금융자산	1,503
20×2.12.31	(차)	현금	12,000	(대)	이자수익	10,347
					AC금융자산	1,653
20×3.12.31	(차)	현금	12,000	(대)	이자수익	10,182
					AC금융자산	1,818

3) 처분

AC금융자산의 만기가 도래하여 현금을 수취할 경우 액면발행, 할인발행 및 할증발행에 관계없이 액면금액을 수취하게 된다.

(차) 현금	×××	(대) AC금융자산	×××

기업이 채무상품을 AC금융자산으로 분류하였더라도 반드시 이를 만기까지 보유해야 하는 것은 아니다. 만기 이전에 처분하였을 경우 AC금융자산의 처분가액과 AC금융자산의 장부가액이 일치하지 않으므로 금융자산처분에 따른 손익이 발생하게 된다. 금융자산처분손익은 AC금융자산 조기 처분가액에서 AC금융자산 장부가액을 차감하여 계산한다.

금융자산처분손익 = AC금융자산 조기처분가액 − AC금융자산 장부가액

[예제 11-11] AC금융자산만기처분과 AC금융자산조기처분

(주)안산은 (주)한양이 다음과 같은 조건으로 발행한 사채를 취득하였다.

발행일 : 20×1. 1. 1 액면금액 : ₩100,000

표시이자율 : 8%(매년 말에 지급) 시장이자율 : 10% 만기일 : 20×3. 12. 31

물음

다음의 각 상황 별로 AC금융자산 처분에 관련된 회계처리를 하시오.

(1) 상황1 – 20×3. 12. 31 만기일에 AC금융자산을 처분

(2) 상황2 – 20×1. 12. 31 현금 ₩95,000에 AC금융자산을 처분

(3) 상황3 – 20×2. 12. 31 현금 ₩99,000에 AC금융자산을 처분

풀이

AC금융자산의 이자수익과 상각을 위하여 장부금액 조정표를 작성하여 확인하도록 하자.

일자	시장이자	표시이자	상각액	AC금융자산 장부가액
20×1. 1. 1.				95,026
20×1. 12. 31.	9,503[*1]	8,000	1,503[*2]	96,529[*3]
20×2. 12. 31.	9,653	8,000	1,653	98,182
20×3. 12. 31.	9,818	8,000	1,818	100,000
	28,974	24,000	4,974	

[*1] 95,026 × 10%

[*2] 9,503 – 8,000

[*3] 95,026 + 1,503

(1) 20×1. 12. 31 만기처분

(차)	현금	100,000	(대)	AC금융자산	100,000

(2) 20×1. 12. 31 조기처분

(차)	현금	8,000	(대)	이자수익	9,503
	AC금융자산	1,503			

(차)	현금	95,000	(대)	AC금융자산	96,529
	AC금융자산처분손실	1,529			

(3) 20×2. 12. 31 조기처분

(차)	현금	8,000	(대)	이자수익	9,653
	AC금융자산	1,653			
(차)	현금	99,000	(대)	AC금융자산	98,182
				AC금융자산처분이익	818

제3절 관계회사주식(지분법) 회계처리

K-IFRS에서는 투자자가 유의적인 영향력을 보유하는 기업을 관계기업이라고 한다. 유의적인 영향력이란 피투자자의 재무정책과 영업정책에 관한 의사결정에 참여할 수 있는 능력이다. 통상적으로 기업이 직접 또는 간접으로 피투자자에 대한 의결권의 20% 이상을 소유하고 있다면 유의적인 영향력을 보유하는 것으로 본다.

투자자가 다른 관계기업에 유의적인 영향력을 보유할 정도로 투자한 경우 회계처리는 지분법(equity method)을 따른다. 지분법이란 투자자산을 최초에 원가로 인식하고, 취득시점 이후 발생한 피투자자의 순자산 변동액 중 투자자의 몫을 해당 투자자산에 가감하여 보고하는 회계처리방법이다. 지분법 회계처리는 크게 취득, 기말평가, 배당수취, 처분 네 가지로 구분할 수 있다.

예를 들어, (주)안산은 20X1년 1월 1일 유의적인 영향력을 행사하기 위해 (주)한양의 보통주 25%를 현금 ₩100,000에 취득했을 때, (주)한양의 회계처리는 다음과 같다.

(차) 관계기업투자주식	100,000	(대) 현금	100,000

20X1년 12월 31일 (주)한양은 ₩10,000의 당기순이익을 보고하였다. 이 경우 (주)안산은 다음과 같은 회계처리가 필요하다.

(차) 관계기업투자주식	2,500	(대) 지분법이익	2,500

위의 회계처리에서 지분법이익 ₩2,500은 (주)안산의 지분율 25%와 (주)한양의 당기순이익₩10,000을 곱하여 계산된 금액이다. 이 회계처리의 의미는 (주)한양이 당기순이익을 보고하면 (주)한양의 순자산이 증가하게 되는데, (주)안산의 관계기업투자주식 계정은 (주)한양의 순자산을 의미하는 것이므로 같이 증가시켜 준다는 것이다.

20X2년 4월1일 (주)한양은 ₩15,000의 배당을 하기로 결정하고 현금으로 지급했다. 이 경우 (주)안산의 회계처리는 다음과 같다.

(차) 현금	3,750	(대) 관계기업투자주식	3,750

위 회계처리에서 차변의 현금 ₩3,750은 (주)한양의 배당액 ₩15,000과 (주)안산의 지분율 25%를 곱해서 계산한 (주)안산이 받은 현금을 의미한다. 이때 대변에 관계기업투자주식을 기록하는데, 이 이유는 다음과 같다. (주)한양이 배당을 하면 (주)한양의 순자산이 감소하게 되는데, (주)안산의 관계기업투자주식 계정은 (주)한양의 순자산을 의미하는 것이므로 같이 감소시켜 준다는 것이다.

20X2년 5월1일 (주)안산은 (주)한양의 주식 전부를 ₩99,000에 팔았다. 이때 (주)안산이 필요한 회계처리는 다음과 같다.

(차) 현금	99,000	(대) 관계기업투자주식	98,750
		관계기업투자주식처분이익	250

위 회계처리에서 대변의 관계기업투자주식 장부가액은 ₩100,000(20X1년 1월 1일)+₩2,500(20X1년 12월 31일)−₩3,750(20X2년 4월1일)=98,750 이다. 보유중인 장부금액보다 현금을 더 수취해서 처분이익이 나타나게 된다.

[예제 11-12] 관계기업투자주식 회계처리

20X1년 4월 7일 (주)안산은 보통주 100주를 발행한 (주)한양의 주식 30주를 주당 ₩5,000에 취득했다. 20X1년 말 (주)한양은 당기순이익 ₩100,000을 보고하였다. 20X2년 3월 27일 (주)한양은 보통주 전체에 대하여 ₩10,000을 현금배당으로 지급하였다. 20X2년 말 (주)한양은 당기순손실 ₩60,000을 보고하였다. 20X3년 5월27일 (주)안산은 (주)한양 주식 전부를 ₩130,000에 처분하였다. 20X1년부터 20X3년 동안 (주)안산이 수행해야 하는 회계처리를 하시오.

풀이

X1.4.7	(차)	관계기업투자주식	150,000	(대)	현금	150,000
X1.12.31	(차)	관계기업투자주식	30,000	(대)	지분법이익	30,000
X2.3.27	(차)	현금	3,000	(대)	관계기업투자주식	3,000
X2.12.31	(차)	지분법손실	18,000	(대)	관계기업투자주식	18,000
X3.5.27	(차)	현금	130,000	(대)	관계기업투자주식	159,000
		관계기업투자주식처분손실	29,000			

연·습·문·제

1. 다음의 제시되는 문장을 읽고 맞는 설명인 경우는 O, 틀린 설명인 경우는 X로 답하세요.

(1) 상각후원가로 측정되기 위해서는 다음 두 가지 조건을 모두 충족해야 한다. 즉, 계약상 현금흐름의 수취와 금융자산의 매도 둘 다를 통해 목적을 이루는 사업모형 하에서 금융자산을 보유하고, 금융자산의 계약 조건에 따라 특정일에 원리금 지급만으로 구성되어 있는 현금흐름이 발생해야 한다.

(2) 상각후원가로 측정되거나 당기손익-공정가치로 측정하는 경우가 아니라면 기타포괄손익-공정가치로 측정한다.

(3) 금융자산의 지분상품은, 당기손익-공정가치로 측정하는 것이 원칙이다. 다만 공정가치 변동분을 기타포괄손익으로 인식할 수 있는 선택권을 주고 있으며, 한번 선택하면 취소할 수 없다.

(4) 금융자산의 지분상품의 공정가치 변동분을 기타포괄손익으로 인식할 경우, 기타포괄손익으로 인식한 공정가치 변동분은 해당 지분상품이 매도 등으로 제거될 경우 당기손익으로 대체가 가능하다.

(5) FVPL금융자산도 최초 인식 시점에 공정가치로 측정한다. FVPL금융자산의 취득과 관련된 거래비용(예: 매매수수료 등)은 취득원가에 가산한다. .

(6) FVOCI금융자산은 기말에 공정가치로 평가하며, 공정가치로 평가시 나타나는 평가손익은 기타포괄손익으로 인식한다. 최초 금융자산평가이익(OCI)을 인식하고 다음 회계기간에 공정가치가 하락하여 금융자산평가손실(OCI)를 인식해야 할 경우, 전기에 계상하였던 금융자산평가이익(OCI)을 먼저 감소시키고, 초과하는 금액을 금융자산평가손실(OCI)로 인식해야 한다.

(7) FVOCI금융자산을 처분하게 될 경우 처분가액이 장부가액보다 크면, 금융자산처분이익(당기이익)을 인식하게 된다.

(8) 기업이 채무상품을 AC금융자산으로 분류한다면, 반드시 이를 만기까지 보유해야한다.

(9) 통상적으로 기업이 직접 또는 간접으로 피투자자에 대한 의결권의 30% 이상을 소유하고 있다면 유의적인 영향력을 보유하는 것으로 본다.

(10) 투자자산을 최초에 원가로 인식하고, 취득시점 이후 발생한 피투자자의 순자산 변동액 중 투자자의 몫을 해당 투자자산에 가감하여 보고하는 회계처리방법을 지분법이라 한다.

2. 아래의 빈칸에 알맞은 단어를 기입하세요.

(1) 금융자산은 거래상대방에게서 현금 등 다른 (　　　)을 수취하거나 (　　　) 조건으로 금융자산을 교환하기로 한 (　　　) 권리이다.

(2) 금융자산은 크게 (　　　)상품과 (　　　)상품으로 구분이 된다.

(3) 금융자산은 최초 인식 시점에 (　　　)로 측정한다.

(4) FVPL금융자산을 처분하는 경우 처분가액과 직전의 장부가액을 비교하여 처분가액이 직전의 장부가액보다 크면 (　　　)으로 처리하고, 처분가액이 직전의 장부가액보다 작으면 (　　　)로 처리한다.

(5) FVOCI금융자산은 최초 인식 시점에 공정가치로 측정하며, FVOCI금융자산의 취득과 관련된 거래비용은 (　　　)에 가산한다.

(6) FVOCI금융자산의 기말 평가시, 최초 금융자산평가손실(OCI)을 인식하고 다음 회계기간에 공정가치가 상승하여 금융자산평가이익(OCI)을 인식해야 할 경우, 전기에 계상하였던 금융자산평가손실(OCI)을 먼저 (　　　)시키고, (　　　)하는 금액을 금융자산평가이익(OCI)으로 인식해야 한다.

(7) AC금융자산의 최초 인식 할 경우, 미래현금흐름의 시기와 금액을 명확히 확인할 수 있으므로 미래현금흐름의 (　　　)를 측정하여 (　　　)로 사용한다.

(8) 사채를 발행자 입장에서 보면, (　　　) 사채가 되는 것이고 투자자 입장에서 보면, (　　　)이 된다.

(9) K-IFRS에서는 투자자가 유의적인 영향력을 보유하는 기업을 (　　　)이라고 한다.

(10) 투자자가 다른 관계기업에 유의적인 영향력을 보유할 정도로 투자한 경우 회계처리는 (　　　)을 따른다.

3. (주)한국은 20×1년 1월 1일에 액면금액 ₩1,000,000(액면이자율 연 8%, 유효이자율 연 10%, 이자지급일 매년 12월 31일, 만기 3년)의 사채를 ₩950,258에 발행하였다. (주)민국은 이 사채를 발행과 동시에 전액 매입하여 상각후원가 측정 금융자산으로 분류하였다. 다음 설명 중 옳지 않은 것은?(단, 거래비용은 없고 유효이자율법을 적용하며, 소수점 발생 시 소수점 아래 첫째 자리에서 반올림한다) (공무원 9급 2019년)

① (주)한국의 20×1년 12월 31일 재무상태표상 사채할인발행차금 잔액은 ₩34,716이다.

② (주)민국이 20×2년 1월 1일에 현금 ₩970,000에 동 사채 전부를 처분할 경우 금융자산 처분이익 ₩19,742을 인식한다.

③ (주)민국은 20×1년 12월 31일 인식할 이자수익 중 ₩15,026을 상각후원가 측정 금융자산으로 인식한다.

④ (주)한국이 20×1년 12월 31일 인식할 이자비용은 ₩95,026이다.

4. (주)한국은 20×1년 중 (주)민국의 주식을 매매수수료 ₩1,000을 포함하여 총 ₩11,000을 지급하고 취득하였으며, 기타포괄손익－공정가치 측정 금융자산으로 분류하였다. 동 주식의 20×1년 말 공정가치는 ₩12,000이었으며, 20×2년 중에 동 주식을 ₩11,500에 모두 처분하였을 경우, 동 금융자산과 관련한 설명 중 옳은 것은?(공무원 9급 2021년)

① 취득금액은 ₩10,000이다.

② 20×1년 당기순이익을 증가시키는 평가이익은 ₩1,000이다.

③ 20×2년 당기순이익을 감소시키는 처분손실은 ₩500이다.

④ 20×2년 처분손익은 ₩0이다.

5. (주)한국은 20×1년 1월 1일 액면금액 ₩1,000,000, 액면이자율 연 10%, 만기 3년, 매년 말 이자지급조건의 사채를 ₩951,980에 발행하였다. 사채의 발행차금에 대한 회계처리는 유효이자율법을 적용하고 있으며, 사채발행일의 시장이자율은 연 12%이다. 사채발행일의 시장이자율과 유효이자율이 일치한다고 할 때, (주)한국이 사채의 만기일까지 3년간 인식할 총 이자비용은?(공무원 9급 2022년)

① ₩300,000 ② ₩348,020 ③ ₩360,000 ④ ₩368,020

6. 다음은 (주)한국이 20×1년과 20×2년에 (주)대한의 지분상품을 거래한 내용이다.

20×1년			20×2년
취득금액	매입수수료	기말 공정가치	처분금액
₩1,000	₩50	₩1,100	₩1,080

동 지분상품을 당기손익－공정가치 측정 금융자산 또는 기타포괄손익－공정가치 측정 금융자산으로 분류하였을 경우, 옳지 않은 것은?(공무원 9급 2022년)

① 당기손익－공정가치 측정 금융자산으로 분류할 경우, 20×1년 당기이익이 ₩50 증가한다.

② 기타포괄손익－공정가치 측정 금융자산으로 분류할 경우, 20×1년 기타포괄손익누계액이 ₩50 증가한다.

③ 당기손익－공정가치 측정 금융자산으로 분류할 경우, 20×2년 당기이익이 ₩20 감소한다.

④ 기타포괄손익－공정가치 측정 금융자산으로 분류할 경우, 20×2년 기타포괄손익누계액이 ₩30 감소한다.

7. 금융자산에 대한 설명으로 옳은 것은?(공무원 9급 2022년)

① 금융자산은 상각후원가로 측정하거나 기타포괄손익－공정가치로 측정하는 경우가 아니라면, 당기손익－공정가치로 측정한다.

② 계약상 현금흐름을 수취하기 위해 보유하는 것이 목적인 사업모형 하에서 금융자산을 보유하고, 계약 조건에 따라 특정일에 원금과 원금잔액에 대한 이자 지급만으로 구성되어 있는 현금흐름이 발생한다면 금융자산을 기타포괄손익－공정가치로 측정한다.

③ 계약상 현금흐름의 수취와 금융자산의 매도 둘 다를 통해 목적을 이루는 사업모형하에서 금융자산을 보유하고, 계약조건에 따라 특정일에 원리금 지급만으로 구성되어 있는 현금흐름이 발생한다면 금융자산을 상각후원가로 측정한다.

④ 당기손익－공정가치로 측정되는 지분상품에 대한 특정 투자에 대하여는 후속적인 공정가치 변동을 기타포괄손익으로 표시하도록 최초 인식시점에 선택할 수도 있다. 다만, 한번 선택했더라도 이를 취소할 수 있다.

8. (주)한양은 20×1년 회계기간 중에 (주)서울의 주식 50주를 주당 ₩5,000에 취득하면서 거래원가 ₩1,000을 지급하였다. (주)한양은 이 주식을 FVOCI금융자산으로 분류하였다. 20×1년 말 현재 (주)서울 주식의 주당 공정가치는 ₩7,500이다. (주)한양은 20×2년 5월 (주)서울 주식 중 10주를 주당 ₩8,000에 처분하였다. (주)한양이 20×2년 5월 (주)서울 주식 처분 시 인식하게 되는 금융자산처분이익은 얼마인가?

① ₩0 ② ₩124,000 ③ ₩125,000

④ ₩250,000 ⑤ ₩374,000

9. (주)한양은 20×1년 5월 10일 (주)서울의 주식 100주를 주당 ₩2,000에 취득하면서 거래원가 ₩1,000을 지급하였다. (주)한양은 이 주식을 FVPL금융자산으로 분류하였다. 20×1년 말 (주)서울 주식의 주당 공정가치는 ₩3,200이고, 20×2년 말 (주)서울 주식의 주당 공정가치는 ₩3,700일 경우 20×2년 말 (주)한양이 인식해야 하는 금융자산평가이익은 얼마인가?

① ₩0 ② ₩50,000 ③ ₩120,000

④ ₩169,000 ⑤ ₩170,000

10. **다음은 (주)관세가 20×1년 말 현재 보유하고 있는 금융자산의 내역이다.**

종 류	보유목적	평가전 장부금액	공정가치
A회사 사채	단기매매	₩970,000	₩950,000
B회사 보통주	장기투자	1,500,000	–
C회사 우선주	단기매매	560,000	590,000
D회사 보통주	장기투자	2,450,000	2,500,000

A회사 사채의 공정가치는 이자수익 인식 직후의 금액이며, B회사 주식은 시장성이 없기 때문에 공정가치를 측정할 수 없었다. 그리고 C회사와 D회사의 주식은 상장주식으로 공정가치는 12월 31일의 종가이다. 위 금융자산에 대한 기말평가가 (주)관세의 20×1년도 당기손익에 미치는 영향은 얼마인가?(관세사 1차 2013년)

① ₩40,000 감소　② ₩20,000 감소　③ 영향 없음

④ ₩10,000 증가　⑤ ₩30,000 증가

11. **(주)대한은 (주)민국이 발행한 사채를 20×1년 10월 1일 취득하였다. 취득일 현재의 유효이자율은 10%이다. (주)민국이 발행한 사채의 조건은 다음과 같다.**

액면금액 : ₩1,000,000
사채발행일 : 20×1년 1월 1일
사채만기일 : 20×3년 12월 31일 (3년 만기)
액면이자율 : 8%
이자지급일 : 매년 말 (연 1회)

(주)대한이 유효이자율법을 사용하여 20×1년도에 인식할 이자수익은 얼마인가? (계산금액은 소수점 첫째자리에서 반올림하며, 단수차이로 인한 오차가 있으면 가장 근사치를 선택하시오.)(관세사 1차 2010년)

기간 \ 할인율	기간 말 ₩1의 현재가치		정상연금 ₩1의 현재가치	
	8%	10%	8%	10%
1	0.9259	0.9091	0.9259	0.9091
2	0.8573	0.8264	1.7833	1.7355
3	0.7938	0.7513	2.5771	2.4868

① ₩20,000　② ₩23,756　③ ₩71,2700

④ ₩80,000　⑤ ₩95,026

12. **20X1년 1월 1일 (주)서울은 여유자금으로 (주)한양의 보통주 10주를 주당 ₩200에 현금으로 구입하였다. 주식 구입 시 발생한 수수료는 모두 ₩20으로 현금으로 지급하였다. (주)서울은 시세차익을 위한 단기매매목적으로 이 주식을 구입하였다.**

1) 20X1년 1월 1일 주식 취득 시 회계처리를 하시오.

2) 20X1년 12월 31일 이 주식의 공정가치는 주당 ₩220 이다. (주)서울이 필요한 회계처리를 하시오.

3) 20X2년 3월 말 (주)한양은 주당 ₩10을 현금 배당을 선언하고 지급하였다. (주)서울이 필요한 회계 처리를 하시오.

4) 20X2년 4월 말 (주)서울은 보유중인 (주)한양의 주식 10주 전부를 현금 ₩2,250에 판매하면서 수수료 ₩100을 제외한 나머지만을 현금으로 받았다. (주)서울이 필요한 회계처리를 하시오.

13. **20X1년 4월 1일 (주)서울은 (주)한양의 주식 100주를 주당 ₩200에 현금으로 구입하였다. 주식 구입 시 발생한 수수료는 모두 ₩500으로 현금으로 지급하였다. (주)서울은 이 주식을 FVOCI금융자산으로 분류하였다.**

1) 20X1년 4월 1일 주식 취득 시 회계처리를 하시오.

2) 20X1년 12월 31일 이 주식의 공정가치는 ₩18,000이다. (주)서울이 필요한 회계처리를 하시오.

3) 20X2년 12월 31일 이 주식의 공정가치는 ₩25,000이다. (주)서울이 필요한 회계처리를 하시오.

4) 20X3년 5월 15일 (주)서울은 보유중인 (주)한양의 주식 100주 전부를 현금 ₩28,000에 판매하였다. (주)서울이 필요한 회계처리를 하시오.

14. **(주)서울은 (주)한양이 다음과 같은 조건으로 발행한 사채를 취득하였다. (주)서울은 취득한 채무상품을 AC금융자산으로 분류하였다.**

> 발행일 : 20×1. 1. 1 액면금액 : ₩1,000,000 표시이자율 : 10%(매년 말에 지급)
> 만기일 : 20×5. 12. 31 유효이자율 : 8%

1) 20X1년 1월 1일 금융자산의 취득원가를 계산하시오.

2) 유효이자율법을 적용하여 장부금액 조정표를 작성하시오.

3) 각 기간 말의 이자수익 인식을 회계처리 하시오.

15. **다음은 (주)한양의 제3기 수정전 잔액 시산표와 기말 정리사항이다. 이를 참조하여 결산수정분개를 하시오.**

수정전 잔액 시산표

잔 액	계 정	잔 액
3,600	현금	
2,000	매출채권	
	대손충당금	50
3,000	FVPL금융자산	
500	상품	
2,200	매입	
5,000	기계장치	
	감가상각 누계액	1,000
900	개발비	
	매입채무	1,500
	차입금	2,000
	퇴직급여충당부채	500
	자본금	5,000
	매출	8,550
400	이자비용	
1,000	급여	
18,600		18,600

〈기말정리 사항〉

1) 회사는 재고자산의 수량은 실지재고조사법을 채택하고 있는데 내부통제목적으로 재고장을 기록하고 있다. 장부상 장부재고 ₩800으로 그 구성은 다음과 같다.

구분	수량	단가	금액
A상품	100	₩2	200
B상품	150	₩4	600

2) 12월 31일 창고에 기말상품의 실지재고는 ₩600이고 그 구성은 다음과 같으며 장부재고와 실지재고와의 차이를 조사한 결과 A상품은 천재지변에 의하여 소실되었으며, B상품은 창고관리인의 부주의로 인하여 소실된 것으로 판명되었다.

구분	수량	단가	금액
A상품	60	₩2	120
B상품	120	₩4	480

3) 기말상품의 원가와 순실현가치는 다음과 같다.

구분	수량	원가	순실현가치
A상품	60	₩2	₩3
B상품	120	₩4	₩3

4) 대손추정은 매출채권 잔액의 2%로 설정하였다.

5) 기계장치는 정률법으로 감가상각하며, 상각률은 20%이다.

6) 개발비 내용연수는 5년이며 이는 1기에 취득하였다.

7) 차입금의 연간 이자비용은 미지급상태이다. 이자율은 10%이다.

8) FVPL 금융자산의 기말현재공정가치는 ₩2,800이다.

12

CHAPTER

기타채권과 기타채무

비금융부채는 금융부채의 인식조건을 충족하지 못한 부채로서 선수금, 선수수익, 미지급법인세, 이연법인세부채, 퇴직급여부채, 제품보증충당부채 등이 있다. 금융부채는 부채의 정의를 충족하는 계약상 의무로서 현금 등 금융자산으로 상환되는 부채를 말하는 반면, 비금융부채는 법률상 의무로서 발생되거나 또는 재화나 용역으로 상환되는 부채를 말한다. 본 장에서는 앞서 4장 회계순환에서 소개된 미수수익, 미지급비용, 선급비용, 선수수익을 제외한 그 외 채권과 채무의 회계처리에 관하여 설명한다.

제1절 미수금과 미지급금

앞서 4장 회계순환에서 소개된 미수수익, 미지급비용, 선급비용, 선수수익을 제외한 그 외 채권과 채무를 본장에서 설명한다.

미수금(account receivable-other)은 일반적 상거래 이외에서 발생한 미회수채권으로서 유가증권, 고정자산 등의 처분으로 발생한 채권을 말하며, 현행 기업회계기준에서는 미수금을 유동자산으로 분류하고 있다.

가령 비품으로 보유하고 있던 자산을 처분하면서 현금을 수령하지 못한 경우에는 미수금 계정이 사용된다. 이를 회계처리 하면 다음과 같다.

(차) 미수금	XXX	(대) 비품	XXX

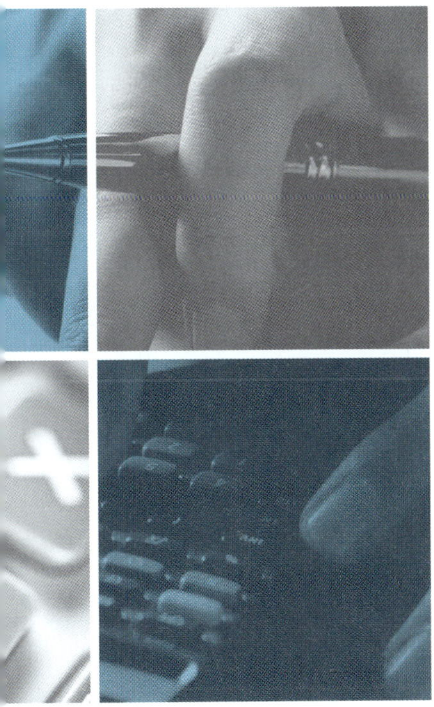

시간이 지나서 수령하지 못했던 현금을 수령하게 되면, 미수금을 제거하고 현금의 수령을 인식하면 되는데 이를 회계처리 하면 다음과 같다.

(차) 현금	XXX	(대) 미수금	XXX

미지급금(account payable-other)은 일반적 상거래 이외에서 발생한 미지급채무(미지급비용 제외)로서 유가증권, 고정자산 등의 취득으로 발생한 채무를 말하며, 기업회계기준에서는 미지급금을 유동부채로 분류하고 있다.

가령 비품으로 구입하면서 현금을 지급하지 못한 경우에는 미지급금 계정이 사용된다. 이를 회계처리 하면 다음과 같다.

(차) 비품	XXX	(대) 미지급금	XXX

시간이 지나서 지급하지 못한 비품 대금을 현금으로 지급하게 되면, 미지급을 제거하고 현금의 지출을 인식하면 되는데 이를 회계처리 하면 다음과 같다.

(차) 미지급금	XXX	(대) 현금	XXX

미수금은 매출채권과 미지급금은 매입채무와 회계처리가 상당히 유사하다. 이는 매출채권과 매입채무는 기업의 주된 거래 즉 일반적인 상거래에서 사용되는 계정이고, 미수금과 미지급금은 일반적인 상거래 이외에서 사용되는 계정이기 때문이다.

[예제 12-1] 미수금과 미지급금 회계처리

다음 거래를 회계처리 하시오.

1) 비품으로 사용하기 위하여 ₩2,000의 PC 1대를 구입하고 대금은 외상으로 하다.
2) 며칠 후 현금으로 위의 PC 대금을 지급하다.
3) 중고 PC 1대를 ₩100에 처분하고 대금은 일주일 후에 받기로 하다(단, 감가상각누계액은 무시할 것).
4) 일주일 후 위의 PC 대금을 현금으로 회수하다.

풀이

	차변	금액	대변	금액
1)	(차) 비품	2,000	(대) 미지급금	2,000
2)	(차) 미지급금	2,000	(대) 현금	2,000
3)	(차) 미수금	100	(대) 비품	100
4)	(차) 현금	100	(대) 미수금	100

제2절 선급금과 선수금

선급금(advance payments)은 '상품, 원재료 등의 매입을 위하여 선급한 금액'으로, 선수금(advance receipts)은 '수주공사, 수주품 및 기타 일반적 상거래에서 발생한 선수액'으로 정의하고 선급금은 유동자산으로, 선수금은 유동부채로 구분하고 있다.

가령 상품 주문을 하면서 계약금 형식으로 상품가액의 일부를 미리 현금으로 지급하는 경우 계약금을 선급금으로 회계처리 하면 된다.

(차) 선급금	XXX	(대) 현금	XXX

위와 반대로 상품을 주문하는 기업으로부터 상품가액의 일부를 미리 현금으로 지급받는 경우 계약금을 선수금으로 회계처리 해야 한다.

(차) 현금	XXX	(대) 선수금	XXX

[예제 12-2] 선급금과 선수금 회계처리

다음 거래를 회계처리 하시오.

1) (주)일산에 상품 ₩2,000을 주문하면서 계약금으로 ₩200을 수표발행하여 지급하다.
2) (주)일산은 계약금 ₩200을 수표로 받다.
3) (주)일산으로부터 주문한 상품이 도착하여 잔금 ₩1,800을 수표발행하여 지급하다.
4) (주)일산은 상품을 인도하고 잔금 ₩1,800을 수표로 받다.

풀이

1) (차) 선급금	200	(대) 당좌예금	200
2) (차) 현금	200	(대) 선수금	200
3) (차) 상품	2,000	(대) 선급금	200
		당좌예금	1,800
4) (차) 선수금	200	(대) 매출	2,000
현금	1,800		

제3절 예수금

예수금(withholding account)이란 기업이 일시적으로 맡아서 나중에 지급하는 부채인데 기업회계기준은 '일반적 상거래 이외에서 발생한 일시적 제예수액'으로 정의하고 있으며, 유동부채에 속한다.

예를들어, 기업이 직원의 급여를 지급하면서 근로소득세를 차감하고 직원의 급여를 지급하였다면, 이때 급여에서 차감 된 근로소득세가 예수금이 된다. 기업은 이 근로소득세를 직원을 대신하여 일시적으로 맡아서 보관하는 것이므로 이를 예수금으로 처리할 수 있으며, 위와 같은 상황을 회계처리 하기 위해서는 소득세예수금 계정을 사용하여 회계처리를 하면 된다.

(차) 급여	XXX	(대) 소득세예수금	XXX

기업이 맡아두고 있던 근로소득세를 관할세무서에 납부하게 되는 경우 소득세예수금을 제거하고 현금을 납입하면 된다. 이와 관련된 회계처리는 다음과 같다.

(차) 소득세예수금	XXX	(대) 현금	XXX

[예제 12-3] 예수금 회계처리

다음 거래를 회계처리 하시오.

1) 이달분 급여 ₩55,000을 지급함에 있어 근로소득세 ₩5,500, 국민연금 ₩1,100, 친목동아리예수금 ₩2,000을 차감하고 현금으로 지급하다.
2) 소득세예수금은 관할세무서에, 국민연금예수금은 국민연금공단에, 동아리예수금은 동아리에 현금으로 지불하다.

풀이

	차변	금액	대변	금액
1)	(차) 급여	55,000	(대) 소득세예수금	5,500
			국민연금예수금	1,100
			동아리예수금	2,000
			현금	46,400
2)	(차) 소득세예수금	5,500	(대) 현금	8,600
	국민연금예수금	1,100		
	동아리예수금	2,000		

제4절 가지급금과 가수금

가지급금(suspense payments)은 현금이 지급되었으나 계정과목과 금액을 확정할 수 없을 때 일시적으로 처리하는 자산계정을 말한다. 예를 들어 사원의 출장으로 인한 여비를 선급하고 추후 정산하도록 하는 경우를 말한다.

가수금(suspense receipts)은 현금은 받았으나 계정과목과 금액을 확정할 수 없어 일시적으로 처리하는 부채계정이다.

가지급금 또는 가수금 등의 미결산항목은 실무에서 회계기간 중에 사용하는 계정과목이므로 재무제표에 나타낼 수 없다. 따라서 결산시점에는 그 내용을 나타내는 적절한 과목으로 대체해야 한다.

[예제 12-4] 가지급금과 가수금 회계처리

다음 거래를 회계처리 하시오.

1) A사원의 부산출장 여비로 대략 개산하여 현금 ₩250을 지급하다.
2) 출장중인 A사원으로부터 ₩4,500의 온라인 당좌입금이 있었으나 내용은 불분명하다.
3) A사원이 귀사한 후 여비를 정산한 결과 ₩50이 부족하여 부족액을 현금으로 지급하여 주었으며 송금액은 송도회사의 매출채권의 회수액으로 판명되다.

풀이

1) (차) 가지급금	250	(대) 현금	250
2) (차) 당좌예금	4,500	(대) 가수금	4,500
3) (차) 여비	300	(대) 가지급금	250
		현금	50
(차) 가수금	4,500	(대) 매출채권(송도회사)	4,500

제5절 비금융부채

비금융부채는 금융부채의 인식조건을 충족하지 못한 부채로서 선수금, 선수수익, 미지급법인세, 이연법인세부채, 퇴직급여부채, 제품보증충당부채 등이 있다. 금융부채는 부채의 정의를 충족하는 계약상 의무로서 현금 등 금융자산으로 상환되는 부채를 말하는 반면, 비금융부채는 법률상 의무로서 발생되거나 또는 재화나 용역으로 상환되는 부채를 말한다. 앞서 비금융부채를 소개하였으므로 이번 절에서는 충당부채와 우발부채에 대해 소개하기로 한다.

1. 충당부채와 우발부채

충당부채는 지출하는 시기 또는 금액이 불확실한 부채이다. 다음 제시되는 요건을 모두 충족하는 경우에 인식한다.

(1) 과거사건의 결과로 현재의무가 존재한다.
(2) 해당 의무를 이행하기 위하여 경제적 효익이 있는 자원을 유출할 가능성이 높다.[1)]
(3) 해당 의무를 이행하기 위하여 필요한 금액을 신뢰성 있게 추정할 수 있다.

충당부채는 결제에 필요한 미래 지출의 시기 또는 금액에 불확실성이 있다는 점에서 매입채무와 미지급비용과 같은 그 밖의 부채와 구별된다.

충당부채에 비하여 불확실 정도가 더욱 큰 경우 우발부채라 한다. 즉, 우발부채는 과거사건으로 생겼으나, 기업이 전적으로 통제할 수는 없는 하나 이상의 불확실한 미래 사건의 발생 여부로만 그 존재 유무를 확인할 수 있는 잠재적 의무이거나, 과거사건으로 생겨난 현재의무이지만 그 의무를 이행하기 위하여 자원이 유출될 가능성이 매우 높지가 않거나 또는 그 가능성은 매우 높으나 당해 의무를 이행하여야 할 금액을 신뢰성 있게 추정할 수 없는 경우에 우발부채라 한다. 우발부채는 재무상태표에 부채로 인식되지 않고 주석으로 기재된다.

1) 유출할 가능성이 높다라는 것은 유출이 발생하지 않을 가능성보다 높은 것을 의미하므로 유출할 가능성이 50%를 초과함을 의미한다.

〈표 12-1〉 충당부채와 우발부채 비교

구분	충당부채	우발부채
현재의무	존재	존재 유무 확인 할 수 없는 잠재적 의무
경제적효익이 내재된 자원의 유출가능성	높음	높지 않음
금액의 신뢰성 있는 추정	추정 가능	추정 불가능
회계처리	부채로 인식	부채를 인식하지 않고 주석으로 공시

2. 충당부채의 회계처리

충당부채는 제품보증충당부채, 복구충당부채, 지급보증충당부채, 손실부담계약충당부채, 구조조정충당부채 등이 있다. 앞서 열거된 충당부채 중 제품보증충당부채의 사례를 통하여 충당부채의 회계처리를 확인해 보도록 하자.

제품보증충당부채란 판매자가 구매자에게 제품의 품질과 성과를 보증하는 제품보증에 대하여 애프터서비스비용 등 추가적 비용의 발생을 예상하여 미리 설정하는 충당부채이다. 즉 제품보증 서비스를 제공할 때 비용으로 인식하는 것이 아니라, 제품을 판매한 기간의 결산시점에서 발생기준에 따라 제품보증의 의무를 부담한다고 인식하는 충당부채를 설정하게 된다. 충당부채를 회계처리 할 때 상대계정은 비용으로 인식한다. 이를 회계처리 하면 다음과 같다.

결산시 제품보증충당부채 설정

(차) 제품보증비	XXX	(대) 제품보증충당부채	XXX

이후 제품보증 서비스를 실제로 제공하게 되어 현금 등의 자산이 사용될 경우 제품보증충당부채를 감소시키면서, 현금 등의 자산을 감소시키면 된다. 이를 회계처리 하면 다음과 같다.

(차) 제품보증충당부채	XXX	(대) 현금 등	XXX

[예제 12-5] 제품보증충당부채

전자제품을 판매하는 ㈜한양은 20×1년에 휴대폰을 한 대당 ₩10,000에 30대를 판매하였다. 제품의 보증기간은 2년이며 과거의 경험으로 비추어 볼 때 매출액의 5%의 제품보증비용이 발생할 것으로 예상된다. 따라서 기말에 제품보증충당부채를 설정하였다. 20×2년 3월1일에 제품보증과 관련하여 무상수리비로 ₩8,000을 지출하였다. 한양이 제품보증충당부채와 관련하여 수행해야 할 회계처리를 하시오.

풀이

(1) 제품보증충당부채 추정

20×1년 기말에 제품보증충당부채를 설정한다.

제품보증충당부채는 매출액 ₩300,000(=₩10,000×30대)의 5%로 설정하였으므로, ₩15,000(=₩300,000×5%)이 된다.

×1.12.31	(차)	제품보증비	15,000	(대)	제품보증충당부채	15,000

(2) 제품보증충당부채 사용

×2.3.1	(차)	제품보증충당부채	8,000	(대)	현금	8,000

연·습·문·제

1. 다음의 제시되는 문장을 읽고 맞는 설명인 경우는 O, 틀린 설명인 경우는 X로 답하세요.

1) 일반적 상거래 이외에서 발생한 미회수채권으로서 유가증권, 고정자산 등의 처분으로 발생한 채권을 가수금이라 한다.

2) 미지급금은 유동부채이다.

3) 예수금은 일반적인 상거래에서 발생하여 기업이 일시적으로 보관하고 있는 자금을 의미한다.

4) 미지급법인세는 회계연도 말 현재 법인세 등의 미지급액을 의미하는 비용이다.

5) 금융부채는 계약에 의해서 이루어지지만, 비금융부채는 계약이 항상 존재하는 것은 아니다.

6) 부채는 금융자산이나 자기주식으로 지급해야 한다.

7) 충당부채와 우발부채는 모두 불확실성이 높지만, 의무 이행을 위한 금액을 신뢰성 있게 추정할 수 있으므로, 재무상태표에 부채로 인식한다.

2. 아래의 빈칸에 알맞은 단어를 기입하세요.

1) (　　　)은 일반적 상거래 이외에서 발생한 미지급채무(미지급비용 제외)로서 유가증권, 고정자산 등의 취득으로 발생한 채무이다.

2) (　　　)은 고객에게 재고자산이나 용역을 제공하기 전에 그 대가의 일부 혹은 전부를 수취하는 금액이다.

3) 소득세예수금은 종업원으로부터 원천징수한 것이기 때문에 법령에 의하여 관계기관에 납부하면 소멸하게 되는 (　　　)가 된다.

4) 미지급비용은 기간 경과에 따라 현금 등을 지급해야 하는데, 만일 이러한 지급 의무가 계약에 의해 이루어 졌다면 (　　　)로 분류하고, 지급 의무가 계약에 의해 이루어지지 않았다면 (　　　)로 분류하게 된다.

5) 충당부채는 지출하는 시기 또는 금액이 (　　　) 한 부채이다.

6) 충당부채에 비하여 불확실 정도가 더욱 큰 경우 (　　　)라 한다.

3. **2018년 12월 31일에 (주)한국에서 발생한 거래가 다음과 같을 때, 2018년 말 재무상태표상 부채에 포함할 금액은?(공무원 9급 2019)**

- 제품보증에 대한 충당부채 ₩1,000을 설정하였다.
- 사무실을 임대하고 12개월분 임대료 ₩2,000을 미리 받았다.
- 거래처로부터 원재료 ₩1,000을 외상으로 구입하였다.
- 공장 확장 자금을 조달하기 위해 보통주 10주(주당 액면가 ₩100, 주당 발행가 ₩200)를 발행하였다.

① ₩2,000 ② ₩3,000 ③ ₩4,000 ④ ₩5,000

4. **충당부채에 대한 설명으로 옳지 않은 것은?(공무원 9급 2022년)**

① 충당부채로 인식하는 금액은 현재의무를 보고기간 말에 이행하기 위하여 필요한 지출에 대한 최선의 추정치이어야 한다.

② 미래의 예상 영업손실은 충당부채로 인식하지 아니한다.

③ 현재의무를 이행하기 위하여 필요한 지출 금액에 영향을 미치는 미래 사건이 일어날 것이라는 충분하고 객관적인 증거가 있는 경우에도, 그 미래 사건을 고려하여 충당부채 금액을 추정하지 않는다.

④ 화폐의 시간가치 영향이 중요한 경우에 충당부채는 의무를 이행하기 위하여 예상되는 지출액의 현재가치로 평가한다.

5. **다음은 부채의 계정과목이다. 이들 중 성격이 다른 하나를 고르시오.**

① 단기 차입금 ② 사채 ③ 미지급금

④ 선수금 ⑤ 매입채무

6. **다음 제시되는 계정과목 중에서 재무상태표에 인식할 수 없는 계정과목은 무엇인가?**

① 가지급금 ② 미수금 ③ 선급금

④ 미지급금 ⑤ 예수금

7. 다음은 충당부채에 관련된 설명이다. 옳지 않은 것은?

① 충당부채의 예로는 제품보증충당부채가 있다.

② 충당부채는 주석으로 공시된다.

③ 과거사건의 결과로 현재의무가 존재한다.

④ 충당부채는 지출시기와 지출 금액이 불확실하다.

⑤ 충당부채는 지출금액을 신뢰성 있게 추정할 수 있다.

8. 다음은 충당부채와 우발부채에 관련된 설명이다. 옳지 않은 것은?

① 충당부채는 현재의무가 존재하지만, 우발부채는 현재의무의 존재 여부가 확인되지 않는 잠재적 의무이다.

② 우발부채는 재무상태표에 인식하지 못하고 주석으로 공시한다.

③ 충당부채는 경제적 효익이 내재된 자원의 지출가능성이 매우 높다.

④ 우발부채는 지출금액을 신뢰성 있게 추정하는 것이 불가능하다.

⑤ 충당부채는 재무상태표에 부채로 인식된다.

9. 다음을 회계처리 하시오.

1) 5.5 (주)한양은 건물을 ₩50,000에 구입하고 대금은 일주일 후에 지급하기로 하다.

2) 5.12 현금으로 위의 건물의 대금을 지급하다.

3) 5.20 사용 중이던 기계장치를 ₩20,000에 처분하고 대금은 일주일 후에 받기로 하다(단, 감가상각누계액은 무시할 것).

4) 5.27 위의 기계장치 대금을 현금으로 회수하다.

10. 다음을 회계처리 하시오.

1) 7.3 (주)한양은 상품을 인도하기로 계약하고 계약금 ₩500을 현금으로 받다.

2) 7.10 (주)한양은 상품을 인도하고 잔금 ₩3,000을 현금으로 받다.

3) 7.12 (주)한양은 (주)일산에 상품 ₩10,000을 주문하면서 계약금으로 ₩1,000을 수표발행하여 지급하다.

4) 7.27 (주)일산으로부터 주문한 상품이 도착하여 잔금 ₩9,000을 수표를 발행하여 지급하다.

3) 기말상품의 원가와 순실현가치는 다음과 같다.

구분	수량	원가	순실현가치
A상품	60	₩2	₩3
B상품	120	₩4	₩3

4) 대손추정은 매출채권 잔액의 2%로 설정하였다.

5) 기계장치는 정률법으로 감가상각하며, 상각률은 20%이다.

6) 개발비 내용연수는 5년이며 이는 1기에 취득하였다.

7) 차입금의 연간 이자비용은 미지급상태이다. 이자율은 10%이다.

8) FVPL 금융자산의 기말현재공정가치는 ₩2,800이다.

9) 기말현재 모든 임직원이 퇴직할 경우 지급해야 하는 퇴직금추계액은 ₩620이다.

13

CHAPTER

자본

자본이란 주주 또는 출자자가 납입한 납입자본과 경영활동의 결과로 생겨난 잉여금의 합계액을 의미한다. 또한 자본은 회계주체의 소유자인 주주에게 귀속될 소유주 지분을 의미하며 자산총액에서 부채총액을 차감한 잔여지분을 말한다. 본 장에서는 주식의 발행, 주주와의 자본거래, 배당과 이익잉여금에 대한 회계처리방법을 학습한다.

제1절 자본의 의의와 분류

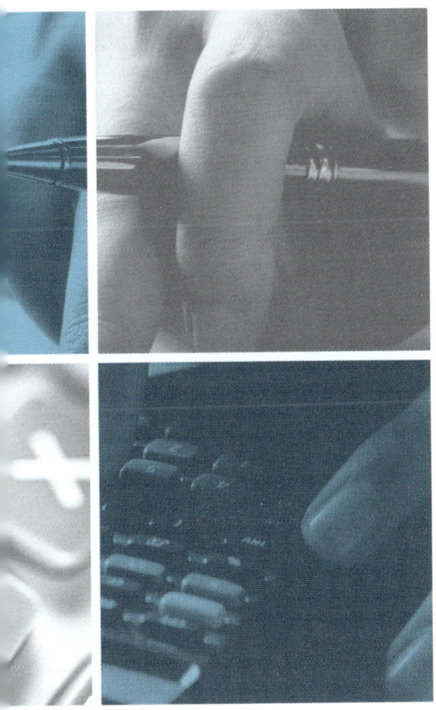

한국채택국제회계기준에는 자본의 설명과 자본에 관련된 구체적인 회계처리가 제시되어 있지 않다. 따라서 본 장의 자본과 관련된 설명은 일반기업회계기준과 상법에서 제시하는 내용을 기반으로 자본과 관련된 내용과 자본의 회계처리의 설명이 이루어져 있다.

자본이란 주주 또는 출자자가 납입한 납입자본과 경영활동의 결과로 생겨난 잉여금의 합계액을 의미한다. 또한 자본은 회계주체의 소유자인 주주에게 귀속될 소유주지분을 의미하며 자산총액에서 부채총액을 차감한 잔여지분을 말한다.

법률적 관점에서 볼 때 잔여지분인 자본은 법정자본과 잉여금으로 분류되고, 경제적 관점에서 볼 때 주주가 불입한 납입자본과 유보이익으로 분류된다. 납입자본은 주주가 기업에 불입한 금액으로 자본금에 주식발행초과금을 가산하고 주식할인발행차금을 차감한 금액이며, 유보이익은 기업활동에 의해 창출된 이익 중에서 사외로 유출되지 않고 사내에 유보된 부분이다. 기업회계기준서에서는 자본을 크게 납입자본, 이익잉여금 및 기타자본요소로 분류하고 있다. 이러한 분류를 통해서 재무제표 이용자들에게 목적접합한 정보를 제공하게 된다.

재무상태표에 자본은 다음과 같이 분류된다.

- 자본금 : 보통주자본금, 우선주자본금
- 자본잉여금 : 주식발행초과금, 기타자본잉여금(감자차익, 합병차익, 자기주식처분이익 등)
- 자본조정 : 자기주식, 주식할인발행차금, 감자차손, 자기주식처분손실 등
- 기타포괄손익누계액 : 금융자산평가손익(FVOCI), 해외사업환산손익, 재평가잉여금 등
- 이익잉여금

① 법정적립금 : 이익준비금
② 임의적립금
③ 미처분이익잉여금(또는 미처리결손금)

제2절 자본금

자본금(capital stock)은 원시투자원본 또는 투자원본의 증감을 말하며 보통주자본금과 우선주자본금으로 구분 표시된다.

보통주(common stock)란 회사가 발행한 여러 종류의 주식 중 기준이 되는 주식을 말한다. 또한 우선주(preferred stock)란 보통주에 비하여 이자나 이익의 배당 또는 잔여재산청구에 있어서 우선적인 권리가 부여된 주식을 말하는데 다음과 같은 종류가 있다.

- 이익배당우선주 : 보통주를 가진 주주가 배당을 받기 전에 일정률의 배당을 우선적으로 받을 수 있는 권리가 부여된 주식, 누적적 우선주와 참가적 우선주로 구분됨
- 전환우선주 : 우선주를 가진 주주가 본인의 의사에 따라 보통주로 전환할 수 있는 권리가 부여된 주식
- 상환우선주 : 회사가 일정한 요건을 갖추면 회사의 이익으로 해당 주식을 소각할 수 있는 권리가 부여된 주식

자본금은 주주의 납입자본 중에서 상법의 규정에 따라 정관에 자본금으로 확정되어 있는 금액으로 1주당 액면금액에 발생주식총수를 곱하여 산출된다.

상법에서 채택하고 있는 수권자본제도(authorized capital system)에 따라 회사가 발행할 수 있는 주식의 총수를 정관에 정하고 그 범위 내에서는 주주총회의 결의나 정관의 변경 없이도 이사회의 결의만으로 주식을 발행할 수 있도록 하고 있다. 또한, 주식회사의 자본은 발행주식의 액면총액으로 하도록 규정되어 있다

한편, 재무상태표상에 자본금계정의 표시방법은 다음과 같다.

자 본

Ⅰ. 자 본 금

1. 보통주자본금	×××	
2. 우선주자본금	×××	×××

1. 자본금의 증자

1) 유상증자

유상증자란 회사의 자본금이 증가되면서 회사의 자산도 증가되는 경우로 실질적 증자라고도 한다. 이 경우 주식의 발행가액이 액면가액과 일치하는가의 여부에 따라 다음의 세 경우가 나타난다. 다만, 유상증자를 실시함으로써 신주발행비가 발생하였을 때에는 주식발행금액에서 차감하여 회계처리한다. 즉, 주식발행초과금에서 차감하거나 주식할인발행차금에 가산한다.

첫째, 액면발행은 발행하는 주식의 액면가액과 발행가액이 일치하는 경우로 발행가액만큼 자본금이 증가하게 된다.

(차) 현 금	×××	(대)	자본금	×××

둘째, 할증발행은 발행하는 주식의 액면가액을 초과하여 발행가액이 결정되는 경우로 발행 주식의 액면가액은 자본금으로, 액면가액과 발행가액의 차액은 주식발행초과금(premium on common stock)으로 자본잉여금으로 분류한다.

(차) 현 금	×××	(대)	자본금	×××
			주식발행초과금	×××

셋째, 할인발행은 발행하는 주식의 액면가액에 미달하여 발행가액이 결정되는 경우로 발행 주식의 액면가액은 자본금으로, 액면금액과 발행가액의 차액은 우선적으로 주식발행초과금의 범위내에서 상계처리하고, 미상계 잔액이 있는 경우에 주식할인발행차금(discounts on stock issuance)으로 자본조정으로 분류한다. 따라서 주식할인발행차금은 자본을 차감하는 계정이 된다.

(차) 현 금	×××	(대)	자본금	×××
주식할인발행차금	×××			

[예제 13-1] 유상증자에 대한 회계처리

다음은 (주)한양이 유상증자를 하는 과정을 나타내었다. 각 상황에 대하여 회계처리를 하시오.

(1) ×1년 3월 1일 (주)한양은 유상증자를 실시하고 보통주식 10주를 현금으로 발행하였다. 보통주식의 주당 액면금액은 ₩5,000이며, 보통주식의 주당 발행가액은 주당 ₩5,000이다.
(2) ×1년 7월 10일 (주)한양은 유상증자를 실시하고 보통주식 10주를 현금으로 발행하였다. 보통주식의 주당 액면금액은 ₩5,000이며, 보통주식의 주당 발행가액은 주당 ₩6,000이다.
(3) ×1년 10월 20일 (주)한양은 유상증자를 실시하고 보통주식 10주를 현금으로 발행하였다. 보통주식의 주당 액면금액은 ₩5,000이며, 보통주식의 주당 발행가액은 주당 ₩3,000이다.

풀이

1) (차) 현금 50,000 (대) 자본금 50,000*

*10주×@5,000 = 50,000

2) (차) 현금 60,000[*1] (대) 자본금 50,000[*2]

주식발행초과금 10,000

[*1] 10주×@6,000 = 60,000

[*2] 10주×@5,000 = 50,000

3) (차) 현금 30,000[*1] (대) 자본금 50,000[*2]

주식발행초과금 10,000

주식할인발행차금 10,000

[*1] 10주×@3,000 = 30,000

[*2] 10주×@5,000 = 50,000

→ 주식발행초과금 잔액이 존재하는 경우에는 주식발행초과금을 먼저 상계처리하고 주식할인발행차금을 설정한다.

기업이 발행하는 주식 중 액면이 없는 주식 즉, 무액면주식을 발행할 수도 있다. 무액면주식을 발행하는 경우 상법에 의하면 자본금을 이사회에서 결정해야 한다. 이때의 자본금은 주식 발행금액의 1/2 이상을 자본금으로 설정해야 한다. 발행금액에서 자본금을 차감한 금액은 주식발행초과금으로 인식하게 된다.

[예제 13-2] 무액면주식 유상증자에 관한 회계처리

다음은 (주)한양이 무액면주식 100주를 유상증자하였다. 발행가액은 ₩700,000이며, 이사사회는 발행가액 중 ₩500,000을 자본금으로 결정하였다. 무액면주식 유상증자에 관련한 회계처리를 하시오.

풀이

무액면주식을 발행하는 하는 경우 발행가액에서 1/2 이상을 자본금으로 설정해야 한다. 본 문제의 경우 자본금은 ₩350,000이상이 되어야 한다.

(차) 현금	700,000	(대) 자본금	500,000
		주식발행초과금	200,000

한편, 현실적으로 주식의 대금 전액이 일시에 납입되고, 동시에 주식이 발행되는 경우는 드물고, 일반적인 유상증자의 경우는 청약(subscription)에 의해 주식이 발행된다. 청약은 주식을 인수하여 주주가 되겠다는 의사표시로 주식을 인수하고자 하는 투자자가 발행금액의 일부를 증거금으로 납부하게 되는데 이를 주식청약 대금이라 하며, 신주청약증거금[1]으로 회계처리를 한다. 신주청약증거금은 자본으로 분류하고, 추후 주식을 발행할 때 주식의 발행금액으로 대체하여 신주발행에 대한 회계처리를 한다. 이와 관련된 회계처리는 다음과 같다.

- 신주청약시

(차) 현금	XXX	(대) 신주청약증거금	XXX

- 신주발행시

(차) 현금	×××	(대) 자본금	×××
신주청약증거금	×××	주식발행초과금	×××

1) 청약기일이 경과된 신주청약증거금은 신주납입액으로 충당될 금액은 자본조정으로 분류한다.

[예제 13-3] 청약에 의한 주식발행 회계처리

(주)한양은 주식을 상장하기 위하여 20×1년 11월 10일 1주당 액면가액 ₩500의 보통주 100주를 청약에 의해 발행하기로 하였다. 발행가액은 1주당 ₩800이며, 청약시에는 발행가액의 20%의 청약증거금이 당좌예금계좌로 납입되었다. 12월 10일 100주의 잔금이 납입되었고, 주식이 발행하였다.

물음

1) 주식청약일(×1년 11월 10일)의 회계처리를 하시오.
2) 주식발행일(×1년 12월 10일)의 회계처리를 하시오.

풀이

	차변	금액		대변	금액
1)	(차) 당좌예금	16,000*		(대) 신주청약증거금	16,000

*100주×@800×20% = 16,000

	차변	금액		대변	금액
2)	(차) 현금	64,000*1		(대) 자본금	50,000*3
	신주청약증거금	16,000*2		주식발행초과금	30,000*4

*1 100주×@800×80% = 64,000
*2 100주×@800×20% = 16,000
*3 100주×@500 = 50,000
*4 100주×@300 = 30,000

주식의 대금은 현금으로 납입되는 것이 원칙이나 때로는 현금 이외의 다른 자산으로 납입되는 경우가 있는데 이를 현물출자라고 한다. 이 경우 현물출자로 취득한 자산의 공정가치를 주식의 발행가액으로 한다. 따라서 취득한 자산의 공정가치가 발행되는 주식의 액면가액과 다른 경우에는 할인 혹은 할증발행과 같은 회계처리가 필요하게 된다.

- 납입되는 토지의 공정가치가 주식의 액면가액 보다 큰 경우

(차)	토지	×××	(대)	자본금	×××
				주식발행초과금	×××

- 납입되는 토지의 공정가치가 주식의 액면가액 보다 작은 경우

(차)	토지	×××	(대)	자본금	×××
	주식할인발행차금	×××			

[예제 13-4] 현물출자에 의한 유상증자 회계처리

(주)한양은 20×1년 12월 1일 1주당 액면가액 ₩5,000의 보통주 100주를 발행하고 현금 대신 건물을 출자받았다. 건물의 공정가치는 ₩600,000으로 추정된다. 위 상황에 대하여 회계처리를 하시오.

풀이

(차) 건 물	600,000	(대) 자본금	500,000*
		주식발행초과금	100,000

*100주×@5,000 = 500,000

2) 무상증자

무상증자란 회사의 자본금은 증가되지만 회사의 자산은 증가되지 않고 잉여금이 감소하는 경우로 형식적인 증자라고 한다. 즉 무상증자로 주식을 발행하게 되면 자본금은 증가하지만, 현금의 납입이 없으므로 자본총계의 변동은 없다. 무상증자로 자본금이 증가하는 경우는 주식발행초과금의 자본전입이나, 이익준비금의 자본전입 등이 있다. 무상증자와 관련된 회계처리는 다음과 같다.

- 주식발행초과금의 자본전입

(차) 주식발행초과금	XXX	(대) 자본금	XXX

- 이익준비금의 자본전입

(차) 이익준비금	XXX	(대) 자본금	XXX

[예제 13-5] 무상증자 회계처리

다음의 각각을 상황을 회계처리시오.

1) (주)한양은 20×1년 4월 5일 주식발행초과금을 재원으로 하여 무상증자를 실시하였다. 무상증자를 통하여 자본으로 전입되는 주식발행초과금은 ₩100,000이다.
2) (주)한양은 20×1년 9월 10일 이익준비금을 재원으로 하여 무상증자를 실시하였다. 무상증자를 통하여 자본으로 전입되는 이익준비금은 ₩50,000이다.

풀이

1)	(차) 주식발행초과금	100,000	(대) 자본금	100,000
2)	(차) 이익준비금	50,000	(대) 자본금	50,000

2. 자본금의 감자

1) 유상감자

유상감자란 자본금이 감소되면서 회사의 자산도 감소하는 실질적인 감자를 의미한다. 유상감자는 자본금의 감소로 인해 환급 또는 소멸된 주식의 대가를 주주에게 지급하는 것이다. 실질적 감자는 기업규모를 축소하거나 합병해서 당사회사의 재산상태를 조정할 때 등의 경우에 행해진다.

실질적인 감자의 방법으로는 주금액의 일부를 주주에게 반환하는 주금액의 환급 방법과 회사가 일부 주식을 매입하여 소멸시키는 주식의 매입소각 방법이 있다. 이 경우 감소되는 자본금의 액면금액과 환급금액의 차이를 감자차익(손)으로 분류하고 감자차익은 자본잉여금으로 감자차손의 경우에는 감자차익과 상계하고 남는 금액은 자본조정으로 하여 자본에서 차감하여 표시하도록 하고 있다.

감자차익 = 주식의 환급금액 − 주식의 액면금액 < 0

감자차손 = 주식의 환급금액 − 주식의 액면금액 > 0

● 유상감자 회계처리(주식환급금액 < 주식액면금액)

(차)	자본금	×××	(대)	현금	×××
				감자차익	×××

● 유상감자 회계처리(주식환급금액 > 주식액면금액)

(차)	자본금	×××	(대)	현금	×××
	감자차손	×××			

* 위의 회계처리 시 감자차익과 감자차손은 우선 상계한다.

[예제 13-6] 유상감자 회계처리

(주)한양은 주주총회의 특별결의로 자본금을 감소시키기로 하였는데, 100주의 주식 (1주당 액면금액 : ₩5,000)을 매입 소각하고 대금은 수표를 발행하여 지급하다.

물음

1) 주당 매입가격이 ₩3,000인 경우의 회계처리 하시오.
2) 주당 매입가격이 ₩8,000인 경우의 회계처리 하시오(다만, 주식소각 전 감자차익 ₩200,000이 계상되어 있는 것으로 가정한다).

풀이

1) (차) 자본금	500,000[*1]	(대) 당좌예금	300,000[*2]
		감자차익	200,000

[*1]100주×@5,000=500,000 [*2]100주×@3,000=300,000

2) (차) 자본금	500,000[*1]	(대) 당좌예금	800,000[*2]
감자차익	200,000[*3]		
감자차손	100,000		

[*1] 100주×@5,000=500,000 [*2]100주×@8,000=800,000

[*3] 기업에 감자차익이 존재하는 경우 감자차익을 먼저 상계처리하여 인식하고 차액을 감자차손으로 인식한다.

2) 무상감자

무상감자란 자본금이 감소되지만 회사의 자산은 감소되지 않은 형식적인 감자를 의미한다. 형식적인 감자는 거액의 이월결손금을 보전하기 위하여 사용되며, 감자차익은 이월결손금 상계이후의 금액이 된다. 단, 무상감자의 경우 대가가 없기 때문에 감자차손은 발생하지 않는다. 이와 관련된 회계처리는 다음과 같다.

(차) 자본금	×××	(대) 이월결손금	×××
		감자차익	×××

[예제 13-7] 무상감자 회계처리

(주)한양은 이월결손금 ₩150,000을 보전하기 위하여 총 주식 800주(자본금 ₩400,000 주당 액면금액 ₩500)를 2주당 1주의 비율로 무상감자 하였다. 필요한 회계처리를 하시오.

풀이

(차) 자본금	200,000*	(대) 이월결손금	150,000
		감자차익	50,000

*400주×@500 = 200,000

제3절 자본잉여금

자본잉여금(capital surplus)이란 자본거래의 결과로 생겨난 잉여금으로 주식발행초과금, 감자차익 및 기타자본잉여금이 있는데 상법에 의하면 자본잉여금은 결손보전과 자본전입의 용도 이외에는 사용될 수 없다.

1. 주식발행초과금

주식발행가액(증자의 경우에 신주발행수수료 등 신주발행을 위하여 직접 발생한 기타의 비용을 차감한 후의 가액을 말한다. 이하 같다)이 액면가액을 초과하는 경우 그 초과하는 금액으로 한다.

2. 감자차익

자본감소의 경우에 그 감소액이 주식의 소각, 주금의 반환에 요한 금액과 결손의 보전에 충당한 금액을 초과한 때에 그 초과금액으로 한다. 다만, 자본금의 감소액이 주식의 소각, 주금의 반환에 요한 금액에 미달하는 금액이 있는 경우에는 동 금액을 차감한 후의 금액으로 한다.

3. 기타자본잉여금

자기주식처분이익으로서 자기주식처분손실을 차감한 금액과 그 밖의 기타자본잉여금으로 한다. 자기주식처분이익이란 자기주식을 처분할 때 취득가액을 초과하여 처분할 경우의 처분가액과 취득가액의 차액을 의미한다.

제4절 이익잉여금

이익잉여금(retained earning)이란 손익거래로 발생한 이익의 유보액을 의미한다. 즉, 기업의 이익 창출활동을 통하여 획득된 이익으로서, 배당 등을 통하여 사외로 유출되거나 자본금계정이나 자본잉여금 계정으로 대체되지 않고 기업 내부에 유보된 금액을 의미한다. 이를 구분하면 다음과 같다.

- 법정적립금 : 상법상의 이익준비금 및 기타 법령의 규정에 의하여 적립된 금액으로 한다.
- 임의적립금 : 정관의 규정 또는 주주총회의 결의로 적립된 금액으로서 사업확장적립금, 감채적립금, 배당평균적립금, 결손보전적립금 및 법인세 등을 이연할 목적으로 적립하여 일정기간이 경과한 후 환입될 준비금 등으로 한다.
- 미처분이익잉여금(또는 미처리결손금) : 전기의 이익잉여금처분계산서의 차기이월미처분이익잉여금(또는 결손금처리계산서의 차기이월미처리결손금)에 당기순이익 또는 당기순손실을 가감한 금액으로 한다.

1. 법정적립금

1) 이익준비금

이익준비금(legal reserve)은 상법에 의하여 매결산기에 이익의 일부를 일정한 수준에 도달할 때까지 적립하는 법정준비금의 하나인데 회사는 자본의 1/2에 달할 때까지 매결산기의 금전에 의한 이익배당금의 1/10 이상의 금액을 이익준비금으로 적립하도록 규정하고 있다.

● 주주총회 결의일

(차) 미처분이익잉여금	XXX	(대) 이익준비금	XXX

2) 기타법정적립금

기타법정적립금(other statutory reserves)은 상법에는 규정되어 있지 않지만 법률에 의하여 적립이 강제되는 적립금이다. 기타법정적립금으로는 선물거래법에서 규정하고 있는 선물거래책임준비금이 있다.

2. 임의적립금

임의적립금(voluntary reserves)은 법적 강제력에 의하여 적립하는 것이 아니라 정관의 규정 또는 주주총회의 결의에 의하여 기업 자체의 필요에 따라 임의로 적립하는 적립금을 말한다.

● 주주총회 결의일

(차) 미처분이익잉여금	XXX	(대) 임의적립금	XXX

1) 적극적 적립금

기업의 자금 또는 순자산을 증대시킬 목적으로 적립하는 것으로 원래의 적립목적을 달성하더라도 적립금 자체는 소멸하지 않는 것으로 사업확장적립금, 감채적립금 등이 있다.

사업확장적립금(reserve for business expansion)은 장래에 사업을 확장하기 위한 적립금으로, 예를 들면 해외사업을 확대하거나 공장시설을 확장하는 등 광범위하게 사용될 수 있는 적립금이다. 이와 비슷한 적립금으로 신축적립금, 시설적립금이 있는데 모두 사업확장적립금에 포함시킬 수 있다.

감채적립금(reserve for sinking fund)은 사채, 장기차입금 등 부채를 상환하기 위한 적립금이다.

적극적 적립금은 적립목적을 달성한 후에도 소멸하지 않으므로 목적을 달성한 후에는 일단 별도적립금으로 대체하든가 또는 다른 목적의 적립금으로 대체하여 임의적립금 이입을 한다.

2) 소극적 적립금

기업의 자본감소를 방지할 목적으로 또는 순자산의 감소를 억제할 목적으로 적립하는 것으로서 적립목적을 달성하면 적립금 자체도 소멸하는 것이다. 소극적 적립금에는 배당평균적립금, 결손보전적립금 등이 있다.

[예제 13-8] 이익잉여금의 적립금전환 회계처리

다음 제시되는 각 상황에 대하여 회계처리 하시오.

물음

1) 주주총회 결의에서 이익잉여금 중 ₩300,000을 이익준비금으로 적립하는 것을 결의하였다.
2) 이익잉여금 처분으로 ₩200,000을 사업확장적립금으로 하였다.
3) 위의 사업확장적립금으로 공장건물을 신축하고 건설대금 ₩150,000을 건설회사에 현금으로 지급하였다.
4) 작년과 비슷한 수준의 이익배당을 하기 위하여 배당평균적립금으로 적립되어 있는 ₩200,000을 이입하였다.

풀이

	차변	금액	대변	금액
1)	(차) 미처분이익잉여금	300,000	(대) 이익준비금	300,000
2)	(차) 미처분이익잉여금	200,000	(대) 사업확장적립금	200,000
3)	(차) 건물	150,000	(대) 현금	150,000
	사업확장적립금	150,000	별도적립금	150,000
4)	(차) 배당평균적립금	200,000	(대) 배당평균적립금이입	200,000

3. 이익잉여금의 처분

기업의 영업활동의 결과로 얻어진 이익잉여금은 주주 등에게 배당의 형태로 돌려주거나 차후의 영업활동을 위한 일정한 목적으로 회사 내에 남겨두게 되고 일부는 상법 등의 법률에 의해 일정금액을 적립하도록 되어 있는데 이와 같은 것을 이익잉여금의 처분이라 한다. 현행 기업회계기준에서는 이익잉여금의 처분상황을 이익잉여금처분계산서에 표시하도록 하고 있다.[2)]

당기에 처분가능 한 이익잉여금은 전기로부터 이월 된 미처분이익잉여금에 당기에 발생한

2) 「한국채택국제회계기준」과 「일반기업회계기준」에서는 이익잉여금처분계산서를 재무제표에서 제외하고 상법 등 관련 법규에서 요구하는 경우에 주석으로 공시할 수 있도록 하고 있다.

당기순손익을 가감하여 산출한다.

미처분이익잉여금 = 전기이월미처분이익잉여금 ± 당기순손익

즉, 이러한 미처분이익잉여금은 주주에게 환원하기 위한 현금배당 및 주식배당은 물론 이익잉여금의 일부를 회사 내부에 유보함으로써 재투자 등의 목적으로 사용된다. 한편, 이익처분의 재원이 부족하게 되는 경우에는 전기에 회사 내부에 유보시킨 이익잉여금을 추가하게 되는데 이것이 임의적립금 등의 이입액이다.

반대로 결손이 발생한 경우에는 발생된 결손을 어떻게 보전하여야 할 것인가를 결정하게 되고 이러한 보전처리 상황은 결손금처리계산서에 표시하도록 하고 있다. 이 경우 결손금은 ① 임의적립금이입액, ② 기타법정적립금이입액 ③ 이익준비금이입액 ④ 자본잉여금이입액의 순으로 처리하도록 규정하고 있다.

이익잉여금 처분에 관한 회계처리는 다음과 같다.

〈결산시〉

(차)	이월미처분이익잉여금	×××	(대)	미처분이익잉여금	×××
	집합손익	×××			

〈주주총회 미처분이익잉여금처분〉

(차)	미처분이익잉여금	×××	(대)	법정적립금	×××
				임의적립금	×××
				주식할인발행차금	×××
				미지급배당금	×××
				이월이익잉여금	×××

[예제 13-9] 이익잉여금 처분에 관한 회계처리

다음은 자본금 ₩800,000의 (주)한양의 제2기(20×2. 1. 1.~20×2. 12. 31.)의 이익잉여금처분에 관한 내용이다.

(1) 전기이월미처분이익잉여금 ₩200,000과 당기순이익 ₩300,000을 합한 미처분이익잉여금에 대해 이사회에서 다음과 같이 처분하기로 결정하다. 미처분이익잉여금에 대한 회계처리를 하시오.

이익준비금	₩20,000	기업합리화적립금	₩10,000
감채적립금	60,000	사업확장적립금	130,000
배당평균적립금	50,000	현금배당	80,000
		주식배당	40,000

(2) 이사회의 결의가 나중에 주주총회에서 처분된 경우 잉여금처분에 대한 회계처리를 하시오.

풀이

(1)	(차) 전기이월미처분이익잉여금	200,000	(대) 미처분이익잉여금	500,000
	집합손익	300,000		
(2)	(차) 미처분이익잉여금	500,000	(대) 이익준비금	20,000
			기업합리화적립금	10,000
			감채적립금	60,000
			사업확장적립금	130,000
			배당평균적립금	50,000
			미지급배당금	80,000
			자본금	40,000
			차기이월미처분이익잉여금	110,000

제5절 자본변동표

자본변동표(statement of changes in stockholders' equity)란 일정기간 동안의 자본의 변동 내역에 관한 정보를 제공하기 위한 재무제표로서, 소유주(주주)지분을 자본금, 자본잉여금, 자본조정, 기타포괄손익누계액 이익잉여금 등으로 구분하고 이들 항목의 기간 중 변동 내역을 표시한다. 예제를 통하여 살펴보기로 한다.

[예제 13-10] 자본변동표 작성

다음 (주)한양의 제2기(20×2. 1. 1.~20×2. 12. 31.)의 자본과 관련된 자료를 이용하여 자본변동표를 작성하시오.

기초금액 : 자본금	₩200,000	자본잉여금	₩50,000
기타포괄손익누계액	₩50,000	이익잉여금	₩250,000

당기중 발생 거래 :

1) 전기분 배당 : ₩50,000

2) 유상증자 : 액면금액 ₩200,000 발행가액 ₩250,000

3) 당기순이익 : ₩100,000

풀이

자본변동표

제2기 : 20×2년 1월 1일부터
20×2년 12월 31일까지

회사명 : (주)한양 (단위: 원)

	자본금	자본 잉여금	자본 조정	기타포괄 손익누계액	이익 잉여금	합계
20×2. 1. 1.	200,000	50,000	0	50,000	250,000	550,000
연차배당					(50,000)	(50,000)
유상증자	200,000	50,000				250,000
당기순이익					100,000	100,000
20×2. 12. 31	400,000	100,000	0	50,000	300,000	850,000

연·습·문·제

1. 다음의 제시되는 문장을 읽고 맞는 설명인 경우는 O, 틀린 설명인 경우는 X로 답하세요.

1) 자본은 주주의 납입자본과 경영활동의 결과로 증가한 잉여금의 합계액을 의미한다.

2) 유상증자 시 할증발행은 발행하는 주식의 액면가액을 초과하여 발행가액이 결정되는 경우로 발행 주식의 액면가액은 자본금으로, 액면가액과 발행가액의 차액은 주식발행초과금으로 자본조정으로 분류한다.

3) 할인발행은 발행하는 주식의 액면가액에 미달하여 발행가액이 결정되는 경우로 발행 주식의 액면가액은 자본금으로, 액면금액과 발행가액의 차액은 언제나 주식할인발행차금으로 분류한다.

4) 무상증자란 회사의 자산은 증가되지만 회사의 자본금은 증가되지 않고 잉여금이 증가하는 경우로 형식적인 증자라고 한다.

5) 무상감자는 거액의 이월결손금을 보전하기 위하여 사용되며, 감자차익은 이월결손금 상계이후의 금액이 된다.

6) 자본잉여금은 자본거래의 결과로 생겨난 잉여금으로 주식발행초과금, 감자차익 및 기타자본잉여금이 있는데 상법에 의하면 자본잉여금은 결손보전과 자본전입의 용도 이외에는 사용될 수 없다.

7) 기타법정적립금은 상법에는 규정되어 적립이 강제되는 적립금이다.

8) 소극적 적립금은 기업의 자금 또는 순자산을 증대시킬 목적으로 적립하는 것으로 원래의 적립목적을 달성하더라도 적립금 자체는 소멸하지 않는 것으로 사업확장적립금, 감채적립금 등이 있다.

9) 재무구조개선적립금은 상장법인재무관리규정에 의하여 기업의 재무구조를 개선할 목적으로 적립하는 것이다. 적립액은 유형자산처분이익이 유형자산처분손실과 해당 법인세 등의 합계액을 초과하는 경우 그 초과액의 30/100 이상으로 되어 있다.

10) 현행 기업회계기준에서는 이익잉여금의 처분상황을 이익잉여금처분계산서에 표시하도록 하고 있다. 이러한 이익잉여금처분계산서는 재무제표의 일부이다.

2. 아래의 빈칸에 알맞은 단어를 기입하세요.

1) 자본은 회계주체의 소유자인 주주에게 귀속될 소유주지분을 의미하며 자산총액에서 부채총액을 차감한 (　　)을 말한다.

2) 납입자본은 주주가 기업에 불입한 금액으로 자본금에 주식발행초과금을 (　　)하고 주식할인발행차금을 (　　)한 금액이다.

3) 회사가 발행한 여러 종류의 주식 중 기준이 되는 주식을 (　　)라 한다.

4) 주식의 발행가액과 액면가액의 차이에 따라 나타나는 주식빌행초과금과 주식할인발행차금은

자본의 분류가 서로 다른데, 주식발행초과금은 (   )으로 분류가 되고, 주식할인발행차금은 (   )으로 분류된다.

5) 주식의 대금은 현금으로 납입되는 것이 원칙이나 때로는 현금 이외의 다른 자산으로 납입되는 경우가 있는데 이를 (   )라고 하며, 취득한 자산의 (   )를 주식의 발행가액으로 한다.

6) 자본금의 감소로 인해 환급 또는 소멸된 주식의 대가를 주주에게 지급하는 것을 (   )라 한다.

7) (   )이란 손익거래로 발생한 이익의 유보액으로, 기업의 이익 창출활동을 통하여 획득된 이익으로서, 배당 등을 통하여 사외로 유출되거나 자본금계정이나 자본잉여금 계정으로 대체되지 않고 기업 내부에 유보된 금액을 의미한다.

8) 이익준비금은 상법에 의하여 매결산기에 이익의 일부를 일정한 수준에 도달할 때까지 적립하는 법정준비금의 하나인데 회사는 자본의 (   )에 달할 때까지 매결산기의 금전에 의한 이익배당금의 (   ) 이상의 금액을 이익준비금으로 적립하도록 규정하고 있다.

9) 당기에 처분가능 한 이익잉여금은 전기로부터 이월 된 (   )에 당기에 발생한 당기순손익을 가감하여 산출한다.

10) (   )는 일정기간 동안의 자본의 변동 내역에 관한 정보를 제공하기 위한 재무제표이다.

3. 20×1년 1월 1일 설립한 (주)한국의 자본관련 거래는 다음과 같다.

일자	거래 내역
1월 1일	보통주 1,000주를 주당₩120(액면금액 ₩100)에 발행하고, 주식발행과 관련된 직접비용 ₩700을 현금 지급하였다.
7월 1일	보통주 1,000주를 주당₩90(액면금액 ₩100)에 발행하고, 주식발행과 관련된 직접비용은 발생하지 않았다.

이와 관련된 설명으로 옳은 것은?(공무원 9급 2022년)

① 1월 1일 현금 ₩120,000이 증가한다.

② 1월 1일 주식발행과 관련된 직접비용 ₩700을 비용으로 계상한다.

③ 7월 1일 자본금 ₩90,000이 증가한다.

④ 12월 31일 재무상태표에 주식발행초과금으로 표시될 금액은 ₩9,300이다.

4. 자본에 관한 설명으로 옳은 것만을 모두 고른 것은?(공무원 9급 2018년)

ㄱ. 주식분할을 실시하면 자본 총액은 변동하지 않고 자본금은 증가한다.
ㄴ. 주식배당을 실시하면 자본 총액은 변동하지 않고 자본금은 증가한다.
ㄷ. 유상증자를 실시하면 자본 총액은 변동하지 않고 자본금은 증가한다.
ㄹ. 무상증자를 실시하면 자본 총액은 변동하지 않고 자본금은 증가한다.

① ㄱ, ㄴ　　② ㄱ, ㄷ　　③ ㄴ, ㄹ　　④ ㄷ, ㄹ

5. (주)한국은 2016년 초 보통주 10주(주당 액면금액 ₩500, 주당 발행금액 ₩600)를 발행하였으며, 주식발행과 직접 관련된 원가 ₩100이 발생하였다. (주)한국의 주식발행에 대한 설명으로 옳은 것은?(단, 기초 주식할인발행차금은 없다고 가정한다) (공무원 9급 2017년)

① 자본은 ₩6,000 증가한다.

② 자본금은 ₩5,900 증가한다.

③ 자본잉여금은 ₩900 증가한다.

④ 주식발행과 직접 관련된 원가 ₩100은 당기비용으로 인식한다.

6. (주)한양은 20×1년에 보통주 2,500주(액면금액 ₩500)를 주당 ₩1,800, 우선주 1,200주(액면금액 ₩500)를 주당 ₩1,500에 발행하였다. 20×1년 말 이익잉여금은 ₩2,000,000이다. 다음 설명 중 옳지 않은 것을 고르시오.

① 보통주자본금은 ₩1,250,000이다.

② 우선주자본금은 ₩600,000이다.

③ 주식발행초과금은 ₩4,450,000이다.

④ 납입자본은 ₩1,850,000이다.

⑤ 자본총액은 ₩8,300,000이다.

7. (주)한양은 주주총회를 결의를 통하여 이익잉여금을 처분하였다. 다음 자료를 이용하여 주주총의 결의 직후의 미처분이익잉여금 잔액을 산출하여라.

– 주주총의 결의사항
　법정적립금 적립 : ₩120,000　　현금배당 : ₩90,000　　주식배당 : ₩40,000
–당기순이익 : ₩275,000
– 전기이월미처분이익잉여금 : ₩85,000

① ₩350,000　　② ₩240,000　　③ ₩150,000

④ ₩110,000　　⑤ ₩60,000

8. **다음은 (주)서울의 기초 및 기말 재무상태표의 일부이다. 당기 중에 유상증자 ₩2,000과 무상증자 ₩1,000이 있었고 현금배당 ₩1,000을 지급하였다면, (주)서울의 당기순이익은 얼마인가? (단, 당기 중 기타포괄손익은 없다.)(관세사 1차 2013년)**

	기초 재무상태표	기말 재무상태표
자산총계	₩35,000	₩41,000
부채총계	26,000	28,000

① ₩1,000　② ₩2,000　③ ₩3,000

④ ₩4,000　⑤ ₩6,000

9. **다음 거래를 회계처리 하시오.**

(주)세진은 20×1년 8월 10일을 기준으로 다음과 같이 10%의 유상증자를 실시하여 9월 10일 전액 당좌예금구좌에 입금되었다.

증자전 자본금 : ₩50,000,000　증자후 자본금 : ₩55,000,000

1주당 액면 : ₩5,000　1주당 납입가액 : ₩7,000

1주당 시가 : ₩10,000

10. **다음 거래를 회계처리 하시오.**

L투자자는 20×1년 8월 10일을 기준으로 (주)세진으로부터 10%의 유상증자의 실시를 통보받고 9월 10일 전액 현금청약하고 유가증권(FVOCI금융자산)을 받다.

소유주식수 : 100주　증자후 주식수 : 110주

1주당 액면 : ₩5,000　1주당 납입가액 : ₩7,000

1주당 시가 : ₩10,000

11. **다음 배당금수령시의 회계처리를 하시오.**

L투자자는 (주)한양(자본금 10억원)으로부터 20×1년 12월 31일(결산일)을 기준으로 현금배당 10%, 주식배당 5%의 실시를 통보받고 20×2년 3월 5일 현금배당금과 유가증권을 수령하다.

소유주식수 : 100주　1주당 액면 : ₩5,000

12. **다음은 자본금 ₩5,000,000의 (주)희망의 제3기(20×1. 1. 1~20×1. 12. 31.)의 잉여금처분에 관한 내용이다.**

(1) 전기이월미처분이익잉여금 ₩100,000원과 당기순이익 ₩200,000원을 합한 미처분이익잉여금에 대해 이사회에서 다음과 같이 처분하기로 결정하다. 미처분이익잉여금에 대한 분개를 표시하라.

이익준비금	₩20,000	기업합리화적립금	₩10,000
감채적립금	₩50,000	사업확장적립금	₩50,000
배당평균적립금	₩30,000	현금배당	₩50,000
		주식배당	₩50,000

(2) 이사회의 결의가 나중에 주주총회에서 추인된 경우 이익잉여금 처분에 대한 분개를 표시하라.

13. **다음 (주)한양의 제7기(20×2. 1. 1.~20×2. 12. 31.)의 자본과 관련된 자료를 이용하여 자본변동표를 작성하시오.**

기초금액 : 자본금 ₩500,000　　자본잉여금 ₩50,000
자본조정 ₩50,000　　이익잉여금 ₩250,000
당기중 발생 거래 :
1) 전기분 배당 : ₩100,000
2) 유상증자 : 액면금액 ₩100,000　　발행가액 ₩120,000
3) 당기순이익 : ₩110,000

14. **다음은 (주)한양의 20X2년 주주총회 결의일 직후에 작성된 재무상태표 자본부분이다.**

자본금	₩2,000
주식발행초과금	500
이익준비금	200
차기이월미처분이익잉여금	800

다음의 자료를 활용하여 20X2년도 결산일 및 주주총회일에 (주)한양이 해야 할 회계처리를 하세요.

〈자료〉

(1) 20X2년도 당기순이익은 ₩400으로 보고하였다.

(2) 20X3년에 개최된 주주총회에서 20X2년도 이익잉여금을 현금배당 ₩100과 이익준비금적립 ₩50으로 처분하는 것을 결의하였다.

14
CHAPTER

현금흐름표

재무제표 이용자는 기업이 현금 및 현금성자산을 어떻게 창출하고 사용하는지에 대하여 관심이 있다. 기업은 주요 수익창출활동이 서로 다르더라도 본질적으로 동일한 이유에서 현금을 필요로 한다. 기업은 영업활동을 수행하고, 채무를 상환하며, 투자자에게 투자수익을 분배하기 위하여 현금이 필요하다. 따라서 한국채택국제회계기준에서는 모든 기업이 현금흐름표를 작성 · 공시할 것을 요구하고 있다. 본 장에서는 현금주의 기준에 기초한 재무제표 현금흐름표의 작성방법을 학습한다.

제1절 현금흐름표의 의의와 유용성

재무제표이용자는 기업이 현금 및 현금성자산을 어떻게 창출하고 사용하는지에 대하여 관심이 있다. 기업은 주요 수익창출활동이 서로 다르더라도 본질적으로 동일한 이유에서 현금을 필요로 한다. 기업은 영업활동을 수행하고, 채무를 상환하며, 투자자에게 투자수익을 분배하기 위하여 현금이 필요하다. 따라서 한국채택국제회계기준에서는 모든 기업이 현금흐름표를 작성 · 공시할 것을 요구하고 있다.

현금흐름표란 회계기간 동안 기업의 영업활동, 투자활동, 재무활동으로 발생한 현금유입(cash inflows)과 현금유출(cash outflows) 즉 현금흐름(cash flows)에 관한 정보를 적정하게 표시하여 현금의 변동내역에 관한 정보를 제공하는 재무보고서이다.

현금흐름정보는 기업의 현금창출 능력을 평가하는 데 유용할 뿐만 아니라, 창출된 현금의 배분과 자금조달에 관련된 정보를 제공한다.

포괄손익계산서상의 당기순이익은 발생주의(accrual basis)를 적용하여 계산되었으며 이는 기업의 이익창출능력을 판단할 수 있게는 하지만 투자자가 궁극적으로 관심을 갖는 현금흐름에 관한 정보를 상세하게 제공하지는 못한다. 이에 반하여 현금흐름표는 현금주의(cash basis)에 의한 현금흐름에 관한 정보를 체계적으로 제공한다.

현금흐름표는 다음과 같은 유용성을 갖고 있다.

① 기업의 미래현금창출능력을 평가할 수 있다.
② 기업의 배당지급능력과 채무상환능력을 평가할 수 있다.
③ 당기순이익과 영업활동으로 인한 순현금흐름(net cash flow)의 차이에 대한 이유를 설명해 준다.
④ 기간 중의 기업의 투자활동과 재무활동을 평가할 수 있다.

제2절 현금흐름표의 작성

현금흐름표는 일정한 보고기간 동안 현금이 어디에서 유입되었는지, 어떤 곳에 사용되었는지를 밝힘으로써 현금액의 변동 내역을 보여주는 재무제표이다. 현금흐름표는 이러한 현금 유입 및 현금유출을 영업활동, 투자활동, 재무활동으로 구분하여 표시하도록 하고 있다. 현금흐름표의 구조를 간단히 살펴보면 다음 〈표 14-1〉과 같다.

〈표 14-1〉 현금흐름표의 구조

현금흐름표

당기 20×2년 1월 1일부터 12월 31일까지
전기 20×1년 1월 1일부터 12월 31일까지

(주)한양

과 목	금 액			
	당기		전기	
1. 영업활동 현금흐름	5,000		4,000	
2. 투자활동 현금흐름	(1,000)		1,000	
3. 재무활동 현금흐름	2,000		(700)	
4. 현금의 증가		6,000		4,300
5. 기초의 현금		6,300		2,000
6. 기말의 현금		12,300		6,300

1. 현금흐름의 분류

현금흐름표는 회계기간동안 발생한 현금흐름, 즉 현금유입과 현금유출을 ① 영업활동 현금흐름, ② 투자활동 현금흐름, ③ 재무활동 현금흐름 등 활동별로 구분하여 표시한다. 기업은 사업 특성을 고려하여 가장 적절한 방법으로 영업활동, 투자활동 및 재무활동에서 발생하는 현금흐름을 표시한다. 현금흐름표에서 나타나는 세 가지 활동으로 인한 현금흐름을 설명하면 다음과 같다.

1) 영업활동 현금흐름

영업활동(operating activities)은 기업의 주요 수익창출활동, 그리고 투자활동이나 재무활동이 아닌 기타의 활동이다. 영업활동 현금흐름은 포괄손익계산서계정에 관련하여 나타난다. 즉 기업의 주요 수익창출활동에서 나타나며 제품의 생산과 재화(상품) 및 용역의 구매 또는 판매활동으로 인한 현금흐름을 나타낸다. 따라서 영업활동 현금흐름은 일반적으로 당기순손익의 결정에 영향을 미치는 거래나 그 밖의 사건의 결과로 발생한다. 또한 투자활동이나 재무활동에 속하지 아니하는 거래를 모두 포함한다. 영업활동으로 인한 현금유입과 현금유출의 예를 들면 다음과 같다.

① 현금유입의 예 : 제품 등의 판매에 따른 현금유입(매출채권의 회수 포함), 이자수익과 배당금수익, 로열티 수익 등
② 현금유출의 예 : 원재료, 상품 등의 구입에 따른 현금유출(매입채무의 결제 포함), 종업원에 대한 현금지출, 법인세비용 지급, 이자비용 지급 등

2) 투자활동 현금흐름

투자활동(investment activities)은 장기성 자산 및 현금성자산에 속하지 않는 기타 투자자산의 취득과 처분에 관한 활동이다. 투자활동 현금흐름은 일반적으로 현금의 대여와 회수활동, 유가증권(현금성자산 제외), 투자자산 및 유형자산, 무형자산의 취득과 처분활동 등 재무상태표에 자산계정에 영향을 미치는 현금흐름을 말한다. 투자활동 현금흐름은 미래수익과 미래현금흐름을 창출할 자원의 확보를 위하여 지출된 정도를 나타내기 때문에 현금흐름을 별도로 구분 공시하는 것이 중요하다. 현금유입과 현금유출의 예를 들면 다음과 같다.

① 현금유입의 예 : 단기 · 장기대여금 회수, 유가증권 처분, 투자자산, 유형 및 무형자산 처분 등
② 현금유출의 예 : 현금 대여, 유가증권 취득, 투자자산, 유형 및 무형자산 취득에 따른 현금유출 등

3) 재무활동 현금흐름

재무활동(financing activities)은 기업의 납입자본과 차입금의 크기 및 구성내용에 변동을 가져오는 활동이다. 재무활동 현금흐름은 현금의 차입 및 상환활동, 신주발행이나 배당금의 지급활동 등과 같이 부채 및 자본계정에 영향을 미치는 현금흐름을 말한다. 재무활동 현금흐름은 미래현금흐름에 대한 자본 제공자의 청구권을 예측하는 데 유용하기 때문에 현금흐름을 별

도로 구분 공시하는 것이 중요하다. 현금유입과 현금유출의 예를 들면 다음과 같다.

① 현금유입의 예 : 단기 및 장기차입금의 차입, 어음 · 사채 발행, 주식발행 등
② 현금유출의 예 : 배당금 지급, 유상감자, 자기주식 취득, 차입금 상환, 자산취득에 따른 부채 지급 등

한국채택국제회계기준에 따르면 이자와 배당금의 수취 및 지급에 따른 현금흐름은 각각 별도로 공시하도록 하고 있다. 각 현금흐름은 매 기간 일관성 있게 영업활동, 투자활동 또는 재무활동으로 분류하도록 하고 있다. 본 장에서는 일반기업회계기준을 준용하여 이자수익, 배당금 수익, 이자지급은 영업활동 현금흐름으로 구분하고, 배당금 지급은 재무활동 현금흐름으로 구분한다.

또한 한국채택국제회계기준에서는 법인세로 인한 현금흐름은 별도로 공시하며, 재무활동과 투자활동에 명백히 관련되지 않는 한 영업활동 현금흐름으로 분류하도록 하고 있어 법인세는 영업활동 현금흐름으로 분류한다.

2. 현금흐름표의 양식

현금흐름표에서는 현금흐름을 영업활동 현금흐름, 투자활동 현금흐름 및 재무활동 현금흐름 등 활동별로 표시하는데 이 중에서 영업활동 현금흐름의 표시방법에 따라 직접법과 간접법이 있다. 직접법은 활동별 현금유입액과 유출액을 거래별로 파악하여 직접 계산하는 반면에 간접법은 발생주의에 따라 계산된 당기순익을 바탕으로 현금주의와의 차이를 조정해 나가는 방식으로 계산된다. 투자활동 현금흐름과 재무활동 현금흐름은 총현금유입과 총현금유출을 주요 항목별로 구분하여 총액으로 표시하는 것을 원칙으로 한다.

실무에서는 간접법이 많이 사용되고 있지만 편의상 직접법을 먼저 설명하기로 한다.

먼저 현금흐름표의 양식상의 차이는 〈표 14-2〉와 같다.

〈표 14–2〉 직접법과 간접법의 차이

직접법	간접법
Ⅰ. 영업활동으로 인한 현금흐름 가. 매출 등 수익활동으로부터의 유입액 나. 매입 및 종업원에 대한 유출액 다. 이자수익 유입액 라. 배당금수익 유입액 마. 이자비용 유출액 바. 법인세 등 유출액 사. ……………………	Ⅰ. 영업활동으로 인한 현금흐름 1. 당기순이익(손실) 2. 현금의 유출이 없는 비용 등의 가산 가. 감가상각비 나. 퇴직급여 3. 현금의 유입이 없는 수익 등의 차감 가. 사채상환이익 4. 영업활동으로 인한 자산, 부채의 변동 가. 재고자산의 감소(증가) 나. 매출채권의 감소(증가) 다. 이연법인세차의 감소(증가) 라. 매입채무의 증가(감소) 마. 미지급법인세의 증가(감소) 바. 이연법인세대의 증가(감소)
Ⅱ. 투자활동으로 인한 현금흐름 1. 현금유입 가. 유가증권의 처분 2. 현금유출 가. 유가증권의 취득 나. 현금의 대여	Ⅱ. 투자활동으로 인한 현금흐름 1. 현금유입 가. 유가증권의 처분 2. 현금유출 가. 유가증권의 취득 나. 현금의 대여
Ⅲ. 재무활동으로 인한 현금흐름 1. 현금유입 가. 단기차입금의 차입 나. 사채의 발행 2. 현금유출 가. 사채의 상환 나. 배당금의 지급	Ⅲ. 재무활동으로 인한 현금흐름 1. 현금유입 가. 단기차입금의 차입 나. 사채의 발행 2. 현금유출 가. 사채의 상환 나. 배당금의 지급
Ⅳ. 현금의 증가(감소)(Ⅰ+Ⅱ+Ⅲ)	Ⅳ. 현금의 증가(감소)(Ⅰ+Ⅱ+Ⅲ)
Ⅴ. 기초의 현금	Ⅴ. 기초의 현금
Ⅵ. 기말의 현금	Ⅵ. 기말의 현금

1) 직접법

직접법(direct method)이란 현금을 수반하여 발생한 수익 또는 비용항목을 총액으로 파악하여 표시하되 현금유입액은 원천별로, 현금유출액은 용도별로 분류하여 영업활동으로 인한 현금흐름을 직접 표시하는 방법을 말한다.

이 방법을 표시하면 〈표 14–3〉과 같다.

〈표 14-3〉 직접법에 의한 현금흐름의 내용

	현금유입액(원천)		현금유출액(운용)
Ⅰ. 영업활동 :	매출 등 수익활동 이자수익, 배당금수익	–	매입 및 종업원에 대한 유출액 이자비용, 법인세 등
Ⅱ. 투자활동 :	유형자산의 처분 투자자산의 처분 대여금의 회수	–	유형자산의 취득 투자자산의 취득 현금의 대여
Ⅲ. 재무활동 :	단기차입금의 차입 장기차입금의 차입 주식의 발행	–	단기차입금의 상환 장기차입금의 상환 배당금의 지급

Ⅳ. 현금의 증가(감소)(Ⅰ＋Ⅱ＋Ⅲ)
Ⅴ. 기초의 현금
Ⅵ. 기말의 현금

영업활동 현금흐름 중 매출로 인한 현금흐름은 두 가지의 상황으로 발생한다. 첫 번째는 현금매출로 인하여 현금의 유입이 나타날 수 있다. 두 번째는 신용매출 즉 매출채권의 회수로 인하여 현금의 유입이 나타날 수 있다. 따라서 매출로 인한 현금흐름은 현금 매출액과 매출채권 회수의 합으로 계산되어야 한다.

현금 매출의 경우는 따로 계산하지 않아도 바로 확인이 가능하다. 그러나 매출채권 회수와 관련된 현금 유입액을 산출하기 위해서는 다음의 상황을 고려하여야 할 것이다.

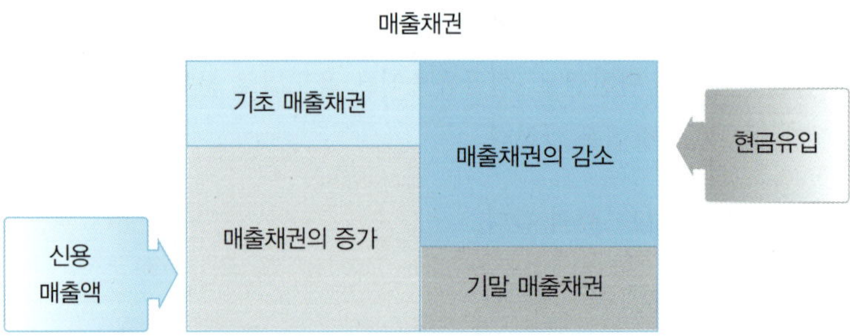

[그림 14-1] 매출채권계정과 현금흐름

[그림 14-1]에 나타난 매출채권의 T계정을 살펴보면, 매출채권은 자산이므로 기초 매출채권은 차변에 기입 되어 있으며, 이후 매출채권이 증가하게 되면 차변에 증가하는 매출채권이 기입된다. 매출채권의 증가는 신용매출의 발생으로 인하여 나타나게 된 것이다. 매출채권이 감소하게 되면 대변에 감소하는 매출채권이 기입된다. 매출채권이 감소하는 이유는 매출채권이 현금으로 회수되기 때문에 매출채권은 감소하게 되고, 현금이 유입되어 현금의 증가가 나타난다. 기말까지 회수되지 않는 매출채권은 기말 매출채권으로 남게 되며, 기말 매출채권의 경우 자산이기 때문에 차변에 기입된다. 그러나 위의 그림에서는 계산의 편의를 위하여 기말 매출채권을 대변에 표기하였다. 자산의 기말잔액을 대변에 표기한 것은 5장 상품매매기업 회계에서 매출원가를 계산할 때에도 사용한 바 있다. 위의 그림에 제시된 매출채권의 계정을 이용하여 등식을 나타내면 다음과 같다.

기초 매출채권 + 매출채권의 증가 = 매출채권의 감소 + 기말 매출채권

위의 등식에서 매출채권의 증가 대신에 신용매출 발생, 매출채권의 감소 대신에 현금의 유입으로 변형하여 등식으로 나타내면 다음과 같다.

기초 매출채권 + 신용매출 발생 = 현금의 유입 + 기말 매출채권

[예제 14-1] 영업활동 현금흐름 현금 유입액 계산

기초 매출채권은 ₩50,000이며, 기말 매출채권은 ₩70,000이다. 당기 매출액은 ₩250,000이며 당기 매출액 중 현금 매출액은 ₩50,000이다. 영업활동 현금흐름 중 매출로 인한 현금유입액을 계산하시오.

풀이

매출로 인한 현금유입액을 계산하기 위해서는 매출채권계정의 등식을 이용하여 계산할 수 있다.

기초매출채권	+	매출채권의 증가	=	매출채권의 감소	+	기말매출채권
기초매출채권	+	신용매출 발생	=	현금의 유입	+	기말매출채권
₩50,000	+	₩200,000	=	현금의 유입	+	₩70,0000

따라서 신용매출로 인한 현금 유입액은 ₩180,000이다.

매출로 인한 현금 유입액 = 현금 매출액 + 신용매출로 인한 현금 유입액
= ₩50,000 + ₩180,000
= ₩230,000

영업활동 현금흐름 중 매입으로 인한 현금유출은 두 가지의 상황으로 발생한다. 첫 번째는 현금매입으로 인하여 현금의 유출이 나타날 수 있다. 두 번째는 신용매입 즉 매입채무의 지급으로 인하여 현금의 유출이 나타날 수 있다. 따라서 매입으로 인한 현금유출은 현금 매입액과 매입채무 지급의 합으로 계산되어야 한다.

영업활동 현금흐름 중 매출로 인한 현금 유입은 매출채권의 등식을 사용하여 계산할 수 있었다. 매입으로 인한 현금 유출은 어떻게 계산해야 할까? 매출로 인한 현금 유입을 매출채권계정 등식을 이용하여 산출하였다면, 매입으로 인한 현금 유출은 매입채무계정 등식을 이용하면 산출이 가능할 것이다.

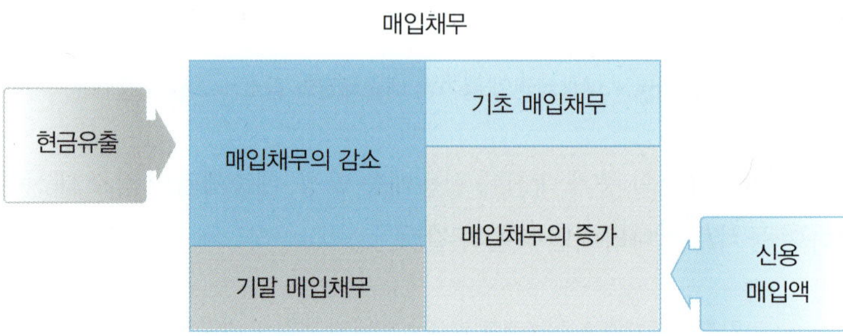

[그림 14-2] 매입채무계정과 현금흐름

[그림 14-2]는 매입채무의 T계정을 나타낸 것이다. 매입채무는 부채이기 때문에 앞서 제시된 매출채권 계정과 모두 반대로 이루어져 있다. 매입채무의 계정을 이용하여 등식을 나타내면 다음과 같다.

매입채무의 감소 + 기말 매입채무 = 기초 매입채무 + 매입채무의 증가

위의 등식에서 매입채무의 감소 대신에 현금의 유출, 매입채무의 증가 대신에 신용매입 발생으로 변형하여 등식으로 나타내면 다음과 같다.

현금의 유출 + 기말 매입채무 = 기초 매입채무 + 신용매입 발생

[예제 14-2] 영업활동 현금흐름 현금 유출액 계산

기초 매입채무는 ₩20,000이며, 기말 매입체무는 ₩50,000이다. 당기 신용 매입액은 ₩150,000이다. 영업활동 현금흐름 중 매입으로 인한 현금유출액을 계산하시오.

풀이

매입으로 인한 현금유출액을 계산하기 위해서는 매입채무계정의 등식을 이용하여 계산할 수 있다.

매입채무 감소	+	기말매입채무	=	기초매입채무	+	매입채무증가
현금의 유출	+	기말매입채무	=	기초매입채무	+	신용매입 발생
현금의 유출	+	₩50,000	=	₩20,000	+	₩150,000

따라서 신용매입으로 인한 현금 유출액은 ₩120,000이다.

영업활동 현금흐름에는 여러 종류의 영업비용과 이자수취, 배당금 수취, 이자지급, 법인세 지급이 포함된다. 이를 계산하기 위해서는 앞서 제시된 등식을 변형하여 현금 유입 혹은 현금 유출을 계산할 수 있다.

비용의 발생은 현금을 유출하지만, 기초 혹은 기말에 미지급 비용이 있다면 현금 유출을 다음의 등식을 이용하여 계산하여야 한다.

미지급비용 감소 + 기말 미지급비용 = 기초 미지급비용 + 미지급비용 증가

위의 등식에서 미지급비용의 감소 대신에 현금의 유출, 미지급비용의 증가 대신에 비용 발생으로 변형하여 등식으로 나타내면 다음과 같다.

현금의 유출 + 기말 미지급비용 = 기초 미지급비용 + 비용 발생

수익의 발생은 현금의 유입을 나타내지만, 기초 혹은 기말에 미수 수익이 있다면 현금 유입을 다음의 등식을 이용하여 계산하여야 한다.

기초 미수수익 + 미수수익의 증가 = 미수수익의 감소 + 기말 미수수익

위의 등식에서 미수수익의 증가 대신에 수익 발생, 미수수익의 감소 대신에 현금의 유입으로 변형하여 등식으로 나타내면 다음과 같다.

> 기초 미수수익 + 수익 발생 = 현금의 유입 + 기말 미수수익

[예제 14-3] 영업활동과 투자활동 현금흐름에 관련된 직접법에 의한 현금흐름표

아래 재무상태표와 포괄손익계산서의 자료를 이용하여 직접법에 의한 영업활동 현금흐름과 투자활동으로 인한 현금흐름을 표시한 부분현금흐름표를 작성하시오.(단, 당기에 FVPL금융자산을 취득하지 않음)

재무상태표

	20×1. 12. 31.	20×2. 12. 31.
매출채권	₩100,000	₩150,000
유형자산	500,000	500,000
감가상각누계액	180,000	190,000
FVPL금융자산	120,000	50,000

포괄손익계산서

20×2.1.1.－12.31.

매출(전액 신용매출)	₩800,000
감가상각비	10,000
금융자산권처분이익	120,000
당기순이익	910,000

풀이

〈직접법에 의한 부분현금흐름표 작성〉

Ⅰ. 영업활동으로 인한 현금흐름	750,000
가. 매출 등 수익활동으로부터의 유입액	750,000*
Ⅱ. 투자활동으로 인한 현금흐름	190,000
1. 투자활동으로 인한 현금유입액	190,000**
가. FVPL금융자산처분	190,000

*매출채권 현금회수액

₩100,000(기초)＋₩800,000(신용매출액)－₩150,000(기말) = ₩750,000

**FVPL금융자산처분으로 인한 현금유입

(차) 현금	190,000	(대) FVPL금융자산	70,000***
		금융자산처분이익	120,000

기초FVPL금융자산은 ₩120,000이고 기말FVPL금융자산은 ₩50,000이므로 처분한 FVPL금융자산은 ₩70,000이다.

[예제 14-4] 직접법에 의한 현금흐름표 작성

아래 자료를 이용하여 직접법에 의한 현금흐름표를 작성하시오.

20×2년도포괄손익계산서

20×2.1.1.-12.31.

매출(전액신용매출)	3,500
매출원가	(2,100)
급여	(500)
대손상각비	(50)
배당금수익	80
이자비용	(60)
당기순이익	870

재무상태표

	20×1. 12. 31.	20×2. 12. 31.
현금	500	700
매출채권	1,000	1,260
대손충당금	(100)	(150)
재고자산	600	500
FVOCI금융자산	500	700
	2,500	3,010
매입채무	400	740
미지급배당금	200	200
장기차입금	800	300
자본금	800	800
이익잉여금	300	970
	2,500	3,010

〈20×2년도 추가정보〉

① FVOCI금융자산 취득:₩200

② 장기차입금 상환:₩500

③ 배당금 현금지급:₩200

풀이

직접법에서 투자활동으로 인한 현금흐름과 재무활동으로 인한 현금흐름은 간접법과 동일하고 간접법과의 차이는 영업활동으로 인한 현금흐름이다.

매출에 의한 현금 유입

기초매출채권	+	매출채권의 증가	=	매출채권의 감소	+	기말매출채권
기초매출채권	+	신용매출 발생	=	현금의 유입	+	기말매출채권
₩1,000	+	₩3,500	=	현금의 유입	+	₩1,260

∴ 매출에 의한 현금 유입 = 3,240

매입에 의한 현금 유출

매입에 의한 현금 유출을 계산하기 위해서는 신용매입 발생액 즉 당기 신용매입액을 알아야 하는데, 문제의 정보에 신용매입액이 나타나있지 않기 때문에 재고자산과 매출원가를 이용하여 신용매입액을 산출해야 한다. 이는 5장 상품매매기업 회계처리에서 학습 한 바 있다.

기초재고자산	+	당기신용매입	=	매출원가	+	기말재고자산
₩600	+	당기신용매입	=	₩2,100	+	₩500

∴ 당기신용매입액 = 2,000이므로 이를 매입채무의 신용매입 발생에 대입하면 된다.

매입채무 감소	+	기말매입채무	=	기초매입채무	+	매입채무증가
현금의 유출	+	기말매입채무	=	기초매입채무	+	신용매입 발생
현금의 유출	+	₩740	=	₩400	+	₩2,000

∴ 매입에 의한 현금 유출 = 1,660

〈영업활동 현금흐름 산출〉

가. 매출로 인한 현금유입액	3,240
나. 매입으로 인한 현금유출액	(1,660)
다. 급여 현금유출액	(500)
라. 배당금유입액	80
마. 이자비용유출액	(60)
	1,100*

〈직접법에 의한 현금흐름표 작성〉

I. 영업활동으로 인한 현금흐름	1,100*
가. 매출 등 수익활동으로부터의 유입액	3,240
나. 매입 및 종업원에 대한 유출액	(2,160)
다. 배당금수익유입액	80
라. 이자비용유출액	(60)

II. 투자활동으로 인한 현금흐름	(200)
1. 현금유출	
가. FVOCI금융자산의 취득	(200)
III. 재무활동으로 인한 현금흐름	(700)
1. 현금유출	
가. 장기차입금의 상환	(500)
나. 배당금 지급	(200)
IV. 현금의 증가(감소)(I+II+III)	200
V. 기초의 현금	500
VI. 기말의 현금	700

2) 간접법

간접법(indirect method)이란 발생주의에 의하여 산출된 당기순이익(또는 당기순손실)에서 출발하여 현금의 유출이 없는 비용 등을 가산하고 현금의 유입이 없는 수익 등을 차감하며, 영업활동으로 인한 자산, 부채의 변동을 가감하여 간접적으로 영업활동으로 인한 현금흐름을 산출하는 방법으로 실무에서 많이 사용되고 있다. 이를 표시하면 〈표 14−4〉와 같다.

〈표 14–4〉 간접법에 의한 현금흐름의 내용

I. 영업활동 : 당기순이익+	현금유출 없는 비용 (예 : 감가상각비 등) 매입채무의 증가	−	현금유입 없는 수익 (예 : 유형자산처분이익, 매출, 이자수익 등) 매출채권의 증가
	현금유입액(원천)		현금유출액(운용)
II. 투자활동 :	유형자산의 처분 투자자산의 처분 대여금의 회수	−	유형자산의 취득 투자자산의 취득 현금의 대여
III. 재무활동 :	단기차입금의 차입 장기차입금의 차입 주식의 발행	−	단기차입금의 상환 장기차입금의 상환 배당금의 지급

IV. 현금의 증가(감소)(I + II + III)
V. 기초의 현금
VI. 기말의 현금

[예제 14-5] 영업활동과 투자활동 현금흐름에 관련된 간접법에 의한 현금흐름표

아래 재무상태표와 포괄손익계산서의 자료를 이용하여 간접법에 의한 영업활동과 투자활동으로 인한 현금흐름을 표시한 부분현금흐름표를 작성하시오.

재무상태표

	20×1. 12. 31.	20×2. 12. 31.
매출채권	₩100,000	₩150,000
고정자산	500,000	500,000
감가상각누계액	180,000	190,000
FVPL금융자산	120,000	50,000

포괄손익계산서

20×2.1.1.-12.31.

매출	₩800,000
감가상각비	10,000
금융자산처분이익	120,000
당기순이익	910,000

풀이

부분재무제표로 현금흐름표를 작성하기 위해 각 계정의 변동을 참고로 분개하면, 다음과 같다.

(차) 매출채권	50,000	(대) 영업활동으로 인한 현금흐름 (영업활동과 관련된 자산증가)	50,000
(차) 영업활동으로 인한 현금흐름 (감가상각비)	10,000	(대) 감가상각누계액	10,000
(차) 투자활동으로 인한 현금흐름	190,000	(대) FVPL금융자산	70,000
		영업활동으로 인한 현금흐름 (금융자산 처분이익)	120,000

〈간접법에 의한 부분현금흐름표 작성〉

I. 영업활동으로 인한 현금흐름			₩750,000
1. 당기순이익(손실)		₩910,000	
2. 현금의 유출이 없는 비용 등의 가산		10,000	
가. 감가상각비	₩10,000		
3. 현금의 유입이 없는 수익 등의 차감		(120,000)	
가. 금융자산처분이익	(120,000)		

4. 영업활동으로 인한 자산, 부채의 변동		(50,000)	
가. 매출채권의 증가	(50,000)		
II. 투자활동으로 인한 현금흐름			190,000
1. 투자활동으로 인한 현금유입액		190,000	
가. FVPL금융자산의 처분	190,000		

[예제 14-6] 간접법에 의한 현금흐름표 작성

아래 자료를 이용하여 간접법에 의한 현금흐름표를 작성하시오.

20×2년도 포괄손익계산서

20×2.1.1.−12.31

매출	3,500
매출원가	(2,100)
급여	(500)
대손상각비	(50)
배당금수익	80
이자비용	(60)
당기순이익	870

재무상태표

	20×1. 12. 31.	20×2. 12. 31.
현금	500	700
매출채권	1,000	1,260
대손충당금	(100)	(150)
재고자산	600	500
FVOCI금융자산	500	700
	2,500	3,010
매입채무	400	740
미지급배당금	200	200
장기차입금	800	300
자본금	800	800
이익잉여금	300	970
	2,500	3,010

〈20×2년도 추가정보〉

① FVOCI금융자산 취득 : ₩200

② 장기차입금 상환 : ₩500

③ 배당금 현금지급 : ₩200

풀이

〈분개〉

차변	금액	대변	금액
(차) 영업활동으로 인한 현금흐름 (당기순이익)	870	(대) 이익잉여금	870
(차) 이익잉여금	200	(대) 재무활동으로 인한 현금흐름 (배당금지급)	200
(차) 영업활동으로 인한 현금흐름 (영업활동과 관련된 자산감소)	260	(대) 매출채권	260
(차) 영업활동으로 인한 현금흐름 (현금유출이 없는 비용가산)	50	(대) 대손충당금	50
(차) 영업활동으로 인한 현금흐름 (영업활동과 관련된 자산감소)	100	(대) 재고자산	100
(차) FVOCI금융자산	200	(대) 투자활동으로 인한 현금흐름	200
(차) 영업활동으로 인한 현금흐름 (영업활동과 관련된 부채증가)	340	(대) 매입채무	340
(차) 장기차입금	500	(대) 재무활동으로 인한 현금흐름	500

〈간접법에 의한 현금흐름표 작성〉

I. 영업활동으로 인한 현금흐름			₩1,100
1. 당기순이익		₩870	
2. 현금의 유출이 없는 비용 등의 가산		50	
가. 대손상각비	₩50		
3. 현금의 유입이 없는 수익 등의 차감		0	
4. 영업활동으로 인한 자산, 부채의 변동		180	
가. 매출채권의 증가	(260)		
나. 재고자산의 감소	100		
다. 매입채무의 증가	340		
II. 투자활동으로 인한 현금흐름			(200)
1. 현금유출		(200)	
가. FVOCI금융자산의 취득	(200)		
III. 재무활동으로 인한 현금흐름			(700)
1. 현금유출		(700)	
가. 장기차입금의 상환	(500)		
나. 배당금 지급	(200)		
IV. 현금의 증가(감소)(I+II+III)			200
V. 기초의 현금			500
VI. 기말의 현금			700

연·습·문·제

1. 다음의 제시되는 문장을 읽고 맞는 설명인 경우는 O, 틀린 설명인 경우는 X로 답하세요.

(1) 현금흐름표의 현금은 현금 및 현금성자산을 모두 포함한다.

(2) 현금흐름표의 유용성 중 하나는 기업의 배당지급능력과 채무상환능력을 평가할 수 있다는 것이다.

(3) 영업활동으로 인한 현금유출의 예로는 원재료, 상품 등의 구입에 따른 현금유출(매입채무의 결제 포함), 종업원에 대한 현금지출, 법인세비용 지급, 이자비용 지급 등이 있다.

(4) 투자활동으로 인한 현금흐름의 표시방법에 따라 직접법과 간접법이 있다.

(5) 현금흐름표의 간접법이란 현금을 수반하여 발생한 수익 또는 비용항목을 총액으로 파악하여 표시하되 현금유입액은 원천별로, 현금유출액은 용도별로 분류하여 영업활동으로 인한 현금흐름을 직접 표시하는 방법이다.

2. 아래의 빈칸에 알맞은 단어를 기입하세요.

(1) 현금흐름표는 (　　　)에 의한 현금흐름에 관한 정보를 체계적으로 제공한다.

(2) 현금흐름표는 현금유입 및 현금유출을 (　　　), 투자활동, 재무활동으로 구분하여 표시하도록 하고 있다.

(3) (　　　)으로 인한 현금흐름은 일반적으로 현금의 대여와 회수활동, 유가증권(현금성자산 제외), 투자자산 및 유형자산, 무형자산의 취득과 처분활동 등 자산계정에 영향을 미치는 현금흐름을 말한다.

(4) 직접법은 활동별 현금유입과 유출액을 거래별로 파악하여 직접 계산하는 반면에 간접법은 (　　　)에 따라 계산된 당기순익을 바탕으로 (　　　)와의 차이를 조정해 나가는 방식으로 계산된다.

(5) (　　　)으로 인한 현금흐름은 포괄손익계산서계정에 관련하여 나타난다.

3. 다음은 (주)한국의 20×1년도 재무상태표에 대한 자료이다. 20×1년도 영업활동현금흐름이 ₩10,000인 경우, 20×1년도 당기순이익은?(공무원 9급 2024년)

- 선급보험료 ₩3,000 증가
- 미수수익 ₩5,000 증가
- 미지급비용 ₩3,000 감소
- 선수수익 ₩3,000 증가

① ₩6,000　　② ₩9,000　　③ ₩12,000　　④ ₩18,000

4. **현금흐름표에 관한 설명으로 옳지 않은 것은?(공무원 9급 2023년)**

① 현금흐름표는 일정 시점의 현금유입액과 현금유출액에 대한 정보를 제공하는 재무제표이다.

② 현금흐름표상의 현금흐름은 영업활동으로 인한 현금흐름, 투자활동으로 인한 현금흐름, 재무활동으로 인한 현금흐름으로 분류된다.

③ 현금흐름표는 다른 재무제표와 같이 사용되는 경우 순자산의 변화, 재무구조(유동성과 지급능력 포함), 그리고 변화하는 상황과 기회에 적응하기 위하여 현금흐름의 금액과 시기를 조절하는 능력을 평가하는 데 유용한 정보를 제공한다.

④ 역사적 현금흐름정보는 미래현금흐름의 금액, 시기 및 확실성에 대한 지표로 자주 사용된다. 또한 과거에 추정한 미래현금흐름의 정확성을 검증하고, 수익성과 순현금흐름 간의 관계 및 물가변동의 영향을 분석하는 데 유용하다.

5. **(주)한국은 취득원가 ₩ 70,000의 토지를 2017년 중 현금 ₩100,000을 받고 처분하였다. 또한 2017년 중 새로운 토지를 ₩90,000에 구입하면서 구입대금 중 ₩30,000은 현금으로 지급하고 나머지 ₩60,000은 미지급금으로 계상하였다. (주)한국의 2017년 현금흐름표상 투자활동 순현금흐름은? (공무원 9급 2018년)**

① ₩10,000　② ₩40,000　③ ₩70,000　④ ₩100,000

6. **다음 제시되는 항목 중에서 영업활동 현금흐름으로 분류할 수 없는 항목은?**

① 매출채권 회수　② 건물매각대금 수취

③ 임차료 지급　④ 미지급급여 지급

⑤ 매입채무 지급

7. **다음 제시되는 항목 중에서 투자활동 현금흐름으로 분류할 수 없는 항목은?**

① 비품 취득　② 특허권 처분

③ 토지 처분　④ 건물처분대금 수취

⑤ 보통주 발행

8. 다음 제시되는 항목 중에서 재무활동 현금흐름으로 분류할 수 없는 항목은?

① 배당금 지급
② 사채 발행
③ 우선주 발행
④ 장기대여금 회수
⑤ 유상감자

9. 현금흐름표에 관한 설명으로 옳지 않은 것은?(관세사 1차 2013년)

① 현금흐름표는 회계기간 동안 발생한 현금흐름을 영업활동, 투자활동 및 재무활동으로 분류하여 보고한다.

② 영업활동은 기업의 주요 수익창출활동, 그리고 투자활동이나 재무활동이 아닌 기타의 활동을 말한다.

③ 투자활동은 유 · 무형자산, 다른 기업의 지분상품이나 채무상품 등의 취득과 처분활동, 제3자에 대한 대여 및 회수활동 등을 포함한다.

④ 재무활동은 기업의 납입자본과 차입금의 크기 및 구성내용에 변동을 가져오는 활동을 말한다.

⑤ 간접법을 적용하여 표시한 영업활동 현금흐름은 직접법에 의한 영업활동 현금흐름에서는 파악할 수 없는 정보를 제공하기 때문에 미래현금흐름을 추정하는 데 보다 유용한 정보를 제공한다.

10. 다음의 (주)대한 20×1년 재무제표 관련자료를 이용할 때 현금흐름표에 보고될 영업활동현금흐름은 얼마인가?(관세사 1차 2012년)

당기순이익	₩20,000	감가상각비	₩4,600
매출채권의 증가	₩15,000	재고자산의 감소	₩2,500
매입채무의 증가	₩10,400		

① ₩20,200
② ₩21,000
③ ₩22,500
④ ₩33,200
⑤ ₩54,000

11. **다음은 (주)감평의 20x1년도 현금흐름표를 작성하기 위한 자료이다.**

(1) 20×1년도 포괄손익계산서 자료
- 당기순이익 : ₩100,000
- 대손상각비 : ₩5,000(매출채권에서 발생)
- 감가상각비 : ₩20,000
- 유형자산처분이익 : ₩7,000
- 사채상환손실 : ₩8,000

(2) 20×1년 말 재무상태표 자료
- 20x1년 기초금액 대비 기말금액의 증감은 다음과 같다.

자산		부채	
계정과목	증가(감소)	계정과목	증가(감소)
재고자산	(₩80,000)	매입채무	(₩4,000)
매출채권(순액)	50,000	미지급급여	6,000
유형자산(순액)	(120,000)	사채(순액)	(90,000)

(주)감평의 20x1년도 영업활동순현금흐름은?(감정평가사 1차 2018년)

① ₩89,000　② ₩153,000　③ ₩158,000

④ ₩160,000　⑤ ₩161,000

12. **아래 재무상태표와 포괄손익계산서의 자료를 이용하여 직접법에 의한 영업활동과 투자활동에 의한 현금흐름을 표시한 부분현금흐름표를 작성하시오.**

자료

재무상태표

	20×1. 12. 31.	20×2. 12. 31.
매출채권	₩100,000	₩140,000
유형자산	500,000	500,000
감가상각누계액	180,000	190,000
FVPL금융자산	120,000	70,000

20×2년도 포괄손익계산서

매출(전액 신용매출)	₩750,000
감가상각비	(10,000)
금융자산 처분이익	100,000
당기순이익	910,000

13. **아래 재무상태표와 포괄손익계산서의 자료를 이용하여 간접법에 의한 영업활동과 투자활동으로 인한 현금흐름을 표시한 부분현금흐름표를 작성하시오.**

자료

재무상태표

	20×1. 12. 31.	20×2. 12. 31.
매출채권	₩100,000	₩150,000
고정자산	500,000	500,000
감가상각누계액	170,000	190,000
FVPL금융자산	120,000	50,000

20×2년도 포괄손익계산서

매출	₩800,000
감가상각비	(20,000)
금융자산 처분이익	135,000
당기순이익	751,000

14. **다음 포괄손익계산서와 재무상태표의 자료를 이용하여 간접법과 직접법에 의한 현금흐름표를 작성하시오.**

자료

20×2년도 포괄손익계산서

매출	₩1,000
매출원가	(600)
급여	(100)
대손상각비	(50)
배당금수익	200
이자비용	(50)
당기순이익	₩400

재무상태표

	20×1. 12. 31.	20×2. 12. 31.
현금	₩400	₩700
매출채권	1,100	750
대손충당금	(100)	(150)
재고자산	600	500
FVOCI금융자산	600	800
	₩2,600	₩2,600
매입채무	600	800
미지급배당금	200	200
장기차입금	800	400
자본금	700	700
이익잉여금	300	500
	₩2,600	₩2,600

〈20×2년도 추가정보〉

① FVOCI금융자산 취득:₩200

② 차입금상환:₩400

③ 배당금지급:₩200

15. **(주)강남의 20×1년과 20×2년의 비교재무상태표와 20×2년도 포괄손익계산서는 다음과 같다.**

비교재무상태표

	20×1. 12. 31.	20×2. 12. 31.
현금	40,000	160,000
매출채권	50,000	120,000
재고자산	110,000	61,000
유형자산	300,000	159,000
감가상각누계액	(60,000)	(50,000)
		450,000
매입채무	62,000	48,000
장기차입금	80,000	50,000

자본금	140,000	180,000
이익잉여금	158,000	172,000
		450,000

포괄손익계산서

(20×2. 1. 1.~20×2. 12. 31.)

	20×2. 12. 31.
매출액	420,000
매출원가	(350,000)
	70,000
판매비와 관리비	(10,000)
감가상각비	(30,000)
이자수익	54,000
이자비용	(15,000)
유형자산 처분손실	(10,000)
법인세 비용	(24,000)
당기순이익	35,000

자료 ① 20×1년도 결산실적에 대해 배당금 ₩21,000이 20×2년 2월 결의되어 3월 지급되었다.
② 20×2년도에 새 유형자산 ₩120,000이 현금으로 취득되었다.

1) 현금흐름표를 직접법에 의해 작성하라.

2) 현금흐름표를 간접법에 의해 작성하라.

부록 - 현가표

기간	1%	2%	3%	4%	5%	6%	7%
1	0.990	0.980	0.971	0.962	0.952	0.943	0.935
2	0.980	0.961	0.943	0.925	0.907	0.890	0.873
3	0.971	0.942	0.915	0.889	0.864	0.840	0.816
4	0.961	0.924	0.888	0.855	0.823	0.792	0.763
5	**0.951**	**0.906**	**0.863**	**0.822**	**0.784**	**0.747**	**0.713**
6	0.942	0.888	0.837	0.790	0.746	0.705	0.666
7	0.933	0.871	0.813	0.760	0.711	0.665	0.623
8	0.923	0.853	0.789	0.731	0.677	0.627	0.582
9	0.914	0.837	0.766	0.703	0.645	0.592	0.544
10	**0.905**	**0.820**	**0.744**	**0.676**	**0.614**	**0.558**	**0.508**
11	0.896	0.804	0.722	0.650	0.585	0.527	0.475
12	0.887	0.788	0.701	0.625	0.557	0.497	0.444
13	0.879	0.773	0.681	0.601	0.530	0.469	0.415
14	0.870	0.758	0.661	0.577	0.505	0.442	0.388
15	**0.861**	**0.743**	**0.642**	**0.555**	**0.481**	**0.417**	**0.362w**
16	0.853	0.728	0.623	0.534	0.458	0.394	0.339
17	0.844	0.714	0.605	0.513	0.436	0.371	0.317
18	0.836	0.700	0.587	0.494	0.416	0.350	0.296
19	0.828	0.686	0.570	0.475	0.396	0.331	0.277
20	**0.820**	**0.673**	**0.554**	**0.456**	**0.377**	**0.312**	**0.258**
21	0.811	0.660	0.538	0.439	0.359	0.294	0.242
22	0.803	0.647	0.522	0.422	0.342	0.278	0.226
23	0.795	0.634	0.507	0.406	0.326	0.262	0.211
24	0.788	0.622	0.492	0.390	0.310	0.247	0.197
25	**0.780**	**0.610**	**0.478**	**0.375**	**0.295**	**0.233**	**0.184**
26	0.772	0.598	0.464	0.361	0.281	0.220	0.172
27	0.764	0.586	0.450	0.347	0.268	0.207	0.161
28	0.757	0.574	0.437	0.333	0.255	0.196	0.150

기간	1%	2%	3%	4%	5%	6%	7%
29	0.749	0.563	0.424	0.321	0.243	0.185	0.141
30	**0.742**	**0.552**	**0.412**	**0.308**	**0.231**	**0.174**	**0.131**
31	0.735	0.541	0.400	0.296	0.220	0.164	0.123
32	0.727	0.531	0.388	0.285	0.210	0.155	0.115
33	0.720	0.520	0.377	0.274	0.200	0.146	0.107
34	0.713	0.510	0.366	0.264	0.190	0.138	0.100
35	**0.706**	**0.500**	**0.355**	**0.253**	**0.181**	**0.130**	**0.094**
36	0.699	0.490	0.345	0.244	0.173	0.123	0.088
37	0.692	0.481	0.335	0.234	0.164	0.116	0.082
38	0.685	0.471	0.325	0.225	0.157	0.109	0.076
39	0.678	0.462	0.316	0.217	0.149	0.103	0.071
40	**0.672**	**0.453**	**0.307**	**0.208**	**0.142**	**0.097**	**0.067**
41	0.665	0.444	0.298	0.200	0.135	0.092	0.062
42	0.658	0.435	0.289	0.193	0.129	0.087	0.058
43	0.652	0.427	0.281	0.185	0.123	0.082	0.055
44	0.645	0.418	0.272	0.178	0.117	0.077	0.051
45	**0.639**	**0.410**	**0.264**	**0.171**	**0.111**	**0.073**	**0.048**
46	0.633	0.402	0.257	0.165	0.106	0.069	0.044
47	0.626	0.394	0.249	0.158	0.101	0.065	0.042
48	0.620	0.387	0.242	0.152	0.096	0.061	0.039
49	0.620	0.387	0.242	0.152	0.096	0.061	0.039
50	**0.608**	**0.372**	**0.228**	**0.141**	**0.087**	**0.054**	**0.034**

기간	8%	9%	10%	11%	12%	13%	14%	15%
1	0.926	0.917	0.909	0.901	0.893	0.885	0.877	0.870
2	0.857	0.842	0.826	0.812	0.797	0.783	0.769	0.756
3	0.794	0.772	0.751	0.731	0.712	0.693	0.675	0.658
4	0.735	0.708	0.683	0.659	0.636	0.613	0.592	0.572
5	**0.681**	**0.650**	**0.621**	**0.593**	**0.567**	**0.543**	**0.519**	**0.497**
6	0.630	0.596	0.564	0.535	0.507	0.480	0.456	0.432
7	0.583	0.547	0.513	0.482	0.452	0.425	0.400	0.376
8	0.540	0.502	0.467	0.434	0.404	0.376	0.351	0.327
9	0.500	0.460	0.424	0.391	0.361	0.333	0.308	0.284
10	**0.463**	**0.422**	**0.386**	**0.352**	**0.322**	**0.295**	**0.270**	**0.247**
11	0.429	0.388	0.350	0.317	0.287	0.261	0.237	0.215
12	0.397	0.356	0.319	0.286	0.257	0.231	0.208	0.187
13	0.368	0.326	0.290	0.258	0.229	0.204	0.182	0.163
14	0.340	0.299	0.263	0.232	0.205	0.181	0.160	0.141
15	**0.315**	**0.275**	**0.239**	**0.209**	**0.183**	**0.160**	**0.140**	**0.123**
16	0.292	0.252	0.218	0.188	0.163	0.141	0.123	0.107
17	0.270	0.231	0.198	0.170	0.146	0.125	0.108	0.093
18	0.250	0.212	0.180	0.153	0.130	0.111	0.095	0.081
19	0.232	0.194	0.164	0.138	0.116	0.098	0.083	0.070
20	**0.215**	**0.178**	**0.149**	**0.124**	**0.104**	**0.087**	**0.073**	**0.061**
21	0.199	0.164	0.135	0.112	0.093	0.077	0.064	0.053
22	0.184	0.150	0.123	0.101	0.083	0.068	0.056	0.046
23	0.170	0.138	0.112	0.091	0.074	0.060	0.049	0.040
24	0.158	0.126	0.102	0.082	0.066	0.053	0.043	0.035
25	**0.146**	**0.116**	**0.092**	**0.074**	**0.059**	**0.047**	**0.038**	**0.030**
26	0.135	0.106	0.084	0.066	0.053	0.042	0.033	0.026
27	0.125	0.098	0.076	0.060	0.047	0.037	0.029	0.023
28	0.116	0.090	0.069	0.054	0.042	0.033	0.026	0.020
29	0.107	0.082	0.063	0.048	0.037	0.029	0.022	0.017
30	**0.099**	**0.075**	**0.057**	**0.044**	**0.033**	**0.026**	**0.020**	**0.015**
31	0.092	0.069	0.052	0.039	0.030	0.023	0.017	0.013

기간	8%	9%	10%	11%	12%	13%	14%	15%
32	0.085	0.063	0.047	0.035	0.027	0.020	0.015	0.011
33	0.079	0.058	0.043	0.032	0.024	0.018	0.013	0.010
34	0.073	0.053	0.039	0.029	0.021	0.016	0.012	0.009
35	**0.068**	**0.049**	**0.036**	**0.026**	**0.019**	**0.014**	**0.010**	**0.008**
36	0.063	0.045	0.032	0.023	0.017	0.012	0.009	0.007
37	0.058	0.041	0.029	0.021	0.015	0.011	0.008	0.006
38	0.054	0.038	0.027	0.019	0.013	0.010	0.007	0.005
39	0.050	0.035	0.024	0.017	0.012	0.009	0.006	0.004
40	**0.046**	**0.032**	**0.022**	**0.015**	**0.011**	**0.008**	**0.005**	**0.004**
41	0.043	0.029	0.020	0.014	0.010	0.007	0.005	0.003
42	0.039	0.027	0.018	0.012	0.009	0.006	0.004	0.003
43	0.037	0.025	0.017	0.011	0.008	0.005	0.004	0.002
44	0.034	0.023	0.015	0.010	0.007	0.005	0.003	0.002
45	**0.031**	**0.021**	**0.014**	**0.009**	**0.006**	**0.004**	**0.003**	**0.002**
46	0.029	0.019	0.012	0.008	0.005	0.004	0.002	0.002
47	0.027	0.017	0.011	0.007	0.005	0.003	0.002	0.001
48	0.025	0.016	0.010	0.007	0.004	0.003	0.002	0.001
49	0.025	0.016	0.010	0.007	0.004	0.003	0.002	0.001
50	**0.021**	**0.013**	**0.009**	**0.005**	**0.003**	**0.002**	**0.001**	**0.001**

기간	16%	17%	18%	19%	20%	21%	22%	23%
1	0.862	0.855	0.847	0.840	0.833	0.826	0.820	0.813
2	0.743	0.731	0.718	0.706	0.694	0.683	0.672	0.661
3	0.641	0.624	0.609	0.593	0.579	0.564	0.551	0.537
4	0.552	0.534	0.516	0.499	0.482	0.467	0.451	0.437
5	**0.476**	**0.456**	**0.437**	**0.419**	**0.402**	**0.386**	**0.370**	**0.355**
6	0.410	0.390	0.370	0.352	0.335	0.319	0.303	0.289
7	0.354	0.333	0.314	0.296	0.279	0.263	0.249	0.235
8	0.305	0.285	0.266	0.249	0.233	0.218	0.204	0.191
9	0.263	0.243	0.225	0.209	0.194	0.180	0.167	0.155
10	**0.227**	**0.208**	**0.191**	**0.176**	**0.162**	**0.149**	**0.137**	**0.126**
11	0.195	0.178	0.162	0.148	0.135	0.123	0.112	0.103
12	0.168	0.152	0.137	0.124	0.112	0.102	0.092	0.083
13	0.145	0.130	0.116	0.104	0.093	0.084	0.075	0.068
14	0.125	0.111	0.099	0.088	0.078	0.069	0.062	0.055
15	**0.108**	**0.095**	**0.084**	**0.074**	**0.065**	**0.057**	**0.051**	**0.045**
16	0.093	0.081	0.071	0.062	0.054	0.047	0.042	0.036
17	0.080	0.069	0.060	0.052	0.045	0.039	0.034	0.030
18	0.069	0.059	0.051	0.044	0.038	0.032	0.028	0.024
19	0.060	0.051	0.043	0.037	0.031	0.027	0.023	0.020
20	**0.051**	**0.043**	**0.037**	**0.031**	**0.026**	**0.022**	**0.019**	**0.016**
21	0.044	0.037	0.031	0.026	0.022	0.018	0.015	0.013
22	0.038	0.032	0.026	0.022	0.018	0.015	0.013	0.011
23	0.033	0.027	0.022	0.018	0.015	0.012	0.010	0.009
24	0.028	0.023	0.019	0.015	0.013	0.010	0.008	0.007
25	**0.024**	**0.020**	**0.016**	**0.013**	**0.010**	**0.009**	**0.007**	**0.006**
26	0.021	0.017	0.014	0.011	0.009	0.007	0.006	0.005
27	0.018	0.014	0.011	0.009	0.007	0.006	0.005	0.004
28	0.016	0.012	0.010	0.008	0.006	0.005	0.004	0.003
29	0.014	0.011	0.008	0.006	0.005	0.004	0.003	0.002
30	**0.012**	**0.009**	**0.007**	**0.005**	**0.004**	**0.003**	**0.003**	**0.002**
31	0.010	0.008	0.006	0.005	0.004	0.003	0.002	0.002

기간	16%	17%	18%	19%	20%	21%	22%	23%
32	0.009	0.007	0.005	0.004	0.003	0.002	0.002	0.001
33	0.007	0.006	0.004	0.003	0.002	0.002	0.001	0.001
34	0.006	0.005	0.004	0.003	0.002	0.002	0.001	0.001
35	**0.006**	**0.004**	**0.003**	**0.002**	**0.002**	**0.001**	**0.001**	**0.001**
36	0.005	0.004	0.003	0.002	0.001	0.001	0.001	0.001
37	0.004	0.003	0.002	0.002	0.001	0.001	0.001	0.000
38	0.004	0.003	0.002	0.001	0.001	0.001	0.001	0.000
39	0.003	0.002	0.002	0.001	0.001	0.001	0.000	0.000
40	**0.003**	**0.002**	**0.001**	**0.001**	**0.001**	**0.000**	**0.000**	**0.000**
41	0.002	0.002	0.001	0.001	0.001	0.000	0.000	0.000
42	0.002	0.001	0.001	0.001	0.000	0.000	0.000	0.000
43	0.002	0.001	0.001	0.001	0.000	0.000	0.000	0.000
44	0.001	0.001	0.001	0.000	0.000	0.000	0.000	0.000
45	**0.001**	**0.001**	**0.001**	**0.000**	**0.000**	**0.000**	**0.000**	**0.000**
46	0.001	0.001	0.000	0.000	0.000	0.000	0.000	0.000
47	0.001	0.001	0.000	0.000	0.000	0.000	0.000	0.000
48	0.001	0.001	0.000	0.000	0.000	0.000	0.000	0.000
49	0.001	0.001	0.000	0.000	0.000	0.000	0.000	0.000
50	**0.001**	**0.000**	**0.000**	**0.000**	**0.000**	**0.000**	**0.000**	**0.000**

기간	24%	25%	26%	27%	28%	29%	30%
1	0.806	0.800	0.794	0.787	0.781	0.775	0.769
2	0.650	0.640	0.630	0.620	0.610	0.601	0.592
3	0.524	0.512	0.500	0.488	0.477	0.466	0.455
4	0.423	0.410	0.397	0.384	0.373	0.361	0.350
5	**0.341**	**0.328**	**0.315**	**0.303**	**0.291**	**0.280**	**0.269**
6	0.275	0.262	0.250	0.238	0.227	0.217	0.207
7	0.222	0.210	0.198	0.188	0.178	0.168	0.159
8	0.179	0.168	0.157	0.148	0.139	0.130	0.123
9	0.144	0.134	0.125	0.116	0.108	0.101	0.094
10	**0.116**	**0.107**	**0.099**	**0.092**	**0.085**	**0.078**	**0.073**
11	0.094	0.086	0.079	0.072	0.066	0.061	0.056
12	0.076	0.069	0.062	0.057	0.052	0.047	0.043
13	0.061	0.055	0.050	0.045	0.040	0.037	0.033
14	0.049	0.044	0.039	0.035	0.032	0.028	0.025
15	**0.040**	**0.035**	**0.031**	**0.028**	**0.025**	**0.022**	**0.020**
16	0.032	0.028	0.025	0.022	0.019	0.017	0.015
17	0.026	0.023	0.020	0.017	0.015	0.013	0.012
18	0.021	0.018	0.016	0.014	0.012	0.010	0.009
19	0.017	0.014	0.012	0.011	0.009	0.008	0.007
20	**0.014**	**0.012**	**0.010**	**0.008**	**0.007**	**0.006**	**0.005**
21	0.011	0.009	0.008	0.007	0.006	0.005	0.004
22	0.009	0.007	0.006	0.005	0.004	0.004	0.003
23	0.007	0.006	0.005	0.004	0.003	0.003	0.002
24	0.006	0.005	0.004	0.003	0.003	0.002	0.002
25	**0.005**	**0.004**	**0.003**	**0.003**	**0.002**	**0.002**	**0.001**
26	0.004	0.003	0.002	0.002	0.002	0.001	0.001
27	0.003	0.002	0.002	0.002	0.001	0.001	0.001
28	0.002	0.002	0.002	0.001	0.001	0.001	0.001
29	0.002	0.002	0.001	0.001	0.001	0.001	0.000
30	**0.002**	**0.001**	**0.001**	**0.001**	**0.001**	**0.000**	**0.000**
31	0.001	0.001	0.001	0.001	0.000	0.000	0.000

기간	24%	25%	26%	27%	28%	29%	30%
32	0.001	0.001	0.001	0.000	0.000	0.000	0.000
33	0.001	0.001	0.000	0.000	0.000	0.000	0.000
34	0.001	0.001	0.000	0.000	0.000	0.000	0.000
35	**0.001**	**0.000**	**0.000**	**0.000**	**0.000**	**0.000**	**0.000**
36	0.000	0.000	0.000	0.000	0.000	0.000	0.000
37	0.000	0.000	0.000	0.000	0.000	0.000	0.000
38	0.000	0.000	0.000	0.000	0.000	0.000	0.000
39	0.000	0.000	0.000	0.000	0.000	0.000	0.000
40	**0.000**	**0.000**	**0.000**	**0.000**	**0.000**	**0.000**	**0.000**
41	0.000	0.000	0.000	0.000	0.000	0.000	0.000
42	0.000	0.000	0.000	0.000	0.000	0.000	0.000
43	0.000	0.000	0.000	0.000	0.000	0.000	0.000
44	0.000	0.000	0.000	0.000	0.000	0.000	0.000
45	**0.000**	**0.000**	**0.000**	**0.000**	**0.000**	**0.000**	**0.000**
46	0.000	0.000	0.000	0.000	0.000	0.000	0.000
47	0.000	0.000	0.000	0.000	0.000	0.000	0.000
48	0.000	0.000	0.000	0.000	0.000	0.000	0.000
49	0.000	0.000	0.000	0.000	0.000	0.000	0.000
50	**0.000**	**0.000**	**0.000**	**0.000**	**0.000**	**0.000**	**0.000**

부록 – 미래가치표

기간	1%	2%	3%	4%	5%	6%	7%
1	1.0100	1.0200	1.0300	1.0400	1.0500	1.0600	1.0700
2	1.0201	1.0404	1.0609	1.0816	1.1025	1.1236	1.1449
3	1.0303	1.0612	1.0927	1.1249	1.1576	1.1910	1.2250
4	1.0406	1.0824	1.1255	1.1699	1.2155	1.2625	1.3108
5	**1.0510**	**1.1041**	**1.1593**	**1.2167**	**1.2763**	**1.3382**	**1.4026**
6	1.0615	1.1262	1.1941	1.2653	1.3401	1.4185	1.5007
7	1.0721	1.1487	1.2299	1.3159	1.4071	1.5036	1.6058
8	1.0829	1.1717	1.2668	1.3686	1.4775	1.5938	1.7182
9	1.0937	1.1951	1.3048	1.4233	1.5513	1.6895	1.8385
10	**1.1046**	**1.2190**	**1.3439**	**1.4802**	**1.6289**	**1.7908**	**1.9672**
11	1.1157	1.2434	1.3842	1.5395	1.7103	1.8983	2.1049
12	1.1268	1.2682	1.4258	1.6010	1.7959	2.0122	2.2522
13	1.1381	1.2936	1.4685	1.6651	1.8856	2.1329	2.4098
14	1.1495	1.3195	1.5126	1.7317	1.9799	2.2609	2.5785
15	**1.1610**	**1.3459**	**1.5580**	**1.8009**	**2.0789**	**2.3966**	**2.7590**
16	1.1726	1.3728	1.6047	1.8730	2.1829	2.5404	2.9522
17	1.1843	1.4002	1.6528	1.9479	2.2920	2.6928	3.1588
18	1.1961	1.4282	1.7024	2.0258	2.4066	2.8543	3.3799
19	1.2081	1.4568	1.7535	2.1068	2.5270	3.0256	3.6165
20	**1.2202**	**1.4859**	**1.8061**	**2.1911**	**2.6533**	**3.2071**	**3.8697**
21	1.2324	1.5157	1.8603	2.2788	2.7860	3.3996	4.1406
22	1.2447	1.5460	1.9161	2.3699	2.9253	3.6035	4.4304
23	1.2572	1.5769	1.9736	2.4647	3.0715	3.8197	4.7405
24	1.2697	1.6084	2.0328	2.5633	3.2251	4.0489	5.0724
25	**1.2824**	**1.6406**	**2.0938**	**2.6658**	**3.3864**	**4.2919**	**5.4274**
26	1.2953	1.6734	2.1566	2.7725	3.5557	4.5494	5.8074
27	1.3082	1.7069	2.2213	2.8834	3.7335	4.8223	6.2139
28	1.3213	1.7410	2.2879	2.9987	3.9201	5.1117	6.6488

기간	1%	2%	3%	4%	5%	6%	7%
29	1.3345	1.7758	2.3566	3.1187	4.1161	5.4184	7.1143
30	**1.3478**	**1.8114**	**2.4273**	**3.2434**	**4.3219**	**5.7435**	**7.6123**
31	1.3613	1.8476	2.5001	3.3731	4.5380	6.0881	8.1451
32	1.3749	1.8845	2.5751	3.5081	4.7649	6.4534	8.7153
33	1.3887	1.9222	2.6523	3.6484	5.0032	6.8406	9.3253
34	1.4026	1.9607	2.7319	3.7943	5.2533	7.2510	9.9781
35	**1.4166**	**1.9999**	**2.8139**	**3.9461**	**5.5160**	**7.6861**	**10.6766**
36	1.4308	2.0399	2.8983	4.1039	5.7918	8.1473	11.4239
37	1.4451	2.0807	2.9852	4.2681	6.0814	8.6361	12.2236
38	1.4595	2.1223	3.0748	4.4388	6.3855	9.1543	13.0793
39	1.4741	2.1647	3.1670	4.6164	6.7048	9.7035	13.9948
40	**1.4889**	**2.2080**	**3.2620**	**4.8010**	**7.0400**	**10.2857**	**14.9745**
41	1.5038	2.2522	3.3599	4.9931	7.3920	10.9029	16.0227
42	1.5188	2.2972	3.4607	5.1928	7.7616	11.5570	17.1443
43	1.5340	2.3432	3.5645	5.4005	8.1497	12.2505	18.3444
44	1.5493	2.3901	3.6715	5.6165	8.5572	12.9855	19.6285
45	**1.5648**	**2.4379**	**3.7816**	**5.8412**	**8.9850**	**13.7646**	**21.0025**
46	1.5805	2.4866	3.8950	6.0748	9.4343	14.5905	22.4726
47	1.5963	2.5363	4.0119	6.3178	9.9060	15.4659	24.0457
48	1.6122	2.5871	4.1323	6.5705	10.4013	16.3939	25.7289
49	1.6283	2.6388	4.2562	6.8333	10.9213	17.3775	27.5299
50	**1.6446**	**2.6916**	**4.3839**	**7.1067**	**11.4674**	**18.4202**	**29.4570**

기간	8%	9%	10%	11%	12%	13%	14%	15%
1	1.0800	1.0900	1.1000	1.1100	1.1200	1.1300	1.1400	1.1500
2	1.1664	1.1881	1.2100	1.2321	1.2544	1.2769	1.2996	1.3225
3	1.2597	1.2950	1.3310	1.3676	1.4049	1.4429	1.4815	1.5209
4	1.3605	1.4116	1.4641	1.5181	1.5735	1.6305	1.6890	1.7490
5	**1.4693**	**1.5386**	**1.6105**	**1.6851**	**1.7623**	**1.8424**	**1.9254**	**2.0114**
6	1.5869	1.6771	1.7716	1.8704	1.9738	2.0820	2.1950	2.3131
7	1.7138	1.8280	1.9487	2.0762	2.2107	2.3526	2.5023	2.6600
8	1.8509	1.9926	2.1436	2.3045	2.4760	2.6584	2.8526	3.0590
9	1.9990	2.1719	2.3579	2.5580	2.7731	3.0040	3.2519	3.5179
10	**2.1589**	**2.3674**	**2.5937**	**2.8394**	**3.1058**	**3.3946**	**3.7072**	**4.0456**
11	2.3316	2.5804	2.8531	3.1518	3.4785	3.8359	4.2262	4.6524
12	2.5182	2.8127	3.1384	3.4985	3.8960	4.3345	4.8179	5.3503
13	2.7196	3.0658	3.4523	3.8833	4.3635	4.8980	5.4924	6.1528
14	2.9372	3.3417	3.7975	4.3104	4.8871	5.5348	6.2613	7.0757
15	**3.1722**	**3.6425**	**4.1772**	**4.7846**	**5.4736**	**6.2543**	**7.1379**	**8.1371**
16	3.4259	3.9703	4.5950	5.3109	6.1304	7.0673	8.1372	9.3576
17	3.7000	4.3276	5.0545	5.8951	6.8660	7.9861	9.2765	10.7613
18	3.9960	4.7171	5.5599	6.5436	7.6900	9.0243	10.5752	12.3755
19	4.3157	5.1417	6.1159	7.2633	8.6128	10.1974	12.0557	14.2318
20	**4.6610**	**5.6044**	**6.7275**	**8.0623**	**9.6463**	**11.5231**	**13.7435**	**16.3665**
21	5.0338	6.1088	7.4002	8.9492	10.8038	13.0211	15.6676	18.8215
22	5.4365	6.6586	8.1403	9.9336	12.1003	14.7138	17.8610	21.6447
23	5.8715	7.2579	8.9543	11.0263	13.5523	16.6266	20.3616	24.8915
24	6.3412	7.9111	9.8497	12.2392	15.1786	18.7881	23.2122	28.6252
25	**6.8485**	**8.6231**	**10.8347**	**13.5855**	**17.0001**	**21.2305**	**26.4619**	**32.9190**
26	7.3964	9.3992	11.9182	15.0799	19.0401	23.9905	30.1666	37.8568
27	7.9881	10.2451	13.1100	16.7386	21.3249	27.1093	34.3899	43.5353
28	8.6271	11.1671	14.4210	18.5799	23.8839	30.6335	39.2045	50.0656
29	9.3173	12.1722	15.8631	20.6237	26.7499	34.6158	44.6931	57.5755
30	**10.0627**	**13.2677**	**17.4494**	**22.8923**	**29.9599**	**39.1159**	**50.9502**	**66.2118**
31	10.8677	14.4618	19.1943	25.4104	33.5551	44.2010	58.0832	76.1435

기간	8%	9%	10%	11%	12%	13%	14%	15%
32	11.7371	15.7633	21.1138	28.2056	37.5817	49.9471	66.2148	87.5651
33	12.6760	17.1820	23.2252	31.3082	42.0915	56.4402	75.4849	100.6998
34	13.6901	18.7284	25.5477	34.7521	47.1425	63.7774	86.0528	115.8048
35	**14.7853**	**20.4140**	**28.1024**	**38.5749**	**52.7996**	**72.0685**	**98.1002**	**133.1755**
36	15.9682	22.2512	30.9127	42.8181	59.1356	81.4374	111.8342	153.1519
37	17.2456	24.2538	34.0039	47.5281	66.2318	92.0243	127.4910	176.1246
38	18.6253	26.4367	37.4043	52.7562	74.1797	103.9874	145.3397	202.5433
39	20.1153	28.8160	41.1448	58.5593	83.0812	117.5058	165.6873	232.9248
40	**21.7245**	**31.4094**	**45.2593**	**65.0009**	**93.0510**	**132.7816**	**188.8835**	**267.8635**
41	23.4625	34.2363	49.7852	72.1510	104.2171	150.0432	215.3272	308.0431
42	25.3395	37.3175	54.7637	80.0876	116.7231	169.5488	245.4730	354.2495
43	27.3666	40.6761	60.2401	88.8972	130.7299	191.5901	279.8392	407.3870
44	29.5560	44.3370	66.2641	98.6759	146.4175	216.4968	319.0167	468.4950
45	**31.9204**	**48.3273**	**72.8905**	**109.5302**	**163.9876**	**244.6414**	**363.6791**	**538.7693**
46	34.4741	52.6767	80.1795	121.5786	183.6661	276.4448	414.5941	619.5847
47	37.2320	57.4176	88.1975	134.9522	205.7061	312.3826	472.6373	712.5224
48	40.2106	62.5852	97.0172	149.7970	230.3908	352.9923	538.8065	819.4007
49	43.4274	68.2179	106.7190	166.2746	258.0377	398.8813	614.2395	942.3108
50	**46.9016**	**74.3575**	**117.3909**	**184.5648**	**289.0022**	**450.7359**	**700.2330**	**1083.6574**

기간	16%	17%	18%	19%	20%	21%	22%	23%
1	1.1600	1.1700	1.1800	1.1900	1.2000	1.2100	1.2200	1.2300
2	1.3456	1.3689	1.3924	1.4161	1.4400	1.4641	1.4884	1.5129
3	1.5609	1.6016	1.6430	1.6852	1.7280	1.7716	1.8158	1.8609
4	1.8106	1.8739	1.9388	2.0053	2.0736	2.1436	2.2153	2.2889
5	**2.1003**	**2.1924**	**2.2878**	**2.3864**	**2.4883**	**2.5937**	**2.7027**	**2.8153**
6	2.4364	2.5652	2.6996	2.8398	2.9860	3.1384	3.2973	3.4628
7	2.8262	3.0012	3.1855	3.3793	3.5832	3.7975	4.0227	4.2593
8	3.2784	3.5115	3.7589	4.0214	4.2998	4.5950	4.9077	5.2389
9	3.8030	4.1084	4.4355	4.7854	5.1598	5.5599	5.9874	6.4439
10	**4.4114**	**4.8068**	**5.2338**	**5.6947**	**6.1917**	**6.7275**	**7.3046**	**7.9259**
11	5.1173	5.6240	6.1759	6.7767	7.4301	8.1403	8.9117	9.7489
12	5.9360	6.5801	7.2876	8.0642	8.9161	9.8497	10.8722	11.9912
13	6.8858	7.6987	8.5994	9.5964	10.6993	11.9182	13.2641	14.7491
14	7.9875	9.0075	10.1472	11.4198	12.8392	14.4210	16.1822	18.1414
15	**9.2655**	**10.5387**	**11.9737**	**13.5895**	**15.4070**	**17.4494**	**19.7423**	**22.3140**
16	10.7480	12.3303	14.1290	16.1715	18.4884	21.1138	24.0856	27.4462
17	12.4677	14.4265	16.6722	19.2441	22.1861	25.5477	29.3844	33.7588
18	14.4625	16.8790	19.6733	22.9005	26.6233	30.9127	35.8490	41.5233
19	16.7765	19.7484	23.2144	27.2516	31.9480	37.4043	43.7358	51.0737
20	**19.4608**	**23.1056**	**27.3930**	**32.4294**	**38.3376**	**45.2593**	**53.3576**	**62.8206**
21	22.5745	27.0336	32.3238	38.5910	46.0051	54.7637	65.0963	77.2694
22	26.1864	31.6293	38.1421	45.9233	55.2061	66.2641	79.4175	95.0413
23	30.3762	37.0062	45.0076	54.6487	66.2474	80.1795	96.8894	116.9008
24	35.2364	43.2973	53.1090	65.0320	79.4968	97.0172	118.2050	143.7880
25	**40.8742**	**50.6578**	**62.6686**	**77.3881**	**95.3962**	**117.3909**	**144.2101**	**176.8593**
26	47.4141	59.2697	73.9490	92.0918	114.4755	142.0429	175.9364	217.5369
27	55.0004	69.3455	87.2598	109.5893	137.3706	171.8719	214.6424	267.5704
28	63.8004	81.1342	102.9666	130.4112	164.8447	207.9651	261.8637	329.1115
29	74.0085	94.9271	121.5005	155.1893	197.8136	251.6377	319.4737	404.8072
30	**85.8499**	**111.0647**	**143.3706**	**184.6753**	**237.3763**	**304.4816**	**389.7579**	**497.9129**
31	99.5859	129.9456	169.1774	219.7636	284.8516	368.4228	475.5046	612.4328

기간	16%	17%	18%	19%	20%	21%	22%	23%
32	115.5196	152.0364	199.6293	261.5187	341.8219	445.7916	580.1156	753.2924
33	134.0027	177.8826	235.5625	311.2073	410.1863	539.4078	707.7411	926.5496
34	155.4432	208.1226	277.9638	370.3366	492.2235	652.6834	863.4441	1139.6560
35	**180.3141**	**243.5035**	**327.9973**	**440.7006**	**590.6682**	**789.7470**	**1053.4018**	**1401.7769**
36	209.1643	284.8991	387.0368	524.4337	708.8019	955.5938	1285.1502	1724.1856
37	242.6306	333.3319	456.7034	624.0761	850.5622	1156.2685	1567.8833	2120.7483
38	281.4515	389.9983	538.9100	742.6506	1020.6747	1399.0849	1912.8176	2608.5204
39	326.4838	456.2980	635.9139	883.7542	1224.8096	1692.8927	2333.6375	3208.4801
40	**378.7212**	**533.8687**	**750.3783**	**1051.6675**	**1469.7716**	**2048.4002**	**2847.0378**	**3946.4305**
41	439.3165	624.6264	885.4464	1251.4843	1763.7259	2478.5643	3473.3861	4854.1095
42	509.6072	730.8129	1044.8268	1489.2664	2116.4711	2999.0628	4237.5310	5970.5547
43	591.1443	855.0511	1232.8956	1772.2270	2539.7653	3628.8659	5169.7878	7343.7823
44	685.7274	1000.4098	1454.8168	2108.9501	3047.7183	4390.9278	6307.1411	9032.8522
45	**795.4438**	**1170.4794**	**1716.6839**	**2509.6506**	**3657.2620**	**5313.0226**	**7694.7122**	**11110.4082**
46	922.7148	1369.4609	2025.6870	2986.4842	4388.7144	6428.7574	9387.5489	13665.8021
47	1070.3492	1602.2693	2390.3106	3553.9162	5266.4573	7778.7964	11452.8096	16808.9365
48	1241.6051	1874.6550	2820.5665	4229.1603	6319.7487	9412.3437	13972.4277	20674.9919
49	1440.2619	2193.3464	3328.2685	5032.7008	7583.6985	11388.9358	17046.3618	25430.2401
50	**1670.7038**	**2566.2153**	**3927.3569**	**5988.9139**	**9100.4382**	**13780.6123**	**20796.5615**	**31279.1953**

기간	24%	25%	26%	27%	28%	29%	30%
1	1.2400	1.2500	1.2600	1.2700	1.2800	1.2900	1.3000
2	1.5376	1.5625	1.5876	1.6129	1.6384	1.6641	1.6900
3	1.9066	1.9531	2.0004	2.0484	2.0972	2.1467	2.1970
4	2.3642	2.4414	2.5205	2.6014	2.6844	2.7692	2.8561
5	**2.9316**	**3.0518**	**3.1758**	**3.3038**	**3.4360**	**3.5723**	**3.7129**
6	3.6352	3.8147	4.0015	4.1959	4.3980	4.6083	4.8268
7	4.5077	4.7684	5.0419	5.3288	5.6295	5.9447	6.2749
8	5.5895	5.9605	6.3528	6.7675	7.2058	7.6686	8.1573
9	6.9310	7.4506	8.0045	8.5948	9.2234	9.8925	10.6045
10	**8.5944**	**9.3132**	**10.0857**	**10.9153**	**11.8059**	**12.7614**	**13.7858**
11	10.6571	11.6415	12.7080	13.8625	15.1116	16.4622	17.9216
12	13.2148	14.5519	16.0120	17.6053	19.3428	21.2362	23.2981
13	16.3863	18.1899	20.1752	22.3588	24.7588	27.3947	30.2875
14	20.3191	22.7374	25.4207	28.3957	31.6913	35.3391	39.3738
15	**25.1956**	**28.4217**	**32.0301**	**36.0625**	**40.5648**	**45.5875**	**51.1859**
16	31.2426	35.5271	40.3579	45.7994	51.9230	58.8079	66.5417
17	38.7408	44.4089	50.8510	58.1652	66.4614	75.8621	86.5042
18	48.0386	55.5112	64.0722	73.8698	85.0706	97.8622	112.4554
19	59.5679	69.3889	80.7310	93.8147	108.8904	126.2422	146.1920
20	**73.8641**	**86.7362**	**101.7211**	**119.1446**	**139.3797**	**162.8524**	**190.0496**
21	91.5915	108.4202	128.1685	151.3137	178.4060	210.0796	247.0645
22	113.5735	135.5253	161.4924	192.1683	228.3596	271.0027	321.1839
23	140.8312	169.4066	203.4804	244.0538	292.3003	349.5935	417.5391
24	174.6306	211.7582	256.3853	309.9483	374.1444	450.9756	542.8008
25	**216.5420**	**264.6978**	**323.0454**	**393.6344**	**478.9049**	**581.7585**	**705.6410**
26	268.5121	330.8722	407.0373	499.9157	612.9982	750.4685	917.3333
27	332.9550	413.5903	512.8670	634.8929	784.6377	968.1044	1192.5333
28	412.8642	516.9879	646.2124	806.3140	1004.3363	1248.8546	1550.2933
29	511.9516	646.2349	814.2276	1024.0187	1285.5504	1611.0225	2015.3813
30	**634.8199**	**807.7936**	**1025.9267**	**1300.5038**	**1645.5046**	**2078.2190**	**2619.9956**
31	787.1767	1009.7420	1292.6677	1651.6398	2106.2458	2680.9025	3405.9943

기간	24%	25%	26%	27%	28%	29%	30%
32	976.0991	1262.1774	1628.7613	2097.5826	2695.9947	3458.3642	4427.7926
33	1210.3629	1577.7218	2052.2392	2663.9299	3450.8732	4461.2898	5756.1304
34	1500.8500	1972.1523	2585.8215	3383.1910	4417.1177	5755.0639	7482.9696
35	**1861.0540**	**2465.1903**	**3258.1350**	**4296.6525**	**5653.9106**	**7424.0324**	**9727.8604**
36	2307.7070	3081.4879	4105.2501	5456.7487	7237.0056	9577.0018	12646.2186
37	2861.5567	3851.8599	5172.6152	6930.0709	9263.3671	12354.3324	16440.0841
38	3548.3303	4814.8249	6517.4951	8801.1900	11857.1099	15937.0888	21372.1094
39	4399.9295	6018.5311	8212.0438	11177.5113	15177.1007	20558.8445	27783.7422
40	**5455.9126**	**7523.1638**	**10347.1752**	**14195.4393**	**19426.6889**	**26520.9094**	**36118.8648**
41	6765.3317	9403.9548	13037.4408	18028.2080	24866.1618	34211.9731	46954.5243
42	8389.0113	11754.9435	16427.1754	22895.8241	31828.6871	44133.4453	61040.8815
43	10402.3740	14693.6794	20698.2410	29077.6966	40740.7195	56932.1445	79353.1460
44	12898.9437	18367.0992	26079.7837	36928.6747	52148.1210	73442.4664	103159.0898
45	**15994.6902**	**22958.8740**	**32860.5275**	**46899.4169**	**66749.5949**	**94740.7816**	**134106.8167**
46	19833.4158	28698.5925	41404.2646	59562.2594	85439.4814	122215.6083	174338.8617
47	24593.4356	35873.2407	52169.3734	75644.0695	109362.5362	157658.1347	226640.5202
48	30495.8602	44841.5509	65733.4105	96067.9683	139984.0464	203378.9938	294632.6763
49	37814.8666	56051.9386	82824.0972	122006.3197	179179.5794	262358.9020	383022.4792
50	**46890.4346**	**70064.9232**	**104358.3625**	**154948.0260**	**229349.8616**	**338442.9836**	**497929.2230**

부록 – 정상연금의 현재가치표

기간	1%	2%	3%	4%	5%	6%	7%
1	0.9901	0.9804	0.9709	0.9615	0.9524	0.9434	0.9346
2	1.9704	1.9416	1.9135	1.8861	1.8594	1.8334	1.8080
3	2.9410	2.8839	2.8286	2.7751	2.7232	2.6730	2.6243
4	3.9020	3.8077	3.7171	3.6299	3.5460	3.4651	3.3872
5	**4.8534**	**4.7135**	**4.5797**	**4.4518**	**4.3295**	**4.2124**	**4.1002**
6	5.7955	5.6014	5.4172	5.2421	5.0757	4.9173	4.7665
7	6.7282	6.4720	6.2303	6.0021	5.7864	5.5824	5.3893
8	7.6517	7.3255	7.0197	6.7327	6.4632	6.2098	5.9713
9	8.5660	8.1622	7.7861	7.4353	7.1078	6.8017	6.5152
10	**9.4713**	**8.9826**	**8.5302**	**8.1109**	**7.7217**	**7.3601**	**7.0236**
11	10.3676	9.7868	9.2526	8.7605	8.3064	7.8869	7.4987
12	11.2551	10.5753	9.9540	9.3851	8.8633	8.3838	7.9427
13	12.1337	11.3484	10.6350	9.9856	9.3936	8.8527	8.3577
14	13.0037	12.1062	11.2961	10.5631	9.8986	9.2950	8.7455
15	**13.8651**	**12.8493**	**11.9379**	**11.1184**	**10.3797**	**9.7122**	**9.1079**
16	14.7179	13.5777	12.5611	11.6523	10.8378	10.1059	9.4466
17	15.5623	14.2919	13.1661	12.1657	11.2741	10.4773	9.7632
18	16.3983	14.9920	13.7535	12.6593	11.6896	10.8276	10.0591
19	17.2260	15.6785	14.3238	13.1339	12.0853	11.1581	10.3356
20	**18.0456**	**16.3514**	**14.8775**	**13.5903**	**12.4622**	**11.4699**	**10.5940**
21	18.8570	17.0112	15.4150	14.0292	12.8212	11.7641	10.8355
22	19.6604	17.6580	15.9369	14.4511	13.1630	12.0416	11.0612
23	20.4558	18.2922	16.4436	14.8568	13.4886	12.3034	11.2722
24	21.2434	18.9139	16.9355	15.2470	13.7986	12.5504	11.4693
25	**22.0232**	**19.5235**	**17.4131**	**15.6221**	**14.0939**	**12.7834**	**11.6536**
26	22.7952	20.1210	17.8768	15.9828	14.3752	13.0032	11.8258
27	23.5596	20.7069	18.3270	16.3296	14.6430	13.2105	11.9867
28	24.3164	21.2813	18.7641	16.6631	14.8981	13.4062	12.1371

기간	1%	2%	3%	4%	5%	6%	7%
29	25.0658	21.8444	19.1885	16.9837	15.1411	13.5907	12.2777
30	**25.8077**	**22.3965**	**19.6004**	**17.2920**	**15.3725**	**13.7648**	**12.4090**
31	26.5423	22.9377	20.0004	17.5885	15.5928	13.9291	12.5318
32	27.2696	23.4683	20.3888	17.8736	15.8027	14.0840	12.6466
33	27.9897	23.9886	20.7658	18.1476	16.0025	14.2302	12.7538
34	28.7027	24.4986	21.1318	18.4112	16.1929	14.3681	12.8540
35	**29.4086**	**24.9986**	**21.4872**	**18.6646**	**16.3742**	**14.4982**	**12.9477**
36	30.1075	25.4888	21.8323	18.9083	16.5469	14.6210	13.0352
37	30.7995	25.9695	22.1672	19.1426	16.7113	14.7368	13.1170
38	31.4847	26.4406	22.4925	19.3679	16.8679	14.8460	13.1935
39	32.1630	26.9026	22.8082	19.5845	17.0170	14.9491	13.2649
40	**32.8347**	**27.3555**	**23.1148**	**19.7928**	**17.1591**	**15.0463**	**13.3317**
41	33.4997	27.7995	23.4124	19.9931	17.2944	15.1380	13.3941
42	34.1581	28.2348	23.7014	20.1856	17.4232	15.2245	13.4524
43	34.8100	28.6616	23.9819	20.3708	17.5459	15.3062	13.5070
44	35.4555	29.0800	24.2543	20.5488	17.6628	15.3832	13.5579
45	**36.0945**	**29.4902**	**24.5187**	**20.7200**	**17.7741**	**15.4558**	**13.6055**
46	36.7272	29.8923	24.7754	20.8847	17.8801	15.5244	13.6500
47	37.3537	30.2866	25.0247	21.0429	17.9810	15.5890	13.6916
48	37.9740	30.6731	25.2667	21.1951	18.0772	15.6500	13.7305
49	38.5881	31.0521	25.5017	21.3415	18.1687	15.7076	13.7668
50	**39.1961**	**31.4236**	**25.7298**	**21.4822**	**18.2559**	**15.7619**	**13.8007**

기간	8%	9%	10%	11%	12%	13%	14%	15%
1	0.9259	0.9174	0.9091	0.9009	0.8929	0.8850	0.8772	0.8696
2	1.7833	1.7591	1.7355	1.7125	1.6901	1.6681	1.6467	1.6257
3	2.5771	2.5313	2.4869	2.4437	2.4018	2.3612	2.3216	2.2832
4	3.3121	3.2397	3.1699	3.1024	3.0373	2.9745	2.9137	2.8550
5	**3.9927**	**3.8897**	**3.7908**	**3.6959**	**3.6048**	**3.5172**	**3.4331**	**3.3522**
6	4.6229	4.4859	4.3553	4.2305	4.1114	3.9975	3.8887	3.7845
7	5.2064	5.0330	4.8684	4.7122	4.5638	4.4226	4.2883	4.1604
8	5.7466	5.5348	5.3349	5.1461	4.9676	4.7988	4.6389	4.4873
9	6.2469	5.9952	5.7590	5.5370	5.3282	5.1317	4.9464	4.7716
10	**6.7101**	**6.4177**	**6.1446**	**5.8892**	**5.6502**	**5.4262**	**5.2161**	**5.0188**
11	7.1390	6.8052	6.4951	6.2065	5.9377	5.6869	5.4527	5.2337
12	7.5361	7.1607	6.8137	6.4924	6.1944	5.9176	5.6603	5.4206
13	7.9038	7.4869	7.1034	6.7499	6.4235	6.1218	5.8424	5.5831
14	8.2442	7.7862	7.3667	6.9819	6.6282	6.3025	6.0021	5.7245
15	**8.5595**	**8.0607**	**7.6061**	**7.1909**	**6.8109**	**6.4624**	**6.1422**	**5.8474**
16	8.8514	8.3126	7.8237	7.3792	6.9740	6.6039	6.2651	5.9542
17	9.1216	8.5436	8.0216	7.5488	7.1196	6.7291	6.3729	6.0472
18	9.3719	8.7556	8.2014	7.7016	7.2497	6.8399	6.4674	6.1280
19	9.6036	8.9501	8.3649	7.8393	7.3658	6.9380	6.5504	6.1982
20	**9.8181**	**9.1285**	**8.5136**	**7.9633**	**7.4694**	**7.0248**	**6.6231**	**6.2593**
21	10.0168	9.2922	8.6487	8.0751	7.5620	7.1016	6.6870	6.3125
22	10.2007	9.4424	8.7715	8.1757	7.6446	7.1695	6.7429	6.3587
23	10.3711	9.5802	8.8832	8.2664	7.7184	7.2297	6.7921	6.3988
24	10.5288	9.7066	8.9847	8.3481	7.7843	7.2829	6.8351	6.4338
25	**10.6748**	**9.8226**	**9.0770**	**8.4217**	**7.8431**	**7.3300**	**6.8729**	**6.4641**
26	10.8100	9.9290	9.1609	8.4881	7.8957	7.3717	6.9061	6.4906
27	10.9352	10.0266	9.2372	8.5478	7.9426	7.4086	6.9352	6.5135
28	11.0511	10.1161	9.3066	8.6016	7.9844	7.4412	6.9607	6.5335
29	11.1584	10.1983	9.3696	8.6501	8.0218	7.4701	6.9830	6.5509
30	**11.2578**	**10.2737**	**9.4269**	**8.6938**	**8.0552**	**7.4957**	**7.0027**	**6.5660**
31	11.3498	10.3428	9.4790	8.7331	8.0850	7.5183	7.0199	6.5791

기간	8%	9%	10%	11%	12%	13%	14%	15%
32	11.4350	10.4062	9.5264	8.7686	8.1116	7.5383	7.0350	6.5905
33	11.5139	10.4644	9.5694	8.8005	8.1354	7.5560	7.0482	6.6005
34	11.5869	10.5178	9.6086	8.8293	8.1566	7.5717	7.0599	6.6091
35	**11.6546**	**10.5668**	**9.6442**	**8.8552**	**8.1755**	**7.5856**	**7.0700**	**6.6166**
36	11.7172	10.6118	9.6765	8.8786	8.1924	7.5979	7.0790	6.6231
37	11.7752	10.6530	9.7059	8.8996	8.2075	7.6087	7.0868	6.6288
38	11.8289	10.6908	9.7327	8.9186	8.2210	7.6183	7.0937	6.6338
39	11.8786	10.7255	9.7570	8.9357	8.2330	7.6268	7.0997	6.6380
40	**11.9246**	**10.7574**	**9.7791**	**8.9511**	**8.2438**	**7.6344**	**7.1050**	**6.6418**
41	11.9672	10.7866	9.7991	8.9649	8.2534	7.6410	7.1097	6.6450
42	12.0067	10.8134	9.8174	8.9774	8.2619	7.6469	7.1138	6.6478
43	12.0432	10.8380	9.8340	8.9886	8.2696	7.6522	7.1173	6.6503
44	12.0771	10.8605	9.8491	8.9988	8.2764	7.6568	7.1205	6.6524
45	**12.1084**	**10.8812**	**9.8628**	**9.0079**	**8.2825**	**7.6609**	**7.1232**	**6.6543**
46	12.1374	10.9002	9.8753	9.0161	8.2880	7.6645	7.1256	6.6559
47	12.1643	10.9176	9.8866	9.0235	8.2928	7.6677	7.1277	6.6573
48	12.1891	10.9336	9.8969	9.0302	8.2972	7.6705	7.1296	6.6585
49	12.2122	10.9482	9.9063	9.0362	8.3010	7.6730	7.1312	6.6596
50	**12.2335**	**10.9617**	**9.9148**	**9.0417**	**8.3045**	**7.6752**	**7.1327**	**6.6605**

기간	16%	17%	18%	19%	20%	21%	22%	23%
1	0.8621	0.8547	0.8475	0.8403	0.8333	0.8264	0.8197	0.8130
2	1.6052	1.5852	1.5656	1.5465	1.5278	1.5095	1.4915	1.4740
3	2.2459	2.2096	2.1743	2.1399	2.1065	2.0739	2.0422	2.0114
4	2.7982	2.7432	2.6901	2.6386	2.5887	2.5404	2.4936	2.4483
5	**3.2743**	**3.1993**	**3.1272**	**3.0576**	**2.9906**	**2.9260**	**2.8636**	**2.8035**
6	3.6847	3.5892	3.4976	3.4098	3.3255	3.2446	3.1669	3.0923
7	4.0386	3.9224	3.8115	3.7057	3.6046	3.5079	3.4155	3.3270
8	4.3436	4.2072	4.0776	3.9544	3.8372	3.7256	3.6193	3.5179
9	4.6065	4.4506	4.3030	4.1633	4.0310	3.9054	3.7863	3.6731
10	**4.8332**	**4.6586**	**4.4941**	**4.3389**	**4.1925**	**4.0541**	**3.9232**	**3.7993**
11	5.0286	4.8364	4.6560	4.4865	4.3271	4.1769	4.0354	3.9018
12	5.1971	4.9884	4.7932	4.6105	4.4392	4.2784	4.1274	3.9852
13	5.3423	5.1183	4.9095	4.7147	4.5327	4.3624	4.2028	4.0530
14	5.4675	5.2293	5.0081	4.8023	4.6106	4.4317	4.2646	4.1082
15	**5.5755**	**5.3242**	**5.0916**	**4.8759**	**4.6755**	**4.4890**	**4.3152**	**4.1530**
16	5.6685	5.4053	5.1624	4.9377	4.7296	4.5364	4.3567	4.1894
17	5.7487	5.4746	5.2223	4.9897	4.7746	4.5755	4.3908	4.2190
18	5.8178	5.5339	5.2732	5.0333	4.8122	4.6079	4.4187	4.2431
19	5.8775	5.5845	5.3162	5.0700	4.8435	4.6346	4.4415	4.2627
20	**5.9288**	**5.6278**	**5.3527**	**5.1009**	**4.8696**	**4.6567**	**4.4603**	**4.2786**
21	5.9731	5.6648	5.3837	5.1268	4.8913	4.6750	4.4756	4.2916
22	6.0113	5.6964	5.4099	5.1486	4.9094	4.6900	4.4882	4.3021
23	6.0442	5.7234	5.4321	5.1668	4.9245	4.7025	4.4985	4.3106
24	6.0726	5.7465	5.4509	5.1822	4.9371	4.7128	4.5070	4.3176
25	**6.0971**	**5.7662**	**5.4669**	**5.1951**	**4.9476**	**4.7213**	**4.5139**	**4.3232**
26	6.1182	5.7831	5.4804	5.2060	4.9563	4.7284	4.5196	4.3278
27	6.1364	5.7975	5.4919	5.2151	4.9636	4.7342	4.5243	4.3316
28	6.1520	5.8099	5.5016	5.2228	4.9697	4.7390	4.5281	4.3346
29	6.1656	5.8204	5.5098	5.2292	4.9747	4.7430	4.5312	4.3371
30	**6.1772**	**5.8294**	**5.5168**	**5.2347**	**4.9789**	**4.7463**	**4.5338**	**4.3391**
31	6.1872	5.8371	5.5227	5.2392	4.9824	4.7490	4.5359	4.3407

기간	16%	17%	18%	19%	20%	21%	22%	23%
32	6.1959	5.8437	5.5277	5.2430	4.9854	4.7512	4.5376	4.3421
33	6.2034	5.8493	5.5320	5.2462	4.9878	4.7531	4.5390	4.3431
34	6.2098	5.8541	5.5356	5.2489	4.9898	4.7546	4.5402	4.3440
35	**6.2153**	**5.8582**	**5.5386**	**5.2512**	**4.9915**	**4.7559**	**4.5411**	**4.3447**
36	6.2201	5.8617	5.5412	5.2531	4.9929	4.7569	4.5419	4.3453
37	6.2242	5.8647	5.5434	5.2547	4.9941	4.7578	4.5426	4.3458
38	6.2278	5.8673	5.5452	5.2561	4.9951	4.7585	4.5431	4.3462
39	6.2309	5.8695	5.5468	5.2572	4.9959	4.7591	4.5435	4.3465
40	**6.2335**	**5.8713**	**5.5482**	**5.2582**	**4.9966**	**4.7596**	**4.5439**	**4.3467**
41	6.2358	5.8729	5.5493	5.2590	4.9972	4.7600	4.5441	4.3469
42	6.2377	5.8743	5.5502	5.2596	4.9976	4.7603	4.5444	4.3471
43	6.2394	5.8755	5.5510	5.2602	4.9980	4.7606	4.5446	4.3472
44	6.2409	5.8765	5.5517	5.2607	4.9984	4.7608	4.5447	4.3473
45	**6.2421**	**5.8773**	**5.5523**	**5.2611**	**4.9986**	**4.7610**	**4.5449**	**4.3474**
46	6.2432	5.8781	5.5528	5.2614	4.9989	4.7612	4.5450	4.3475
47	6.2442	5.8787	5.5532	5.2617	4.9991	4.7613	4.5451	4.3476
48	6.2450	5.8792	5.5536	5.2619	4.9992	4.7614	4.5451	4.3476
49	6.2457	5.8797	5.5539	5.2621	4.9993	4.7615	4.5452	4.3477
50	**6.2463**	**5.8801**	**5.5541**	**5.2623**	**4.9995**	**4.7616**	**4.5452**	**4.3477**

기간	24%	25%	26%	27%	28%	29%	30%
1	0.8065	0.8000	0.7937	0.7874	0.7813	0.7752	0.7692
2	1.4568	1.4400	1.4235	1.4074	1.3916	1.3761	1.3609
3	1.9813	1.9520	1.9234	1.8956	1.8684	1.8420	1.8161
4	2.4043	2.3616	2.3202	2.2800	2.2410	2.2031	2.1662
5	**2.7454**	**2.6893**	**2.6351**	**2.5827**	**2.5320**	**2.4830**	**2.4356**
6	3.0205	2.9514	2.8850	2.8210	2.7594	2.7000	2.6427
7	3.2423	3.1611	3.0833	3.0087	2.9370	2.8682	2.8021
8	3.4212	3.3289	3.2407	3.1564	3.0758	2.9986	2.9247
9	3.5655	3.4631	3.3657	3.2728	3.1842	3.0997	3.0190
10	**3.6819**	**3.5705**	**3.4648**	**3.3644**	**3.2689**	**3.1781**	**3.0915**
11	3.7757	3.6564	3.5435	3.4365	3.3351	3.2388	3.1473
12	3.8514	3.7251	3.6059	3.4933	3.3868	3.2859	3.1903
13	3.9124	3.7801	3.6555	3.5381	3.4272	3.3224	3.2233
14	3.9616	3.8241	3.6949	3.5733	3.4587	3.3507	3.2487
15	**4.0013**	**3.8593**	**3.7261**	**3.6010**	**3.4834**	**3.3726**	**3.2682**
16	4.0333	3.8874	3.7509	3.6228	3.5026	3.3896	3.2832
17	4.0591	3.9099	3.7705	3.6400	3.5177	3.4028	3.2948
18	4.0799	3.9279	3.7861	3.6536	3.5294	3.4130	3.3037
19	4.0967	3.9424	3.7985	3.6642	3.5386	3.4210	3.3105
20	**4.1103**	**3.9539**	**3.8083**	**3.6726**	**3.5458**	**3.4271**	**3.3158**
21	4.1212	3.9631	3.8161	3.6792	3.5514	3.4319	3.3198
22	4.1300	3.9705	3.8223	3.6844	3.5558	3.4356	3.3230
23	4.1371	3.9764	3.8273	3.6885	3.5592	3.4384	3.3254
24	4.1428	3.9811	3.8312	3.6918	3.5619	3.4406	3.3272
25	**4.1474**	**3.9849**	**3.8342**	**3.6943**	**3.5640**	**3.4423**	**3.3286**
26	4.1511	3.9879	3.8367	3.6963	3.5656	3.4437	3.3297
27	4.1542	3.9903	3.8387	3.6979	3.5669	3.4447	3.3305
28	4.1566	3.9923	3.8402	3.6991	3.5679	3.4455	3.3312
29	4.1585	3.9938	3.8414	3.7001	3.5687	3.4461	3.3317
30	**4.1601**	**3.9950**	**3.8424**	**3.7009**	**3.5693**	**3.4466**	**3.3321**
31	4.1614	3.9960	3.8432	3.7015	3.5697	3.4470	3.3324

기간	24%	25%	26%	27%	28%	29%	30%
32	4.1624	3.9968	3.8438	3.7019	3.5701	3.4473	3.3326
33	4.1632	3.9975	3.8443	3.7023	3.5704	3.4475	3.3328
34	4.1639	3.9980	3.8447	3.7026	3.5706	3.4477	3.3329
35	**4.1644**	**3.9984**	**3.8450**	**3.7028**	**3.5708**	**3.4478**	**3.3330**
36	4.1649	3.9987	3.8452	3.7030	3.5709	3.4479	3.3331
37	4.1652	3.9990	3.8454	3.7032	3.5710	3.4480	3.3331
38	4.1655	3.9992	3.8456	3.7033	3.5711	3.4481	3.3332
39	4.1657	3.9993	3.8457	3.7034	3.5712	3.4481	3.3332
40	**4.1659**	**3.9995**	**3.8458**	**3.7034**	**3.5712**	**3.4481**	**3.3332**
41	4.1661	3.9996	3.8459	3.7035	3.5713	3.4482	3.3333
42	4.1662	3.9997	3.8459	3.7035	3.5713	3.4482	3.3333
43	4.1663	3.9997	3.8460	3.7036	3.5713	3.4482	3.3333
44	4.1663	3.9998	3.8460	3.7036	3.5714	3.4482	3.3333
45	**4.1664**	**3.9998**	**3.8460**	**3.7036**	**3.5714**	**3.4482**	**3.3333**
46	4.1665	3.9999	3.8461	3.7036	3.5714	3.4482	3.3333
47	4.1665	3.9999	3.8461	3.7037	3.5714	3.4483	3.3333
48	4.1665	3.9999	3.8461	3.7037	3.5714	3.4483	3.3333
49	4.1666	3.9999	3.8461	3.7037	3.5714	3.4483	3.3333
50	**4.1666**	**3.9999**	**3.8461**	**3.7037**	**3.5714**	**3.4483**	**3.3333**

부록 – 정상연금의 미래가치표

기간	1%	2%	3%	4%	5%	6%	7%
1	1.0000	1.0000	1.0000	1.0000	1.0000	1.0000	1.0000
2	2.0100	2.0200	2.0300	2.0400	2.0500	2.0600	2.0700
3	3.0301	3.0604	3.0909	3.1216	3.1525	3.1836	3.2149
4	4.0604	4.1216	4.1836	4.2465	4.3101	4.3746	4.4399
5	**5.1010**	**5.2040**	**5.3091**	**5.4163**	**5.5256**	**5.6371**	**5.7507**
6	6.1520	6.3081	6.4684	6.6330	6.8019	6.9753	7.1533
7	7.2135	7.4343	7.6625	7.8983	8.1420	8.3938	8.6540
8	8.2857	8.5830	8.8923	9.2142	9.5491	9.8975	10.2598
9	9.3685	9.7546	10.1591	10.5828	11.0266	11.4913	11.9780
10	**10.4622**	**10.9497**	**11.4639**	**12.0061**	**12.5779**	**13.1808**	**13.8164**
11	11.5668	12.1687	12.8078	13.4864	14.2068	14.9716	15.7836
12	12.6825	13.4121	14.1920	15.0258	15.9171	16.8699	17.8885
13	13.8093	14.6803	15.6178	16.6268	17.7130	18.8821	20.1406
14	14.9474	15.9739	17.0863	18.2919	19.5986	21.0151	22.5505
15	**16.0969**	**17.2934**	**18.5989**	**20.0236**	**21.5786**	**23.2760**	**25.1290**
16	17.2579	18.6393	20.1569	21.8245	23.6575	25.6725	27.8881
17	18.4304	20.0121	21.7616	23.6975	25.8404	28.2129	30.8402
18	19.6147	21.4123	23.4144	25.6454	28.1324	30.9057	33.9990
19	20.8109	22.8406	25.1169	27.6712	30.5390	33.7600	37.3790
20	**22.0190**	**24.2974**	**26.8704**	**29.7781**	**33.0660**	**36.7856**	**40.9955**
21	23.2392	25.7833	28.6765	31.9692	35.7193	39.9927	44.8652
22	24.4716	27.2990	30.5368	34.2480	38.5052	43.3923	49.0057
23	25.7163	28.8450	32.4529	36.6179	41.4305	46.9958	53.4361
24	26.9735	30.4219	34.4265	39.0826	44.5020	50.8156	58.1767
25	**28.2432**	**32.0303**	**36.4593**	**41.6459**	**47.7271**	**54.8645**	**63.2490**
26	29.5256	33.6709	38.5530	44.3117	51.1135	59.1564	68.6765
27	30.8209	35.3443	40.7096	47.0842	54.6691	63.7058	74.4838
28	32.1291	37.0512	42.9309	49.9676	58.4026	68.5281	80.6977

기간	1%	2%	3%	4%	5%	6%	7%
29	33.4504	38.7922	45.2189	52.9663	62.3227	73.6398	87.3465
30	**34.7849**	**40.5681**	**47.5754**	**56.0849**	**66.4388**	**79.0582**	**94.4608**
31	36.1327	42.3794	50.0027	59.3283	70.7608	84.8017	102.0730
32	37.4941	44.2270	52.5028	62.7015	75.2988	90.8898	110.2182
33	38.8690	46.1116	55.0778	66.2095	80.0638	97.3432	118.9334
34	40.2577	48.0338	57.7302	69.8579	85.0670	104.1838	128.2588
35	**41.6603**	**49.9945**	**60.4621**	**73.6522**	**90.3203**	**111.4348**	**138.2369**
36	43.0769	51.9944	63.2759	77.5983	95.8363	119.1209	148.9135
37	44.5076	54.0343	66.1742	81.7022	101.6281	127.2681	160.3374
38	45.9527	56.1149	69.1594	85.9703	107.7095	135.9042	172.5610
39	47.4123	58.2372	72.2342	90.4091	114.0950	145.0585	185.6403
40	**48.8864**	**60.4020**	**75.4013**	**95.0255**	**120.7998**	**154.7620**	**199.6351**
41	50.3752	62.6100	78.6633	99.8265	127.8398	165.0477	214.6096
42	51.8790	64.8622	82.0232	104.8196	135.2318	175.9505	230.6322
43	53.3978	67.1595	85.4839	110.0124	142.9933	187.5076	247.7765
44	54.9318	69.5027	89.0484	115.4129	151.1430	199.7580	266.1209
45	**56.4811**	**71.8927**	**92.7199**	**121.0294**	**159.7002**	**212.7435**	**285.7493**
46	58.0459	74.3306	96.5015	126.8706	168.6852	226.5081	306.7518
47	59.6263	76.8172	100.3965	132.9454	178.1194	241.0986	329.2244
48	61.2226	79.3535	104.4084	139.2632	188.0254	256.5645	353.2701
49	62.8348	81.9406	108.5406	145.8337	198.4267	272.9584	378.9990
50	**64.4632**	**84.5794**	**112.7969**	**152.6671**	**209.3480**	**290.3359**	**406.5289**

기간	8%	9%	10%	11%	12%	13%	14%	15%
1	1.0000	1.0000	1.0000	1.0000	1.0000	1.0000	1.0000	1.0000
2	2.0800	2.0900	2.1000	2.1100	2.1200	2.1300	2.1400	2.1500
3	3.2464	3.2781	3.3100	3.3421	3.3744	3.4069	3.4396	3.4725
4	4.5061	4.5731	4.6410	4.7097	4.7793	4.8498	4.9211	4.9934
5	**5.8666**	**5.9847**	**6.1051**	**6.2278**	**6.3528**	**6.4803**	**6.6101**	**6.7424**
6	7.3359	7.5233	7.7156	7.9129	8.1152	8.3227	8.5355	8.7537
7	8.9228	9.2004	9.4872	9.7833	10.0890	10.4047	10.7305	11.0668
8	10.6366	11.0285	11.4359	11.8594	12.2997	12.7573	13.2328	13.7268
9	12.4876	13.0210	13.5795	14.1640	14.7757	15.4157	16.0853	16.7858
10	**14.4866**	**15.1929**	**15.9374**	**16.7220**	**17.5487**	**18.4197**	**19.3373**	**20.3037**
11	16.6455	17.5603	18.5312	19.5614	20.6546	21.8143	23.0445	24.3493
12	18.9771	20.1407	21.3843	22.7132	24.1331	25.6502	27.2707	29.0017
13	21.4953	22.9534	24.5227	26.2116	28.0291	29.9847	32.0887	34.3519
14	24.2149	26.0192	27.9750	30.0949	32.3926	34.8827	37.5811	40.5047
15	**27.1521**	**29.3609**	**31.7725**	**34.4054**	**37.2797**	**40.4175**	**43.8424**	**47.5804**
16	30.3243	33.0034	35.9497	39.1899	42.7533	46.6717	50.9804	55.7175
17	33.7502	36.9737	40.5447	44.5008	48.8837	53.7391	59.1176	65.0751
18	37.4502	41.3013	45.5992	50.3959	55.7497	61.7251	68.3941	75.8364
19	41.4463	46.0185	51.1591	56.9395	63.4397	70.7494	78.9692	88.2118
20	**45.7620**	**51.1601**	**57.2750**	**64.2028**	**72.0524**	**80.9468**	**91.0249**	**102.4436**
21	50.4229	56.7645	64.0025	72.2651	81.6987	92.4699	104.7684	118.8101
22	55.4568	62.8733	71.4027	81.2143	92.5026	105.4910	120.4360	137.6316
23	60.8933	69.5319	79.5430	91.1479	104.6029	120.2048	138.2970	159.2764
24	66.7648	76.7898	88.4973	102.1742	118.1552	136.8315	158.6586	184.1678
25	**73.1059**	**84.7009**	**98.3471**	**114.4133**	**133.3339**	**155.6196**	**181.8708**	**212.7930**
26	79.9544	93.3240	109.1818	127.9988	150.3339	176.8501	208.3327	245.7120
27	87.3508	102.7231	121.0999	143.0786	169.3740	200.8406	238.4993	283.5688
28	95.3388	112.9682	134.2099	159.8173	190.6989	227.9499	272.8892	327.1041
29	103.9659	124.1354	148.6309	178.3972	214.5828	258.5834	312.0937	377.1697
30	**113.2832**	**136.3075**	**164.4940**	**199.0209**	**241.3327**	**293.1992**	**356.7868**	**434.7451**
31	123.3459	149.5752	181.9434	221.9132	271.2926	332.3151	407.7370	500.9569

기간	8%	9%	10%	11%	12%	13%	14%	15%
32	134.2135	164.0370	201.1378	247.3236	304.8477	376.5161	465.8202	577.1005
33	145.9506	179.8003	222.2515	275.5292	342.4294	426.4632	532.0350	664.6655
34	158.6267	196.9823	245.4767	306.8374	384.5210	482.9034	607.5199	765.3654
35	**172.3168**	**215.7108**	**271.0244**	**341.5896**	**431.6635**	**546.6808**	**693.5727**	**881.1702**
36	187.1021	236.1247	299.1268	380.1644	484.4631	618.7493	791.6729	1014.3457
37	203.0703	258.3759	330.0395	422.9825	543.5987	700.1867	903.5071	1167.4975
38	220.3159	282.6298	364.0434	470.5106	609.8305	792.2110	1030.9981	1343.6222
39	238.9412	309.0665	401.4478	523.2667	684.0102	896.1984	1176.3378	1546.1655
40	**259.0565**	**337.8824**	**442.5926**	**581.8261**	**767.0914**	**1013.7042**	**1342.0251**	**1779.0903**
41	280.7810	369.2919	487.8518	646.8269	860.1424	1146.4858	1530.9086	2046.9539
42	304.2435	403.5281	537.6370	718.9779	964.3595	1296.5289	1746.2358	2354.9969
43	329.5830	440.8457	592.4007	799.0655	1081.0826	1466.0777	1991.7088	2709.2465
44	356.9496	481.5218	652.6408	887.9627	1211.8125	1657.6678	2271.5481	3116.6334
45	**386.5056**	**525.8587**	**718.9048**	**986.6386**	**1358.2300**	**1874.1646**	**2590.5648**	**3585.1285**
46	418.4261	574.1860	791.7953	1096.1688	1522.2176	2118.8060	2954.2439	4123.8977
47	452.9002	626.8628	871.9749	1217.7474	1705.8838	2395.2508	3368.8380	4743.4824
48	490.1322	684.2804	960.1723	1352.6996	1911.5898	2707.6334	3841.4753	5456.0047
49	530.3427	746.8656	1057.1896	1502.4965	2141.9806	3060.6258	4380.2819	6275.4055
50	**573.7702**	**815.0836**	**1163.9085**	**1668.7712**	**2400.0182**	**3459.5071**	**4994.5213**	**7217.7163**

기간	16%	17%	18%	19%	20%	21%	22%	23%
1	1.0000	1.0000	1.0000	1.0000	1.0000	1.0000	1.0000	1.0000
2	2.1600	2.1700	2.1800	2.1900	2.2000	2.2100	2.2200	2.2300
3	3.5056	3.5389	3.5724	3.6061	3.6400	3.6741	3.7084	3.7429
4	5.0665	5.1405	5.2154	5.2913	5.3680	5.4457	5.5242	5.6038
5	**6.8771**	**7.0144**	**7.1542**	**7.2966**	**7.4416**	**7.5892**	**7.7396**	**7.8926**
6	8.9775	9.2068	9.4420	9.6830	9.9299	10.1830	10.4423	10.7079
7	11.4139	11.7720	12.1415	12.5227	12.9159	13.3214	13.7396	14.1708
8	14.2401	14.7733	15.3270	15.9020	16.4991	17.1189	17.7623	18.4300
9	17.5185	18.2847	19.0859	19.9234	20.7989	21.7139	22.6700	23.6690
10	**21.3215**	**22.3931**	**23.5213**	**24.7089**	**25.9587**	**27.2738**	**28.6574**	**30.1128**
11	25.7329	27.1999	28.7551	30.4035	32.1504	34.0013	35.9620	38.0388
12	30.8502	32.8239	34.9311	37.1802	39.5805	42.1416	44.8737	47.7877
13	36.7862	39.4040	42.2187	45.2445	48.4966	51.9913	55.7459	59.7788
14	43.6720	47.1027	50.8180	54.8409	59.1959	63.9095	69.0100	74.5280
15	**51.6595**	**56.1101**	**60.9653**	**66.2607**	**72.0351**	**78.3305**	**85.1922**	**92.6694**
16	60.9250	66.6488	72.9390	79.8502	87.4421	95.7799	104.9345	114.9834
17	71.6730	78.9792	87.0680	96.0218	105.9306	116.8937	129.0201	142.4295
18	84.1407	93.4056	103.7403	115.2659	128.1167	142.4413	158.4045	176.1883
19	98.6032	110.2846	123.4135	138.1664	154.7400	173.3540	194.2535	217.7116
20	**115.3797**	**130.0329**	**146.6280**	**165.4180**	**186.6880**	**210.7584**	**237.9893**	**268.7853**
21	134.8405	153.1385	174.0210	197.8474	225.0256	256.0176	291.3469	331.6059
22	157.4150	180.1721	206.3448	236.4385	271.0307	310.7813	356.4432	408.8753
23	183.6014	211.8013	244.4868	282.3618	326.2369	377.0454	435.8607	503.9166
24	213.9776	248.8076	289.4945	337.0105	392.4842	457.2249	532.7501	620.8174
25	**249.2140**	**292.1049**	**342.6035**	**402.0425**	**471.9811**	**554.2422**	**650.9551**	**764.6054**
26	290.0883	342.7627	405.2721	479.4306	567.3773	671.6330	795.1653	941.4647
27	337.5024	402.0323	479.2211	571.5224	681.8528	813.6759	971.1016	1159.0016
28	392.5028	471.3778	566.4809	681.1116	819.2233	985.5479	1185.7440	1426.5719
29	456.3032	552.5121	669.4475	811.5228	984.0680	1193.5129	1447.6077	1755.6835
30	**530.3117**	**647.4391**	**790.9480**	**966.7122**	**1181.8816**	**1445.1507**	**1767.0813**	**2160.4907**
31	616.1616	758.5038	934.3186	1151.3875	1419.2579	1749.6323	2156.8392	2658.4036

기간	16%	17%	18%	19%	20%	21%	22%	23%
32	715.7475	888.4494	1103.4960	1371.1511	1704.1095	2118.0551	2632.3439	3270.8364
33	831.2671	1040.4858	1303.1253	1632.6698	2045.9314	2563.8467	3212.4595	4024.1287
34	965.2698	1218.3684	1538.6878	1943.8771	2456.1176	3103.2545	3920.2006	4950.6783
35	**1120.7130**	**1426.4910**	**1816.6516**	**2314.2137**	**2948.3411**	**3755.9379**	**4783.6447**	**6090.3344**
36	1301.0270	1669.9945	2144.6489	2754.9143	3539.0094	4545.6848	5837.0466	7492.1113
37	1510.1914	1954.8936	2531.6857	3279.3481	4247.8112	5501.2787	7122.1968	9216.2969
38	1752.8220	2288.2255	2988.3891	3903.4242	5098.3735	6657.5472	8690.0801	11337.0451
39	2034.2735	2678.2238	3527.2992	4646.0748	6119.0482	8056.6321	10602.8978	13945.5655
40	**2360.7572**	**3134.5218**	**4163.2130**	**5529.8290**	**7343.8578**	**9749.5248**	**12936.5353**	**17154.0456**
41	2739.4784	3668.3906	4913.5914	6581.4965	8813.6294	11797.9250	15783.5730	21100.4761
42	3178.7949	4293.0169	5799.0378	7832.9808	10577.3553	14276.4893	19256.9591	25954.5856
43	3688.4021	5023.8298	6843.8646	9322.2472	12693.8263	17275.5521	23494.4901	31925.1403
44	4279.5465	5878.8809	8076.7603	11094.4741	15233.5916	20904.4180	28664.2779	39268.9225
45	**4965.2739**	**6879.2907**	**9531.5771**	**13203.4242**	**18281.3099**	**25295.3458**	**34971.4191**	**48301.7747**
46	5760.7177	8049.7701	11248.2610	15713.0748	21938.5719	30608.3684	42666.1312	59412.1829
47	6683.4326	9419.2310	13273.9480	18699.5590	26327.2863	37037.1257	52053.6801	73077.9850
48	7753.7818	11021.5002	15664.2586	22253.4753	31593.7436	44815.9221	63506.4897	89886.9215
49	8995.3869	12896.1553	18484.8251	26482.6356	37913.4923	54228.2658	77478.9175	110561.9135
50	**10435.6488**	**15089.5017**	**21813.0937**	**31515.3363**	**45497.1908**	**65617.2016**	**94525.2793**	**135992.1536**

기간	24%	25%	26%	27%	28%	29%	30%
1	1.0000	1.0000	1.0000	1.0000	1.0000	1.0000	1.0000
2	2.2400	2.2500	2.2600	2.2700	2.2800	2.2900	2.3000
3	3.7776	3.8125	3.8476	3.8829	3.9184	3.9541	3.9900
4	5.6842	5.7656	5.8480	5.9313	6.0156	6.1008	6.1870
5	**8.0484**	**8.2070**	**8.3684**	**8.5327**	**8.6999**	**8.8700**	**9.0431**
6	10.9801	11.2588	11.5442	11.8366	12.1359	12.4423	12.7560
7	14.6153	15.0735	15.5458	16.0324	16.5339	17.0506	17.5828
8	19.1229	19.8419	20.5876	21.3612	22.1634	22.9953	23.8577
9	24.7125	25.8023	26.9404	28.1287	29.3692	30.6639	32.0150
10	**31.6434**	**33.2529**	**34.9449**	**36.7235**	**38.5926**	**40.5564**	**42.6195**
11	40.2379	42.5661	45.0306	47.6388	50.3985	53.3178	56.4053
12	50.8950	54.2077	57.7386	61.5013	65.5100	69.7800	74.3270
13	64.1097	68.7596	73.7506	79.1066	84.8529	91.0161	97.6250
14	80.4961	86.9495	93.9258	101.4654	109.6117	118.4108	127.9125
15	**100.8151**	**109.6868**	**119.3465**	**129.8611**	**141.3029**	**153.7500**	**167.2863**
16	126.0108	138.1085	151.3766	165.9236	181.8677	199.3374	218.4722
17	157.2534	173.6357	191.7345	211.7230	233.7907	258.1453	285.0139
18	195.9942	218.0446	242.5855	269.8882	300.2521	334.0074	371.5180
19	244.0328	273.5558	306.6577	343.7580	385.3227	431.8696	483.9734
20	**303.6006**	**342.9447**	**387.3887**	**437.5726**	**494.2131**	**558.1118**	**630.1655**
21	377.4648	429.6809	489.1098	556.7173	633.5927	720.9642	820.2151
22	469.0563	538.1011	617.2783	708.0309	811.9987	931.0438	1067.2796
23	582.6298	673.6264	778.7707	900.1993	1040.3583	1202.0465	1388.4635
24	723.4610	843.0329	982.2511	1144.2531	1332.6586	1551.6400	1806.0026
25	**898.0916**	**1054.7912**	**1238.6363**	**1454.2014**	**1706.8031**	**2002.6156**	**2348.8033**
26	1114.6336	1319.4890	1561.6818	1847.8358	2185.7079	2584.3741	3054.4443
27	1383.1457	1650.3612	1968.7191	2347.7515	2798.7061	3334.8426	3971.7776
28	1716.1007	2063.9515	2481.5860	2982.6443	3583.3438	4302.9470	5164.3109
29	2128.9648	2580.9394	3127.7984	3788.9583	4587.6801	5551.8016	6714.6042
30	**2640.9164**	**3227.1743**	**3942.0260**	**4812.9771**	**5873.2306**	**7162.8241**	**8729.9855**
31	3275.7363	4034.9678	4967.9527	6113.4809	7518.7351	9241.0431	11349.9811

기간	24%	25%	26%	27%	28%	29%	30%
32	4062.9130	5044.7098	6260.6204	7765.1207	9624.9810	11921.9456	14755.9755
33	5039.0122	6306.8872	7889.3817	9862.7033	12320.9756	15380.3098	19183.7681
34	6249.3751	7884.6091	9941.6210	12526.6332	15771.8488	19841.5997	24939.8985
35	**7750.2251**	**9856.7613**	**12527.4424**	**15909.8242**	**20188.9665**	**25596.6636**	**32422.8681**
36	9611.2791	12321.9516	15785.5774	20206.4767	25842.8771	33020.6960	42150.7285
37	11918.9861	15403.4396	19890.8276	25663.2254	33079.8826	42597.6978	54796.9471
38	14780.5428	19255.2994	25063.4428	32593.2963	42343.2498	54952.0302	71237.0312
39	18328.8731	24070.1243	31580.9379	41394.4863	54200.3597	70889.1190	92609.1405
40	**22728.8026**	**30088.6554**	**39792.9817**	**52571.9976**	**69377.4604**	**91447.9635**	**120392.8827**
41	28184.7152	37611.8192	50140.1570	66767.4369	88804.1494	117968.8729	156511.7475
42	34950.0469	47015.7740	63177.5978	84795.6449	113670.3112	152180.8460	203466.2718
43	43339.0581	58770.7175	79604.7732	107691.4690	145498.9983	196314.2913	264507.1533
44	53741.4321	73464.3969	100303.0142	136769.1656	186239.7178	253246.4358	343860.2993
45	**66640.3758**	**91831.4962**	**126382.7979**	**173697.8403**	**238387.8388**	**326688.9022**	**447019.3890**
46	82635.0660	114790.3702	159243.3254	220597.2572	305137.4337	421429.6838	581126.2058
47	102468.4818	143488.9627	200647.5900	280159.5166	390576.9151	543645.2922	755465.0675
48	127061.9174	179362.2034	252816.9634	355803.5861	499939.4514	701303.4269	982105.5877
49	157557.7776	224203.7543	318550.3739	451871.5544	639923.4978	904682.4207	1276738.2640
50	**195372.6442**	**280255.6929**	**401374.4711**	**573877.8741**	**819103.0771**	**1167041.3227**	**1659760.7433**

찾·아·보·기

ㅇ

ㅊ

ㅌ

ㅍ

ㅎ

기타